그것에 관한 이야기

'생명존중'
Rollinder System

| 교량 · 투신 · 자살 |

BRODIE
그것에 관한 이야기

- 박세만 지음 -

'보이는 자살'을 막기 위한 노력

지금껏 '보이는 자살'의 대표적 수단인 '투신'에 대해 …
왜! '방어' 할 노력을 하지 못했을까?

이제는 '그것'을 '방어' 하기 위한 '현장 중심의 실효성' 있는
연구 · 개발이 그 무엇보다 필요할 때이다.

● **일러두기**

저자는 이 책을 통해 가능한 한 많은 '보이는 자살'에 대한 증거적인 사례를 제시하면서 '보이는 자살'의 대표적 수단인 '투신자살'의 심각성을 널리 알리고자 하였다. 이 과정에서 '보이는 자살'에 대한 우리 사회의 인식 개선을 위해 기술·개발 및 연구 등의 공익 목적에 한하여 신문·방송 기사를 인용하였으며, 그 출처를 명확히 밝혔다.

∥ 이야기에 들어가기 전에…

 많은 질병과 많은 사회적 안전문제 그리고 자연환경의 오염에 따른 재해·재난에 노출되어 있는 현대인들의 사망에 대한 원인은 매우 다양할 것이며, 그것에 대한 대처방법도 끊임없이 연구·개발해 나아갈 것이다. 이는 전 세계의 인류가 삶을 영위하기 위한 공통으로 갖는 커다란 문제이기 때문일 것이다.

 현시대를 살아가는 인간의 사망원인 중 '죽음을 초래할 의도를 가지고, 자신의 생명을 끊는 행위' 즉, '자살(自殺, suicide)'은 1~5위 안에는 들어 있을 만큼 매우 심각한 사회적 문제가 돼 있다. 현시대의 자살은 아주 사소한 이유로도 일어나고 있기에 크나큰 사회적 문제가 아닐 수 없다. 하지만, 이러한 자살에 대한 사회적 견해(見解, opinion)는 다양하게 나타난다. 대다수의 사람들은 자살자(自殺者, a suicide)에 대해 매우 안타깝게 여기며, 그 입장을 동정하고 이해하려 드는 반면에 일부의 사람들은 자신의 생명을 자기 자신이 결정했으니 그 입장을 동정하거나, 그러한 배경과 상황을 헤아리려 들지 않는다. 이러한 견해를 비춰 봤을 때 국가는 사회적으로, 결코 자살에 대한 견해를 쉽게 내놓을 수 없을 것이며, 대응에 관한 해결책 또한 쉽게 내놓을 수 없을 것이라 생각된다. 이렇듯 자살은 비단 한국의 사회뿐만 아니라 전 세계적인 커다란 사회적 문제가 분명 아닐 수 없다.

　대한민국은 OECD(경제협력개발기구, Organization for Economic Cooperation and Development)에 가입된 회원국 중 수년간 자살률(自殺率, suicide rate) 1위라는 불명예스런 기록을 하고 있다. 한국은 매년 자살률 감축을 위해 점진적으로 노력해 왔다. 하지만, 눈에 띌 만한 성과를 거두지 못하고 있는 실정이며, 최근 국가의 경제와 안보에 관련한 사회적 문제가 더욱 심화되고 있어 그 노력조차 무색할 만큼 오히려 자살률이 증가하고 있다.

　"그렇다면! 이러한 한국의 자살원인과 수단(手段, method)은 어떠할까?" 대부분의 전문가들은 한국의 미비하고 취약한 사회안전망과 과도(過度, excessive)하고 극심한 경쟁사회 그리고 경제적 삶의 어려움 등이 자살을 증폭시키는 주된 원인이라고 제시하고 있으며, 자살의 방법으로는 크게 목맴(suicide by hanging oneself), 음독(飮毒, suicide by taking poison) 그리고 투신(投身, throw oneself)이 자살의 주된 수단으로 조사 및 분석된 통계자료를 통해 보고되고 있다.

　"왜! 이렇게 수많은 사람들은 자신의 생명을 끊는 행위를 하는 것일까?" 이러한 질문은 누구나 쉽게 할 수 있으나, 그 답변에 대해서는 그 어느 누구라도 쉽게 아니 어렵게라도 말하지 못할 것이다. "그렇다면, 수많은 사람들의 자신의 생명을 끊는 행위를 막을 수 있는 방법은 있을까?" 이러한 질문 또한 누구나 쉽게 할 수 있으나, 그 답변 또한 그 어느 누구라도 쉽게 아니 어렵게라도 말하지 못할 것이다.

　자살의 행위가 언제부터 시작되었는지 정확한 기록이 없어 알 순 없지만, 문명이 시작되기 이전부터 있었을 가능성도 배제할 수 없을 것이다. 왜냐하면, 인간은 생존이라는 삶과 직결된 문제에서 자유롭거나, 피할 수 없기에… 때로는 이러한 상황이 절망으로 다가올 수 있기에…

자살에 대한 문제는 비단 오늘 내일의 문제가 아니기에 아주 오래전부터 다양한 분야에서 많은 전문가들의 연구는 끊임없이 이어져 오고 있다. 이는 굉장히 많은 연구논문과 보고서 등의 자료를 통해 알 수 있다. 허나, 많은 시간이 흐르는 동안 자살문제에 대한 연구영역의 틀은 크게 벗어나지 못했으며, 특히나 시대변화에 따라 달라지는 자신의 생명을 끊는 행위를 하는 개인의 행동에 관한 다방면적인 분석과 연구는 너무도 미흡한 상태이다. 자살시도에 따른 수단을 통제하는 분석과 시스템의 연구 또한 너무나도 미흡한 실정이다.

자살이라는 문제는 특정된 분야에서의 성급한 짧은 연구의 결과를 다루어 어느 정도 해결할 수 있는가에 문제가 아니다. 이는 복잡한 개인적인 자살의 현실을 다 알아내기란 불가능하며, 그 무엇보다도 너무나 광범위한 내적(고통)과 외적(표출)이 동시에 공존(共存, coexist)해 자살이라는 행태(行態, behavior)로 나타나기 때문이다.

저자는 이렇게 생각해 보게 되었다. 그렇다면, 이제는… "연구영역에 대한 관점을 달리해 보면 어떨까? 그 시작이 '보이지 않는 자살'과 '보이는 자살'이 되면 어떨까?" 이렇게 되면, "연구영역의 큰 맥락부터가 조금은 쉽게 세분화(細分化, fragmentation)되어 한층 더 구체화된 연구가 이뤄질 수 있지 않을까?" 그래야 자살문제의 해결에 있어 가장 중요한 자살시도에 따른 수단 그 자체를 차단하거나, 강력하게 통제할 수 있는 통합시스템적인 자살의 방지책을 구상할 수 있을 것이라 생각했기 때문이다.

어떠한 목표에 구상이 없다면, 계획이 서지 않을 것이고, 계획이 없다면, 그 과정 또한 없을 것이다. 허나, 작은 하나하나의 과정이 있었고, 그에 따른 결과가 있었다면, 반대로, 그 과정의 결과들을 모아 더욱 커다란 계획을 세우고, 더욱 거대한 구상이 되어, 더욱 원대한 목표를 이룰 수 있을 것이라 저자는 믿어 의심치 않는다.

이 책은 '죽음을 초래할 의도를 가지고, 자신의 생명을 끊는 행위'라는 '자살'의 모든 것을 담지는 않았다. 아니, 정확히는 담지 못하는 것이 맞을 것이다. 이는 자살이라는 문제를 상세하게 세분화하지 않는다 해도 그 문제가 대단히 광범위하고, 너무나도 다양해 전혀 예상치 못한 또 다른 문제가 언제든지 생겨날 수 있기에…

저자는 자살문제의 큰 맥락을 '보이지 않는 자살'과 '보이는 자살'로 구분해 보았다. 그 이유는 막을 수 있는 자살 수단과 막을 수 없는 자살 수단을 가장 먼저 세분화할 필요가 있다고 생각했기 때문이다.

'투신자살(投身自殺, death leap)'은 자신의 생명을 끊는 행위의 수단 중 보이는 자살의 대표적 수단임을 아무도 부인할 수 없을 것이다. 왜냐하면, 투신자살이라는 수단만큼 명확하게 바로 보이는 수단도 없기 때문일 것이다. 또한 투신자살과 같이 보이는 자신의 생명을 끊는 행위의 수단은 국가의 사회적인 커다란 파장의 문제를 일으키는 데 있어 매우 큰 영향을 미칠 수밖에 없음을 우리는 너무나도 잘 알고 있고, 이것은 분명 틀림없는 사실이다.

"왜! 우리는 지금껏 '투신(投身, throw oneself)'이라는 자신의 생명을 끊는 행위의 수단을 막을 방법을 생각하지 않았을까? 아니 못했을까? 그렇다면, 이제라도 방어(防禦, defence)할 수 있는 시스템의 연구·개발이 활발히 이뤄져야 되지 않을까?"

저자는 이러한 연구·개발은 특히 현시대에 있어 매우 필요하며, 시기적절하다고 생각한다. 이전 연구·개발의 그 한계를 뛰어넘어야 할 필요성이 최근 더욱 대두되고 있기 때문에 더욱 그러하다. 저자는 이 책을 통해 가능한 한 많은 보이는 자살에 대한 증거적인 사례를 제시하려고 노력했으며, 제시한 사례에 있어 사실에 입각한 시각과 해석 그리고 주장만을 구분해 내고자 많은 노력을 기울였다. 그렇기에 독자인 여러분은 이 책의 내용을 통해 조금은 쉽게 무엇이 적절하고, 그 무엇이 적절하지 않은지를 판단할 수 있을 것이다.

이 책이 말하는 이야기는 자살이라는 자신의 생명을 끊는 행위의 수단 중 보이는 자살 즉, 투신자살에 관련한 것을 주(主, main)로 해 이루어진 것이다. 그렇기에 자살에 관련한 전반적(全般的, overall)인 학문·연구적 자료들에 대한 세부적 사항(事項, detail)들은 이해를 돕기 위한 항목과 내용으로, 비교적 간소화(簡素化, simplification)하고, 포괄적(包括的, comprehensive)으로 다뤄졌다는 점을 미리 밝힌다.

저자는 이 책이 '죽음을 초래할 의도를 가지고, 자신의 생명을 끊는 행위' 즉, '자살'에 관해 조금이라도 관심이 있는 일반 독자분들은 물론 연관성(聯關性, connection)이 있는 관련자(關聯者, interested party)분들께도 충분히 도움될 수 있는 자료가 될 수 있기를 바라는 간절한 심정으로 완성했다.

박세만의

그것 | 교량-투신-자살 : Brodie | 에 관한 이야기 …

이야기에 들어가기 전에 … •005

첫 번째, 이야기

 자살은 _014

 자살의 시작은 _017

 과거를 통해 본 자살의 원인은 _019

 자살에 대한 그릇된 해석과 한쪽으로 치우친 생각은 _022

 자살에 대한 현대의 접근은 _029

두 번째, 이야기

 한국의 자살은 _036

 한국의 자살 수단은 _044

 보이지 않는 자살의 수단과 보이는 자살의 수단은 _048

자살에는 바깥으로 '보이지 않는 자살'과 '보이는 자살'이 있다.
자살자가 택한 수단에서 우리는 그것을 알게 된다.

이야기를 끝내면서 … •490

세 번째, 이야기

보이지 않는 자살의 수단, 목맴은 _067
보이는 자살의 수단, 투신은 _072
투신이라는 자살 수단 그리고, 교량은 _111

네 번째, 이야기

외국의 투신자살, 교량은 _126
한국의 투신자살, 교량은 _204
지금껏, '그것'에 대한 노력은 _372
앞으로, '그것'에 대한 방어는 _431
'그것'이 되처(再次) 고민하게 만드는 것은 _470

박세만의
그것 | 교량-투신-자살 : Brodie | 에 관한 이야기 …

첫 번째,

첫 번째, 이야기

자살은

자기 자신의 죽음을 초래할 잘못된 의지(依支, lean)와 의도(意圖, intend)를 가지고, 스스로 생명을 끊는 행위이다. 우리는 자살이 막연히 일어나는 일이며, 나와 상관없는 다른 누군가의 단순한 일이라 취급할 것이다. 그러나 이는 단순한 문제로 취급해야 할 사안(私案, issue)이 아니다. 이러한 우리의 자세는 사회적·비사회적 원인을 더욱 가중시킬 뿐만 아니라 국가의 심각한 자살률에 더욱 악영향을 미칠 것이다.

자살은 인간의 심신(心身, mind and body)에 따른 그 성향(性向, disposition)과 사회가 만들어 낸 물리적 환경의 영향을 많이 받는다. 이러한 요인(要因, cause)이 미치는 영향에는 분명 개인 간의 차이가 있다. 하지만, 사람마다 그 차이가 다르다 하더라도 생각 외로 많은 사람들이 두 요인의 영향을 받아 자신의 생명을 끊는 행위의 길로 몰아간다는 것 그 자체가 난제(難題, dilemma)가 아닐 수 없다.

한국은 물론 자살률이 높은 국가들은 자살에 대한 관심도를 점차 높이고 있으며, 언론·매체 등의 자살과 관련한 많은 사건의 기사(記事, article)들은 사회적으로, 많은 관심과 주목을 받고 있다. 자살과 관련한 많은 전문가 및 각계각층(各界各層, all walks of life)의 사람들은 "자살은 사회가 발생시킨 문제이며, 당연히 사회가 책임져야 할 문제"라고 목소리를 높이고 있다. 그나마도 과거의 분위기와는 달리 그 관심도가 높아진 것에 대한 부분은 가히 다행스런 일이라 할 것이다.

자연의 섭리(自然規律, force of nature)에 따르지 않는 이 인위적(人爲的, artificial)인 죽음의 자살은 정신병자 내지 무책임한 자들의 행위가 결코 아닐 뿐만 아니라 대단하게 또는 아름답게 꾸며져야 할 행위는 더더욱 아니다. 자살에는 분명 우리가 상상할 수도 없는 그 무언가가 개입되고 있을 것이다. 우리가 그 무언가를 찾아내어 이를 막을 수 있는 해결책을 고안해 낸다면, 자살은 더 이상의 난제가 아닐 것이다. 인류의 생명을 위협하는 수많은 질병(疾病, disease)들을 치료하고, 예방해 낸 것처럼 말이다.

자살이라는 선택은 최선(最善, the best way)이지도 최악(最惡, the worst)이지도 않은 방법의 선택이라는 것쯤은 이제 우리는 너무나도 잘 알고 있다.[1] 이는 자살을 선택하려는 자신의 삶에 대한 힘듦과 어려움의 길고 긴 싸움의 과정 속에서 오히려 그것을 단절하려는 잘못된 의지라는 것을 쉬이 짐작(斟酌, guess)할 수 있기 때문일 것이다. 때로는 자신의 목적을 위해, 혹은 이를 알리기 위한 수단으로, 자살이라는 방법의 행위를 의식적으로 표출하고, 의도적으로 드러내기도 하지만 말이다. 이는 자살이라는 잘못된 의지로 인한 잘못된 선택을 그 의도 또는 의지를 직접적으로 표출하는 가장 강렬한 행위임을 드러내고 있는 것이다.

자살이라는 문제에 대한 해결책을 찾기 위한 연구를 다룬다는 것은 분명 너무나도 많은 어려움과 풀어내야 할 힘든 난제가 뒤따른다. 저자는 자살문제에 대한 연구를 시작하기 전부터 수많은 난감한 사항에 부딪혀야 했다. 연구를 위해 준비하는 초기 단계에서는 자살문제에 대한 다양한 접근을 계획했으나, 이러한 계획에 뒤따르는 자료의 수집 및 조사·분석에 대한 접근조차 너무나 어려웠다. 이는 조사 대상을 찾는 것부터 실질적인 자료를 구하는 것이 여의치 않았기 때문이다.

이와 같은 상황은 비단 한국뿐만 아니라 거의 전 세계의 사회가 오래전부터 자살문제에 대해 윤리적 및 도덕적인 면의 수많은 이유 등을 들어 금기시해 폐쇄에 가까운 소극적 대처를 해왔기 때문에 이에 관한 사회적인 연구는 아주 미비한 상태로 방치되어 있다 해도 과언이 아닐 것이다.

그렇기에… '자살이라는 문제'를 단순히 사회가 책임져야 한다는 말조차 쉬이 내뱉을 수 없는 것은 그 어떤 것으로도 해석되거나, 단정될 수 없기 때문일 것이다.

자살의 시작은

　인류가 시작된 역사(歷史, history) 이래 아주 오랫동안 지속적으로 이어져 온 매우 고질적인 심각한 현상은 자살이었다. 혹자(或者, someone)들은 종교적 신화의 이야기를 예로 들어 살인이 우선된 것처럼 제시하기도 하지만, 남겨진 역사의 기록을 살펴보면, 기원전 11세기경의 각 나라의 군주나, 왕의 자살에 대한 기록을 근거해 살인보다는 자살이라는 현상이 우선된다고 보고 있다.[2] 물론 이것이 실제적 사실인지, 아닌지에 대해서는 쉽사리 논리적으로 입증하거나, 과학적으로 검증할 수 있는 것은 아니다.

　최근 지상파 및 공중파의 방송 매체 등의 역사 관련 프로그램이 많아지면서 역사를 통한 실제적 자살이 확인되고 있다. 숭정제는 중국 명(明)의 16대이자 마지막 황제로서 묘호(廟號)인 사종(思宗), 의종(毅宗) 등으로도 불린다. 즉위 초기에는 전횡을 부리던 환관(宦官) 위충현의 세력을 제거하고, 정치를 개혁했으나, 중기 이후에는 다시 환관(宦官)들을 중용해 당쟁이 격화되었다. 그 결과, 후금(後金)의 침입과 농민반란 등을 촉발시켜 1644년 이자성(李自成)이 이끄는 농민반란군이 베이징[北京]을 점령하자 자살했다.[3]

　자살문제에 관련한 많은 전문가들은 아주 오래전부터 자살은 인류가 시작되면서부터 생겨난 현상이라고 언급해 왔다. 그 이유를 들어보면, 인간은 가족을 이루고, 집단을 이뤄 사회를 형성하게 되는데, 그 속에서 삶을 영위하기 위한 기초적인 경제행위가 일어나며, 그 행위가 경쟁이라는 현상으로 가속화되어 그 속에서의 누군가는 행복한 삶을 또 다른 누군가에게 힘든 삶을 영위하게 되어 그 힘든 삶을 비관적으로 생각해 '죽음을 초래할 의도를 가지고, 자신의 생명을 끊는 행위 즉, 자살 현상이 발현(發現, expression)되었을 것이다.'라고 자살의 시작을 유추(類推, conjecture)한다. 또한 자연 및 사회적 재해·재난은 개인적인 삶에 있어 더 커다란 문제를 야기(惹起, cause)시켰을 것이고, 이러한 사회적 현상은 자살을 더욱 부추겨 매우 심각한 사회적 문제로, 우리가 짐작하는 시기보다 더 아주 오래전부터 발전되어 왔을 것이라 더불어 언급하고 있다.

과거를 통해 본 자살의 원인은

 자살과 관련된 많은 분야의 전문가들은 자살에 미치는 영향 중 가장 큰 비중을 차지하는 것은 단연 정신질환이라고 한다. 그렇기에 정신질환은 자살이라는 문제해결에 있어 매우 중요시되어 온 것이 사실이다. 그렇다면, "자살은 개인적 문제에 불과한 것으로, 감히 판단할 수 있는 것인가?" 만약 그렇다면, "우리는 자살의 문제를 더욱 쉽게 해결할 수 있지 않았을까?"

 자살에 관한 앞선 연구와 조사에서 제시된 결과적인 내용들을 살펴보면, 자살은 정신질환으로 인해 발생되는 것으로 제시하는 경향이 대부분을 차지하고 있다. 허나, 이러한 경향은 정밀하거나, 확정적이지는 못하다. 이는 자살에 대한 모든 사례들에 대해 경험적 검증과 조사를 완벽하게 할 수 없고, 정신질환의 영향이 미친다는 것을 완전하게 조사할 수도 없기 때문이다.[4]

 오래전 대표적 권위자들의 논지를 들여다보면, 서로 상반된 논지를 제시하고, 주장하는 것을 알 수 있다.

 자살은 정신이상과 관련된 모든 특성들을 나타내며, 정신착란 속에서만 인간은 자살을 시도하고, 자살자들은 정신적으로 이상이 있어, 자살은 자발적인 것이 아닌 비자발적으로 발생된 것이기에 법적인 처벌은 받지 않아야 한다고 에스퀴롤은 제시했다.[5] 《자살론(Suicide A Study in Sociology)》의 저자 에밀 뒤르켐은 팔레와 모로 드 투르도 에스퀴롤과 같은 주장을 하고 있으며, 모로 드 투르는 다음과 같은 논지를 제시했다고 한다.[6]

"모든 자살을 정신이상의 결과로 보아야 하는가?" 이 어려운 문제를 여기서 대답하는 대신에 일반적인 것을 하나 지적하고자 한다. 즉, 정신질환을 깊이 연구하고, 보다 많은 정신질환자들을 경험하고 관찰했던 사람일수록 위의 질문을 긍정하는 경향이 있다는 것이다.[7]

자살을 정신적 질병으로 놓고 주장하는 부분에 있어 자살은 그 자체가 정신적 질병이고, 정신질환의 특이한 형태라는 주장과 자살 그 자체가 별도의 정신적인 질환이라고 하기보단 한 가지 또는 여러 가지의 단순한 형태의 정신질환에 의한 형태에 불과하다는 조금은 다른 두 가지의 주장으로 옹호되어 왔었다고, 에밀 뒤르켐은 설명하고 있다. 또한 앞의 주장은 1845년에 의학계에 커다란 파장을 일으킨 논문을 통해 발표한 부르댕 박사의 주장이며, 뒤의 주장은 에스퀴롤의 주장이자, 그 주장에 있어 대표적인 권위자라고 제시하고 있다.

오래전 그 연구 시기에 놓여 있을 때는 자살이 정신질환에 의해서 발현되는 형태라는 주장은 매우 세밀하거나, 정확한 증명을 통해 입증할 수 있는 주장은 아니었겠지만, 이를 부정할 수 있는 증명을 통한 입증도 가능하지 않았기에 현시대의 시점에서 들여다보면, 매우 과학적이고, 논리적인 연구 결과의 주장이라고 보기에 무리가 있다고 생각된다.

허나, 과학적이고, 논리적이지 않더라도 그러한 연구 결과의 주장에도 완벽하지는 않지만, 자살의 관련된 많은 사례들을 당연히 조사해 비교·분석을 했을 것이며, 반대되는 연구 결과가 나올 수 있음도 충분히 의식했을 것이다. 그렇기에 오래된 연구 결과나, 최신의 연구 결과를 놓고, 무엇이 '맞고', 무엇은 '틀리다'는 식의 언급은 감히 '적절치 않다.'라고 말하고 싶다.

자살에 대한 그릇된 해석과 한쪽으로 치우친 생각은

　자살이 난제가 될 수밖에 없는 이유는 그 원인을 찾아내기가 너무 복잡하고 어려울 뿐만 아니라 그 원인을 밝혀낸다고 해도 이해하는 것만으로는 결코 자살이라는 문제를 해결할 수 없기 때문이다. 하지만, 지금도 그 원인을 제대로 밝혀내고 있지 못할 뿐 아니라 이해하려는 노력도 매우 부족한 것이 현 실정이다.
　그렇기에 우선 자살에 대한 그릇된 해석과 한쪽으로 치우쳐버린 생각들을 조금은 들여다볼 필요가 있고, 또한 그것을 어떻게 이해하고, 재해석해야 할지도 고민(苦悶, agonize)해 봐야 할 것이다.
　우리는 자살이 고통 없는 쉬운 탈출구라고 생각할 수 있다. 그래서 자살이 이기적이면서도 비겁한 행동이라 취급하기 쉽다. 허나, 자살은 결코 고통 없는 쉬운 일이 아니다.
　자살은 매우 무섭고, 무척이나 두려운 일이다. 이러한 일에는 그 무서움과 두려움이 고스란히 남아 있어야 한다. 자살에서 무서움과 두려움을 걷어내는 것은 위험한 일이다.[8]
　자살은 아주 오래전부터 매우 치욕적인 일로 덧씌워져 왔다. "그 이유가 대체 뭘까?" 임상심리학자인 토마스 조이너는 "그것은 자살에 대한 막연한 두려움과 무지라는 뿌리가 매우 깊이 박혀 있는 탓이다. 그

렇기에 자살에 덧씌워진 치욕의 이름은 마땅히 벗겨져야 한다."고 제시했다.[9]

저자인 본인도 토마스 조이너의 이러한 견해에 전적으로 동감한다. 자살에는 그 어떠한 부정적인 이름도 덧씌워져서는 안 된다. 인간은 누구나 오류(誤謬, error)를 범할 수 있듯이 인간에게 있어 자살은 최악(最惡, worst vehicles)을 피하고자 불가피하게 선택한 차악(次惡, the lesser evil)적 오류라고 생각되기 때문이다. 여기에는 이견이 없을 것이다.

우리가 생각하는 것보다 자살은 훨씬 어렵다. 쉽게 자살을 시도한다고 생각하지만, 실제로는 그렇지 않다. 자살과 관련된 일반적인 자료들을 살펴보면, 자살시도에 따른 사망자 수는 자살시도 수에 비례해 볼 때 극히 적다. 이는 자살이 우리가 생각하는 것보다 훨씬 어렵다는 간접적 증거가 될 수 있다.

자살을 계획하는 사람은 어디서 어떤 방법으로 시도할지를 고민하는 과정 속에서 그것이 얼마나 무섭고 두려운 행위인지를 깨닫게 된다고 한다. 그래서 자살을 계획하는 자들은 그 계획을 대부분 실행에 옮기지 못한다고 한다. 그렇기에 '자살에는 고통이 뒤따르지 않는다.'라는 해석은 맞지 않는다고 사료(思料, consideration)된다. 하지만, 여러 차례의 자살시도를 통해 그 두려움과 고통을 겪어내면서 끝내 자신의 생명을 포기하는 일을 전혀 주저함 없이 바로 실행에 옮기는 자들도 분명 존재한다. 자살에 대한 해석이 어려운 것에는 많은 점들을 들 수 있지만, 그중에 분명한 것은 무서움과 두려움이라는 점일 것이다. 이 두 가지를 없앨 수 있는 자살자와 없는 자살자가 실제 존재하기에 이에 따른 결과적 해석은 서로 매우 다를 것이 자명(自明, self-evidence)하다. 그렇기에 이것이 '맞다', '안 맞다'는 식의 단정적인 자살에 대한 해석은 결코 옳지 않다.

자살은 자신의 행복과 이익만을 추구하는 지나친 자기애(自己愛, narcissism)에 따른 이기적인 행동이며, 또 다른 표현이라고도 한다.[10] 자살하려는 사람이 갑자기 부모님과 식구들 또는 자기를 소중히 아껴주었던 사람이 떠올랐을 때 내가 하는 이러한 행동이 그들에 대한 너무나도 이기적인 행동이 아닌가 하는 생각이 든다고도 한다. 아마도 이것은 이 세상과의 연결고리가 아직은 끊어지지 않았다는 결코 무시할 수 없는 자각에서 발현되는 현상일 것이다.

반면, 세상과의 연결고리가 완전히 끊어진 사람은 그러한 생각을 하지 못한다고 한다. 이것은 너무나도 이기적이어서가 아니라 그런 생각조차 할 수 없을 정도로 세상과 단절되었기 때문일 것이다. 이러한 상태의 자살자는 이기심과는 거리가 먼 정반대 속에 놓여 있는 것이다. 자살자를 이러한 관점에서 들여다본다면, 그래도 이기적인 행동이라고 할 수 있지만, 이는 그리 쉽게 단정 지을 수는 없다. 분명 자살하려는 사람은 자기 자신의 죽음을 통해 무엇을 해결하려고 하는 점도 있을 것이다. 그것이 자신을 둘러싼 주변에 있어서 나쁜 것보다도 좋은 것이 더 많을 것이라 생각할 것이기 때문이다. 그렇기에 자살자는 자신의 죽음이 주변에 영향을 미칠 것이라는 생각을 하게 될 것이며, 이는 결코 이기적인 생각에서 비롯된 행동이 아니라고 생각할 것이기 때문이다.

자살하려는 사람은 '특히 더 이기적이다.'라는 점은 입증해 내기가 매우 어렵다. 지금까지의 증거적인 자료도 부족한 것이 사실이다. 그렇기에 이 또한 '그렇다', '아니다'라고 단정 내리기엔 결코 쉽지 않은 또 하나의 문제이다.

자살은 충동적으로도 일어날 수 있는 행동이라고 한다. 이는 사람들은 종종 충동이 드는 순간 자기 자신이 지금 무슨 일을 벌이고 있는지에 대한 생각조차 할 겨를 없이 바로 자살을 시도하기 때문에 '자살에는 이성적 사고가 전제되지 않는다.'는 것에 기인(起因, arise)한 해석 같다.

"정말 그러할까? 정말 충동적인 마음만으로도 자살이라는 너무나도 무섭고 두려운 행위를 할 수 있었을까?"

'실제 현실은 그렇지 않다.'고 많은 학자와 전문가들은 언급한다. 충동적인 마음만으로 자살한다면, 아주 작은 이유만으로도 충동이 일어 그 족족 자살했을 것이며, '그 수는 연간 수백만 명에 달했을 것'이라며, 이는 분명 현실과는 동떨어진 해석임을 언급하고 있다.

하지만, 꽤 많은 사람들이 자살은 충동적으로 일어난다는 오해와 편견적인 생각을 지니고 있으며, 그러한 오해와 편견은 오래전부터 사회적 통념처럼 자리 잡고 있는 것이 사실이다. 이러한 현상의 배경에는 매체(媒體, media)를 통해 어떠한 사실을 밝혀 알리거나, 어떤 문제에 대해 여론을 형성하는 활동의 주체인 언론(言論, press)이 자살에 대한 오해와 편견을 부추기는 데에 있어 분명 한몫했을 것이라는 점에는 그 여지를 떨칠 수가 없다.

자살이 충동적인 행동으로 일어난다는 것은 매우 많은 합리적 이론과 실험 및 연구 등을 통해 뒷받침되고 있는 것은 사실이나, 모든 자살의 행동에 있어 부합된다고는 할 수 없다. 자살은 충동적으로 발생되는 행동들 외에도 치밀하게 계획하거나, 신중하게 판단해 선택한 수단을 통해 빠르게 또는 서서히 그 계획대로 자살을 실행에 옮기는 행동들도 발생되고 있기 때문이다.

자살을 선택한 사람들은 수단 및 장소 등을 사전에 신중하고 치밀하게 준비한다고 한다. 이것은 계획된 자살 즉, 준비된 자살을 뜻한다. "이 또한 정말 그럴까? 정말 자살이라는 너무나도 무섭고 두려운 행위를 먼저 계획하고, 이것을 준비해 실행에 옮길 수 있었을까?"

많은 전문가와 심리 치료사 및 정신과 의사들은 매우 신중하게 자살 계획에 대해서 상담해 온 상담자의 사례들도 다수 있음을 언급하고 있다. 반면에 치밀하게 자살할 계획을 세웠으나, 그 계획을 실행할 생각이 없다는 상담자의 사례들도 있었음을 동시에 언급하고 있다.

치밀하게 세운 자살에 대한 계획을 꽤 자세히 이야기하면서 곧 자살을 실행에 옮길 것처럼 상담하지만, 매우 오랜 시간이 지나도 실행에 옮기지 않고 있는 경우도 매우 많다고 한다. 이러한 현상은 상담 및 의료적 치료의 효과를 본 것일 수도 있으나, 모든 사례에 다 적용되었다고는 볼 수 없다. 외국의 한 사례에서는 자살 계획을 세웠다고 말하면서도 그 계획을 실행할 생각이 없다고 한 사례자(事例者, participant)가 상담 치료를 받아오다 크게 도움이 되지 않는다며, 치료를 중단했다가 꽤 오랜 시간이 지나 다시 치료를 시작했다고 한다. 겉으로 보이기엔 이전의 상태보다는 나은 듯했으나, 얼마 지나지 않아 스스로 자살을 실행했다고 한다.

그렇다면, 이 같은 사례의 자살은 충동적인 자살로 보아야 하는지,

아니면 계획한 준비된 자살로 보아야 하는지에 대한 문제 아닌 문제가 남겨지게 된다. 이러한 사례들은 계속해서 발생할 것이며, 과거에도 현재에도 여전히 단정 지을 수 없는 난감한 딜레마(dilemma)가 아닐 수 없을 것이다.

자살의 행위는 충동적인 것일 수도 있고, 계획해 준비하는 것일 수도 있다. 이 두 전제는 굉장히 좁은 범위에서만 보면, 당연하다 할 것이 분명하지만, 불행히도 자살이라는 행위에는 우리가 미처 생각지 못한 전제의 사례들도 너무나 많이 발생되어 왔다.

대부분의 사람들은 자살에 대해 많이 낯설어하고 나하고는 전혀 상관없는 일이라고 생각한다. 그렇기에 일반적인 사람들은 자살이라는 자신의 생명을 끊는 행위를 하는 사람들에 대해 분명 정신질환을 앓고 있거나, 정신착란(delirium) 상태에 놓여 있거나, 알코올 또는 약물 등에 중독되어 이성을 차릴 수 없을 만큼 심신이 미약한 상태에 놓여 있었을 것이라 당연시 생각한다.

일반적으로, 자살하려는 전제 즉, 그 마음 자체를 전혀 이해하려 들지 않기 때문에 자살하려는 사람을 더더욱 이해할 수도 없을 것이다. 이러한 사회적 분위기는 과거에도 그랬을 것이고, 현재에도 별반 다르지 않고 있다. 자살이라는 크나큰 사회적 문제에 대한 뚜렷한 해결책은 없이 그저 그 관심도만이 조금씩 높아지고 있을 뿐이다.

불행히도 자살이라는 행위에는 우리가 미처 생각지 못한 전제의 사례들도 너무나 많이 발생되어 왔으며, 앞으로도 더욱 진화된 다양한 전제들의 사례가 발현될 가능성이 매우 크다 할 것이다. 그렇기에 모든 자살에 대한 전제들을 일일이 논(論, dissert)한다는 것은 매우 어렵고도 힘든 일이며, 경우의 수가 더해질 수 있기에 더더욱이 그러하다.

   과거에도 현재에도 자살이라는 문제에 대한 원인을 정확히 입증하고, 과학적인 검증의 결과를 통해 매우 분명하게 제시하지 못하고 있는 것이 사실이며, 곧 다가올 미래에도 이것은 매우 어렵고 힘든 난제로 남아 지속되지 않을까 하는 생각과 걱정은 저자뿐만 아니라 많은 관련된 전문가들도 분명 같은 마음일 것이라 믿어 의심치 않는다.

   어떻게든 자살에 대한 문제의 원인을 밝힐 수만 있다면, 자살자(自殺者, a suicide)와 자살시도자(自殺試圖者, a suicide attempt)에 대한 더 이상의 그릇된 해석과 한쪽으로 치우친 생각을 우리들은 더 이상 섣불리 하지 않게 될 것이다.

자살에 대한 현대의 접근은

아주 오랜 세월의 과거 때부터 수 세기가 흐른 현재까지도 인간은 자신의 생명을 끊는 행위라는 자살에 무수히 많은 생명을 잃어왔다. 앞선 많은 자료들을 살펴보았을 땐 과거의 자살에 대한 이론들은 크게 심리와 정신에 관한 원인으로만 해석하려는 경향이 매우 컸다. 그래서 인지 자살에 대한 초기적 접근은 작은 범주의 이론만으로 시도하려는 경향이 매우 잦았다.

1969년에 WHO(세계보건기구, World Health Organization)에서 발표한 자료에 따르면, 자살의 동기는 989개이고, 방법은 83개라고 했다.[11] 이는 자신의 생명을 끊는 행위라는 자살에 있어 인간의 매우 다양한 전제들과 현상 등이 많은 변수로 작용되고 있었기 때문일 것이다. 이처럼 과거에 발표된 자료만 보더라도 인간의 자살에 대한 전제와 현상은 단순치 않으며, 한두 가지 종류의 원인만으로는 그 설명에 한계가 있다. 그러나 이러함에도 불구하고, 인간의 스스로 자신의 생명을 끊는 행위에 관한 논리적인 명확한 이론과 연구·분석 등의 자료들은 그다지 많이 제시되지 않고 있었다.

프랑스의 사회학자·철학자인 에밀 뒤르켐[12]은 자살을 사회현상 중에 하나로 파악했으며, 사회학적으로, 자살의 유형을 사회적 통합과 규제라는 두 변수를 통해 다음과 같이 구분했다. 개인이 사회에 미흡하게 통합되어 자기중심적인 삶에서 나타나는 이기적 자살, 개인이 속한 공동체에 지나치게 통합됨으로써 자신의 주체성이 빈약하게 되어 나타나는 이타적 자살, 사회적 규범과 가치관의 규제가 개인에게 있어 너무 약해 적절하지 않을 때 나타나는 아노미적 자살, 사회적 규제가 너무 강해 개인의 자율적 주체성이 약한 사회에서 나타나는 숙명적 자살.[13]

위와 같은 에밀 뒤르켐의 자살에 대한 네 가지 유형의 구분은 한 국가의 사회 문화적 변화에 따른 개인과 공동체와의 관계 및 사회적 규범과의 부조화로 인해 나타난 하나의 사회적 문제를 현상학적으로 해석한 것이며, 자살이라는 매우 심각한 사회 문제로 곪아 터져가고 있는 현대 사회의 제도와 규범 그리고 개인과 공동체를 잇는 사회 문화적 생활과 관련된 모든 측면에서 지난 시간을 깊게 반성하고, 앞으로의 새로운 시간을 맞이하는 접근방식의 혜안을 가질 수 있도록 도움을 주고 있다는 점에서 큰 의의(意義, significance)가 있다.[14]

세계보건기구(WHO, World Health Organization)와 국제자살예방협회(IASP, International Association for Suicide Prevention)에 의해 2003년부터 제정되어 시행되고 있는 세계자살예방의 날(World Suicide Prevention Day)은 매년 9월 10일로, 전 세계에 생명존중과 자살문제의 심각성을 널리 알리고, 그 대책을 마련하기 위한 날이다.[15] 이는 자살의 문제가 현대의 심각한 사회적 문제로 대두함으로써 전 세계가 깊은 시름에 빠져 있는 현실적 상황을 절실히 보여주고 있다.

자살은 현대의 인명 손실원인 중 가장 비중이 높은 문제로 대두하고 있고, 이는 비단 한국만의 문제가 아닌 전 세계적인 문제로 확대되어 가고 있는 실정이다. 이러한 현 실정에도 그나마 다행인 것은 자살의 문제를 그저 개인적인 문제라고 치부(置簿, treat)하던 과거와는 달리 전 세계적인 대부분의 사회가 자살을 매우 심각한 사회적인 문제로 인식해 받아들이고 있다는 자체만으로도 미비(未備, inadequate)했던 자살에 대한 인식의 변화가 점차 크게 일고 있음을 확인할 수 있다는 것이다.

서강대학교 생명문화연구소가 연구한《현대 사회와 자살》에서는 에밀 뒤르켐의《자살론》정의에 따른 자살개념을 전제로, 사회의 자살에 대한 이해를 개인적 윤리의 차원과 사회적 윤리의 차원에서 접근한 내용을 제시하고 있다. 이에 따르면, 개인적 윤리에서는 자살은 개인의 분명한 의도가 개입된 행위의 결과로, 곧 죽음으로 연결된다는 점을 예측한 행위로 국한되며, 전혀 의식하지 못하는 상태나, 무분별한 행위 및 지나친 활동 등에 따른 사망은 일반적 자살의 개념에서 제외된다고 했다. 허나, 자살미수의 경우는 사망에 이르지 않았더라도 분명 개인적 자살의도가 개입됐다는 점에서 자살로 정의할 수 있다고 했다. 또한 본인의 생명을 살리기 위한 행위 등을 거부하거나, 타인의 생명을 구하기 위한 자기 자신의 생명을 포기하는 간접적 행위 및 행동 등도 자살과 같다고 말하고 있다. 사회적 윤리에서는 사회를 구성하는 개인들에게 있어 그 사회의 제도적인 여건 및 조건들이 본연(本然, natural)의 삶에 안전판의 역할을 해 각 개인들의 존재방식을 총체(總體, whole)적으로 규정하며, 사회의 전체 구성원들에게 있어 사회적 여건과 조건은 희망 내지 절망을 갖게 하는 기본적 바탕으로써 매우 중요하다고 했다. 본질적으로, 인간은 자신이 속한 사회적 여건 및 조건으로부터 결코 자유로울 수 없으며, 지속적으로 발생되는 자살의 그 사회적 원인을 찾아 없애버리기 위해서는 이에 책임이 따르는 상황에 대해 파악하는 것이 우선되어야 할 필요가 있음을 말하고 있다.[16]

앞서 살펴본 바와 같이 우리는 자살문제에 관해 과거에서부터 현대에 이르기까지 의학은 물론이며, 심리 및 철학 등을 내재(內在, immanence)한 사회학적 전반에 걸쳐 그 원인에 따른 문제해결을 위해 많은 노력을 기울여 왔다. 허나, 이러한 노력에도 불구하고, 지속적으로 보이고 있는 자살률의 증가는 현대의 우리 사회가 아직까지는 자살에 대한 예방과 생명존중문화 조성을 실현하는 사회의 분위기가 미비함을 보여주는 것이 아닐까 하는 생각이 든다.

현재 우리의 사회는 자살에 대한 심각함이 충만해져 있다. 이러한 현실에서 우리는 자살을 단순히 생각해 지나쳐서는 아니 될 것이며, 더욱이 자살 행위자의 개인적 심리의 문제로 취급해버리거나, 정신병적 문제로 탓해버리고 끝내면, 더더욱 안 될 것이기에 이 자살은 결코 개인적 차원의 문제가 아님을 우리는 잊지 말아야 할 것이다. 우리의 사회가 자살의 문제를 나서서 관여하지 않고, 곁에서 보기만 한다면, 우리 각 개인들조차도 자살자들을 동조하거나, 방관하는 자가 되어 있는 것이다.

이제는 인간의 자살 행동에 매우 다양하고도 많은 전제와 현상들이 개입되고 있음을 수긍해야 하고, 인간의 자살은 단순한 개인의 문제가 아닌 "국가와 사회, 역사와 인류를 모두 연계해 바라볼 수 있도록 시야를 넓히는 작업도 함께"[17] 이뤄져야 할 것이며, 그렇기에 인간의 스스로 자신의 생명을 끊는 행위와 관련한 매우 다양하고도 많은 전제와 현상들에 대해 명확히 설명할 수 있는 기존의 자료들과는 크게 차별화된 새로운 이론의 논리적 자료가 매우 필요하다 할 것이다. 이러한 견해에 있어서는 그 누구도 부정할 수 없을 것이며, 만약 부정한다면, 응당 그 논리를 밝혀 설명할 수 있어야 할 것이다.

현대에 들어서는 수많은 전제와 현상 등을 상호 연계해 통합한 이론을 통해 접근하려는 다양한 움직임과 많은 시도가 다행히도 이뤄지고 있다.

박세만의
그것 | 교량-투신-자살 : Brodie | 에 관한 이야기 …

두 번째,

두 번째, 이야기

한국의 자살은

2014년도 기준 1만 3,836명이 자살로 인해 목숨을 잃은 한국의 사망자 수이다. 한국은 인구 10만 명당 자살자 수가 27.3명으로, OECD에 가입한 나라 중 수년째 연속적으로 1위라는 기록의 불명예스러운 역사를 만들어가고 있다.

자살공화국, 한국은 1910년대 일제의 식민지가 되면서부터 가파르게 자살률이 증폭하기 시작했고, 1997년 한국의 정부가 외환의 위기를 극복하기 위해 IMF(International Monetary Fund, 국제통화기금)에 자금지원을 요청한 IMF의 시대를 겪으면서 자살률은 더욱 급속히 증폭했으며, 그 이후로도 많은 시간이 흐른 현재까지도 한국의 자살률은 좀처럼 떨어지지 않고 있다.

자살공화국이라는 한국의 자살에 있어 매우 놀라울 만한 사실은 우리가 이해할 수 있는 고령자(高齡者, the elderly) 또는 생계가 곤란한 기초생활수급자(基礎生活受給者, recipient of basic living) 등의 사회적인 약자의 자살이 아닌, 한 국가에 있어 가장 중요한 생산적 원동력의 에너지(元氣, energy)원인 청소년과 청년층의 자살률[1]이 매우 높다는 것이다. 이러한 현상의 사실도 받아들이기 힘들겠지만, 더 힘들게 하는 사실은 자살이라는 자신의 생명을 끊는 행위와는 거리가 멀 것 같은 유명한 인사들과 비교적 높은 사회적 지도층에 속해 있는 인사들의 자살률도 매우 높고, 매우 가파르게 증가하고 있다는 사실이다.

2012년에는 잠시나마 그 가파르던 자살률의 증가추세가 조금은 떨어지기는 했지만, 이후, 10여 년 동안 한국 자살률의 증가폭은 매우 놀라울 정도의 기록[2]적인 행보를 보이고 있다. 한국의 수도인 서울의 자살률은 2000년도에는 인구 10만 명당 9.7명, 2001년도에는 10명에 그쳤었다. 2002년도에 14.5명으로, 자살률이 다시 상승하기 시작했으며, 2005년도에 20.1명, 2009년도에 24.6명, 2010년에 24.3명, 2011년에 24.6명으로, 계속적인 증가폭을 나타냈다.[3]

다음의 〈그림 2.1〉은 최근 연도 OECD 회원국의 자살 현황을 나타낸 것이다.

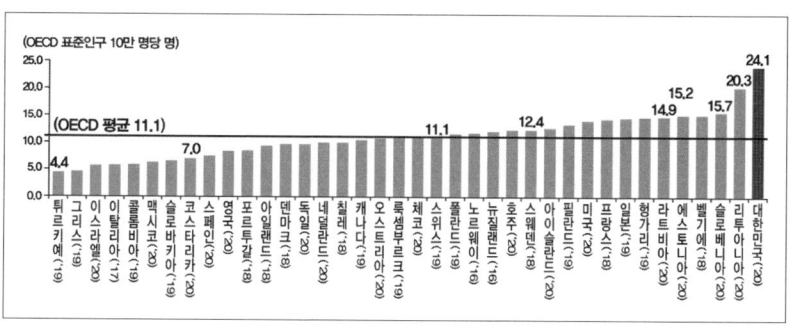

〈그림 2.1〉 OECD 회원국 자살 현황(한국생명존중희망재단)

다음의 〈표 2.1〉은 1983년부터 2021년까지의 대한민국의 자살에 따른 자살률을 나타낸 것이다.

〈표 2.1〉 대한민국의 자살률(위키백과)

(단위: 명, 인구 10만 명당 명, %)

순위	자살자 수	10만 명당 자살자 수	증감치	하루 평균	OECD 순위
2021년	13,352	26.0	+0.3%	36.6	1위
2020년	13,195	25.7	−1.2%	36.1	1위
2019년	13,799	26.9	+0.3%	37.8	1위
2018년	13,670	26.6	+2.3%	37.5	
2017년	12,463	24.3	−1.3%	34.1	2위
2016년	13,092	25.6	−0.9%	35.9	1위
2015년	13,513	26.5	−0.8%	37.0	1위
2014년	13,836	27.3	−1.2%	37.9	1위
2013년	14,427	28.5	+0.4%	39.5	1위
2012년	14,160	28.1	−3.6%	38.8	1위
2011년	15,906	31.7	+1.7%	43.6	1위
2010년	15,566	31.2	+0.2%	42.6	1위
2009년	15,413	31.0	+5.0%	42.2	1위
2008년	12,858	26.0	+1.2%	35.2	1위
2007년	12,174	24.8	+3.0%	33.4	1위
2006년	10,653	21.8	−2.9%	29.2	1위
2005년	12,011	24.7	+1.0%	32.9	1위
2004년	11,492	23.7	+1.1%	31.5	1위
2003년	10,898	22.6	+4.7%	29.9	1위
2002년	8,612	17.9	+3.8%	23.6	−
2001년	6,911	14.1	+0.5%	18.9	−
2000년	6,444	13.6	−	17.7	−
1999년	7,056	15.0	−	19.3	−
1998년	8,622	18.4	−	23.6	−
1997년	6,068	13.1	−	16.6	−
1996년	5,959	12.9	−	16.3	−
1995년	4,930	10.8	−	13.5	−
1994년	4,277	9.5	−	11.7	−
1993년	4,208	9.4	−	11.5	−
1992년	3,628	8.3	+1.0%	9.9	−
1991년	3,151	7.3	−0.3%	8.6	−
1990년	3,251	7.6	+0.2%	8.9	−
1989년	3,133	7.4	−	8.6	−
1988년	3,057	7.3	−	8.4	−
1987년	3,425	8.2	−	9.4	−
1986년	3,564	8.6	−	9.8	−
1985년	3,802	9.3	−	10.4	−
1984년	3,498	8.7	−	9.6	−
1983년	3,471	8.7	−	9.5	−

한국의 2014년도 전체 사망자 수 26만 7,692명 중에 자살로 인한 사망자 수는 1만 3,836명이며, 인구 10만 명당 자살률은 27.3명으로, 전년 대비 1.3명(-4.5%) 감소했다. 자살률은 10년 전과 비교해 보면, 3.6명(15%) 증가했다. 2000년대 후반에 들어서면서부터 자살률이 계속적으로 증가했으며, 통계청의 〈사망원인통계〉에 따르면, 2011년도의 자살률은 2000년대 들어 가장 크게 증가했다. 이후, 2012년도와 2014년부터 2017년도까지는 조금 감소했다가 2013년도와 2018년도부터는 계속 증가했다.

한국인의 사망원인 중 그 대표적인 것이 자살이며, 이러한 결과는 오래전부터 이어져 왔다.[4] 이러한 결과에 따른 한국의 연령대별 자살률을 우선 들여다보면, 최근 20여 년간 고령층의 자살률은 매우 크게 증폭했다. 한국의 2010년 사망원인에 대한 통계청(統計廳, Statistics Korea)의 자료에 따르면, 60세 이상 고령층의 자살은 1990년까지만 해도 타 연령대에 비해 비교적 많긴 했지만, 인구 10만 명당 10명대 중·후반에 머무르는 정도였다. 그러나 20년이 지난 2010년에는 80세 이상의 고령층은 120명대, 75~79세에는 90명대, 70~74세에는 70명대, 65~69세에는 60명대, 60~64세에서는 40명대로, 자살률이 매우 크게 증폭했다.[5]

한국인의 주요 사망원인 중 자살은 1992년도부터 2000년도까지만 해도 10위에서 8위 정도의 기록을 보였지만, 2013년도에 들어서는 중위권을 넘어선 4위의 기록을 보였다. 이것은 자살이 당뇨병, 폐렴, 간질환, 고혈압 등과 같은 가벼운 질병들을 누르고, 암, 뇌혈관질환, 심장질환 등과 같은 매우 위험한 중대 질병과 함께 한국인의 주요 사망원

인 중 하나로 안착되고 있음을 경고하는 결과이다.[6] [7]

저자는 위와 같은 통계적 자료들을 살펴보면서 의구심을 갖게 된 부분이 생겼다. "정말 그러할까? 정말 자살에 대한 사건을 실제 있는 그대로를 조사해 기록한 통계적 자료들이 맞을까? 외국은 어떠할까?" 이러한 저자의 의구심은 많은 관련된 전문가들이 앞다투어 제시한 자료들을 통해 이미 오래전부터 언급되어 온 것이 사실이다.

프랑스의 유명한 저널리스트인 마르탱 모네스티에는 확실한 통계적 수치를 제공한다는 서구의 국가들도 20~25%는 실제보다 과소평가되어 있음을 지적했으며, 세계의 모든 통계학자가 입을 한데 모으는 것도 세계의 자살률에 관한 통계적 수치가 실제보다도 낮게 표시되고 있기 때문이라고 언급했다.[8] 이는 자살에 관한 통계에 있어 문제가 있다는 견해는 저자뿐만 아니라 관련된 많은 전문가들도 오래전부터 공통되게 가져왔음을 확인시켜 주고 있으며 즉, 자살문제의 실상은 조사해 기록된 통계의 결과보다 더욱 심각하게 보아야 한다는 것이다.[9]

자살에 성공하는 자살자에 비해 일반적으로, 자살시도자는 20~40배 정도로 추산된다고 한다.[10] 그렇다면, "한국에서는 어떠할까?" 한국에서의 자살자는 1년에 약 1만 5,000명이므로, 자살시도자는 매년 30~60만 명으로 추정할 수 있다. 실제 응급실에 실려 오는 자살시도자 수는 연간 4만 명에 달한다고 한다.[11]

"자살로 망해 가는 나라, 한국 사회는 과연 자살문제를 계속 회피하거나, 해결하지 못하는 무능력을 자랑하면서 두 손 놓고 있어도 괜찮은 걸까?"[12] 저자는 이 같은 생각에 무척 많이 동감한다. 그 이유는 저자가 애써 설명하지 않아도 너무나 잘 알고들 있겠지만, 자살은 크게는 국가의 발전과 작게는 사회의 발전에 있어 매우 심각한 문제를 야기시킴으로써 사회의 전반에 걸쳐 또 다른 심각한 문제를 낳을 것이 자명하기 때문에 비단 자살문제가 매우 심각한 한국뿐만이 아닌 전 세계가 같이 해결해야만 하는 너무나도 중요한 문제의 사안이기 때문이다.

다음의 〈표 2.2〉는 2021년도 한국의 성별(性別, gender)·연령별(年齡別, age-specific)에 따른 자살자 수를 나타낸 것이며, 〈표 2.3〉은 2010년, 2019년, 2020년도 한국의 사망원인에 따른 순위 추이를 나타낸 것이다.

〈표 2.2〉 성별·연령별 자살자 수(통계청)

(단위: 명, 인구 10만 명당 명)

연령별	남자		여자		전체	
	자살자 수	자살률	자살자 수	자살률	자살자 수	자살률
전체	9,193	35.9	4,159	16.2	13,352	26.0
9세 이하	0	0.0	1	0.1	1	0.0
10대	179	7.3	159	6.9	338	7.1
20대	955	27.1	624	19.6	1,579	23.5
30대	1,164	33.4	678	20.7	1,842	27.3
40대	1,162	38.9	686	17.1	2,298	28.2
50대	1,881	43.6	688	16.3	2,569	30.1
60대	1,490	44.3	461	13.1	1,951	28.4
70대	1,101	66.4	434	21.5	1,535	41.8
80대 이상	811	119.4	428	31.9	1,239	61.3
미상	0	-	0	-	0	-

※ 9세 이하: 0~9세 [0세 포함]
※ 자살률: (해당연도 자살자 수/해당연도 연앙인구)*100,000

〈표 2.3〉 사망원인 순위 추이(자살예방백서)

(단위: 명, %, 인구 10만 명당 명)

순위	2010년		2019년		2020년					
	사망원인	사망률	사망원인	사망률	사망원인	사망자수	구성비	사망률	'10 순위대비	'19 순위대비
1	악성신생물	144.4	악성신생물	158.2	악성신생물	82,204	27.0	160.1	-	-
2	뇌혈관 질환	53.2	심장 질환	60.4	심장 질환	32,347	10.6	63.0	↑+1	-
3	심장 질환	46.9	폐렴	45.1	폐렴	22,257	7.3	43.3	↑+3	-
4	고의적 자해(자살)	31.2	뇌혈관 질환	42.0	뇌혈관 질환	21,860	7.2	42.6	↓-2	-
5	당뇨병	20.7	고의적 자해(자살)	26.9	고의적 자해(자살)	13,195	4.3	25.7	↓-1	-
6	폐렴	14.9	당뇨병	15.8	당뇨병	8,456	2.8	16.5	↓-1	-
7	만성 하기도 질환	14.2	알츠하이머병	13.1	알츠하이머병	7,532	2.5	14.7	↑+6	-
8	간 질환	13.8	간 질환	12.7	간 질환	6,979	2.3	13.6	-	-
9	운수 사고	13.7	만성 하기도 질환	12.0	고혈압성 질환	6,100	2.0	11.9	↑+1	↑+1
10	고혈압성 질환	9.6	고혈압성 질환	11.0	패혈증	6,086	2.0	11.9	↑+1	↑+1

옥스퍼드대 교수인 데이빗 콜먼은 "저출산으로 인한 인국소멸 국가 1호는 한국이 될 것"이라고 충격적인 발표를 했다. 실제로, 한국은 이대로 출산율 하락을 방치한다면, 2100년에는 현재의 인구에 절반도 안 되는 2,000만 명으로 줄어들게 되고, 2300년이 되면, 사실상 소멸 단계에 들어가게 될 것이라고 보고 있다.[13]

인구수는 국가 전체의 힘을 발현하고, 이를 유지 및 성장시키는 밑바탕이 되며, 경제의 성장을 위해서는 일정한 수가 반드시 유지되어야 하는 한 국가의 존립에 있어 그 무엇보다 매우 중요하다. 이러함에도 불구하고, 매우 심각한 저출산율과 매우 위험한 높은 자살률을 연이어 기록하고도 "한국처럼 아무런 위기의식도 아무런 대책도 없는 나라는 정말 흔치 않다."[14]고 관련한 분야의 많은 학자와 전문가들은 언급하고 있다.

한국의 자살 수단은

저자는 이 장을 쓰기 전에 컬럼비아대 의과대학 임상·정신의학과 교수인 에릭 마커스와 같은 고민을 했다. 저자 또한 "이 장의 의도가 자살을 생각하는 사람에게 자살의 수단을 알려주기 위함"[15]이 절대 아니기 때문이다. 저자의 생각과 마음을 절대적으로 이해해 주시길 거듭 간곡히 부탁드린다.

한국은 교통사고나 추락사고보다 자살에 따른 사망률이 매우 높다. 아울러 자살의 충동을 느끼는 사람들도 점차 늘어나고 있다. 2014년 사회조사를 보면, 국민 중 6.8%가 자살의 충동을 경험한 것으로 나타났다. 이는 한국 국민의 100명 중 7명 정도는 이미 자살의 충동을 경험한 셈이며,[16] 이에 따른 그 수단 또한 이미 생각했을 것이며, 반드시 간접적 경험을 시도했을 것이다.

자살의 수단에는 음독, 가스, 자상, 총기, 목맴 그리고 투신 등과 같은 일반적인 여러 가지의 방법이 있다. 자살을 시도하려는 계획을 갖는 사람들은 대개 보편적으로, 우선 그 수단들에 대해 하나씩 생각하며 나열하게 될 것이다. 여기서 저자가 더더욱 우려스러워하는 것은 잘못된 생각으로 인한 최악의 의지가 우리가 쉽게 생각조차 할 수 없는 경악할 만한 방법을 찾거나, 만들어 내어 분명 시도되고 있을 것이란 사실이다.

2012년도 통계청의 〈사망원인통계〉와 중앙자살예방센터의 〈자살실 태조사연구보고서〉에 따르면, 한국의 자살에 있어 사망 가능성이 매우 크고, 가장 많이 시도되었던 수단은 목맴, 투신, 음독, 자상, 가스 등에 의한 방법의 순으로 나타났음을 보고하고 있다.

〈표 2.4〉 수단별 자살 현황(통계청)

(단위: 명, 인구 10만 명당 명, %)

구분			연령별									
			전체	9세 이하	10대	20대	30대	40대	50대	60대	70대	80대 이상	연령미상
목맴	계	자살자 수	6,581	0	84	652	852	1,105	1,409	1,124	748	607	0
		자살률	12.8	0.0	1.8	9.7	12.6	13.6	16.5	16.3	20.4	30.0	-
		비율	100.0	0.0	1.3	9.9	12.9	16.8	21.4	17.1	11.4	9.2	0.0
	남자	자살자 수	4,756	0	55	374	520	801	1,105	910	584	407	0
		자살률	18.6	0.0	2.2	10.6	14.9	19.3	25.6	27.0	35.2	59.9	-
		비율	100.0	0.0	1.2	7.9	10.9	16.8	23.2	19.1	12.3	8.6	0.0
	여자	자살자 수	1,825	0	29	278	332	304	304	214	164	200	0
		자살률	7.1	0.0	1.3	8.7	10.2	7.6	7.2	6.1	8.1	14.9	-
		비율	100.0	0.0	1.6	15.2	18.2	16.7	16.7	11.7	9.0	11.0	0.0
추락	계	자살자 수	2,482	1	204	363	326	352	386	314	305	231	0
		자살률	4.8	0.0	4.3	5.4	4.8	4.3	4.5	4.6	8.3	11.4	-
		비율	100.0	0.0	8.2	14.6	13.1	14.2	15.6	12.7	12.3	9.3	0.0
	남자	자살자 수	1,381	0	99	201	159	175	197	202	205	143	0
		자살률	5.4	0.0	4.0	5.7	4.6	4.2	4.6	6.0	12.4	21.1	-
		비율	100.0	0.0	7.2	14.6	11.5	12.7	14.3	14.6	14.8	10.4	0.0
	여자	자살자 수	1,101	1	105	162	167	177	189	112	100	88	0
		자살률	4.3	0.1	4.6	5.1	5.1	4.4	4.5	3.2	5.0	6.5	-
		비율	100.0	0.1	9.5	14.7	15.2	16.1	17.2	10.2	9.1	8.0	0.0
농약	계	자살자 수	741	0	0	2	8	25	91	137	229	249	0
		자살률	1.4	0.0	0.0	0.0	0.1	0.3	1.1	2.0	6.2	12.3	-
		비율	100.0	0.0	0.0	0.3	1.1	3.4	12.3	18.5	30.9	33.6	0.0
	남자	자살자 수	531	0	0	2	4	19	74	103	160	169	0
		자살률	2.1	0.0	0.0	0.1	0.1	0.5	1.7	3.1	9.6	24.9	-
		비율	100.0	0.0	0.0	0.4	0.8	3.6	13.9	19.4	30.1	31.8	0.0
	여자	자살자 수	210	0	0	0	4	6	17	34	69	80	0
		자살률	0.8	0.0	0.0	0.0	0.1	0.1	0.4	1.0	3.4	6.0	-
		비율	100.0	0.0	0.0	0.0	1.9	2.9	8.1	16.2	32.9	38.1	0.0
기타	계	자살자 수	3,548	0	50	562	656	816	683	376	253	152	0
		자살률	6.9	0.0	1.1	8.4	9.7	10.0	8.0	5.5	6.9	7.5	-
		비율	100.0	0.0	1.4	15.8	18.5	23.0	19.3	10.6	7.1	4.3	0.0
	남자	자살자 수	2,525	0	25	378	481	617	505	275	152	92	0
		자살률	9.9	0.0	1.0	10.7	13.8	14.9	11.7	8.2	9.2	13.5	-
		비율	100.0	0.0	0.1	15.0	19.0	24.4	20.0	10.9	6.0	3.6	0.0
	여자	자살자 수	1,023	0	25	184	175	199	178	101	101	60	0
		자살률	4.0	0.0	1.1	5.8	5.4	5.0	4.2	2.9	5.0	4.5	-
		비율	100.0	0.0	2.4	18.0	17.1	19.5	17.4	9.9	9.9	5.9	0.0

※ 9세 이하: 0~9세 [0세 포함]
※ 자살률: (해당연도 자살자 수/해당연도 연앙인구)*100,000

앞의 〈표 2.4〉는 2021년도 한국의 수단별 자살 현황을 나타낸 것이며, 다음의 〈표 2.5〉는 2021년 통계청 〈사망원인통계〉와 2022년 〈자살예방백서〉에 조사·분석된 자료를 기초한 최근 2020년과 2021년도의 수단별 자살 현황을 비교해 나타낸 것이다.

〈표 2.5〉 2020년, 2021년도 수단별 자살 현황(통계청. Data)

(단위: 명, %)

구 분		목맴	추락	농약	기타	전체
2020년	자살자 수	6,897	2,186	691	3,421	13,195
	비율	52.3	16.6	5.2	25.9	100.0
2021년	자살자 수	6,581	2,482	741	3,548	13,352
	비율	49.3	18.6	5.5	26.6	100.0

2020년과 2021년의 수단별 자살 현황을 비교해 살펴보면, 목맴으로 인한 2021년도 자살자 수는 6,581명(49.3%)으로, 2020년도 대비 3% 정도가 감소했으며, 추락으로 인한 자살자 수는 2,482명(18.6%)으로, 전년 대비 2% 정도가 증가했다. 또한 농약으로 인한 2021년도 자살자 수도 741명(5.5%)으로, 2020년도 대비 0.3% 정도가 증가했으며, 기타 자살 수단인 알코올과 약물 등의 중독, 가스 및 음독, 익사, 분신 등에 의한 자살자 수는 3,548명(26.6%)으로, 전년 대비 0.7% 정도가 증가했다.

위와 같은 조사·분석의 결과는 해마다 자살자 수가 증가하고 있다는 문제도 드러내고 있지만, 그보다 더 중요한 것은 지속적으로 증가하고 있는 자살시도에 있어 기존의 고수된 수단만이 아닌 더욱 다양한 상황과 수단을 통해 자살을 시도하고 있음을 보여주고 있다는 사실이다.

자살을 마음먹은 시도자들이 그 수단을 선택함에 있어 성별, 연령, 직업, 정신 상태나 절망감의 정도, 관습이나 정치, 그리고 접근성 등에 따라 그 방법은 달라질 수 있다.[17] 또한 매우 다양한 전제의 개입과 수많은 현상들 그리고 상황에 따라서도 그 방법은 달라질 것이다.

보이지 않는 자살의 수단과 보이는 자살의 수단은

"현시대에 있어 자살의 수단은 어떠한가?" 이는 매우 광범위할 뿐만 아니라 참으로 어렵고도 힘든 질문이 아닐 수 없다. 왜냐하면, 자살의 수단은 성별, 연령, 직업, 주변의 여건 등에 의해 제각각 다르게 나타나고 있으며, 개인의 정신적 상태와 심리적 동기 등에 의해서도 제각각 다르게 나타나고 있기 때문이다.

지난 한국의 자살에 있어 통계청의 〈2012사망원인통계〉와 중앙자살예방센터의 〈2012자살실태조사연구보고서〉에 따르면, 성별에 따른 자살의 수단으로는 목맴이 가장 많았으며, 연령에 따른 자살의 수단으로는 약물 등에 의한 음독이 가장 많았다. 연령에 따른 자살의 수단을 조금 더 자세히 살펴보면, 13~25세와 26~40세는 손목 등의 자해 수단이, 41~60세와 61세 이상은 약물 등에 의한 음독이, 각각 주된 수단으로 사용됐다. 직업에 따른 자살의 수단으로는 모든 직업군에서 목맴이 가장 많았으며, 농·임·수산업의 직업군에서는 음독이 가장 많았다.

주변의 여건과 개인의 정신적 상태 및 심리적 동기 등에 따른 자살의 수단에 대해서는 관련된 자료를 입수하고자 많은 시간과 노력을 기울였으나, 조사·분석된 자료는 물론이거니와 유추(analogy)해 볼 수 있는 조금의 관련성 있는 자료조차 찾을 수 없었다. 이는 앞서 언급한 바와 같이 매우 다양한 전제의 개입과 수많은 현상들 그리고 상황에 따라서도 그 방법은 달라질 것이기에 일반적인 조사 및 분석을 통한 자료화의 과정으로는 그 한계가 분명 드러날 수밖에 없기 때문이라 사료된다.

저자는 여기서 한국의 〈자살사망 분석 결과보고서〉에 대해 간략히 소개(紹介, introduction)하고자 한다.

한국생명존중희망재단(Korea Foundation For Suicide Prevention)의 광역분석 자료실에 있는 각 지역별 〈5개년(2013~2017년) 자살사망 분석 결과보고서〉는 개요, 자살사망자 현황 분석, 주제별 자살사망 분석, 대상자별 자살사망 분석의 총 4장의 본문과 자살사망자 현황 분석, 주제별 자살사망 분석, 대상자별 자살사망 분석의 총 3장의 부록으로 구성되어 있다. 이 보고서는 자살사망자에 대한 다각적 정보 및 수집 및 연계를 바탕으로, 과학적 근거에 기반한 자살예방 사업 추진을 목적으로 하고 있으며, 수사(搜査, investigation)를 목적으로 수집한 정보인 경찰 수사기록의 한계를 보완하기 위해 자살사망자의 국민건강보험공단(National Health Insurance Service) 데이터를 연계·분석해 보다 객관적인 정보를 제공코자 하며, 본 조사의 수집 및 연계자료 심층 분석을 통해 자살률 감소를 위한 다각적 접근이 고안되기를 기대한다고 그 목적을 명시하고 있다. 또한 이 결과보고서에는 2018년 9월부터 중앙심리부검센터에서 작성 및 배포하고 있는 〈경찰 수사기록을 통한 자살사망 분석 결과보고서〉에서 확인 가능한 기초단위 자살사망 현황 및 특성에 더해, 광역단위의 통합적 분석도 시도했음을 밝히고 있으며, 특히 국가통계 데이터 연계가 이루어진바, 자살사망자의 특성 및 자살과 관련된 요인들을 다각적 측면에서 분석한 결과로써 자살예방 대책 마련의 근거자료로 활용되기를 기대한다고 아울러 밝히고 있다.

이와 같은 자료는 자살예방 대책 마련에 있어 분명 필요한 자료임이 틀림없으며, 앞으로도 자살예방을 위해 저자와 같이 지속적인 연구 및 개발을 진행하는 많은 전문가들에게도 그 활용도가 매우 높은 중요한 자료가 될 것이다.

허나, 이러한 자료에서도 주변의 여건과 개인의 정신적 상태 및 심리적 동기 등에 따른 자살의 수단에 관한 부분은 포함되어 있지 않아 현재로써는 그 한계를 극복할 수 있는 해법이 없음을 간접적으로나마 확인할 수 있었다.

예부터 자살과 관련한 많은 국내·외 전문가들은 그 선택에 따른 수단에 대해 매우 다양하고도 많은 해석들을 제시해 왔다. 그중 자살의 수단은 그 선택에 따른 여러 복잡한 상황과 여건을 반영하고 있다는 해석에 전문가뿐만 아니라 일반인들도 충분히 공감될 것이라 생각된다.

저자는 자살문제의 큰 맥락을 '보이지 않는 자살'과 '보이는 자살'로 구분해 보았다. 그 이유는 막을 수 있는 자살 수단과 막을 수 없는 자살 수단을 가장 먼저 세분화할 필요가 있다고 생각했기 때문이다. 이렇게 되면, 연구영역의 큰 맥락부터가 조금은 쉽게 세분화되어 '한층 더 구체화된 연구가 이뤄질 수 있지 않을까?' 해서이다. 그래야 자살문제의 해결에 있어 가장 중요한 자살시도에 따른 수단 그 자체를 차단하거나, 강력하게 통제할 수 있는 통합시스템적인 자살예방 및 방지책을 구상할 수 있을 것이라 생각했기 때문이다.

보이지 않는 자살과 보이는 자살로 구분하는 기준은 그 선택에 따른 수단으로 해 구분해 보았다. 그 이유는 바깥으로 드러나지 않는 상황과 드러나는 상황의 스스로 자신의 생명을 끊는 행위의 시도가 자행(自行, self-inflicted)되기 때문이다. 비록 자신의 생명을 끊는 행위에 따른 그 어떤 수단에 사용을 어디서 어떻게 자행하는 것에 그 상황이 달라지기는 하나, 의도적(意圖的, intentional)이거나, 보복적(報復的, retaliatory)인 내면(內面, inner-side)의 심리적 영향에 따른 타인에 대한 적개심(敵愾心, hostility) 또는 복수심(復讐心, vengeance) 등으로 인해 보이기 위한 의도로 자행된 경우(境遇, case)들의 자살시도를 제외하면, 분명 자살의 시도에 따른 그 수단에 사용을 통해 이는 충분히 구분할 수 있다.

다음의 〈표 2.6〉은 한국표준질병·사인분류 자살 관련 코드를 나타낸 것이다.

〈표 2.6〉 한국표준질병·사인분류 자살 관련 코드(보건복지부)

대분류	코드	내 용
약물 음독	X60	비마약성 진통제, 해열제 및 항류마티스제에 의한 자의적 중독 및 노출
	X61	달리 분류되지 않은 항경련제, 진정제-최면제, 항파킨슨제 및 향정신성 약물에 의한 자의의 중독 및 노출
	X62	달리 분류되지 않은 마약 및 환각제에 의한 자의의 중독 및 노출
	X63	자율신경계에 작용하는 기타 약물에 의한 자의의 중독 및 노출
	X64	기타 및 상세불명의 약물, 약제 및 생물학적 물질에 의한 자의의 중독 및 노출
	X65	알코올에 의한 자의의 중독 및 노출
	X66	유기용제 및 할로겐화 탄화수소 및 그 휘발물질에 의한 자의의 중독 및 노출
가스 중독	X67	기타 가스 및 휘발성 물질에 의한 자의의 중독 및 노출
농약 음독	X68	살충제에 의한 자의의 중독 및 노출
기타 화학물질	X69	기타 및 상세불명의 화학물질 및 독성물질에 의한 자의의 중독 및 노출
목맴	X70	목맴, 압박 및 질식에 의한 의도적 자해
익사	X71	물에 빠짐에 의한 의도적 자해
총화기	X72	권총발사에 의한 의도적 자해
	X73	라이플, 엽총 및 기타 소화기발사에 의한 의도적 자해
	X74	기타 및 상세불명의 화기발사에 의한 의도적 자해
	X75	폭발물에 의한 의도적 자해
분신	X76	연기, 불 및 불꽃에 의한 의도적 자해
	X77	증기, 뜨거운 김 및 뜨거운 물체에 의한 의도적 자해
둔기/예기	X78	예리한 물체에 의한 의도적 자해
	X79	둔한 물체에 의한 의도적 자해
추락	X80	높은 곳에서 뛰어내림에 의한 의도적 자해
자동차/기차	X81	움직이는 물체 앞에 눕거나 뛰어내림에 의한 의도적 자해
	X82	자동차의 충돌에 의한 의도적 자해
기타	X83	기타 명시된 수단에 의한 의도적 자해
	X84	상세불명의 수단에 의한 의도적 자해

다음의 〈표 2.7〉은 중앙자살예방센터(통계청 분류기준 근거)와 경찰청(警察廳, National Police Agency)의 자살 수단 분류를 비교해 나타낸 것이다.

〈표 2.7〉 중앙자살예방센터와 경찰청의 자살 수단 분류 비교(보건복지부)

통계청 분류기준에 근거한 중앙자살예방센터 분류기준	경찰청 분류기준
가스 중독	가스 중독사
목맴	목맴
익사	익사
총화기	총포
분신	소사[1]
추락	추락
자동차/기차	자동차
	기차
약물 음독	음독
농약 음독	
기타 화학물질	
둔기/예기	도검
	기타
기타	폭발물
	전기

1) 소사(燒死): 분신

    통계청 〈사망원인통계〉에서는 '한국표준질병·사인분류 코드'를 적용해 사망원인을 구분하고 있으며, 중앙자살예방센터에서는 2016년 1월 1일에 개정된 '한국표준질병·사인분류(KCD7)'를 바탕으로, 자살 수단을 〈표 2.7〉과 같이 분류해 분석하고 있다.[18]

    분류표에 따르면, 자살의 수단은 약물 음독, 가스 중독, 농약 음독, 기타 화학물질, 목맴, 익사, 총화기, 분신, 둔기/예기, 추락, 자동차/기차, 기타를 포함한 총 12가지로 분류하고 있다. 그중 약물 음독은 7가

두 번째. 이야기   053

지의 코드별 종속원인으로 분류되고, 총화기는 4가지의 코드별 종속원인으로 분류되고 있으며, 분신, 둔기/예기, 자동차/기차, 기타는 각 2가지의 코드별 종속원인으로 분류되고 있다.

한국의 자살 수단에 대한 분류 기준은 앞의 〈표 2.7〉과 같이 경찰청의 자료와 통계청의 자료가 서로 다르게 규정되어 있다. 이는 통계청의 자료는 '한국표준질병·사인분류'에 따라 코드명 X60~X84로 분류하고 있으며, 경찰청의 자료는 총 13개의 수단으로 분류하고 있기 때문이다. 중앙자살예방센터는 자살 수단에 대한 관련한 정보를 보다 효율적으로 파악할 수 있도록 자살과 관련한 다양한 사망원인을 총 12개의 수단으로 재분류했고, 이를 경찰청 자료의 자살 수단 분류와 비교해 정리하면, 자살 수단 분류 항목 중 가스 중독, 목맴, 익사, 총화기(총포), 분신(소사), 추락, 자동차/기차는 통계청과 경찰청이 동일한 것으로 나타났으나, 통계청의 자료에는 약물 중독, 농약 음독, 기타 화학물질로 상세히 구분된 반면, 경찰청의 자료에는 단순히 음독이라는 항목으로 구분되어 있다. 또한 통계청의 자료에서는 무딘 물체와 예리한 물체에 의한 사망을 별다른 구분 없이 둔기/예기로만 분류하고 있으나, 경찰청의 자료에서는 예리한 물체 중에서도 칼에 해당하는 도검만을 따로 구분하고, 그 외에는 기타 항목에 포함시키고 있다. 이 두 청의 자료에 따른 분류 중 특별한 부분은 통계청의 분류 기준에는 없으나, 경찰청의 분류 기준에는 폭발물과 전기가 구분되어 비교 제시되고 있다는 점이다.[19]

〈표 2.8〉 통계청, 경찰청 자료 간 특성 차이(보건복지부)

	통계청 사망원인통계	경찰청 내부자료
집계기준	사망자 등록 주소지	사건 발생지
대상	내국인 당해 연도 사망자 (사망신고서 기준)	내국인 및 외국인 당해 연도 수사대상자 (경찰 수사권 대상)
지역	세종 지역 분류 가능	세종 지역 분류 불가(충남청에 포함)

〈표 2.9〉 통계청과 경찰청 자료에 따른 자살사망자 수 비교(보건복지부)

(단위: 명)

지역	통계청	경찰청	차이 (통계청-경찰청)	통계청 수치 대비 차이의 비율[1]
서울	2,067	2,032	35	1.7%
부산	907	879	28	3.1%
대구	613	570	43	7.0%
인천	700	663	37	5.3%
광주	329	318	11	3.3%
대전	337	333	4	1.2%
울산	284	257	27	9.5%
경기	2,898	2,885	13	0.4%
강원	470	519	-49	-10.4%
충북	447	484	-37	-8.3%
충남[2]	710	732	-22	-3.1%
전북	524	526	-2	-0.4%
전남	474	494	-20	-4.2%
경북	696	746	-50	-7.2%
경남	835	818	17	2.0%
제주	172	170	2	1.2%
전국	12,463	12,426	37	0.3%

1) (통계청 수치 - 경찰청 수치) x 100
2) 세종특별자치시 자살사망자 수가 포함됨

앞의 〈표 2.8〉은 통계청과 경찰청의 자료 간 특성(집계기준, 대상, 지역) 차이를 비교해 나타낸 것이며, 〈표 2.9〉는 통계청과 경찰청의 자료에 따른 자살사망자 수를 비교해 나타낸 것이다.

경찰청에서 제공한 2017년도 내부 자료를 살펴보면, 경찰청은 자살사망자에 대한 분류 기준도 자살 수단에 대한 분류 기준처럼 통계청과는 다르게 분류하고 있는데, 이는 통계청은 사망신고서에 따른 내국인 사망자의 등록 주소지를 기준으로 집계하고 있는 반면에 경찰청은 수사 대상인 내국인 및 외국인 사망자의 사건 발생지를 기준으로 집계하고 있기 때문이다. 또한 통계청은 별도의 지역으로 구분하고 있는 반면, 경찰청은 관할로 분류하고 있다. 이와 같이 경찰청과 통계청의 자살사망자와 관련한 분류 기준이 서로 다르기에 전체 자살사망자의 수를 비롯한 여러 특성별 자살사망자 수 분포에서 다소 간의 차이가 발생하게 된다.[20]

2017년도 관할지방경찰청별 자살 현황을 살펴보면, 총 자살사망자 수는 1만 2,426명이며, 그중 경기도가 2,885명으로, 자살사망자가 가장 많았고, 서울 2,032명, 부산 879명, 경남 818명, 경북 746명, 충남 732명이 그 뒤를 이었다. 통계청과 경찰청 자료에 따른 자살 현황을 비교해 보면, 2017년도 집계 기준 통계청의 총 자살사망자 수는 1만 2,463명이고, 경찰청의 총 자살사망자 수는 1만 2,426명으로, 통계청의 총 자살사망자 수가 37명 더 많은 것으로 나타났다. 지역별로 살펴보면, 서울, 부산, 대구, 인천, 광주, 대전, 울산, 경기, 경남, 제주에서는 통계청의 자살사망자 수가 더 많았고, 강원, 충북, 충남, 전북, 전남, 경북에서는 경찰청의 자살사망자 수가 더 많은 것으로 나타났다. 이는 통계청의 자살사망자 수가 더 많은 지역은 해당 지역에서 경찰의 수사대상인 자살자가 더 적었다는 의미이고, 경찰청의 자살사망자 수가 더 많은 지역은 전자(前者, the former)와 반대로, 경찰의 수사대상인 자살자가 더 많다는 의미로 해석될 수 있다. 따라서 강원, 충북, 충남, 전북, 전남, 경북의 경우는 경찰의 수사대상인 자살사망자가 더 많은 지역이라고 추정해 볼 수 있다. 통계청의 집계 자료가 경찰청의 집계 자료보다 더 큰 지역 중에서는 대구, 인천, 서울이, 경찰청의 집계 자료가 통계청의 집계 자료보다 더 큰 지역 중에서는 경북, 강원, 충북이 상대적으로 큰 차이를 보였다.[21]

이와 같이 통계청과 경찰청 자료에 따른 자살사망자 수 비교에서도 자살사망자에 대한 분류 기준에 따라 그 상대적인 차이가 발생했는데, 그렇다면, 자살 수단에 대한 분류 기준에 따른 그 상대적인 차이는 어떠한지 분명 짚어보아야 할 것이다.

다음의 〈표 2.10〉은 2017년도 관할지방경찰청에 따른 수단별 자살 현황을 나타낸 것이다.

〈표 2.10〉 2017년 관할지방경찰청에 따른 수단별 자살 현황(보건복지부)

(단위: 명, %)

		목맴	추락	음독	가스중독사	익사	도검	총포	폭발물	기차	자동차	소사[1]	전기	기타	전체
서울청	자살자 수	1,081	391	82	178	184	19	0	0	2	0	12	0	83	2,032
	백분율	53.2	19.2	4.0	8.8	9.1	0.9	0.0	0.0	0.1	0.0	0.3	0.0	4.1	100.0
부산청	자살자 수	469	175	64	110	6	9	1	0	1	0	6	0	38	879
	백분율	53.4	19.9	7.3	12.5	0.7	1.0	0.1	0.0	0.1	0.0	0.7	0.0	4.3	100.0
대구청	자살자 수	310	112	40	73	12	4	0	0	1	0	1	0	17	570
	백분율	54.4	19.6	7.0	12.8	2.1	0.7	0.0	0.0	0.2	0.0	0.2	0.0	3.0	100.0
인천청	자살자 수	371	121	28	110	1	3	1	0	1	0	0	0	27	663
	백분율	56.0	18.3	4.2	16.6	0.2	0.5	0.2	0.0	0.2	0.0	0.0	0.0	4.1	100.0
광주청	자살자 수	150	68	26	53	3	2	0	0	1	0	3	0	12	318
	백분율	47.2	21.4	8.2	16.7	0.9	0.6	0.0	0.0	0.3	0.0	0.9	0.0	3.8	100.0
대전청	자살자 수	178	69	22	44	5	0	1	0	0	1	3	1	9	333
	백분율	53.5	20.7	6.6	13.2	1.5	0.0	0.3	0.0	0.0	0.3	0.9	0.3	2.7	100.0
울산청	자살자 수	130	44	25	36	8	3	0	0	0	0	2	0	9	257
	백분율	50.6	17.1	9.7	14.0	3.1	1.2	0.0	0.0	0.0	0.0	0.8	0.0	3.5	100.0
경기청	자살자 수	1,546	478	220	470	42	10	2	0	12	1	11	0	94	2,885
	백분율	53.6	16.6	7.6	16.3	1.5	0.3	0.1	0.0	0.4	0.0	0.4	0.0	3.3	100.0
강원청	자살자 수	289	56	62	70	15	2	1	0	0	1	2	0	21	519
	백분율	55.7	10.8	11.9	13.5	2.9	0.4	0.2	0.0	0.0	0.2	0.4	0.0	4.0	100.0
충북청	자살자 수	230	41	62	74	25	4	0	2	0	0	1	0	45	484
	백분율	47.5	8.5	12.8	15.3	5.2	0.8	0.0	0.4	0.0	0.0	0.2	0.0	9.3	100.0
충남청	자살자 수	415	63	117	91	20	2	0	0	0	0	1	0	23	732
	백분율	56.7	8.6	16.0	12.4	2.7	0.3	0.0	0.0	0.0	0.0	0.1	0.0	3.1	100.0
전북청	자살자 수	253	63	89	75	18	3	0	0	0	0	8	0	17	526
	백분율	48.1	12.0	16.9	14.3	3.4	0.6	0.0	0.0	0.0	0.0	1.5	0.0	3.2	100.0
전남청	자살자 수	210	39	125	76	11	10	0	0	1	0	6	0	16	494
	백분율	42.5	7.9	25.3	15.4	2.2	2.0	0.0	0.0	0.2	0.0	1.2	0.0	3.2	100.0
경북청	자살자 수	358	66	129	117	33	5	0	0	3	2	3	0	30	746
	백분율	48.0	8.8	17.3	15.7	4.4	0.7	0.0	0.0	0.4	0.3	0.4	0.0	4.0	100.0
경남청	자살자 수	409	73	146	124	13	11	0	1	0	0	6	0	35	818
	백분율	50.0	8.9	17.8	15.2	1.6	1.3	0.0	0.1	0.0	0.0	0.7	0.0	4.3	100.0
제주청	자살자 수	89	14	39	23	0	1	0	0	0	0	1	0	3	170
	백분율	52.4	8.2	22.9	13.5	0.0	0.6	0.0	0.0	0.0	0.0	0.6	0.0	1.8	100.0
전국	자살자 수	6,488	1,873	1,276	1,723	396	88	6	3	22	5	66	1	479	12,426
	백분율	52.2	15.1	10.3	13.9	3.2	0.7	0.0	0.0	0.2	0.0	0.5	0.0	3.9	100.0

1) 소사(燒死): 분신

2017년도 경찰청의 자료에 따른 수단별 자살사망자 비율은 목맴이 52.2%로, 가장 높게 나타났으며, 추락 15.1%, 가스 중독 13.9%, 음독 10.3%의 순으로 나타났다. 통계청의 자료에서도 목맴 52.3%, 추락 15.2%, 가스 중독 14.8%, 농약 음독 6.7%의 순으로 비율을 보여주고 있어 경찰청 자료의 자살 수단과 유사한 분포임이 확인되었으며, 그 외 수단인 익사는 경찰청 3.2%, 통계청 3.8%, 소사(분신)는 경찰청 0.5%, 통계청 0.6%, 자동차/기차는 경찰청 0.2%, 통계청 0.2%, 총포(총화기)는 경찰청 0.0%, 통계청 0.1%로, 모두 경찰청의 자료 수치와 통계청의 자료 수치가 대동소이(大同小異, practically the same)하고 있음을 확인할 수 있다. 관할지방경찰청에 따른 수단별 자살사망자의 비율을 살펴보면, 모든 지방경찰청에서 목맴의 수단이 가장 높은 비율을 보이고, 서울, 부산, 대구, 인천, 광주, 대전, 울산, 경기 지방경찰청에서는 추락의 수단이, 강원, 충북 지방경찰청에서는 가스 중독의 수단이, 충남, 전북, 전남, 경북, 경남, 제주 지방경찰청에서는 음독의 수단이 각 두 번째의 높은 비율의 자살 수단으로 확인되었으며, 음독의 수단인 경우 통계청의 자료는 농약, 약물, 기타 화학물질로 각각 구분되어 자살사망자 수가 집계되는 반면에 경찰청의 자료에서는 모두 통합 집계가 되어 버리기 때문에 음독의 수단에 해당하는 자살사망자의 비율이 상대적으로 높게 나타나는 것으로 보고 있다. 또한 자살 수단들 중 세 번째로 높은 비율을 보인 수단은 서울 지방경찰청에서는 익사이며, 강원과 충북 지방경찰청에서는 음독이, 부산, 대구, 인천, 광주, 대전, 울산, 경기, 충남, 전북, 전남, 경북, 경남, 제주 지방경찰청에서는 가스 중독인 것으로 확인되었으며, 자살의 수단들 중 상대적으로 목맴의 비율이 가장 높은 곳은 충남으로 56.7%였고, 추락은 광주로 21.4%, 음독은 전남으로 25.3%, 가스 중독은 광주로 16.7%, 익사는 서울로 9.1%로, 각각 상대적으로 높은 비율을 보이는 것으로 확인할 수 있다.[22]

한국에서의 자살 관련한 자료는 해마다 발표하는 통계청과 경찰청의 자료를 통해 조사해 볼 수 있으며, 자살과 관련한 많은 국내에서의 연구들은 이 두 청의 자료를 통해 이뤄지고 있는 실정이다. 자살문제와 관련한 많은 전문가들은 통계청과 경찰청의 집계된 통계 수치에 유의미(有意味, being meaningful)한 차이가 있기에 자살사망자에 대한 보다 정확한 집계된 통계자료를 마련하기 위해서는 자살사망자에 대한 분류 기준과 자살 수단에 대한 분류 기준을 우선적으로 비교·분석해 그에 따른 원인과 결과적 차이를 분명히 해야 함을 언급하고 있다.

다음의 〈표 2.11〉은 한국표준질병·사인분류 자살 관련 코드를 나타낸 것이다.

〈표 2.11〉 한국표준질병·사인분류 자살 관련 코드(보건복지부)

대분류		코드	내 용
중독	약물중독	X60	비마약성 진통제, 해열제 및 항류마티스제에 의한 자의적 중독 및 노출
		X61	달리 분류되지 않은 항경련제, 진정제-최면제, 항파킨슨제 및 향정신성 약물에 의한 자의의 중독 및 노출
		X62	달리 분류되지 않은 마약 및 환각제에 의한 자의의 중독 및 노출
		X63	자율신경계에 작용하는 기타 약물에 의한 자의의 중독 및 노출
		X64	기타 및 상세불명의 약물, 약제 및 생물학적 물질에 의한 자의의 중독 및 노출
	알코올중독	X65	알코올에 의한 자의의 중독 및 노출
	유기용제중독	X66	유기용제 및 할로겐화 탄화수소 및 그 휘발물질에 의한 자의의 중독 및 노출
	가스중독	X67	기타 가스 및 휘발성 물질에 의한 자의의 중독 및 노출
	농약중독	X68	살충제에 의한 자의의 중독 및 노출
	기타중독	X69	기타 및 상세불명의 화학물질 및 독성물질에 의한 자의의 중독 및 노출
목맴		X70	목맴, 압박 및 질식에 의한 의도적 자해
익사		X71	물에 빠짐에 의한 의도적 자해
총화기		X72	권총발사에 의한 의도적 자해
		X73	라이플, 엽총 및 기타 소화기발사에 의한 의도적 자해
		X74	기타 및 상세불명의 화기발사에 의한 의도적 자해
		X75	폭발물에 의한 의도적 자해
분신		X76	연기, 불 및 불꽃에 의한 의도적 자해
		X77	증기, 뜨거운 김 및 뜨거운 물체에 의한 의도적 자해
둔기/예기		X78	예리한 물체에 의한 의도적 자해
		X79	둔한 물체에 의한 의도적 자해
추락		X80	높은 곳에서 뛰어내림에 의한 의도적 자해
자동차/기차		X81	움직이는 물체 앞에 눕거나 뛰어내림에 의한 의도적 자해
		X82	자동차의 충돌에 의한 의도적 자해
기타		X83	기타 명시된 수단에 의한 의도적 자해
		X84	상세불명의 수단에 의한 의도적 자해

통계청의 〈사망원인통계〉에서는 '한국표준질병·사인분류 코드'를 적용해 사망원인을 구분하고 있으며, 한국생명존중희망재단에서는 수단별 자살 현황을 파악하기 위해 2021년 1월 1일에 개정된 '한국표준

질병·사인분류(KCD8)'에 따라 〈표 2.11〉과 같이 대분류의 주(主, main)된 수단과 그에 따른 종속(從屬, sub)된 코드별 원인으로 자살 수단을 분류해 분석하고 있다.[23]

 분류표에 따르면, 자살의 수단은 크게 중독, 목맴, 익사, 총화기, 분신, 둔기/예기, 추락, 자동차/기차, 기타를 포함한 총 9가지로 분류하고 있다. 중독은 약물, 알코올, 유기용제, 가스, 농약, 기타로 분류되며, 그 중 약물 중독은 5가지의 코드별 종속원인으로 분류되고 있다. 총화기는 4가지의 코드별 종속원인으로 분류되며, 분신, 둔기/예기, 자동차/기차, 기타는 각 2가지의 코드별 종속원인으로 분류되고 있다.

 여기서 저자는 앞서 언급한 바와 같이 보이기 위한 의도로 자행된 경우들의 자살의 시도를 제외하면, 대분류 중 중독, 목맴, 총화기, 분신, 둔기/예기, 기타를 포함한 총 6가지는 보이지 않는 자살의 수단으로 간주(看做, regard)하며, 이를 제외한 세 가지의 익사, 추락, 자동차/기차를 보이는 자살의 수단으로 간주한다. 그 이유는 자살에 있어 사용된 수단에 따라 거주지 및 독립된 공간 등의 폐쇄적(閉鎖的, closed)인 '보이지 않는 자살의 장소'와 거주지 이외 및 공공장소(公共場所, public place) 등의 개방적(開放的, open)인 '보이는 자살의 장소'로 충분히 구분될 수 있기 때문이다.

 보이지 않는 자살과 보이는 자살에 대한 저자의 견해는 이러하다. 자살에 따른 장소는 반드시 그 사용 수단이 기인한다. 개인 또는 집단의 자살에 있어 그 사유와 원인에 대한 해석은 어떻든 간에 종속된 그 수단은 정확지 않더라도 주된 수단만큼은 분명하고도 명백하게 드러난다. 다만, 그것이 타살에 의한 것인지, 아닌지를 수사·검사 등을 통해

서 명확해져야 한다지만, 그 사용된 수단만큼은 반드시 존재한다.

그렇기에 저자는 자살의 시도에 따른 그 사용된 수단의 사용성(使用性, usability)을 온전히 파악(把握, prehension)한다면, 분명 이를 통해 충분히 구분될 수 있을 것이라 자부(自負, self-esteem)한다.

박세만의
그것 | 교량-투신-자살:Brodie | 에 관한 이야기 …

세 번째,

세 번째, 이야기

자살의 수단 중 특히 목맴은 보이지 않는 자살의 대표적 수단으로, 수단별 자살사망자 비율에서 단연(斷然, definitely)히 가장 높게 나타났으며, 바로 다음이 보이는 자살의 대표적 수단인 추락 즉, '투신'이었다. 이 두 수단은 자살에 있어 매우 치명적인 대표적 수단으로, 자살을 시도하는 사람들의 그 사망률은 매우 높게 나타나고 있다. 한국은 자살에 사용되는 수단들 중 그 치명도(致命度, criticality)에 따라 목맴, 추락, 중독을 치명적인 수단으로, 그 외의 수단들을 비치명적인 수단으로 해 크게 2가지로 범주화하고 있으나, 자살의 수단들에 따른 그 치명도를 분류할 수 있는 정립된 정의와 이론적 근거 및 기준은 아직 마련되지 않고 있다.[1]

보이지 않는 자살의 수단, 목맴은

　한국의 자살에 따른 치명적인 수단 중 '보이지 않는 자살의 대표적 수단'인 '목맴'은 목을 매게 되면, 체중으로 인해 목이 압박되어 목동맥과 척추동맥의 혈류가 차단되어 산소를 포함한 혈액이 뇌에 공급되지 않아 산소부족의 증상으로 의식을 잃게 되고, 곧 사망에 이르게 되는 수단이다. 목맴(near-hanging)의 질식사 중 외력(外力, external force)에 의한 경부 압박 즉, 목 눌림으로 질식해 죽는 것을 의미하고, 이는 대개 본인 스스로가 목을 매달아 죽는 자살과 타인에 의해서 목이 졸려 죽게 되는 타살이 이에 해당한다.

　목맴(경부 압박 질식사)에는 목에 두른 끈 등을 본인의 체중 또는 그 일부의 힘으로 졸리게 해 목을 압박시킴으로써 사망에 이르게 되는 의사(縊死, hanging), 끈 등을 본인의 체중 이외의 힘으로 목을 졸라 압박해 사망에 이르게 하는 교사(絞死, ligature strangulation), 끈 이외의 것(손 또는 신체의 일부)을 이용해 목을 졸라 압박해 사망에 이르게 하는 액사(縊死, manual strangulation), 이렇게 3종류로 구분된다.

　액사는 법의학적인 해석으로 자살이 불가능하다고 한다. 이는 약물이나 특수한 환경 또는 상황에 놓인 사례가 아니고서는 자기 자신의 손으로 스스로 목을 졸라 죽는 경우를 상정(想定, presupposition)하지 않으며, 이 경우는 산소부족으로 인한 경련(痙攣, convulsion)의 단계를 겪게 되면서 자신의 체력이 모두 소모되어 자해적 행위가 중단되기 때문이라고 한다. 이러한 액사가 성립되려면, 가해자가 피해자보다 근력의 힘이 더 세야 하므로, 피해자는 유·소아, 여성, 노약자, 심신미약·상실자, 거동 불편자인 경우가 많고, 검시(檢屍, postmortem examination)는 시신의 경부 등에 남겨진 손톱(조흔) 및 손가락(지두흔)의 흔적으로 판단하게 되며, 피해자가 질식되어 사망하기까지 어느 정도의 시간이 소요되므로, 방어흔(저항흔)이 발견된다. 그렇기에 액사는 자살보다 타살의 가능성이 더 열려있다. 교사는 끈 등에 목이 감겨 사망하게 되는 것이며, 그 특징으로는 경부의 끈 자국과 일혈점(점 모양의 출혈 현상)과 안면 및 경부 피하조직에 울혈(혈액을 내보내는 정맥의 작용이 방해를 받아 잔류 혈액량이 늘어나는 현상)이 나타난다는 것이다. 이러한 교사는 주저흔(자살의 경우)과 방어흔(타살의 경우)이 혼동될 수 있으므로, 검시에 있어 애매하거나, 복잡해지는 경우도 발생한다. 그렇기에 교사는 자살과 타살의 가능성이 모두 열려있다. 의사는 대부분이 높은 곳에 끈 등을 매달아 자기 스스로 목을 매어 사망에 이르게 되는 것이다. 이러한 의사는 타살로 인해 발생하기도 하지만, 대부분 자살로 인해 발생한다. 그렇기에 의사는 타살보다 자살의 가능성이 더 열려있다.[2]

  자신의 생명을 끊는 행위라는 안타깝고도 마음 아픈 마지막 현장에는 소방관(구급대원)이 함께하게 된다. 현장에 출동한 소방관은 처참함을 넘어 암담한 상황을 마주치기도 하고, 절체절명(絶體絶命, desperately dangerous situation)의 찰나에 목숨을 구하기도 한다. 이와 같은 자살에 따른 출동 중에서도 목맴 수단의 사고는 가장 많이 발생

하는 상황이며, 동시에 출동한 대원들로 하여금 많은 혼란을 초래하기도 한다.[3]

이처럼 대원들이 출동한 자살의 현장에서 살인의 현장으로 전환될 가능성의 확률이 가장 높은 것이 바로 '보이지 않는 자살의 대표적 수단'인 '목맴'인 것이다.

이와 관련해 지난 1987년 대한민국을 발칵 뒤집어 놓았던 충격적인 자살사건을 들여다보고자 한다.[4]

이 충격적인 사건은 경기도 용인시 처인구 남사면에 있었던 오대양㈜란 회사에서 일어났던 집단자살 사건이며, 배경은 이러하다. 오대양의 대표인 박순자(朴順子)는 1984년에 오대양을 설립하고, 종말론을 내세우는 사이비 종교의 교주로 행세한다. 이후, 그녀는 본인을 믿고 따르던 신도와 그들의 가족들을 회사로 둔갑한 집단적 시설에 수용하며, 이들을 이용해 약 170억 원에 이르는 거액의 사채를 빌리게 된다. 그 후, 사채의 원금을 갚지 않았으며, 이 돈을 돌려받고자 한 신도들과 그의 가족 등에 집단적 폭행을 가함은 물론 3명을 살해까지 한 후, 잠적했다. 그런 후, 1987년 8월 29일 오대양 공장의 식당 천장에서 대표 박순자와 그의 가족 그리고 직원 및 신도 등 32명이 손이 묶이거나, 목에 끈이 감긴 채 시체로 발견됨으로써 당국(當局, the authorities)은 조직 등의 전모와 이와 관련한 모든 범행들이 밝혀질 것을 우려한 나머지 집단 자살극을 벌인 것으로 추정하게 된다.

사건 발생 당시에는 집단 자살의 원인이나, 상세한 경위에 대해서는 전혀 밝혀지지 않은 채 수사가 마무리되었다가 1991년 7월 오대양 종교집단의 신도 6명이 경찰에 자수하면서부터 의문점들이 조금은 밝혀지기 시작했다. 이에 따라 오대양사건은 전면 재조사를 하게 되지만, 이 사건이 당국의 발표대로 집단 자살극인지, 아니면 외부인이 개입된 집단 타살극인지에 대한 상황적 논의(論議, discussion)만 무성했을 뿐이며, 끝내 진상은 밝혀내지 못했다.

당시 부검의(剖檢醫, necropsic)는 시체 3구는 자살이 분명한 것으로 추정되지만, 교주인 박순자를 포함한 나머지 시체들은 교살(絞殺, strangulation)에 의한 질식사가 분명하며, 이는 외부인에 의해 계획적으로 의도된 집단 타살극의 범행이라고 주장했다.

이처럼 변사자가 목맴의 수단을 사용해 순수하게 자살을 했다는 결론을 내리기 위해서는 현장의 증거물, 시체에 나타난 현상, 자살자의 최종적 행적 그리고 직접적인 목격자 또는 주변인 등의 진술을 통한 자살자의 심리 및 육체적 상태의 파악 등 여러 가지의 많은 증거가 필요하게 된다. 그렇기에 자살 수단인 목맴으로 위장해 고의적으로 사건의 현장을 훼손하거나, 조작하는 등의 방법으로 피해자를 살해한 현장에서 자살의 현장으로 둔갑시키는 변사현장에서 가장 많이 볼 수 있는 상황으로써 남성의 경우보다는 여성의 경우에서 범죄적 피해자의 다수를 이루고 있어 그 수치는 더욱 높게 나타나고 있다.[5]

보이지 않는 자살의 대표적 수단인 목맴은 자살과 살해라는 경계선상에 놓일 확률이 많은 수단임엔 분명하다. 목맴이라는 수단을 이용한 사체의 현장에서는 우선 시체에 나타난 현상과 현장의 정황 및 남겨진 증거들에 대해 면밀한 수사·검사 등을 통해 법의학적으로 명확히 해석·판단해 자살의 현장인지, 아니면 살해의 현장인지를 분명히 해야 한다. 그러하나 이 또한 쉽지 않다. 왜냐하면, 이러한 현장의 경우에는 대개 가족 또는 지인들이 먼저 발견하기 때문에 현장이 훼손되는 경우가 많고, 구급대원의 구급 및 후송 조치 등으로 인해 현장이 훼손되는 상황도 많이 발생하기 때문이며, 가족들이 주위의 시선들을 의식해 이러한 사실을 은폐(隱蔽, concealment)하고자 급하게 장례를 치르고자 하는 등의 다양한 상황들도 많이 발생하기 때문이다.

고도로 발전되고 있는 우리 사회에 있어서 그만큼 복잡하고, 다양화되는 사회현상에 따라 바다와 같은 많은 정보가 넘쳐나는 정보화의 세상은 이로운 점과 함께 해로운 점의 영향력도 이 사회에 같이 끼치고 있다. 그렇기에 자살에 있어서도 그 수단이 더욱 다양해지는 실정이지만, 현재까지도 여전히 한국에서는 목맴이라는 수단을 이용한 많은 자살이 발생하고 있다.

그렇기에 '목맴'은 '목맴사(의사)'로 위장되어 억울한 죽음의 상황으로 끝나버리는 경우적인 오류도 쉽게 범할 수 있는 만큼 이 '보이지 않는 자살의 대표적 수단인 목맴'은 그리 쉽사리 막을 수 있는 해결책은 뚜렷이 없어 보인다.

특수한 살해는 물론이거니와 일반적인 그 어떠한 자살의 경우일지라도 수사·검사 등을 통해 명확해져야 한다지만, 어찌 되었건 그 사용된 수단만큼은 반드시 존재한다.

보이는 자살의 수단, 투신은

한국의 자살에 따른 치명적인 수단 중 '보이는 자살의 대표적 수단'인 '투신'은 익사, 추락, 자동차·기차 이 세 가지 수단 모두를 아우를 뿐만 아니라 절대 분리될 수 없는 수단이다. 이러한 투신은 자살의 수단 중 보이는 자살의 대표적 수단임을 아무도 부인할 수 없을 것이다. 왜냐하면, 자살의 수단에 있어 투신은 투신이라는 그 자체만으로도 그 즉시 자신의 생명을 끊는 행위의 실행이 가능하게 되므로, 투신이라는 수단만큼 명확하게 바로 보이는 자살의 수단도 없기 때문이다.

한국의 자살에 따른 치명적인 수단 중 '보이는 자살의 대표적 수단'인 '투신'은 교량(橋梁, bridge) 및 건축물(建築物, structure) 또는 차도, 절벽, 강, 바다 등지(等地, and the like)에서 자기자신(自己自身, one's own self)을 던짐으로써 사망에 이르게 되는 수단이며, 고의적이지 않은 사고로 인한 사망은 '추락사' 또는 '실족사'라고 칭한다.

응급의학과 의사인 남궁인은 저서인 《만약은 없다》에서 "투신자살 또는 고소(高所, a high place) 즉, 높은 곳에서 추락사했다면, 사체검안서에 정확한 사인으로는 '다발성 골절 및 다발성 장기 부전, 두부외상' 등으로 기록된다."고 말했다. 이렇듯 투신자살은 두개골을 비롯한 대부분의 뼈가 골절(骨折, fracture)되고, 주요 장기(臟器, viscera) 또한 대부분 파열(破裂, rupture)됨으로써 사망에 이르게 된다. 또한 물속으로 투신하는 경우는 익사 또는 저체온 증상으로 사망에 이르게 되는 경우도 있다.

'보이는 자살의 대표적 수단'인 '투신'을 통한 자살의 시도가 흔히 발생하는 장소는 고층빌딩 같은 건축물의 창문이나, 옥상 그리고 강 또는 바다로 투신할 수 있는 교량 등지의 경우이다. 또 다른 장소는 철도와 전철이며, 많은 주변인에게 외상 후 스트레스 장애(PTSD, Post Traumatic Stress Disorder)를 남길 수 있는 아주 좋지 않은 경우의 투신자살 장소이다. 또한 빈번하게 발생하는 경우는 아니지만, 차량이 주행하는 도로도 투신자살을 시도하는 장소가 된다. 또한 드물긴 하지만, 육교(陸橋, footbridge)·(보도교, 인도교, 가도교)에서 투신해 주행하는 차량에 치여 사망하는 경우도 도로에서 발생하곤 한다.

철도와 전철에서의 투신 시 발생하는 피해 못지않게 도로에서의 투신도 너무도 많은 피해를 발생시키게 된다. 투신한 사람을 친 운전자의 정신 및 금전적 피해는 두말할 것도 없거니와 투신자를 피하려다 다른 차량이나, 보행자를 치는 추가적인 피해가 발생할 수 있으며, 투신자와 충돌한 차량을 뒤따르던 차량이 급히 이를 피하고자 또 다른 사고를 발생시키기 때문이다. 또한 이러한 투신자살은 대부분 사체 상태가 온전하지 않기 때문에 관련자들은 사후 처리와 함께 트라우마(PTSD)를 가질 확률이 매우 크며, 운전자 본인이 사람을 사망케 했다는 죄책감을 갖게 될 뿐만 아니라 법적인 처벌을 받을 수도 있다는 공포감(恐怖感, a sensation of fear)도 함께 갖게 된다. 실제 이것을 감당하지 못한 채 본인이 자살을 하는 상황도 발생한다. 여기에 주변 목격자들의 정신적 피해는 물론 생각지 못한 상황들의 피해들도 더해지게 되는데, 이는 도로의 주변 여건과 그 상황에 따라 철도와 전철의 장소보다도 더욱 크나큰 피해를 끼치는 투신을 통한 자살의 장소가 될 수도 있는 것이다.

'투신자살(投身自殺, death leap)'은 지상학(地相學, physiography)적으로 지형이 높은 곳 또는 인공적인 건축물의 높은 곳에서 몸을 던져 그 질량과 중력에 따른 운동에너지로 자신의 신체를 파괴함으로써 사망에 이르는 자살 수단이다. 투신이라는 자살의 시도는 바닥의 표면이 운동에너지의 충격을 흡수할 수 없어 필연적(必然的, inevitable)으로, 사망에 이르게 된다. 그러나 바닥의 표면이 유동적(流動的, fluid)인 수면(水面, the surface of the water)으로 투신하는 경우 수중(水中, underwater)에서 호흡할 수 없어 그 사인이 익사일 수도 있으나, 이러한 경우에도 투신이라고 한다.[6]

보이는 자살의 대표적 수단인 투신은 수많은 다양한 자살 수단과는 달리 자살시도에 있어 별다른 도구(道具, implement)와 장비(裝備, equipment)가 필요치 않다. 그저 높은 곳에서의 자기 자신을 내던지는 것만으로 충분하기 때문이다. 이렇기에 투신은 상당히 빈도수(頻度數, frequency)가 높은 매우 우발적이며, 순간적으로 이뤄지는 자살의 수단이다.

이러한, 투신자살에도 예외적인 사항의 경우도 보고되고 있다. 대표적으로, 9.11 테러(September 11 attacks) 사건을 들 수 있다. 이 대사건(大事件, a big affair)은 2001년 9월 11일 이슬람 근본주의 무장 세력인 알카에다가 계획해 일으킨 하이재킹(hijacking, 비행기·자동차 등의 이동 수단을 납치 또는 무선전파통신장비 등을 도청하는 행위) 및 자살의 테러사건이며, 알카에다의 테러리스트(terrorist, 정치적인 목적을 위해 계획적으로 폭력을 쓰는 사람)들은 납치한 항공기를 미국의 주요 건물에 충돌시키는 방법으로 테러를 일으켰다. 이 사건으로 인해 뉴욕 맨해튼의 세계무역센터(World Trade Center, WTC)와 워싱턴 D.C.의 국방부 청사 펜타곤(The Pentagon)이 공격을 받았고, 백악관과 국회의사당 또한 대상이었으나, 이를 위해 납치된 UA93기는 승객의 저항으로 인해 펜실베이니아 주에 소재한 한 광산으로 추락했다. 이 테러사건으로 인해 3,000명가량의 사망자와 최소 6,000명에 이르는 중·사상자가 발생했다. 이는 2023년을 기준으로, 가장 많은 인명피해를 발생시킨 대테러 사건으로 기록되고 있다.[7]

9.11 테러사건의 경우는 비행기가 건물에 직접 충돌해 사람들의 대피가 전혀 불가능한 상황이었다. 비행기가 충돌한 해당 층부터 그 위층으로는 심한 연기와 고열로 인한 질식과 화상으로 인해 그 고통은 가중되어 판단력이 흐려진 사람들은 자발적 또는 불가항력적으로 몸을 던짐으로써 떨어진 경우가 많았기 때문에 이것을 투신으로 판단해야 할지, 아니면 추락으로 판단해야 할지에 대한 논란도 있었다고 한다.[8]

투신이라는 자살의 수단은 그 장소와 높이에 따라 다르겠지만, 그 투신자살의 시도자는 극소수의 예외적인 상황을 제외하고는 대부분 사망에 이르거나, 영구적 장애 또는 중상을 입게 될 확률이 매우 높다고 보고되고 있다.

다음의 〈그림 3.1〉은 미국 텍사스주 댈러스에서의 투신자살 시도자를 경찰이 설득하고 있는 현장의 상황을 보여주고 있다.

〈그림 3.1〉 투신자살 시도 현장(위키백과)

한국의 인구 10만 명당 자살률은 수년간 OECD 가입국 중 부동의 1위를 차지하고 있으며, 매년 자살로 인한 사망자 수는 1만 3,000여 명으로, 산재사고 사망자 900여 명의 15배, 교통사고 사망자 3,000여 명의 4배를 차지하는 등 자살문제가 매우 심각한 상황임은 틀림없는 사실이다. 국가의 사회적 원동력인 20~30대의 사망원인 1위가 자살이며, 40~50대는 2위로 기록되고 있다. 이러한 국가의 자살문제는 국민보험공단 건강보험정책연구원의 '5대 사망원인의 사회경제적 비용분석'에 따르면, 자살로 인한 사회경제적 비용의 손실이 연간 6조 5,000억 원이 발생한다고 추정하고 있으며, 이는 자살자 1명당 약 5억 원 정도의 손실이 발생하고 있음을 나타내고 있다.

지형이 높은 곳 또는 인공적인 고층의 건축물과 교량의 등지에서 투신으로 인한 자살이 목맴에 이어 자살의 수단 2위를 차지하고 있다. 이런 '보이는 공개적 장소'에서의 투신자살은 일반적으로 우리가 생각하고 있는 것보다 훨씬 더 심각하고, 많은 다양한 문제점을 내포하고 있다. 자살문제의 대표적인 베르테르 효과뿐만 아니라 이를 지켜본 목격자는 물론이거니와 일반적인 사람들도 평생 트라우마를 겪을 수 있다고 한다.

'베르테르 효과(werther effect)'란 사회적으로 존경받거나, 유명한 사람의 죽음, 특히 자살에 관한 소식에 심리적으로 동조해 이를 모방한 자살시도자가 잇따르는 사회적 현상을 이르며, 이를 모방 자살 효과(copycat suicide effect)라고도 한다. 자살문제에 있어서 이러한 현상이 굉장히 무서운 이유는 각종의 미디어(media) 등을 통해 보도(報道, report)된 자료를 보고, 자신과 그 유명인을 동일시함으로써 이를 모방해 잇따른 자살을 야기시키기 때문이다. 베르테르 효과의 시작은 독일의 작가이자, 철학자인 괴테가 1774년 발표한 《젊은 베르테르의 슬픔》이다. 이 책은 전 유럽에 괴테를 순식간에 알리게 된 소설이며, 18세기 그 당시에도 5개 국어로 번역될 정도로 엄청난 인기를 모았다. 하지만, 이 소설에는 주인공인 베르테르가 자살하는 내용을 담고 있어서 그 선풍적 인기만큼 전 유럽의 곳곳에서 주인공을 모방한 자살이 유행처럼 번지는 현상을 일으키게 되었다. 이 소설로 인해 주인공을 모방해 자살한 그 수가 전 세계에 걸쳐 무려 2,000여 명이 넘는다고 추정하고 있다. 현대의 사회에서는 유명인의 모방 자살이 더욱 빈번히 발생하고 있으며, 그 자살률의 증가 경향이 반복되고 있는 실정이다. 또한 모방 자살의 계층도 더욱 넓어져 가고 있다.[9]

2003년 홍콩의 배우 장국영의 투신자살에 영향을 받아 하루 만에 남녀 6명의 팬이 그와 같은 방법으로 고층건물에서 투신해 목숨을 끊어 커다란 파장을 일으켰으며, 2005년 한국에서도 배우 이은주의 목맴 자살 이후, 그 전후를 비교했을 때 자살자가 하루 평균 0.84명에서 2.13명으로, 약 2.5배가 증가했다는 통계가 있었다. 그 당시 20대의 자살률은 15.5%에서 30.6%로, 같은 방법인 목맴으로 인한 자살 비율도 53.3%에서 79.6%로 급증했다. 2008년에는 배우 안재환에 이어서 최진실도 자살을 해 한국의 사회에 큰 충격을 안겨주었다. 2008년 9월 배우 안재환은 차량에서 연탄가스 질식사로 사망했으며, 이후, 부산, 울산, 강원 등지에서도 유사한 방법으로 자살한 사건이 총 4차례 발생했다. 이는 안재환의 자살에 대한 소식에 영향을 받아 차량과 숙박업소 등지에서 같은 방법으로 자살한 것으로 확인되었다. 2008년 10월 명실상부 한국의 당대 최고 스타였던 배우 최진실의 자살에 대한 소식은 전국을 금세 큰 슬픔과 충격에 빠뜨렸다. 최진실이 자살한 이후, 두 달 동안의 자살자 수는 전년도의 같은 기간 자살자 수 1,616명보다 790명 많은 2,406명으로 증가했다. 애석하게도 한국의 2008년도는 자살 문제에 있어 가장 '베르테르 효과'가 두드러졌던 시기(時期, the present time)이기도 하다. 이러한 결과는 한국이 '자살공화국'이란 오명을 얻는 데 있어 베르테르 효과의 영향이 적지 않았음을 보여주고 있다.[10]

이러한 베르테르 효과는 언론·매체 등을 통해 유명인의 자살 소식을 접한 뒤 견디기 힘든 상황에 놓인 일반인들이 이를 더욱 극대화시켜 받아들임으로써 발생하게 되는데, 유명인의 자살 소식을 전하는 언론·매체 등의 보도 방향을 달리해 본 결과, 그 자살률이 감소했다는 연구의 결과가 나왔음을 '삼성서울병원 정신건강의학과 전홍진 교수 연구팀'이 밝혔다. 연구팀은 2012년의 '자살예방법'과 2013년의 '자살 보도 권고기준 2.0'이 순차적으로 시행된 이후로 유명인의 자살 소식 보도 후, 한 달간의 자살률 증가의 폭이 단계적인 감소를 가져왔음을 2005~2017년까지 국내의 자살률 추이를 분석해 본 결과를 통해 확인할 수 있었다고 제시했다. 아울러 자살한 장소 및 방법을 직·간접적으로 보여주거나, 묘사(描寫, description)하는 등의 언론·매체 보도를 자제해 더욱 신중하게 전한다면, 미연(未然, beforehand)에 자살을 예방하고, 충분히 자살률을 낮출 수 있다는 '파파게노 효과'가 과학적으로 규명된 것임을 밝혔다.[11]

'파파게노 효과(Papageno effect)'란 앞서 언급한 바와 같이 언론이 자살에 관련한 보도를 자제하거나, 신중한 보도를 통해 자살률을 감소시킬 수 있다는 것이며, 이는 오스트리아(Austria)에서 처음 시작되었다. 1970년에 지하철이 비엔나에 생긴 이후, 1980년대부터 자살률이 증가했으며, 유명했던 자살 장소인 도넛타워에서의 자살 방법에 관해 상세히 묘사한 언론 보도가 주된 요인으로 작용했음이 연구한 끝에 밝혀져 비엔나 자살예방센터는 자살에 대해 보도하지 말아줄 것을 언론사에 요청해 많은 언론사들로부터 동의를 구해냈다. 실제로, 그 이후, 자살률의 감소 효과를 가지고 왔다. 파파게노 효과는 볼프강 아마데우스 모차르트(Wolfgang Amadeus Mozart)의 오페라 〈마술피리(The Magic Flute)〉에 등장한 인물에서 유래되었다. 이는 극 중의 파파게노가 사랑하는 연인을 잃고, 실의에 빠진 나머지 자살을 시도하려 했으나, 요정들의 희망이 담긴 내용의 노래를 듣고, 삶을 선택하기로 마음을 바꾸어 종을 울리게 된다. 그러자 죽은 줄 알았던 연인이 돌아와 행

복한 삶을 둘이 이어가게 되는 희망을 상징하는 주인공이기 때문이다.[12]

'파파게노 효과'와 '베르테르 효과'를 통해 알 수 있듯이 언론·매체 등의 기능이 자살문제에 있어 순기능 또는 역기능을 발휘할 수도 있다. 그렇기에 언론·매체 등의 보도는 자살문제와 같은 매우 심각하고도 중요한 국가 및 사회적 사안에 대해서는 매우 세심하고, 보다 조심스러운 언론·매체 등의 윤리적인 보도의 원칙이 요구된다. 허나, 자살에 관련한 보도의 자제가 언론 입장에서의 표현의 자유를 방해 및 침해하거나, 충분히 일반 대중들이 관심을 가질 수 있는 사회적 메시지가 담겨있는 이슈(issue)에 대해 논의되는 것 자체를 막을 수 있는 염려때문에 이를 반대하는 견해도 있다는 것이다.

한국에서도 자살사건에 관련한 보도에 있어 자살한 당사자와 유가족 등의 사생활이 침해되거나, 노출되지 않도록 하는 원칙의 '자살보도 권고기준 2.0'을 보건복지부가 2013년도 9월에 발표했다. 이는 일반 대중들에게 자살사건이 미치는 그 영향을 충분히 최소화할 수 있으며, 이를 통해 분명 효과를 보고 있다. 더욱이 '보이지 않는 자살'의 경우 그 효과는 더욱 강력하게 나타나겠지만, '보이는 자살'의 경우 그 결과는 달라질 수 있다. 보이는 자살의 문제는 그것을 지켜본 주변인은 물론 그의 가족 및 친지(親知, close friend)들의 고통과 피해는 이루 말할 수 없을 정도로 심각하다는 것이다. 대개의 경우는 평생 트라우마를 안고 고통스럽게 살아가며, 그 고통으로 인해 역시 자살로 이어진다는 것이다. 이러한 현상은 매우 큰 충격으로 인한 사실에 대한 부인(否認, deny)과 쏟아지는 무력감, 버림을 받았다는 자괴감, 분노와 화 등의 부정적 감정으로 인한 비난, 분노와 좌절, 마치 본인의 잘못으로 인해 일어난 일로 여기는 죄책감, 남들의 생각과 시선을 의식하는 수치심 등이 심리적으로 문제를 일으키게 되고, 그 증상들로 인해 결국 대인관계가 단절되며, 사회관계(社會關係, social relations)로부터 끝내 고립되어 우울증 등의 정신적 폐해(弊害, harmful effect)를 앓게 된다. 이렇듯 보이는 자살이 우리의 주위와 사회에 미치는 영향은 막대하다. '한국생명의 전화'에서는 자살의 현장을 직접 목격한 사람들은 물론이거니와 간접적으로 접하는 유가족과 그 친지들의 자살 충동은 일반 사람들의 80~300배에 이른다고 밝히고 있다. 이렇게 자살은 마치 핵폭발과 같은 엄청난 후폭풍(後爆風, rear blast)도 내재하고 있다.

간혹 특정한 공간과 시간에 자살이 집중되어 발생하는 경우가 있다. 특히나 사회에 이슈가 되는 자살사건이 발생한 직후에는 더욱 그러하다. 언론·매체 등이 이를 더 미화시킨다면, 그 가능성은 더욱 크게 증폭될 것이다. 이 같은 자살의 전염 현상은 사람들의 무작위적 관계가 아닌 공통적인 관심사나 특성 등을 바탕으로 형성되는 분별적 관계가 이뤄질 수 있기 때문에 나타난다. 그렇기에 자살의 전염 현상도 사전에 예정된 것이라는 측면의 시각도 갖게 된다.[13]

반면, 이러한 측면의 시각은 집단의 구성원 중 한 명이 자살을 시도했거나 사망했다면, 이것은 그 집단의 전체적 비극이 되어 집단의 구성원들을 더욱 결속시키고, 소속감 또한 증대시킴으로써 다른 구성원의 자살 행동에 있어 완충재 역할을 해주게 되는 측면의 시각도 가질 수 있다.[14]

"자살이 이처럼 전염되어 동시다발적으로 계속해서 발생하게 된다면, 과연 이 사회는 어떠할까? 과연 어떻게 차단할 수 있을까?"

앞서 언급한 바와 같이 자살의 전염은 시간과 공간에 집중되어 종종 발생하곤 한다. 널리 알려지게 되는 유명인 등의 자살사건 이후에는 그 가능성은 한층 더 커진다. "그렇다면, 그 수단 습득의 영향은 어떠한가?"

자살과 관련한 사고를 경험한 사람은 이를 경험하지 못한 사람에 비해서 그 자살 위험이 큰 것은 부정할 수 없는 사실이며, 자살은 결코 되돌릴 수 없는 것이므로, 될 수 있는 한 예방을 위한 가능한 모든 것을 시도하는 것이 맞다.[15]

기존의 자살에 관련한 많은 이론들은 해당하는 중요한 사실과 그에 기인하는 개념들을 설명하고 있지만, 현실에 따른 중대한 사실과 질문에 있어 그 명확한 답변을 하지 못하는 것이 현 실정이다. 이에 미국의 저명한 심리학자이자, 자살문제의 연구가인 토마스 조이너(Thomas Joiner, 플로리다 주립 대학교, 심리학부 교수)는 "감정적 고통, 절망, 감정조절장애 등을 비롯한 많은 변수들이 자살에 있어 매우 결정적인 영향을 미친다면, 이 변수들 중 일부를 갖고 있는 사람 대다수가 자살은커녕 자살을 시도조차 하지 않는다는 사실을 어떻게 설명해야 할까? 또한 진정으로 자살을 욕망하고 있지만, 차마 실행에 옮기지 못하는 사람들이 많다는 일화적·임상적 증거들은 어떻게 이해해야 할까? 진정한 자살의 욕망은 무엇으로 이루어져 있을까?"라고 질의하고 있으며, 이 외에도 많은 부분의 의문점 등을 질의하고, 또 이를 입증해내며, 자살에 관련한 대중의 시각과 향후, 자살의 행동 및 연구방향에 있어 많은 발전을 가져오고자 임상심리학·유전학·신경생물학·정신분석학·인문사회학 등의 도구들을 총동원해 많은 연구에 매진하고 있다.

저자 또한 이 같은 질의와 의문점 등이 많았기에 자살문제에 관심을 갖게 되었으며, 이에 자살예방에 관한 연구를 시작하게 되었다. 그 시작이 에릭 스틸(Eric Steel, 영화감독·영화제작자)의 〈더 브릿지(The Bridge, 2006, 영국·미국, Documentary Film, 상영시간 93분)〉를 보고 난 뒤였다. 〈더 브릿지〉는 샌프란시스코(San Francisco)의 랜드마크(land mark)로, 샌프란시스코 베이와 마린 카운티 사이를 연결하는 세계 최초 현수교인 금문교(金門橋, Golden Gate Bridge)에서의 투신자살자들을 촬영한 다큐멘터리이다.

〈그림 3.2〉 더 브릿지(씨네21)

이 다큐멘터리의 감독인 에릭 스틸은 2004년 1월 1일부터 12월 31일까지 하루도 빠지지 않고, 새벽부터 해 질 녘까지 광각렌즈와 망원렌즈의 한 세트가 딸린 각각 4대의 카메라를 금문교 주변에 설치하고, 23명의 투신자살 시도 현장을 필름에 담았으며, 투신자살 시도자의 가족과 친지 등의 인터뷰를 더해 다큐멘터리를 완성했다. 2006년 초에 뉴욕 트라이베카 영화제와 샌프란시스코 영화제에서 공개된 바 있는 이 다큐멘터리는 실제적인 인간의 죽음을 필름에 기록했다는 점에서 '스너프 필름(snuff film)'과 비교되고 있다.[16] 참고로, 스너프 필름의 정의는 American Heritage Dictionary, s.v.에 따르면, "어떤 사람이 실제로 살해되거나, 자살하는 영상(a movie in a purported genre of movies in which a person is actually murdered or commits suicide)"을 뜻하며, 상업성의 여부와 상관없이 실제로 누군가가 자살하거나, 타인을 살해하는 내용의 영상이면, 이는 스너프 필름이다.[17]

세계에서 인공구조물 중 가장 많이 촬영된 이 금문교의 별명은 '투신자살을 부르는 자석'이다. 지금까지 1,500명 이상의 투신자살이 이뤄졌으며, 이곳의 물살이 너무 세기 때문에 투신자살자의 시신을 찾기도 어렵다. 금문교에서의 투신자살은 미국인들의 문화 속에도 자연스레 자리 잡게 되었으며, 샌프란시스코 주민들 사이에서도 심한 스트레스를 받으면, '언제라도 금문교에서 뛰어내리면 되지.'라는 말이 유행처럼 번졌으며, 샌프란시스코 그레이라인 사의 관광버스 운전사들은 금문교의 관광 중에 금문교에서의 투신자살을 소개하면서 그 농담의 끝에는 꼭 '잘 가시라.'는 인사말을 덧붙였다고 한다. 뿐만 아니라 당시 크로니클(미국 캘리포니아주 샌프란시스코에서 발행되는 일간지)지에는 금문교에서의 투신자살이 발생하는 날짜를 맞추는 복권까지 등장했다는 기사가 실리기도 했다고, 금문교의 투신자살을 둘러싼 이러한 소문이

어떻게 확대되고 있는지를 캘리포니아 버클리 대학의 심리학자인 리처드 사이덴과 메리 스펜스 교수는 소개하고 있다.[18]

금문교는 매년 900만 명 이상의 관광객들이 찾는 전 세계인으로부터 가장 사랑받는 명소 중 하나이다. 그러나 아름답게만 보이는 이 '교량'의 이면에는 매우 슬프며, 가슴 아픈 사연이 숨겨져 있다는 사실을 알고 있는 사람들은 그리 많지 않다. 대부분의 많은 사람들은 아름다운 풍광을 감상하기 위해 교량에 오르지만, 전혀 다른 목적으로 오르는 사람들이 있기 때문이다.[19]

즉, 투신이라는 수단을 통해 자살을 시도하려는 사람들…

〈그림 3.3〉 금문교의 투신자살 시도 현장(일요신문)

앞의 〈그림 3.3〉은 2005년 순찰대원들이 투신을 시도하려 금문교의 난간에 매달려 있던 자살시도자를 끌어올리는 현장의 상황을 보여주고 있다.

"왜! 대체 어떤 이유에서 금문교를 투신자살 시도의 장소로 선택하는 걸까? 왜! 하필 교량일까?" 이제 우리는 이 '보이는 자살의 대표적 수단'인 '투신'에 많은 의문점과 함께 그 질의를 던져야 하며, 어제와 오늘을 살펴보고, 다시 내일을 대비해야 한다.

우리는 자살의 방법에 따른 수단에 대해 반드시 주목해야 할 부분이 있다. 자살을 시도할 수 있는 능력 즉, 수단의 습득에 있어서다. "그렇다면, 수단의 습득은 어떻게 이뤄지는 걸까?" 이는 분명 관련한 많은 연구자들로부터 경시(輕視, contempt)되었거나, 배제(排除, exclude)되었을 가능성이 크다. 자살이 이뤄지기가 얼마나 어려운 일인지를 자살을 반복적으로 기도(企圖, attempt)하는 사람들은 말한다. 많은 일반적인 사람들은 자신의 생명을 끊는 행위에 있어 공포와 고통을 덜어주면, 그 순간을 뛰어넘는 것이 가능하지 않을까 하는 생각이 들 수 있지만, 그것은 결코 쉬운 일이 아니며, 경험 없이는 절대 이해 불가능한 일인 것 또한 우리는 쉽게 인지(認知, recognize)할 수 있다. 자신의 생명을 끊는 행위에 대한 수많은 기도와 경험을 통해서 공포와 두려움이 없어지고, 고통에 대한 내성이 높아져 자살에 대한 계획과 수단의 지식이 얻어졌다 치더라도 자살은 그리 쉽지만은 않은 일이다.

관련한 많은 자료를 참고해 볼 때 자살을 하는 사람들은 인간의 근본적인 두 가지의 욕망이 좌절되다 못해 소멸하기 직전에야 결심하게 된다고 결론 내릴 수 있다. 그 욕망 중 하나는 사회 속의 타인들과 어울려 소속감을 가지거나, 유대적인 관계를 이루고자 하는 욕망이며, 또 하나는 사회적인 관계에 있어 타인들과의 효능감(效能感, efficacy)을 경험하게 되거나, 그 영향력을 발휘하고 싶은 욕망이다. 이러한 욕망이 모두 소진되거나, 소멸하게 될 때 비로소 자살에 대한 의지가 일지만, 그 능력이 없이는 접근할 수조차 없다.[20]

'보이지 않는 자살 수단'의 습득은 현재에 있어 과거와 비교해 볼 때 커다란 차이점은 없다. 다만, 인터넷(Internet)의 성장으로 발달한 새로운 영역으로써 컴퓨터 하드웨어, 소프트웨어, 통신장비 관련 서비스와 부품을 생산하는 IT(정보기술, Information Technology)에 통신을 더해 ICT(정보통신기술, Information and Communications Technologies)로 발전함에 따라 과거보다는 현재에서 있어 그 습득은 매우 용이해져 있다는 것이 차이점이라 할 수 있다. 더구나 현대 사회에 있어 특히나 더 발전되고 있는 빅데이터(big data), 모바일(mobile), 웨어러블(wearable)과 사물인터넷(IoT, Internet of Things)은 사회의 연결은 물론이고, 인간과 인간 사이의 연결뿐만 아니라 인간과 사물의 연결, 사물과 사물의 연결도 가능하게 하고 있어 창조의 가능성이 무한하게 열리게 된 놀라울 만한 계기(契機, opportunity)의 매우 발전적인 훌륭한 점을 분명 빼놓을 순 없으나, 개인의 정보 보호와 프라이버시(privacy) 보호 등의 어려운 문제를 보완하거나, 해결하지 못한다면, 매우 심각한 사회적인 많은 문제들이 야기될 것은 당연하거니와 '보이지 않는 자살과 그 수단'의 습득을 절대 막을 수 없을 것이다.

오늘날의 언론·매체 등의 발전에 있어 혁신적인 온라인(On-Line)을 빼놓을 수 없다. 이 온라인은 오프라인(Off-Line)과 대비되는 개념으로써 컴퓨터의 주변기기들이 중앙처리장치와 직접 연결되어 통신을 사용할 수 있게 된 상태를 말하며, 온라인 하면, 인터넷의 연결을 일컫는다. 이 온라인은 디지털(Digital)과도 일맥상통(一脈相通, having something in common)하며, 주로 디지털 언론·매체·출판물 등으로 불린다. 이러한 온라인상의 디지털 세상에서는 할 수 있는 것이 무한정으로 많은데, 그중에서도 검색(檢索, Search)은 현대 사회에 있어 너무나도 막강한 힘을 내재하고 있다.

이 검색의 힘은 정보수집(情報蒐集, information gathering) 방식에 있어 매우 커다란 영향력을 발휘하게 되었으며, 사회발전에 따른 개인의 PC와 스마트폰의 발 빠른 보급은 사실상 사람들이 언제 어디서나 온라인상의 디지털 세상을 누릴 수 있도록 해주었고, 이러한 현실은 정보가 퍼지는 속도를 비약적으로 상승시키게 되었다. 인터넷이 없던 과거에는 국내·외의 소식을 가장 쉽고 빠르게 접할 방법으로는 텔레비전과 라디오뿐이었다. 긴급한 사건·사고가 발생하게 되면, 가장 먼저 TV에서 긴급 속보로 간단히 정보를 알려주었고, 그다음 라디오에서 조금 더 상세한 정보를 알려주었으며, 영상 및 정보가 수집되면, TV에서 영상과 함께 관련 전문가 등으로 구성된 패널의 소견을 들으며, 정보를 접하는 방식이었다.

하지만, 현대에 들어서는 사건·사고가 발생하게 되면, 가장 먼저 목격한 사람들이 스마트폰으로 영상을 촬영해 그 영상을 스마트폰에서 바로 전송하거나, PC에서 전송하는 등의 간단하고 빠르게 영상을 전송할 수 있기에 과거의 방식에 비해 매우 빠르게 관련한 많은 정보를 수집할 수 있다. 이런 정보 전달력의 힘은 SNS(Social Network Service)의 보급 등으로 더더욱 빨라지고 있으며, 이제 SNS는 따로 설명할 필요가 없을 정도로 많이 사용되고 있다.

　이처럼 빠른 정보의 전달속도와 시간·장소의 제약 없이 발휘되는 이 힘은 개인적 사생활의 침해와 정확하지 않은 정보의 전달 그리고 사회의 다양한 문제를 일으킴으로써 작게는 개인, 크게는 사회 및 국가의 혼란을 가져올 수 있는 특성이 공존한다. 이로 인해 전 세계의 사회가 매우 심각한 상황에 놓인 현실도 부정할 수가 없다.

　특히 이 힘으로 오프라인에 비해 수많은 사람들에게 수많은 정보가 매우 급속히 퍼질 수 있는데, 이 중에는 정확한 정보와 정확하지 않은 잘못된 정보도 섞여 있어 만약 잘못된 정보가 확산될 경우 커다란 혼란이 생길 수 있다. 이는 일반적인 사람들은 물론이고, 언론·매체 등의 언론사들까지 그 무엇도 가리지 않으며, 늘 빈번하게 발생하는 사회적 문제이다. 이러한 문제는 한 사람 한 사람의 인생을 송두리째 위협하게 되고, 그리하여 끝내 목숨을 뺏어버리는 끔찍하고도 잔인한 수단이 되며, 이러한 무시무시한 수단은 현재도 미래에도 그 누구도 가리지 않고, 계속해서 발생할 것이다.

　오늘날 이러한 온라인상의 문제는 비단 앞서 언급한 문제뿐만이 아닌 자살을 유발(誘發, arouse)하는 정보에도 그 영향이 미쳐 심각한 문제를 발생시키고 있어 한국 사회뿐만 아니라 전 세계의 사회가 자살이라는 문제로 인해 골머리를 앓고 있으며, 검색을 통한 SNS 등의 각종 커뮤니티(community)에서 무서울 만큼 빠르게 확산되고 있는 자살의 유발 정보로 인해 남녀노소 구분할 것 없이 정확하지 않은 잘못된 정보에 노출되어 매우 높은 위험 상황에 놓여 있다는 것이 우리 사회의 현 실정이다. 이러한 실정은 심신이 미약한 사람과 아동 및 청소년들에게마저 자살에 있어 그 수단에 대한 정보를 매우 쉽고 빠르게 습득할 수 있도록 돕고, 자살의 심각성에 대한 인지능력을 낮추어 곧바로 그 시도하는 것을 어렵지 않게 만드는 위험성도 한층 더 높이고 있다.

이에 한국은 자살의 유발 정보를 SNS 등에 게재하면, 형사적 처벌을 받게 하는 법률을 제정했고, 긴급구조대상으로 결정될 경우에는 개인정보 조회도 가능하게 했다.

자살예방 및 생명존중문화 조성을 위한 법률
일부개정 2020. 4. 7. [법률 제17213호, 시행 2020. 10. 8.] 보건복지부

제19조의3(긴급구조대상자 구조를 위한 정보제공요청 등) ① 경찰관서·해양경찰관서 및 소방관서의 장(이하 이 조에서 "긴급구조기관"이라 한다)은 자살위험자 중 다음 각 호에 해당하는 사람(이하 이 조에서 "긴급구조대상자"라 한다)의 생명·신체를 보호하기 위하여 긴급한 경우로써 다른 방법으로는 긴급구조대상자의 위치 등을 파악하여 구조할 수 없는 경우에「정보통신망 이용촉진 및 정보보호 등에 관한 법률」제2조제1항제3호의 정보통신서비스 제공자에게 자료의 열람이나 제출을 요청(이하 "자료제공요청"이라 한다)할 수 있다.

 1. 자살 의사 또는 계획을 표현한 사람
 2. 자살동반자를 모집한 사람
 3. 자살위해물건을 구매하거나 구매의사를 표현하는 등 자살을 실행할 것이 명백하다고 판단되는 사람

[본조신설 2019. 1. 15.]

자살 유발 정보를 정보통신망을 통하여 유통한 사람은 2년 이하의 징역 또는 2천만 원 이하의 벌금에 처하는 벌칙조항 [자살예방법제2조의 2 정의]

자살 유발 정보의 유형

1. 자살동반자 모집 정보: 자살을 적극적으로 부추기거나, 자살행위를 돕는 데 활용되는 것으로써 자살시도를 하려는 자가 동반자살을 시도하기 위해 정보통신망에 게시하는 정보
2. 자살에 대한 구체적인 방법을 제시하는 정보: 자살을 적극적으로 부추기거나, 자살행위를 돕는 데 활용되는 것으로써 자살하는 방법을 구체적으로 제시하는 정보
3. 자살을 실행하거나, 유도하는 내용을 담은 문서, 사진 또는 동영상 등의 정보: 자살을 적극적으로 부추기거나, 자살행위를 돕는 데 활용되는 것으로써 자살시도를 암시하는 글과 사진, 동영상 등의 정보
4. 자살을 위해 물건의 판매 또는 활용에 관한 정보: 자살 수단으로 빈번하게 사용되고 있거나, 가까운 장래에 자살 수단으로 빈번하게 사용될 경우 위험이 상당한 물건 등의 정보

    자살을 위한 물건 고시에 포함되지 않는 경우라도 이를 활용한 자살에 대해 구체적인 수단 및 방법을 제시하는 정보도 처벌대상이 된다.[21]

    자살에 따른 방법과 수단의 손쉬운 습득은 더욱 다양하고, 매우 심각한 사회적 문제를 발생시키고 있는데, 그중에서도 더더욱 심각한 상황은 성인을 넘어서는 어린이와 청소년의 자살이다. 여성가족부의 '한국청소년상담복지개발원 상담통계'에 따르면, 166개 한국청소년상담복지개발원과 청소년상담지원센터 등에서 자살을 고민하는 초등학생은 2008년 37명에서 2010년 99명으로, 약 2.6배 증가했으며,[22] 교육부가 조사한 지난 5년간 청소년의 자살자 조사에 따르면, 2005년 136명에서 불과 4년 만인 2009년에는 202명으로 증가했다. 또한 청소년의 40%가 한 번쯤은 자살을 생각해 본 적이 있다고 조사되었다.[23]

    온라인상의 악성 댓글, 신상 털기, 사이버 자경단 등은 온라인의 익

명성에 숨어 혐오와 비난 등의 내용이 급속히 퍼져나가는 현상인 '플레이밍(flaming)'의 일종이다. 참고로, 플레이밍은 인터넷에서 익명성과 개방성을 악용해 타인을 빈정대거나, 인신공격 및 욕설을 퍼붓는 행위를 뜻한다. 이처럼 현재 우리 사회에 있어 이 온라인상의 문제적 현상은 사회적 규범과 예의를 무시하거나, 지키지 않을 때가 많고, 피해자들에게 있어 정신적·사회적 피해를 주는 경우가 만연해 있다. 이러한 현실이 자살의 방법에 따른 수단의 습득 측면에서 볼 때 조금 더 편하고 손쉬운 수단을 얻기에 분명 더 효율적인 것은 극명(克明, obvious)하다.

다만, 주관적이거나, 객관적으로 가장 효율적이라 여겨지는 방법과 수단을 습득했다 하더라도 각 개인적으로 타고난 성향·기질·경향 등의 그 차이에 따라 적절치 않아 맞지 않는다면, 분명 그 방식은 충분히 효율적이지 못할 수 있다. 이는 자살에 따른 온갖 종류의 방법과 수단의 습득에 대해서도 마찬가지일 것이다.

'보이지 않는 자살' 방법에 따른 습득한 그 수단이 잘 작동되기 위해서는 그 수단을 어느 정도 사용할 수 있다는 것이 전제되어야 한다. 그렇기 때문에 특정한 개인이라는 전제가 없을 때 가장 효과적인 방법과 그에 따른 수단의 작동은 개인차에 따라 고려되어 선택되어야 가능할 것이다. 계속된 반복과 지속 및 장기화될 수 있는 상황으로 볼 때는 단 하나의 방법과 수단을 습득해 숙달하는 것이 더 나을 수 있는 것은 사실이다.

'보이는 자살' 방법에 따른 습득한 '투신' 수단은 바로 그 상황(狀況, situation)이다. 앞서 중요히 언급한 바와 같이 우리는 투신이라는 자살의 수단에 대해 분명 주목해야 한다. 그 주된 이유는 그 상황이 바로 보이는 자살 방법에 따른 수단이 되기 때문이며, 습득의 과정은 전혀 필요가 없기 때문이다. 이는 아직까지 조금도 정복(征服, conquer)해 내지 못했다는 현 사실을 그대로 입증하는 것이다.

대한민국의 '보이는 자살'은… 유명인(有名人, celebrity)의 투신 수단을 통한 자살을 우선해 확인해 보고자 한다.

- 서울, 전 현대그룹 정몽헌 회장 투신자살, 연합뉴스, 2003.08.04.
- 서울, 남상국 전 대우건설 사장 투신자살, 머니투데이, 2004.03.11.
- 광주, 광주대 김인곤 이사장 투신자살, 연합뉴스, 2004.04.01.
- 서울, 박태영 전남지사 투신자살, 한겨레, 2004.04.30.
- 서울, 이준원 파주시장 한강 투신자살, 뉴시스, 2004.06.04.
- 서울, 유태흥 전 대법원장 한강서 투신사망, 연합뉴스, 2005.01.18.
- 광주, 오승윤 화백 투신자살, YTN, 2006.01.13.
- 경남, 노 전 대통령, 어제 오전 서거… 절벽에서 투신, SBS, 2009.05.24.
- 서울, 고 이병철 회장 손자 이재찬 씨 자살, 서울신문, 2010.08.19.
- 서울, 송지선 투신사망 추정… 오피스텔 19층에서 추락, 뉴스엔, 2011.05.23.
- 인천, 승부조작 전 축구선수 이경환 투신자살, 조선일보, 2012.04.16.
- 서울, 성재기 투신… 소방관, 수난구조대 수색 중, 헤럴드경제, 2013.07.26.
- 서울, 한강 투신 김종률 전 의원 숨진 채 발견, 시사IN, 2013.08.13.
- 서울, 홍정기 감사위원, 아파트서 투신자살… 우울증 추정, 헤럴드경제, 2014.04.11.
- 서울, 김광재 전 철도시설공단 이사장 한강서 투신자살, 헤럴드경제, 2014.07.04.
- 대전, 연습생 베이비카라 소진, 결국 아파트서 투신자살, MBN, 2015.02.25.
- 부산, 총장 직선제 폐지 반대하는 부산대 고현철 교수 투신… 사망, 세계일보, 2015.08.17.

- 경기, 도태호 수원부시장, 광교 원천저수지서 숨진 채 발견, 서울신문, 2017.09.26.
- 서울, 수사 방해 의혹 변창훈 검사 투신사망, YTN, 2017.11.06.
- 서울, 노회찬 투신사망에 패닉… 왜 극단적인 선택했을까?, 시사저널, 2018.07.23.
- 서울, 이재수 전 기무사령관, 투신자살, 아시아일보, 2018.12.07.
- 경기, 안찬희 전 인천시장 한강서 숨진 채 발견… "다리에서 뛰어내려", 아시아경제, 2019.04.09.
- 부산, 최숙현 선수 투신사망… 소속팀서 상습폭행…, 티브이데일리, 2020.07.01.
- 서울, 용산 살던 아이언, 왜 신당동 아파트서 투신했나?, 뉴데일리, 2021.01.26.
- 서울, 김재윤 전 의원 서초구 빌딩 앞에서 숨진 채 발견… 추락사 추정, 아시아경제, 2021.06.29.

이러한 유명인의 자살사건은 그에 따른 정신적 고통의 결과이며, 이는 일반인의 자살도 마찬가지일 것이다. 우리가 알고 있는 사건의 정보보다 훨씬 더 많을 것이나, 언론·매체 등의 엠바고(embargo: 일정의 시점까지 보도금지를 뜻하는 매스컴 용어)를 통해 상당수의 자살사건이 통제되고 있기에 그러하다.

허나, 과거에는 어떻게 작용되었는지 그 효과를 제대로 알 수는 없으나, 현대 사회에서는 마냥 엠바고를 통해 통제할 수 있단 생각은 깨진 독 안의 물을 손바닥으로 막아보겠단 것과 같다. 언론·매체의 기본적인 기능은 알게 되면, 알리는 것이다. 알고 있지만 알리지 않거나, 때 늦게 알리게 되는 건 예외적인 경우에 최소한으로 해야 하며, 사후에 엠바고를 한 이유와 범위 그리고 기간 등을 국민에게 알려야 한다. 이는 편의에 따라 언제든 보도가 유예되거나, 통제될 수 있다고 사회가 여긴다면, 더 이상 언론·매체 등의 신뢰를 얻기는 어려울 것이기 때문이다.[24]

대한민국의 '보이는 자살'은… 아파트(apartment: 공동 주택 양식의 하나로 2층 이상의 건물을 층마다 여러 집으로 일정하게 구획해 각각 독립된 가구가 생활할 수 있도록 만든 주거 형태의 건물)에서의 투신 수단을 통한 자살을 확인해 보고자 한다.

- 대구, 대구지법 부장판사 아파트 옥상 투신자살 추정 사망, 뉴스엔, 2010.08.02.
- 인천, 50대 은행지점장 아파트 옥상 투신자살, 머니투데이, 2011.11.01.
- 부산, 아파트 옥상에서 10대 여성 3명 동반 투신, 한국경제, 2012.10.31.
- 대전, 대학병원 전공의 옥상서 투신사망… 지인들 너무 뜻밖, 라포르시안, 2013.09.09.
- 부산, 취업 스트레스 여대생 아파트 옥상서 투신자살, 뉴스1, 2016.02.04.
- 전북, "딸의 죽음, 진실을 밝혀주세요." 전주서 옥상 투신 여중생 아버지, 뉴시스, 2017.09.12.
- 서울, 고교 여학생 2명 학교 옆 아파트 15층 옥상서 투신, 파이낸셜뉴스, 2018.07.03.
- 강원, 모 국회의원 6급 비서관 아파트 옥상서 투신해 숨져, 뉴시스, 2018.08.07.
- 충남, 천안시청 소속 공무원 아파트 옥상서 투신, 매일경제, 2019.07.10.
- 충북, 극단적 선택 청주 여중생 2명 성범죄·아동학대 피해, 연합뉴스, 2021.05.13.
- 경남, 김해서 또 학생 투신… 여중생 1명은 숨지고, 1명은 중상, 파이낸셜뉴스, 2021.06.29.
- 부산, 할아버지 손자 둘과 아파트 옥상서 투신…, 이투데이, 2021.10.13.
- 서울, 전면 등교 첫날에 학교 다녀와 아파트 옥상서 투신한 중학생, 조선일보, 2021.11.02.
- 광주, 보육원 출신 새내기 대학생 아파트 고층서 투신… 극단적 선택, 한국경제TV, 2022.08.25.
- 충북, 제천 한 아파트서 2주 새 외부인 2명 투신… 입주민 고통 호소, MBN, 2023.04.02.

대한민국의 '보이는 자살'은… 오피스텔(studio apartment: 오피스와 호텔을 합친 형태의 건축물로, 일을 하면서 거주도 할 수 있게 만든 주거 형태의 일종)에서의 투신 수단을 통한 자살을 확인해 보고자 한다.

- 서울, 강남 오피스텔 옥상서 30대 추정의 남성 투신자살, 뉴시스, 2011.05.11.
- 부산, 남녀 2명 오피스텔 옥상서 투신자살, 서울신문, 2012.06.12.
- 경남, 창원시 처지 비관 30대 여, 투신 잇따라, 뉴시스, 2012.07.04.
- 서울, 숙대 앞 오피스텔 30대 여성 투신사망, 머니투데이, 2013.07.19.
- 서울, 동대문 오피스텔서 대학생 투신해 숨져, SBS, 2013.11.08.
- 제주, 제주 시내 오피스텔서 투신 추정 10대 숨져, 제주투데이, 2013.11.17.
- 인천, 헤어진 여자친구 살해한 30대 오피스텔 옥상에서 투신, 중앙일보, 2015.10.01.
- 서울, 유명 음대생 투신자살… 왕따 당했다, 채널A, 2015.10.21.
- 인천, 부평구 한 오피스텔 15층 옥상서 30대 여성 투신자살, 뉴시스, 2017.03.09.
- 부산, 15층 오피스텔 투신 여성 행인과 정면충돌 할 뻔, 문화일보, 2018.06.26.
- 서울, 광동제약 전직 임원 검찰조사 중 투신, 아이뉴스, 2018.09.12.
- 경기, 오피스텔 40대 여성 욕조서 숨진 채 발견… 동거남도 투신, 헤럴드경제, 2018.11.01.
- 제주, 오피스텔 옥상 투신기도 20대 여성 무사 구조, 제주의소리, 2019.05.16.
- 부산, 해운대 오피스텔 옥상에서 극단적 선택한 젊은 남자, 위키트리, 2020.07.14.
- 경기, 오피스텔서 여자친구 수차례 찌른 30대 15층 옥상 올라가 투신사망, 뉴스1, 2020.09.11.
- 대구, 10대 여성 2명 SNS로 만나 극단적 선택?, 세계일보, 2021.07.03.
- 서울, 양천구 오피스텔 7층 옥상서 여성 투신…, 뉴스1, 2022.01.25.
- 인천, 남동구 오피스텔 옥상서 여고생 2명 투신, 경인방송, 2022.12.26.

대한민국의 '보이는 자살'은… 오피스(office: 사람들이 일을 하는 사무실) 및 상가(shoplot: 하나의 건축물 안에 판매 및 영업시설을 갖추고, 그

밖에 근린생활의 시설을 갖춘 건축물)에서의 투신 수단을 통한 자살을 확인해 보고자 한다.

- 오피스에서의 투신…
  - 서울, 휴가 군인 복귀 1시간 앞두고… 도심 고층건물 투신, 머니투데이, 2014.01.16.
  - 서울, 40대 여성 서울 을지로 빌딩 옥상서 투신… 공사 현장서 발견, 아시아경제, 2015.01.14.
  - 대전, 여고생 2명 건물 옥상서 동반 투신… 유서가 발견, 이데일리, 2015.03.10.
  - 서울, 여의도 증권가 빌딩서 30대 여성 투신사망… 우울증, 뉴시스, 2015.09.21.
  - 서울, 종각역 부근 빌딩 24층서 투신한 20대 여성 사망, 경향신문, 2015.10.13.
  - 서울, 아내와 4살 아들 흉기로 찌른 뒤 투신한 30대 가장, MBN, 2016.12.22.
  - 서울, 선릉역 남성 투신자살… 목격자 "떨어진 사람 즉사한 듯", MBN, 2017.03.30.
  - 서울, 50대 남성 강남 빌딩에서 투신사망, 파이낸셜뉴스, 2017.09.05.
  - 인천, 송도 G타워 29층 전망대서 여성 투신, 뉴스1, 2018.01.04.
  - 서울, 광화문 사거리 24층 빌딩 옥상에서 20대 남성 투신, 조선일보, 2020.07.26.
  - 대전, 학원 옥상 추락사고… 학생 안전문제 도마 위, 중도일보, 2021.11.02.
  - 충남, 천안 성정동 10층 빌딩 옥상서 20대 여, 투신… 극단적 선택 추정, 대전일보, 2022.08.23.

- 상가에서의 투신…
  - 서울, 여고생 상가 옥상서 투신자살, 뉴시스, 2012.05.17.
  - 서울, 명동 한복판 건물 옥상서 투신자살… 시민들 충격, 중앙일보, 2013.04.24.
  - 대구, 정신질환 앓던 50대 건물 옥상서 투신… 숨져, 뉴시스, 2013.05.27.
  - 경남, 김해서 40대 상가 옥상서 투신사망, 아시아투데이, 2014.09.24.
  - 경기, 동두천 지행동 상가건물 옥상서 50대 투신해 사망, 뉴시스, 2016.03.04.
  - 경기, 옥상서 고교생 투신… 수능 앞둔 고3 여고생 2명 부상, MBC, 2016.11.17.
  - 경기, 7층 상가 옥상서 여성 투신, 인천일보, 2017.06.26.
  - 충북, 제천 여고생 투신사망… 학교 선배가 말렸지만, 극단적 선택,

한국경제TV, 2018.09.04.
- 인천, 남편에 가정폭력 당한 20대 아내 투신해 숨져, 뉴시스, 2019.05.29.
- 서울, 뻥 뚫린 구조의 여의도 IFC몰 40대 투신사망… 극단적 선택 추정, 한국경제, 2021.01.17.
- 경기, 수원의 상가 옥상서 여중생 투신… 에어매트 덕에 부상만, 경기신문 2021.08.09.
- 경기, 수원 대형 쇼핑몰서 40대 남성 투신… 병원으로 이송됐지만, 사망, 머니투데이, 2023.03.20.

대한민국의 '보이는 자살'은… 숙박시설(宿泊施設, accommodation)에서의 투신 수단을 통한 자살을 확인해 보고자 한다.

- 서울, 고급호텔 10층에서 일본 관광객 투신, 매일경제, 2010.06.16.
- 경남, 남자친구의 변심이 헤어지자는 말에 20대 여성 모텔 7층서, 경향신문, 2011.09.14.
- 부산, 모텔 옥상서 홍보모델 2명 잇달아 투신, 조선일보, 2012.01.01.
- 경남, 창원 폐쇄된 호텔 옥상서 50대 여성 투신자살 기도, 조선일보, 2012.10.07.
- 부산, 여자친구의 이별 통보에 도심 한복판 8층서 투신, 헤럴드경제, 2013.04.23.
- 부산, 모텔서 경북 모 대학 대학원생 투신사망, 연합뉴스, 2013.05.28.
- 인천, 20대 여성 9층서 투신했지만… 목숨 건져, 데일리한국, 2014.07.03.
- 경기, 포천 모텔 공터서 50대 여성 숨진 채 발견, 뉴시스, 2015.03.04.
- 울산, 모텔 옥상서 투신, 울산제일일보, 2015.11.05.
- 서울, 다이어리 남기고 50대 소방관 호텔 옥상서 투신, 뉴스1, 2017.09.13.
- 강원, 정선 사북서 30대 부채의 비관으로 호텔 옥상서 투신, 프레시안, 2020.04.05.
- 부산, 모텔 옥상서 환각의 상태로 투신시도 20대… 뉴스1, 2021.02.17.
- 울산, 20대 여성이 남성 찌르고 투신사망… 남성도 숨져, 연합뉴스, 2021.08.23.

대한민국의 '보이는 자살'은… 관공서(官公署, government office)에서의 투신 수단을 통한 자살을 확인해 보고자 한다.

- 경기, 행정안전부 특별감찰 받던 소방관 투신자살, 한겨레, 2012.11.27.
- 경기, 50대 남성 평택시청 옥상서 투신, 헤럴드경제, 2013.02.08.
- 경북, 경주시청 공익근무요원 시청 옥상서 투신, MBC, 2015.06.11.
- 충북, 우울감 호소하던 소방관… 소방서 옥상서 투신, 뉴시스, 2016.02.29.
- 경기, 포천시청 옥상에서 20대 여직원 투신, 중앙일보, 2017.01.17.
- 인천, 연수경찰서 현직 경찰관 간부… 경찰서 옥상서 투신, 뉴시스, 2017.12.08.
- 서울, 서울교육청 직원 숨진 채 발견… 투신 추정 옥상에는 자필 메모, 동아일보, 2019.09.27.
- 서울, 현직 경찰관… 경찰청 15층 옥상서 투신, 국민일보, 2019.10.22.
- 서울, 조사받다 10층서 투신한 20대… 흙바닥에 떨어져 목숨 건져, 중앙일보, 2020.02.20.
- 대구, 소방서 옥상서 소방관 투신… 갑질 간부 논란, 헤럴드경제, 2021.07.01.
- 경남, 병역판정 재검사 직후, 병무청 옥상에서 20대 추락사…, 더팩트, 2021.11.16.
- 경남, 법원 옥상서 투신한 40대 젊은 사업가… 어쩌다?, 거제저널, 2022.01.28.
- 서울, 남부지검 투신 검사 부검… 사망의 경위 수사, 뉴스1, 2022.04.13.
- 서울, 예금보험공사 입사 3일 차 20대 남성 건물서 투신사망, 뉴스1, 2022.09.19.
- 충북, 공군 제17전투비행단 생활관 3층서 병사 투신… 병원이송, 중부매일, 2023.03.21.

대한민국의 '보이는 자살'은… 학교(學校, school)에서의 투신 수단을 통한 자살을 확인해 보고자 한다.

- 서울, 서울대 교수… 아들의 투병 비관… 학교 옥상서 투신자살,

서울신문, 2010.12.09.
- 충북, 고교생 다음 생에는… 학교 옥상에서 투신자살, 노컷뉴스, 2011.03.09.
- 서울, 모의고사 성적이… 강남 고3 학생 학교 옥상서 투신소동, 쿠키뉴스, 2013.04.12.
- 경기, 고교생 구한 소방관… 학교 옥상 투신시도 학생 난간 뛰어넘어 구조, 이데일리, 2013.07.20.
- 서울, 중국인 유학생 대학교 옥상에서 투신, MBC, 2013.10.03.
- 부산, 부산대 교수 투신… 학교 옥상에서 투신해 사망… 이유는?, MBN, 2015.08.19.
- 전남, 전남과학대 신입생 옥상 투신… 학교는 쉬쉬?, 머니투데이, 2016.03.21.
- 강원, 춘천 모 초교 행정실장 투신… 업무상 스트레스 탓, 연합뉴스, 2016.10.19.
- 인천, 여고생 학교 옥상에서 투신… 학교폭력 여부 조사, 서울신문, 2018.06.23.
- 서울, 서강대 캠퍼스 건물 옥상에서 한 남성이 떨어져 숨져, 인사이트, 2019.04.13.
- 강원, 학교폭력 끝에 투신한 고1… 마지막 쪽지엔 "나 좀 도와줘.", 이데일리, 2021.07.08.
- 광주, 보육원 출신 20대 새내기 학교서 투신, 무등일보, 2022.08.22.

대한민국의 '보이는 자살'은… 병원(病院, hospital)에서의 투신 수단을 통한 자살을 확인해 보고자 한다.

- 부산, 60대 고엽제 환자… 병원의 옥상서 투신자살, 뉴시스, 2010.10.11.
- 대전, 우울증 앓던 60대 여성 병원 옥상서 투신, 연합뉴스, 2011.07.25.
- 강원, 모자 병원 옥상서 투신… 5개월 된 아들만 사망, 2011.09.13.
- 부산, 병원 입원 60대 여성 환자 옥상서 투신사망, 뉴시스, 2012.05.09.
- 서울, 건국대병원 옥상서 투신 소동, OBS뉴스, 2014.07.15.
- 경남, 김해 우울증 60대 병원 옥상서 투신자살, 경남매일, 2015.06.17.
- 인천, 강화군 종합병원 옥상서 간호조무사 투신사망, 티브로드, 2016.12.07.
- 서울, 병원진료 불만 50대 남성 병원 옥상에서 분신 후, 투신, 뉴스1, 2017.01.03.

- 경북, 경북대 치과병원 옥상서 60대 투신, 메디컬투데이, 2019.03.26.
- 경북, 포항 A요양병원 환자… 옥상서 투신사망, 대경일보, 2019.08.19.
- 부산, 병원 옥상서 30대 추정의 남성 투신… 응급실로 이송, MBC, 2022.11.16.
- 경남, 법무부에서 관리 중이던 40대 남성 환자… 병원서 투신사망, 오마이뉴스, 2023.01.08.

한국은 건설기술의 발전과 더불어 아파트는 물론 건축물의 높이 경쟁을 벌이고 있다. 신도시를 비롯한 대형도시 대부분에는 이 마천루(摩天樓, skyscraper)가 존재한다. 빌딩처럼 보이는 첨단(尖端, cutting edge)의 마천루는 업무용의 시설뿐만 아니라 주거용의 시설도 제반되어 있다. 그러나 발전하는 건설기술에 비해 안전대책은 여전히 미흡한 상태인 것이 사실이다. 상부에서 낙하되는 것에는 거의 무방비 상태나 다름없으며, 오래된 건축물일수록 바로 옆이 인도나 도로 또는 주차장으로 되어 있어 사람의 접근이 용이해 더욱 속수무책일 수밖에 없는 실정이다. 현대인들이 탁 트인 경관 생활을 선호하는 탓에 대형의 창문과 고층에 설치된 경관시설물에서의 추락사도 너무나 심심찮게 벌어지고 있으나, 현재로써는 그에 대한 대책도 전무하다. 그렇기에 남녀노소 가릴 것 없이 안전에 대한 의식만이라도 서둘러 개선해야 하는 것이 중요하다 할 것이다.

이러한 건축물에서의 자살사건은 국가적 재난의 경제적 위기 때 아이 셋을 먼저 내던지고, 자기 자신의 몸까지 던져버린 엄마로 인해 한국의 사회가 큰 충격에 빠졌었다. 그러나 이제는 투신 수단으로 인한 자살은 내 집과 남의 집을 가리지 않고 벌어지고 있다.[25]

대한민국의 '보이는 자살'은… 건축물 외, 장소에서의 투신 수단을 통한 자살을 확인해 보고자 한다.

- 절벽(絶壁, cliff)에서의 투신…
  - 제주, 20대 절벽서 투신, 뉴시스, 2010.06.07.
  - 부산, "인간극장-아빠와 흑진주" 출연자… 투신자살 충격, 매일경제, 2010.09.09.
  - 경기, 검단산 수리바위서 60대 남녀 투신, 시티뉴스, 2010.11.16.
  - 경기, 절벽 아래로 투신 20대 여성 구조, 전국매일신문, 2012.04.25.
  - 부산, 50대 중학교 여교사 절벽서 투신, 동아일보, 2012.07.18.
  - 경기, 등산 다녀온다던 50대 북한산서 절벽으로 투신, 뉴시스, 2013.04.15.
  - 경남, 가출 신고받고… 부엉이바위에서 투신 대비했지만, 뉴시스, 2013.04.30.
  - 부산, 태종대 전망대 절벽 아래로 투신사망, 뉴시스, 2014.07.07.
  - 강원, 자신이 만든 음료 마시고 남편 숨지자 아내도 투신사망, KBS, 2014.09.29.
  - 경남, 사자바위 투신 40대 중태, 중앙일보, 2014.12.22.
  - 부산, 신변비관 20대 부산 태종대 전망대서 투신, 뉴스1, 2015.08.08.
  - 전북, 신병비관 50대 투신사망… 경찰 수사, 브레이크뉴스, 2015.08.20.
  - 부산, 천마산 절벽서 30대 여성 투신… 생명엔 지장 없어, 국제뉴스, 2016.03.24.
  - 경남, 김해 봉화산 사자바위 여성 투신… 채무의 관계로 자살한 듯, 내외통신, 2017.03.22.
  - 제주, 서귀포서 투신사건 잇따라… 경찰 수사, 뉴제주일보, 2018.05.16.
  - 경남, 김해 진영 봉하 마을 사자바위서 60대 여성 투신, 국민일보, 2019.01.16.
  - 경기, 가평 야산서 투신 80대 나무에 걸려 무사히 구조, 연합뉴스, 2020.11.18.
  - 전남, 장흥 사찰 인근서 50대 여성 숨진 채 발견…, 프레시안, 2021.11.05.

- 보도육교(步道陸橋, an overhead walkway)에서의 투신…
  - 부산, 중1 남학생 육교서 투신사망, 뉴시스, 2010.05.11.
  - 경북, 안동 여고생 육교에서 투신, 안동인터넷뉴스, 2011.06.09.

- 경북, 김천경찰서 경부선 육교 위에서 투신자살 사건 발생, 김천신문, 2011.07.29.
- 경남, 20대 여성 육교에서 투신사망, 모닝뉴스, 2011.08.23.
- 전북, 우울증 30대 고속도로로 투신해 숨져, 연합뉴스, 2011.08.28.
- 대전, 경찰 투신자살 시도자 잇따라 구출해, 뉴시스, 2012.07.05.
- 서울, 60대 간암 환자 육교서 투신해 숨져, YTN, 2012.08.26.
- 서울, 외무 고시생 노량진 육교에서 투신, 머니투데이, 2013.01.08.
- 강원, 강릉서 22세 대학생 육교 투신사망, 시사위크, 2015.04.05.
- 전북, 직장에서 스트레스 겪던 60대 택배기사 육교서 투신, 데일리안, 2015.09.09.
- 서울, 서울역 7017 고가 개장 10일 만에 외국인 투신사망, 세계일보, 2017.05.30.
- 경기, 50대 여성 양평역 인근 육교서 투신… 10여 분 열차 지연, SBS, 2017.10.08.
- 부산, 공천불만 60대 남성… 자유한국당 부산시당 앞 육교서 투신소동, 서울경제, 2018.04.21.
- 서울, 대낮에 서울역 다리위에서 50대 남성이 도로로 투신… 의식 없어, 서울신문, 2020.12.25.
- 경남, 육교 위서 투신하려는 남성 막은 뒤 600m 뒤쫓아, 인사이트, 2021.05.28.
- 서울, 육교에서 극단적 선택 20대 남성… 버스 정류장 위로 떨어져 생존, 세계일보, 2023.01.17.

- 출렁다리(판자로 다리의 모양을 만들고 줄로 형태를 고정하는 다리, 흔들다리)에서의 투신…
  - 전남, 강진 가우도 출렁다리에서 이웃 주민 살해 후, 바다 투신, 한국타임즈, 2017.08.05.
  - 경남, 남해 다랭이마을 해상 출렁다리서 40대 남성 투신… 해경에 구조, 거제인터넷방송, 2019.10.30.
  - 울산, 출렁다리서 음주 투신소동… 예방대책 고심, MBC, 2022.03.22.
  - 강원, 원주 소금산 출렁다리 전망대 '투신사망 사고' 잇따라, 노컷뉴스, 2023.03.29.

대한민국의 '보이는 자살'은… 방파제(防波堤, breakwater: 외부의 파도로부터 내부의 항구를 지키기 위해 건설하는 제방) 및 선착장(船着場, wharf: 강이나 좁은 바다 물목에서 배가 닿고 떠나고 하는 일정한 장소)에서의 투신 수단을 통한 자살을 확인해 보고자 한다.

- 충남, 태안 천리포 선착장서 30대 남성 숨진 채 발견, 연합뉴스, 2010.08.22.
- 서울, 한강 투신 40대 여성 경찰관 2명이 뛰어들어 구조, 뉴시스, 2010.10.11.
- 서울, 잠실 선착장서 20대 여성 투신사망, 노컷뉴스, 2011.05.22.
- 부산, 전자발찌 착용 40대 여성… 바다에 투신, 검경일보, 2012.08.20.
- 서울, 투신모녀 시신… 허리 묶인 채 꼭 끌어안고, 세계일보, 2012.11.27.
- 인천, 바다 투신 남성 구하려다 경찰관 실종, 세계일보, 2013.03.04.
- 서울, 10대 2명 여의도 선착장서 한강 투신… 1명 사망, 뉴시스, 2013.07.03.
- 서울, 여의나루 선착장서 50대 여성 투신, OBS뉴스, 2013.07.11.
- 서울, 소녀 구한 투캅스… 한강 투신한 10대 15분 만에 구해내, 한국경제TV, 2013.07.26.
- 서울, 한강 투신 김 위원장 행방 오리무중… 수색작업 난항, 뉴시스, 2013.08.12.
- 경남, 거제서 남편의 외도를 비관 자살기도 여성 구조, 모닝뉴스, 2013.09.23.
- 서울, 한강 투신 20대 여성 경찰이 구조, 국민일보, 2014.03.01.
- 경북, 포항남부경찰서… 자살기도 모녀 신속한 수색으로 목숨 구해, 경북일보, 2014.03.10.
- 부산, 부산해경… 민락항 서방파제 투신시도자 구조, 국제뉴스, 2014.07.01.
- 경북, 해경… 아내 살해 후, 도주한 조폭… 방파제 밑 숨진 채 발견, MBC, 2015.01.28.
- 부산, 방파제 투신 70대 여성… 경찰이 구조, KNN, 2015.04.01.
- 인천, 서부경찰서… 선착장 투신 시민의 생명 구조, 인천일보, 2015.06.16.
- 전남, 고흥에서 만취자 바다에 투신, 노컷뉴스, 2015.06.30.
- 제주, 경찰… 동거남과 말다툼 후, 바다로 투신 20대 여성 구조,

국제뉴스, 2015.07.06.
- 충남, 보령해경 선착장 투신 신병비관 여성 구조, 중도일보, 2015.07.09.
- 강원, 속초해양서… 공형진 방파제 인근 해상에서 투신시도자 구조, 한국디지털뉴스, 2015.08.03.
- 부산, 테트라포드 사이 추락 50대 여성 구조, 뉴시스, 2016.05.29.
- 전남, 여수해경… 바다에 투신 50대 남성 구조, NSP통신, 2016.08.11.
- 경북, 개천절 연휴 대구 경북 사건·사고로 얼룩, 경북도민일보, 2016.10.04.
- 부산, 해운대서 투신하려던 여고생 구한 고교생 4명 표창, 서울경제, 2016.12.09.
- 강원, 죽고 싶다… 술 마시고 거진항 투신 50대 남성 구조, 뉴스1, 2017.01.06.
- 전북, 부안해경… 해상 투신자살 시도자 구조, 전북일보, 2017.04.04.
- 경남, 죽고 싶다… 바다에 투신한 10대 해경에 구조, 노컷뉴스, 2017.05.14.
- 강원, 만취 20대 신변을 비관해 속초 앞 바다로 투신 구조, 뉴스1, 2017.08.11.
- 경북, 해상 투신 50대 여성 시신 발견, 영남일보, 2017.08.14.
- 경북, 포항해경… 경주서 바다 투신하려던 20대 여성 구조, 경북일보, 2017.10.02.
- 강원, 치매와 우울증 비관… 60대 퇴직한 공무원 소양강댐 투신사망, 뉴스1, 2017.10.11.
- 부산, 바다에 투신한 여성… 53사단 해안초소 장병들 도움으로 구조, 서울경제, 2018.02.22.
- 제주, 자살시도 여성 손… 끝까지 붙잡은 60대 택시기사 감사장, 미디어제주, 2018.03.30.
- 부산, 바다 투신 여성… 경찰의 신속한 구조로 목숨 건져, 뉴시스, 2018.05.14.
- 전남, 돌산 선착장 해상 투신 중학생… 해경 긴급 구조, 여수인터넷뉴스, 2018.06.24.
- 부산, 다대포 바다에 투신한 10대 여성 구조, 프레시안, 2018.08.13.
- 제주, 탑동 방파제 해상에 투신한 30대 구조, 제주신문, 2018.08.26.
- 인천, 자살자 구조 인천항만공사 안전관리요원 눈길, 국민일보, 2018.10.09.
- 제주, 홀로 딸 키운 30대 엄마 끝내 제주서 주검으로, 노컷뉴스, 2018.11.08.
- 제주, 탑동광장 앞 해상서 60대 남성 물에 빠져 숨져, 연합뉴스, 2019.01.12.

- 전남, 완도해경… 40대 해상 투신 수색 난항, 이뉴스투데이, 2019.05.27.
- 전남, 목포해경… 신변비관 바다에 투신한 40대 여성 구조, 남도방송, 2019.06.12.
- 강원, 속초항 방파제서 투신시도 여성 낚시꾼 신고로 구조, 뉴스1, 2020.04.06.
- 인천, 여자친구 구하려 바다에 뛰어든 30대 중국인 사망… 여성은 생존, 뉴스1, 2020.06.18.
- 제주, 해경 부부싸움 후, 홧김에 투신 40대 남성 구조, 한라일보, 2020.06.19.
- 인천, 을왕리 해수욕장서 20대 여성 바다에 빠져 숨져, 메트로신문, 2020.07.20.
- 전북, 서해지구대… 신변비관 50대 자살시도자 구조, 군산미래신문, 2022.01.04.
- 부산, 청사포 방파제서 낮술 취한 70대 투신… 해경에 구조, UPI뉴스, 2022.04.04.
- 부산, 미포항 선착장에 만취해 투신한 70대 여성 구조, 국제뉴스, 2022.04.26.
- 충남, "죽겠다." 친구에게 메시지 보낸 20대 선착장서 투신 직전에 구조, 뉴스1, 2022.11.02.

대한민국의 '보이는 자살'은… 댐(堤堰, dam: 홍수나 가뭄을 대비하기 위해 물을 저장하거나, 방류해 하천 및 계곡의 수위 조절을 위해 만든 구조물) 및 보(洑, weir: 용수의 확보나 하천의 수위 조절 등을 위해 하천을 가로질러 설치한 수리시설)에서의 투신 수단을 통한 자살을 확인해 보고자 한다.

- 광주, 댐서 돌이 든 배낭 멘 변사체… 신변 비관 자살 추정, 뉴스엔, 2010.12.07.
- 대전, 댐 경비직원의 대처로 20대 자살시도자 살려, 뉴시스, 2011.04.14.
- 경북, 상주보에서 60대 투신자살, 한국일보, 2013.02.26.
- 경북, 칠곡보 투신 40대 여성… 6일 만에 시신 발견, 뉴시스, 2014.10.30.
- 경북, 신속한 대처… 물에 빠진 자살시도자 구해, 대구신문, 2014.11.02.
- 경기, 50대 남성 여주시 이포보에서 투신… 수색작업 중, 국제뉴스, 2017.08.11.
- 경기, 20대 남성 여주 이포보에서 투신자살, 남한강뉴스, 2018.02.26.

- 대구, 강정고령보… 실종된 30대 남성 수색 3일째 난항, 매일신문, 2018.08.08.
- 경북, 칠곡소방서… 인명구조 도움 준 칠곡보 순찰근무자 표창,
  경안일보, 2020.04.30.
- 경북, 낙동강 달성보에서 30대 2명 투신… 소방당국 이틀째 수색 중,
  경북일보, 2020.08.18.
- 대구, 강정고령보에서 실종된 60대 남성 시체 발견, 더팩트, 2021.05.31.

대한민국의 '보이는 자살'은… 저수지(貯水池, reservoir: 물을 가두어 놓은 인공 호수 형태의 토목시설) 및 호수(湖水, lake)에서의 투신 수단을 통한 자살을 확인해 보고자 한다.

- 경기, 일산호수공원 3개월간 3명 자살… 시민들 대책 요구, 뉴시스, 2010.08.23.
- 충북, 부부싸움 칼로 물 베기? 저수지 투신사망, 데일리안, 2010.11.23.
- 서울, 건국대 호수 투신자살 시도한 30대 남성, 머니투데이, 2012.09.20.
- 충북, 제천 의림지서 어머니와 아들 숨진 채 발견, 중부매일, 2012.11.29.
- 울산, 엄마… 나 울고 있어… 울산 고교생 저수지 투신자살, 쿠키뉴스, 2013.03.18.
- 전남, 광양 저수지서 50대 물에 빠져 숨져, 뉴시스, 2013.06.02.
- 충남, 천안 추석 연휴 사건·사고로 얼룩, 충청투데이, 2013.09.22.
- 서울, 석촌호수 30대 투신… 소방당국 구조, 뉴시스, 2014.02.19.
- 서울, 석촌호수 40대 남성 투신… 생명 위험해, 시사포커스, 2014.07.05.
- 광주, 80대 할머니 저수지에 빠져, 뉴시스, 2014.08.31.
- 울산, 선암호수공원서 잇단 자살 소동, 울산제일일보, 2014.12.14.
- 울산, 북구 호수공원… 60대 익사체 발견, 울산제일일보, 2015.09.02.
- 전북, 40대 여성… 남자친구와 말다툼 저수지 투신, 세계일보, 2016.01.05.
- 광주, 저수지서 학생 2명 익사, 천지일보, 2016.04.22.
- 전북, 은파 물빛다리서 50대 추정의 여성 투신사망, 군산미래신문, 2016.06.17.
- 경남, 원망의 노트 쓴 아내… 남편 살해 후, 호수에 투신, 데일리안, 2016.09.16.

- 경북, 개천절 연휴 대구·경북 사건·사고로 얼룩, 경북도민일보, 2016.10.04.
- 전북, 시민사회단체 가영양 저수지 사망사고 진상규명 나서, 전민일보, 2017.03.06.
- 전북, 전라북도 사건·사고, 국제뉴스, 2017.10.10.
- 경기, 광교호수공원 극단적 선택 잇따라… 시 대책 마련, 연합뉴스, 2017.10.14.
- 전남, 무안경찰… 심야 저수지 투신 10대 구조, 이뉴스투데이, 2017.10.31.
- 전북, 전주 아중호수서 남성의 시신 떠올라 발견… 경찰조사 착수, 전북중앙, 2018.07.23.
- 경기, 군포시 반월호수서 남성 1명 투신, SBS, 2018.12.26.
- 경기, 부천 상동호수공원서 60대 사망, 전국매일신문, 2020.04.04.
- 광주, 풍암호수공원에 무슨 일이?, 남도일보, 2020.08.25.
- 전북, 시민들의 발 빠른 대처 생명구조 잇따라, 전라일보, 2020.08.27.
- 전북, 50대 남성 군산 은파호수공원 투신, 국제뉴스, 2021.05.29.
- 충남, 아산 신정호수에 여성 투신 신고… 9시간째 수색 중, 더팩트, 2021.07.16.
- 서울, 석촌호수 투신 남성 4차 수색 끝에 발견… 원인 규명 중, 머니S, 2021.09.04.
- 경기, 군포소방서… 반월호수에 투신 익수자 신속 구조, 브레이크뉴스, 2022.04.04.
- 경북, 청도군청 남·여 공무원 2명 저수지 투신… 1명은 사망 1명은 중태, 더팩트, 2022.09.26.

대한민국의 '보이는 자살'은… 선박(船舶, ship)에서의 투신 수단을 통한 자살을 확인해 보고자 한다.

- 전남, 목포 여객선서 70대 투신해 숨져, 뉴시스, 2011.05.22.
- 전북, 군산 앞바다 여객선에서 40대 남성 투신, 연합뉴스, 2011.07.12.
- 인천, 도선서 60대 추정 남성 바다로 투신, 연합뉴스, 2013.07.30.
- 제주, 여객선 투신 60대 남성 사체 제주해안서 발견, 제주의소리, 2013.10.05.
- 전남, 여객선 투신 50대 알고 보니 검찰수사 받던 현직 교수, 제이누리, 2014.02.21.
- 경남, 또 부산~제주 여객선 승객 투신… 항로 미스터리?, 제이누리, 2014.02.26.

- 부산, 부산~제주 여객선 투신… 올 들어 3번째, 한라일보, 2014.03.12.
- 전남, 여객선 실종 남녀… 나란히 시신으로 발견, 뉴스웨이, 2014.08.07.
- 전남, 여수 해상에서 여객선 승객 투신해, 노컷뉴스, 2015.03.04.
- 전남, 부산~제주 여객선 투신 60대… 6일 만에 숨진 채 발견, 노컷뉴스, 2015.06.29.
- 강원, 울릉~강릉 여객선에서 70대 실종… 투신한 듯, 세계일보, 2015.07.28.
- 전남, 제주행 여객선에서 50대 남성 투신, MBC, 2018.09.27.
- 부산, 해운대 유람선 입항 도중 40대 승객 바다에 빠져 숨져, 연합뉴스, 2019.02.06.
- 전남, 제주행 여객선에서 남성 투신해 해경 수색 중… 신원은?, 시선뉴스, 2019.06.18.
- 전남, 완도 해상 여객선에서 투신, YTN, 2020.10.01.
- 전남, 부산~제주 운항 여객선에서 승객 투신… 해경 수색 중, 아시아경제, 2021.06.10.
- 전남, 여수 해상서 여객선 탑승자 50대 남성 투신… 사흘째 수색 중, LG헬로비전, 2021.09.27.

여기까지 '투신의 수단'을 통한 대한민국의 '보이는 자살'을 2010년도부터 2023년도 초까지의 장소별로 발생 일자와 지역을 구분해 언론·매체 등의 기사를 기초(基礎, be based on)해 확인해 보았다. 이러한 사실이 매우 중요한 것은… 이유가 어찌 됐든 간에 자살은 분명 개인의 선택에 의해 발생한 사고임에 틀림없다. 다만, 그 아무런 도움 없이 단지 '투신'이라는 수단만으로 사망에 이를 수 있다는 점이며, 우리는 이러한 점을 그 무엇보다도 심각한 문제로 받아들여야 한다는 사실이다.

여기서 열차(列車, train)와 자동차(自動車, automobile) 등의 관련한 건에 대해서는 배제했다. 이유는 '투신'만으로 이뤄지는 것이 아닌 그 무언가가 이용되어야지만 가능하거나, 또 다른 그 무언가가 작동해 이뤄지는 투신이기에 그러하다. 굳이 더 설명하지 않더라도 충분히 이 상황이 그려질 수 있을 것이라 생각한다.

 현 자살에 있어 무엇보다 빠르고 간단히 잘 작동되기 수월한 방법과 그 수단에 대한 습득을 완전히 봉쇄할 수 있는 과학적이며, 기술적인 정밀하고도 완벽한 제어시스템(control system)을 당장 구축(構築, build)할 수 있는 것이 아니라면… 무언가를 시작할 때 그 모든 능력을 갖추어 시작할 수는 없듯 우리는 늘 한계에 맞서 이를 이겨내기 위에 더 힘든 노력이라는 것을 선택해야 한다. 그렇기에 조금은 시간이 지체되더라도 조금씩이나마 더 나은 결과를 가져올 물리적 방법의 차단책을 한 단계 한 단계씩 높여 만들어 나아가는 것이 훨씬 더 도움이 될 것이다.

 아쉽게도 저자는 여기서, 이에 대한 구체적인 방안을 제시하지는 않는다. 그래도 저자의 글을 행간(行間, real intention)으로 읽다 보면, 결국 추락 및 투신자살 방어를 강화하기 위해서는 국가와 사회의 무단한 노력이 절실하다는 것만은 분명해질 것이다.

투신이라는 자살 수단 그리고, 교량은

저자는 이 책을 빌려 '자살의 수단' 중 '투신'이라는 수단을 통해 시도하게 되는 '보이는 자살'의 실제적 사례를 다루어 제시하려 노력했으며, 제시한 사례에 있어 국가의 사회적인 커다란 파장의 문제를 일으키는 데 있어 매우 큰 영향을 미칠 수밖에 없는 '투신자살' 중 **교량-투신-자살 : Brodie**'를 집중적(集中的, intensive)으로 다루어 제시코자 한다.

'투신'은 인공적인 건축물 혹은 바다, 강물, 절벽 등의 보이는 장소에서 이뤄진다. 앞서 언급한 미국 샌프란시스코의 금문교가 그 대표적인 투신의 수단으로, 자살을 시도하는 장소로 손꼽히고 있으며, 한국은 한강에 놓인 교량 중 마포대교가 그러하다. 그 외에도 전 세계 각지의 교량들과 유명한 장소들이 투신으로 인한 자살의 장소로 알려져 있다.

자살명소(自殺名所, suicide site), 일반적으로 자살이 많이 발생하는 것으로 대중에게 알려진 장소를 뜻한다. 최근에는 자살 다빈도(多頻度, multi frequency) 장소라는 표현을 사용하기도 하지만, 오래전부터 언론·매체 등에서 명소라는 표현으로 많이 쓰이다 보니 여전히 유지되고 있다. 특정한 지역 및 장소가 자살의 명소로 알려지게 될 경우 자살의 방지를 위한 대책을 내놓기도 하지만, 오히려 더 잘 알려지게 되어 서울 한강의 마포대교처럼 역효과를 내는 경우가 발생하기도 한다.

한편, 자살의 명소가 오히려 자살을 부추긴다는 비판도 있다. 왜냐하면, 명소라는 단어 그 자체가 기본적으로 긍정적인 의미에 해당하는 단어이기 때문에 자살을 시도하려는 사람의 입장에서는 꼭 가야 한다는 생각을 유도할 수 있기 때문이다. 그렇다면, 투신이라는 자살 수단을 생각하면, 떠오르는 대표적 장소 중 하나인 교량은 어떠할까?

'자살교량(自殺橋梁, suicide bridge)', 자살의 명소가 된 교량을 말하며, 교량에서의 투신자살 시도자들은 난간(欄干, balustrade)을 넘어 뛰어내려 물속으로 빠지거나, 지면에 부딪혀 사망하게 된다. 형하고(桁下高, depth of super-structure, 구조부 높이)가 높은 교량에서 물속으로 투신하는 것은 매우 치명적일 수 있지만, 간혹 투신한 사람들이 생명을 건지는 일도 발생한다. 법의학자들은 투신자들의 신체가 매우 빠른 속도로 지면과 부딪힘에 따라 심각한 장기의 손상(다중 장기 파열)과 목, 골반 따위의 골절 등의 부상을 입은 채로 너무도 끔찍한 죽음을 맞이한다고 모두 한결같이 말한다.

자살의 방법에 따른 그 수단들에 사용은 절대적으로 쉽지만은 않다. 인간은 누구나 특정한 무언가에 공포심을 이미 갖고 있거나, 생길 수가 있으며, 각 개인에 있어 이러한 현상이 너무 심각하게 나타난다면, 이는 바로 불안장애의 일종인 공포증(恐怖症, phobia)을 앓게 되는 것이다. 공포증은 극도의 두려움과 불안을 느끼는 증상으로, 두려워하는 특정한 물체, 활동, 상황 등을 급히 피하려 하기 때문에 일상적 생활에 있어 막대한 지장을 초래하게 된다. 공포증이 일어나는 상황에 이르면, 불안하고, 땀이 나며, 가슴이 두근거리는 증상의 공황발작이 생긴다.

공포증을 앓고 있는 사람은 이런 심한 공포심이 비합리적이라는 것을 알고 있지만, 이러한 증상은 그 상황을 벗어나야만 비로소 안정을 취할 수 있다. 그렇기 때문에 새로운 경험도 쉽게 할 수 없으며, 활동 또한 제한을 받게 되는데, 이는 의지만으로는 극복할 수 없다.[26]

이와 같은 공포증이 높은 장소에서 발생하면, 이는 고소공포증(高所恐怖症, acrophobia)이 되며, 높은 곳에 오르기를 매우 힘들어하고, 이에 추락의 두려움마저 갖게 된다. 이러한 고소공포증은 안전이 보장된 고지대에서도 발작을 일으키게 되는데, 발작이 일어나면, 몸을 떨며, 제대로 가누지 못하고, 식은땀을 흘리며, 숨이 거칠어지고, 어질어질해지며, 블랙아웃(Blackout)을 일으키게 된다. 또한 당장 이곳을 벗어나야 한다는 심한 강박감을 느껴 바로 뛰쳐나가거나, 추락할 위험이 극심해지는 망상을 하게 되어 심하면, 기절하는 등의 이성적 사고가 불가능할 정도의 매우 심각한 불안 증세가 지속해서 나타나게 된다.

높은 장소에서 무언가에 매달리고 있거나, 낙상 또는 추락한다는 망상은 누구나 상상력을 동원하면, 충분히 할 수 있는 것이다. 하지만, 이 고소공포증의 경우는 원치 않아도 그런 위험한 망상을 하게 된다는 것이 문제가 되는 것이며, 일반적이지 않은 정신적 증상으로 인해 일상적인 생활까지도 매우 어렵게 만든다.[27]

고소공포증은 대개 시각적·정신적으로 외부와 완벽히 차단된 폐쇄적인 장소에서는 잘 일어나지 않지만, 외부와 완전히 개방된 고지대에서는 그 상황이 매우 심각하게 달라진다. 참고로, 건설현장(建設現場, construction sites)을 예로 들면, 중·고소라는 표현을 구사하는 것이 최근 건설현장의 특성으로, 보편적으로는 5m 이상의 높이를 가리키지만, 이제는 2m 이하의 높이를 가리키는 것으로 변화되어 가고 있다. 이는 현장에서 2m 이하의 높이에서 추락하는 등의 사고 및 사상자 발생이 많아지고 있기 때문이다. 그렇기에 고소공포증은 비교적 높은 높이에만 구애되지 않고, 다소 높지 않은 곳이라 해도 충분히 발생할 수 있다는 점을 분명 간과(看過, overlook)해서는 안 될 것이다.

그렇다면, 여기서 우리는 분명 '투신'이라는 '자살의 수단'을 연관(聯關, relation)해 생각해 보지 않을 수 없으며, 반드시 짚어봐야 할 의문이 생기는 게 당연하다. 그것은 인간이 극한에 달했을 때에 잘못된 의지와 감정이 그 모든 공포를 순간에 집어삼킬 수 있다는 점이다. 아마도 누구나 그 상황에 직면하게 되면, '뛰어내리고 싶다, 뛰어내리고 싶지 않다.'는 이 두 마음에서 자기 자신과 싸우게 될 것이다.

고소공포증 그리고 투신자살, 그 가능성은⋯

• **가족에게 짐 되기 싫어 선택한 자살**: 마음의 병 심한 고소공포증에도 아파트 17층에서 투신. 유족의 말로는 평소에 창문 가까이 가지 못할 정도로 고소공포증이 심했다고 한다. 그런 그가 창문에서 뛰어내려 자살을 했으니 당연히 의문점을 가질 수밖에 없었다. "(중략)" 불안감이 극에 달한 이후부터 "죽고 싶다."는 표현을 하며, 가족의 짐이 되고 싶지 않아 했다. 특히 자살하기 일주일 전 비슷한 자살시도를 보인 점은 치명성의 결정적인 증거로 볼 수 있다. 결국 가장 비슷한 방식으로 자살을 했다. 이런 점을 볼 때 생애 경로에서 자살 위험 요인이 충분한 임계치에 다다른다면, 사망자가 고소공포증이 있다는 이유만으로 투신자살을 할 수 없다는 가설은 맞지 않는다고 볼 수 있다.(시사저널 1795호, 2024.03.09.)

- **2003년 4월 1일 홍콩 배우 장국영이 사망했다**: 최초 보도 당시에는 만우절 거짓말이라고 의심하는 이들이 있었으나, 사실이었다. 우울증으로 인한 투신 자살이었다. 홍콩 현지에서는 그의 사망 소식에 좌절해 투신한 팬들도 있었다. 국내의 팬들도 고인의 명복을 비는 49재를 지냈다. 몇몇 의문점 때문에 오랜 기간 타살설이 퍼지기도 했다. 고인은 평소 고소공포증이 있었다고 알려진 데다 혈흔도 너무 적었고, 유서 전문도 공개되지 않았다는 이유다. 국제적 스타의 갑작스러운 죽음을 여전히 충격으로 받아들이는 이들이 많다.(시사IN 708호, 2021.04.05.)

낙상(落傷, fall) 또는 추락사(墜落死, fall to death)가 심각하게 우려되는 극한의 현장과 그 상황에서 느끼는 되는 공포심은 인간에게 발생하는 자연스런 현상이며, 동시에 그러한 장소를 멀리하도록 유도함으로써 생존율을 높이려는 생존의 본능이 자연스럽게 발생하게 된다. 그러나 그 극한의 상황이 오히려 투신이라는 자살에 도움이 되는 건 아닐까? 원하든 원치 않든 높은 장소에 놓이게 된다면, 절대 원치 않았던 투신의 충동이 일어나, 뛰어 떨어질 거란 망상을 한다든지 말이다. 대부분의 관련 전문가들은 "극한의 상황과 그 증상은 오히려 자살에 도움이 될 수 있다."고 말한다. 그렇기에 우리는 이러한 의문점에 대한 커다란 문제에 있어 반드시 연구해 내야만 할 것이다.

왜! 높은 장소에서의 투신을 자살의 수단으로 선택하는 것일까? 자살을 반드시 하지 않으면 안 될 심각한 상황에 놓여 있을 때, 무언가에 갇혀 넘을 수 없는 장벽에 직면했을 때, 무언가로 인해 마음의 공백을 느낄 때, 인간은 창문을 열어 이를 뛰어넘고 싶어 하는 충동을 가질 수 있음을 많은 관련 전문가들은 말하고 있다. 투신이라는 수단은 인간의 가장 결연한 방법의 수단으로, 죽음의 결의가 강할 때 선택되어진다고 한다. 일반적으로, 인간은 높은 곳에서 아래를 내려다보면, 본능적으로 공포를 느끼며, 심한 경우에는 고소공포증까지 유발된다. 그러나 고층빌딩·아파트 등에 익숙해진 현대인들은 어느 정도의 고소공포에 대해 무감각해져 있다.

이와 같은 현상들에 대해 전문가들은 떨어짐의 엑스터시(ecstasy: 감정이 고조되어 자기 자신을 잊고, 도취의 상태가 되는 현상)는 고층빌딩에 사는 현대인에게 특유한 도발성을 유발시킨다고 말하고 있으며, 죽음과 떨어짐의 거리가 현대인에게 점점 더 가까워져 오고 있다고 진단하고 있다. 또한 고층빌딩·아파트 등에서 내려다보이는 풍경에는 투신을 유혹하는 듯한 그 무언가의 힘이 작용하고 있으며, 아래를 내려다보면서 그 공포와 황홀의 소용돌이 속에서 투신의 충동을 경험하는 현대인이 의외로 많다고 전한다.[28]

'자살명소'… 자살다리, 자살교량, 자살대교 등의 수식어… '자살의 장소' 하면, 무의식적으로도 제일 먼저 떠올리는 곳, 바로 교량이다. 중요한 것은 우리는 이러한 현실의 상황을 절대 부정하지 않는다는 것이다. 최근 한국의 자살률은 10만 명당 25.2명으로, 계속해서 높은 수치를 기록하고 있으며, 한국 사회의 큰 문제로 자리 잡고 있다. 특히 투신의 수단을 통한 교량에서의 투신자살은 매우 심각하다.

자살의 예방은 분명 그 위험을 줄이기 위한 노력의 집합체이며, 예방할 수 있는 경우도 많다. 이러한 노력은 작게는 개인 및 관계적 공동체, 크게는 사회적 차원에서 이뤄질 수가 있다. 자살은 개인과 가족, 지역 사회 등에 장기적인 악의 영향을 미칠 수 있는 심각한 문제이다. 그렇다면, 교량에서의 투신자살은 어떠한가?

한국은 2004년에 초기의 자살보도 권고기준을 시작으로, 2013년 9월 10일 자살보도 권고기준 2.0을 발표, 2018년 7월 31일에 현재 적용 중인 자살보도 권고기준 3.0을 발표했다.

자살보도 권고기준 3.0

전 문
자살보도에는 사회적 책임이 따릅니다.
<자살보도 권고기준 3.0>은 자살보도의 사회적 책임을 인식하고, 언론과 개인이 자살예방에 동참할 것을 권유하고자 마련한 기준입니다. 이 기준은 신문, 방송, 인터넷 매체를 포함한 모든 미디어와 경찰소 소방 등 국가기관, 그리고 개인의 사회 관계망 서비스 계정(SNS), 블로그, 온라인 커뮤니티 등에서도 유의해야 하는 기준입니다.

잘못된 자살보도는 사람을 죽게 할 수도 있습니다.
자살보도는 모방자살을 일으킬 수 있습니다. 자살의 동기나 방법, 도구, 구체적인 장소 등을 보도하면 막연하게 자살을 고민하던 사람들에게 동일하거나 유사한 방법 또는 장소에서 자살을 실행하도록 부추길 수 있습니다. 자살 원인을 단정하는 보도는 비슷한 처지의 사람들에게 자살을 하나의 대안으로 선택하게 만들 수 있습니다. 특히 유명인의 자살보도는 파급효과가 크므로 더욱 신중해야 합니다.

자살보도 방식을 바꾸면 소중한 생명을 구할 수 있습니다.
<자살보도 권고기준 2.0> 발표 이후 언론의 자살보도 방식이 변화하면서 자살률은 꾸준히 감소하였습니다. 자살을 고민하는 사람들에게 도움을 줄 수 있는 기관이나 활동을 소개하면 많은 생명을 구할 수 있습니다.

<자살보도 권고기준 3.0> 5가지 원칙
1. 기사 제목에 '자살'이나 자살을 의미하는 표현 대신 '사망', '숨지다' 등의 표현을 사용합니다.
2. 구체적인 자살 방법, 도구, 장소, 동기 등을 보도하지 않습니다. 3. 자살과 관련된 사진이나 동영상은 모방자살을 부추길 수 있으므로 유의해서 사용합니다. 4. 자살을 미화하거나 합리화하지 말고, 자살로 발생하는 부정적인 결과와 자살예방 정보를 제공합니다. 5. 자살 사건을 보도할 때에는 고인의 인격과 유가족의 사생활을 존중합니다.
※ 유명인 자살보도를 할 때 이 기준은 더욱 엄격하게 준수해야 합니다.

〈그림 3.4〉 자살보도 권고기준 3.0(한국기자협회)

위의 〈그림 3.4〉는 자살보도 권고기준 3.0의 일부를 보여주고 있으며, 자세한 내용은 한국기자협회의 홈페이지를 통해 확인할 수 있다.

이러한 노력에도 불구하고, 교량에서의 자살과 관련한 사건·사고 등의 기사들이 많은 언론·매체 등을 통해 봇물 터지듯 쏟아져 나오고 있는 것이 현 실정이며, 관영·민영 방송국(放送局, Broadcasting Station)에서도 '**교량-투신-자살 : Brodie**'의 프로그램들을 다루고 있다.

다음의 〈그림 3.5〉는 출동 명령이 내려지자 고속구조정에 오른 서울 여의도수난구조대 대원들이 서강대교 현장으로 출동하는 모습을 보여주고 있다.

〈그림 3.5〉 서울 여의도수난구조대 대원들(한국일보)

• "눈코 뜰 새가 없어요."… 한강다리 감시하는 '매의 눈' 수난구조대: (투신시도 계속 늘어… 현장 출동도 25%↑… AI 감시 덕에 투신방지·구조율 높아졌

지만… 대원들 업무 과중 탓 '골든타임' 놓칠 수도…) 20대 남성으로 추정되는 구조대상자는 'SOS생명의 전화'에 귀를 댄 채 고개를 푹 숙이고 서 있었다. 생명의 전화는 자신의 생명을 끊는 행위를 하려는 이들을 구조하기 위해 다리 위에 설치된 상담전화로 상담자가 위험한 징후를 보이면, 인근 수난구조대가 출동한다. 대원들은 구조정 끝에 서서 남성의 일거수일투족을 계속 응시했다. 그 사이 다리 위로 출동한 경찰관과 소방 구조대원들이 남성을 설득해 투신을 막았다. "상황 종료, 수고하셨습니다." 긴장의 10분은 그렇게 끝이 났다. 수난구조대는 한강에서 일어나는 모든 사고에 24시간 대응하는 소방기관이다. 서울시119특수구조단 소속으로, 권역 안에서 사고가 터지면, 담당 소방서의 지령을 받고 현장에 나간다. 선제 조치를 담당하는 만큼 구조대의 활약에 따라 사고의 운명이 달라지는 중요한 역할이다. 1997년 여의도에 처음 생긴 뒤 지금은 서울 한강 권역(41.5km)에 뚝섬·반포·광나루까지 4개소가 있다. 이날 기자가 동행한 여의도수난구조대는 전체 출동 건수의 40% 이상을 처리한다. 다리 위에서 생사를 고민하는 사람은 계속 늘고 있다. 서울소방재난본부에 따르면, 한강 교량 상의 자살시도자는 2021년 626명에서 2022년 1,000명으로 증가해 처음 네 자릿수를 찍었다. 올해도 9월까지 719명이나 된다. 특히 최근엔 신종 코로나바이러스 감염증(코로나19) 사태와 경제 불황이 영향을 미쳤다고 한다. 소방당국도 감시의 눈을 더 촘촘히 짜고 있다. 2021년 12월부터는 인공지능(AI) 딥러닝 시스템을 접목했다. AI가 CCTV 영상을 학습한 후, 투신시도자의 행동 패턴을 찾아 알려주는 과학적 체계다. 사람이 CCTV를 맨눈으로 모니터링해 위험 정도를 파악하는 이전까지 대응 방식과 비교하면, 확실히 진일보했다. 구조대원들은 AI 알림이 들어오면, 출동한다. 잦은 출동 덕에 투신사망은 2021년 13명에서 올해 9월 현재 2명으로 크게 줄었다. 한 구조대원은 "수면에서 구조할 수 있어 투신시도자의 생존율이 높아졌고, 수중 수색도 감소했다."고 설명했다.(한국일보, 2023.11.07.)

한강 교량 상의 투신자살로 골머리를 썩고 있는 서울시는 다양한 자살예방 대책을 내놓고 있다. 이러한 노력으로 인해 한강의 투신사고는 소폭 감소하는 결과를 낳고 있으나, 반면에 한강의 주요 교량이 아닌 지천의 교량에서 발생하는 투신시도자는 오히려 매년 큰 폭으로 증가하고 있다. 이러한 결과는 전체적인 수치는 줄지 않고 있다는 것을 확인시켜 주는 것이다. 이에 사회적 관심과 집중적인 예방 관리를 받는 교량은 물론이며, 소외되고 있는 모든 교량에서도 특별한 관리대책이 절실히 필요하다.

마지막 순간에 마지막으로 찾는 자살의 명소… 토마스 조이너(Thomas Joiner, 플로리다 주립 대학교, 심리학부 교수)는 "자살하는 사람도 마지막 순간까지 소속되고 싶은 욕구를 느낀다는 관점으로 사람들이 자살하는 순간에조차 함께 할 사람을 찾는지 설명할 수 있다. 같은 논리로, 수많은 사람들이 자살하는 마지막 순간에 왜 아름다움을 추구하는지도 설명할 수 있다."고 말했다. 또한 본인의 저서인 《자살에 대한 오해와 편견》에서 "미국 국립공원에서는 해마다 셀 수 없이 많은 자살사건이 발생한다. 최근 몇 년간 애리조나 주의 그랜드캐니언 국립공원은 자살사건이 가장 많이 일어나는 장소였다."며, 《캔자스시티 스타(Kansas Star)》 2008년 6월호 기사에 실린 옐로스톤 국립공원(1997년 이래 다섯 건의 자살사건이 발생) 대변인의 말을 인용했다.

"사람들의 마음속에 국립공원은 특별한 위치를 차지하고 있습니다. 마지막 순간에 자연과 이런 식으로 연계되는 일이 중요하다고 생각하는 사람들이 있지요."

"자살하기 위해 사람들이 옐로스톤 국립공원을 선택하는 이유는 여기가 죽기에 목가적인 곳이거나, 유명한 장소라고 생각하기 때문입니다. 아니면 그저 자신의 죽음이 자연과 하나 되기를 바랐는지도 모릅니다."[29]

그렇다면! 자살의 명소를 찾는 심리적 이유는 무엇일까? 또한 실질적인 이유는 과연 무엇일까?

자살을 생각하는 사람들은 장소를 고르는 데 있어 분명 다른 이유가 있을 수도 있다는 점은 충분히 짐작할 수는 있겠으나, 아직까지는 뭐라 단정 지을 수도 없을 것이라 생각된다. 다만, 그 교량에서 투신을 시도하면, 분명 죽을 수 있다는 사실을 오랜 시간에 걸쳐 증명되어온 것을 인지해 실행에 옮길 수도 있다는 점은 간과할 수 없다. 다시 말해서 자살을 결정한 사람은 그 무엇보다도 확실한 장소를 선택할 수밖에 없을 것이라는 점이다. 그렇기에 자살의 명소를 찾는 사람들은 그 대부분이 해당 지역의 사람들이 아닌 다른 지역에서 온 사람들이다.

그렇다면! 자살을 실행하기 위해 교량에서 투신하는 이유는 무엇일까?

대개 교량에서 투신하는 이유는 주변에 높은 건축물이 있어 그렇듯 주변에 교량이 존재하기 때문이라고 한다. 그렇지만, 건축물과 교량은 엄연히 다르며, 이해할 수 없는 생각이지만, 개중에는 교량에서의 투신이 신비스럽다거나, 낭만적인 분위기라고 여기기도 한다는 것이다. 이에 샌프란시스코 자살예방협회의 이브 마이어 이사는 "다리에서 뛰어내리면, 신문에 실립니다. 살아 있을 땐 할 수 없던 일이 다리에서 뛰어내림으로써 자신의 생각을 공개적으로 알릴 수 있죠. 기사를 읽는 사람들도 '나도 내 생각을 알릴 수 있어.'라고 생각하게 되지요."[30]라고 말했다.

자살의 장소가 아름답다거나, 자기 생각을 알릴 기회의 장소로써 어떻게 연결되는 것인지? 또한 그것이 어째서 자살을 하는 명소가 되는지 우리는 쉽게 이해할 수는 없다. 다만, 자살을 하려는 사람의 마음속에서 일어나는, 심리적으로 복잡 미묘한 그 무엇의 결합이 그 이유일 것이라 생각된다.

죽음과 삶의 주와 열망의 기이한 융합이 자살의 수단과 그 장소의 선정에 영향을 미칠 수도 있다. 금문교에서 투신하려고 베이 브릿지(Bay Bridge)를 건너온 사람들이 있다. 반대로, 못난 자매교(Sisters Bridges)에서 뛰어내리기 위해 금문교를 건너는 사람에 관한 기록은 없다. 교량 투신자살에 대한 권위자인 리처드 사이덴(Richard Seiden, 캘리포니아 버클리 대학교, 공중보건학부 교수) 박사는 "이런 사례들을 살펴본 결과, 금문교에서의 투신자살은 미학적으로 만족스럽고 아름다운 반면에 베이 브릿지에서의 투신자살은 초라하다는 일반적인 태도가 엿보인다."고 쓴 바 있다.[31]

'투신'이라는 자살의 수단 그리고 대표적 장소 '교량'은… 자연현상의 힘일까? 자연의 광대하고도 광활한 그 힘이 경외감을 불러일으켜 그 마음을 달래줄 수 있기 때문일까? 아무리 그렇다고 해도 이는 추측이자 가설에 불과할 뿐이라고 저자는 생각하며, 논리적으로 전혀 납득할 만한 설명은 되지 않는다는 견해를 갖고 있다.

박세만의
그것ㅣ교량-투신-자살 : Brodie ㅣ에 관한 이야기 …

네 번째,

네 번째, 이야기

외국의 투신자살, 교량은

 전 세계적 '투신자살의 교량'으로 대표적인 금문교는 중국 난징의 장강대교(南京長江大橋, Nanjing Yangtze River Bridge) 다음으로, 세계에서 두 번째로 투신을 통한 자살을 많이 하는 곳이다. 교량 상단에서 물 밑까지의 높이가 75m로, 낙하하는 데 약 120km/h의 속도로, 4초 정도 걸린다고 한다. 대부분의 투신시도자들은 충격의 외상에 의해 사망하며, 투신시도자들의 5%만이 초기 충격에도 생존한다. 하지만, 대부분은 익사 또는 저체온 증상으로 사망에 이르게 된다. 1937년 금문교가 완공되어 개통한 이후, 샌프란시스코 만(San Francisco B.)으로 투신해 사망한 사람만 2014년을 기준으로, 1,600여 명 정도가 된다. 또한 매년 100여 명이 교량의 관리자, 경찰관, 소방관 등에 의해 투신의 시도 중 구해진다. '자살대교'로 유명한 장소가 되다 보니 전 세계에서 투신을 통해 자살을 하려고 일부러 금문교를 찾는 사람도 많다.[1]

 장강대교는 중국의 양쯔강(揚子江: 창장)에 놓인 철교로, 충칭(重慶)·우한(武漢)·난징(南京)의 세 곳에 있으며, 위층은 자동차 및 보행자용, 아래층은 복선(複線, double-track)의 철도용으로 된 2층의 구조이다. 우한 창장대교는 첫 번째로 건설된 창장대교로, 길이는 1,670m이며, 러시아의 기술 원조로, 1957년에 완공되었다. 우한시 한양(漢陽)의 궤

이산(龜山)과 우창(武昌)의 서산(蛇山) 기슭을 이용해 가설되었으며, 상층부에는 6차선의 자동차도로와 그 양쪽에 보도가 만들어져 있다. 충칭바이사퉈(重慶白沙陀) 창장대교는 쓰촨성(四川省) 충칭시 남서쪽에 있으며, 길이가 820m로, 1959년에 완공했다. 양쯔강에 두 번째 놓인 교량으로써 청두(成都)~충칭, 충칭~구이양(貴陽)의 2개 철도가 접속되며, 베이징(北京)에서 정저우(鄭州)·시안(西安)·청두를 거쳐 구이저우(貴州)·난닝(南寧)까지 철도가 바로 연결되도록 했다. 난징 창장대교는 길이 6,700m의 가장 긴 대교로, 이 교량을 가설함으로써 베이징·톈진(天津)과 난징·상하이(上海)를 직통의 열차로 연결할 수 있게 되었다.[2] 이러한 중국의 대표적인 장강대교가 '자살대교'로 오랜 시간 이름을 떨치고 있다. 장강대교가 완공된 이후, 근 40년간 모두 2,000여 명이 이 교량에서 양쯔강으로 투신해 스스로 목숨을 끊은 것으로 보고되고 있으며, 최근 들어 장강대교에서의 투신자살자는 더욱 증가하는 추세로, 공안당국이 연평균 약 200명의 투신자살 시도자를 설득 및 구조했으나, 최근에는 한해에만 무려 약 700명 이상의 투신자살 시도자를 설득 및 구조했다.[3]

다음의 〈표 4.1〉~〈표 4.5〉는 2018년도에서 2022년까지의 외국의 교량 투신자살 사고와 관련한 보도기사를 조사해 일자(국가·교량·언론·매체)별로 구분 및 정리해 나타낸 것이다.

외국의 '교량'에서의 '투신자살'은…

<표 4.1> 외국의 교량 투신자살 사고와 관련한 보도기사(2018년도)

일자	국가명	교량명	보도기사	언론·매체
2018.01.03	미국	Sunshine Skyway Bridge	보안관이 Sunshine Skyway Bridge에서 뛰어내리는 한 여성을 목격해 하였다.	Tampa Bay Times
2018.01.03	영국	Tay Road Bridge	Tay Road Bridge에서 뛰어내린 한 남성의 신원을 확인하기 위해 CCTV의 영상을 공개하였다.	Daily Record
2018.01.04	태국	Rama VII Bridge	Rama VII bridge에서 뛰어내린 한 여성의 시신이 Chao Phraya River에서 발견되었다.	Bangkok Post
2018.01.05	영국	Clifton Suspension Bridge	유모차의 아기와 함께 있던 누이의 Clifton Suspension Bridge에서 뛰어내리는 한 여성을 목격하였다.	Bristol Live
2018.01.10	미국	Ehwha River Bridge	한 여성이 Ehwha River Bridge에서 뛰어내렸다.	Sequim Gazette
2018.01.10	태국	Rama VII Bridge	택시기사가 Rama VII bridge에서 한 여성이 뛰어내리기 전에 교량의 위에서 이 여성을 실시간으로 방송하였다.	Metro UK
2018.01.14	미국	Ed Hendler Bridge(Kennewick)	중도 사다리아의 둘이 Ed Hendler Bridge(Kennewick)에서 뛰어내리기 전에 딸과 이 여성을 실행하였다.	New York Post
2018.01.15	미국	I-485 Bridge(Charlotte)	여성이 I-485 Bridge(Charlotte)에서 뛰어내리기 전에 지나 통을 설치하였다.	People
2018.01.21	미국	Fred G. Redmon Bridge(I-82)	당국은 Fred G. Redmon Bridge(I-82)에서 뛰어내린 남성의 시신을 발견했다.	Yakima Herald-Republic
2018.01.23	미국	Chicago Skyway Toll Bridge	Chicago Skyway Toll Bridge에서 뛰어내린 24세의 남성이 숨진채 발견되었다.	Chicago Tribune
2018.02.15	필리핀	Agus-Agus Bridge	23세의 남성이 Agus-Agus Bridge에서 뛰어내린 자살을 시도하였으나 구조되었다.	Inquirer
2018.03.06	미국	Hoan Bridge	Hoan Bridge에서 뛰어내렸던 것으로 의심되는 시신이 올해가 강으로부터 건져졌다.	FOX6
2018.03.13	미국	Mississippi River Bridge(Baton Rouge)	폭행급지의 영향을 받는 남성이 Mississippi River Bridge(Baton Rouge)에서 뛰어내려 삽을 끊었다.	WBRZ
2018.03.13	미국	Eighth Street bridge(Port Angeles)	경찰이 Eighth Street bridge(Port Angeles)에서 68세의 한 부인이 뛰어내렸다고 말했다.	Daily News
2018.03.26	미국	Robert F. Kennedy Bridge	뉴욕경찰이 Robert F. Kennedy Bridge에서 뛰어내리겠다고 위협하는 한 남성을 구조하였다.	The Independent
2018.03.26	미국	Glenn L. Jackson Memorial Bridge(I-205)	한 부인이 Glenn L. Jackson Memorial Bridge(I-205)에서 뛰어내린 후 사망하였다.	Oregon Live
2018.03.29	미국	Louisiana Highway 2 Bridge(Red River)	당국자는 Louisiana Highway 2 Bridge(Red River)에서 뛰어내린 연령(모, 자)의 시신을 발견했다.	KSLA
2018.03.31	미국	A10 Overpass Bridge(Waltham Cross)	소년들이 A10 Overpass Bridge(Waltham Cross)에서 뛰어내리는 남성을 잡았다.	Daily Mail
2018.04.04	미국	Veterans Memorial Centennial Bridge	은퇴한 고등학교 선생님이 Veterans Memorial Centennial Bridge 뛰어내려 숨졌다.	The Spokesman-Review
2018.04.05	영국	Itchen Bridge	한 남성이 작업 중지 후 Itchen Bridge에서 뛰어내렸다.	Daily Echo
2018.04.09	미국	Fred Hartman Bridge	Fred Hartman Bridge에서 뛰어내린 남성이 사망하였다.	First Draft
2018.04.09	미국	St. Croix River Bridge	St. Croix River Bridge에서 뛰어내린 남성이 숨졌다.	Pioneer Press
2018.04.10	미국	Bronx-Whitestone Bridge	Bronx-Whitestone Bridge에서 뛰어내린 남성이 병원에서 숨졌다.	New York Daily News
2018.04.12	미국	Chesapeake Bay Bridge	메반인 Maryland 소방관이 Chesapeake Bay Bridge에서 뛰어내리는 한 남성을 구하기 위해 위험에 처해 있었다.	FOX News
2018.04.17	미국	210 Freeway Bridge(Highland)	보안관이 210 Freeway Bridge(Highland)에서 뛰어내리는 한 여성을 막았다.	Redlands Daily Facts
2018.04.19	미국	Greenlawn Bridge	오하이오경찰이 Greenlawn Bridge에서 Scioto 강으로 뛰어내리겠다고 위협하는 17세 소녀를 구했다.	ABC11
2018.04.19	말레이시아	Penang Bridge	경찰이 Penang Bridge에서 자살을 시도한 한 여성을 구했다.	SAYS
2018.04.24	미국	I-696 Over Bridge(Detroit)	트럭들이 I-696 Over Bridge(Detroit)에서 뛰어내리겠다고 위협하는 한 남성을 막기 위해 교량 아래 줄지어 주차했다.	NPR
2018.05.02	미국	I-95 Bridge(Lumberton)	남성은 자살을 시도하기 위해 I-95 Bridge(Lumberton)에서 뛰어내렸다.	WPDE
2018.05.03	영국	Clifton Suspension Bridge	23세 대한녀성이 Clifton Suspension Bridge에서 자살하고 뛰어내린 22세 한 남성이 병원으로 이송되었다.	Daily Mail
2018.05.09	미국	Arcola High Bridge(St. Croix County)	Arcola High Bridge(St. Croix County)에서 뛰어내린 한 남성이 사망하였다.	Pioneer Press

일자	국가명	교량명	보도기사	언론·매체
2018.05.17	미국	I-95 Overpass Bridge(Stamford)	경찰이 I-95 Overpass Bridge(Stamford) 난간을 넘으려 하는 30세의 한 여성을 막았다.	Stamford Advocate
2018.06.02	미국	Fred Hartman Bridge	텍사스경찰이 자살로 유명한 Fred Hartman Bridge에서 뛰어내린 여성을 시도하려는 한 여성을 붙잡았다.	ABC News
2018.06.03	미국	Paterson Bridge(Passaic River)	Paterson Bridge(Passaic River)에서 뛰어내린 자살이 사망하였다.	Paterson Times
2018.06.04	미국	359 Highway Over Bridge(Laredo)	한 남성이 359 Highway Over Bridge(Laredo)에서 자살을 시도한 후 부상을 당했다.	KGNS
2018.06.07	영국	Itchen Bridge	Itchen Bridge에서 뛰어내린 59세의 한 여성이 숨졌다.	Daily Echo
2018.06.07	미국	Mill Avenue Bridge(Tempe)	Mill Avenue Bridge(Tempe)에서 뛰어내린 남성이 시신이 발견되었다.	KTAR News
2018.06.11	나이지리아	Third Mainland Bridge	Third Mainland Bridge에서 자살을 시도한 여성에 대한 신원이 확인되지 않고있다.	Premium Times Nigeria
2018.06.13	미국	Hoan Bridge	어떤 남성이 Hoan Bridge에서 뛰어내렸지만, 생존하였다.	Patch
2018.06.22	미국	I-77 & I-76 Over Bridge(Akron)	두명의 특수요원 기사가 I-77 & I-76 Over Bridge(Akron)에서 뛰어내리려는 38세의 한 여성을 구하였다.	WKYC
2018.06.22	미국	Casco Bay Bridge	남성이 Casco Bay Bridge에서 뛰어내린 후 사망하였다.	Sun Journal
2018.07.07	미국	I-85 Overpass Bridge(Greenville)	I-85 Overpass Bridge(Greenville)에서 뛰어내린 자살자가 떨어졌지만, 트럭 위로 떨어지게 되었다.	Greenville News
2018.07.08	미국	Colorado Street Bridge	남성과 여성이 시신이 Colorado Street Bridge 아래에서 발견되었다.	Pasadena Now
2018.07.09	미국	I-20 Bridge(Arlington)	남성이 I-20 Bridge(Arlington)에서 뛰어내린 자살이 사망하였다.	Fort Worth Star-Telegram
2018.07.10	미국	Gov. Thomas Johnson Bridge	또도 사마리아인들이 Gov. Thomas Johnson Bridge에서 뛰어내린 젊은 남성을 구조하였다.	FOX 5 DC
2018.07.10	미국	Sunshine Skyway Bridge	비번인 소방관이 Sunshine Skyway Bridge에서 뛰어내린 남성을 구조하였다.	ABC Action News Tampa Bay
2018.07.13	미국	McClure Bridge(Clarksville)	McClure Bridge(Clarksville)에서 쯤을 던진 여성이 얼마 후 돌아와 구조되었지만 사망하였다.	The Leaf-Chronicle
2018.07.19	미국	Y-Bridge(Zanesville)	16살 소녀이 Y-Bridge(Zanesville)에서 뛰어내린 병원에 입원했다.	Y-City News
2018.07.22	미국	Grand Boulevard Bridge(Kansas City)	사람이 Grand Boulevard Bridge(Kansas City)에서 뛰어내린 자살을 시도한 출에 I-70이 차단되었다.	KSHB 41 Kansas City
2018.07.23	미국	I-40 Overpass Bridge(Nashville)	여성이 I-40 Overpass Bridge(Nashville)에서 뛰어내린 자살을 시도하였다.	WZTV
2018.07.29	미국	I-35 Bridge(Waco)	I-35 Bridge(Waco)에서 뛰어내린 자살을 시도하였다.	KWTX
2018.07.30	미국	Hot Metal Bridge(Pittsburgh)	Hot Metal Bridge(Pittsburgh)에서 3명이 뛰어내린 그 중 1명이 사망했다.	Pittsburgh Tribune Review
2018.08.03	미국	Washington Avenue Bridge(Minneapolis)	경찰이 Washington Avenue Bridge(Minneapolis)에서 뛰어내리는 여성을 구한 후 용의 되었다.	Good News Network
2018.08.04	미국	Huey P. Long Bridge	남성이 Huey P. Long Bridge에서 뛰어내린 숨졌다.	NOLA.com
2018.08.17	미국	Evergreen Point Floating Bridge	수갑을 한 남성이 Evergreen Point Floating Bridge 위에서 뛰어내린 구조했다.	The Seattle Times
2018.08.28	미국	Blatnik Bridge	경찰이 Blatnik Bridge에서 뛰어내린 남성을 구조했다.	Duluth News Tribune
2018.08.30	미국	Monroe Street Bridge(Spokane)	여성이 희망이 메시지로 Monroe Street Bridge(Spokane)에서 자살을 시도하려는 남성을 구해냈다.	KALB
2018.09.10	미국	I-55 Bridge(Pearl River)	I-55 Bridge(Pearl River)에서 뛰어내린 남성의 신체를 발견하고 있다.	WLBT 3 On Your Side
2018.09.10	미국	Antioch Bridge	Antioch Bridge으로부터 뛰어내린 남성은 여전히 치명적으로 트럭에 치었다.	East Bay Times
2018.09.20	미국	I-40 Overpass Bridge(Flagstaff)	I-40 Overpass Bridge(Flagstaff)에서 뛰어내린 남성이 치명적으로 트럭에 치었다.	azcentral.
2018.09.20	말레이시아	Penang Bridge	22세의 말레이시아 여성이 Penang Bridge에서 자살하기 위해 뛰어 내렸다.	WORLD OF BUZZ
2018.09.22	미국	Courtright Road Bridge(Columbus)	경찰관이 Courtright Road Bridge(Columbus)에서 자살을 시도하는 남성의 삶을 구하였다.	FOX 28 Columbus

일자	국가명	교량명	보도 기사	언론·매체
2018.09.25	미국	Stewart Avenue Bridge	Stewart Avenue Bridge에서 뛰어내린 남성을 교량의 아래에 설치된 안전망으로 구조하였다.	14850
2018.09.27	미국	Caney Creek Bridge(Hawkins)	Caney Creek Bridge(Hawkins)에서 뛰어내리는 여성을 경찰이 불잡아 구조되었다.	WBIR
2018.10.01	미국	Williamsburg Bridge(Ditton)	뉴욕경찰, 뛰어내리겠다고 위협하는 Williamsburg Bridge 오르는 남성 구조하였다.	ABC News
2018.10.04	영국	M20 Bridge(Ditton)	10대 소녀가 M20 Bridge(Ditton) 뛰어내려 숨졌다.	Kent Online
2018.10.11	캐나다	Burgoyne Bridge	Burgoyne Bridge에서 6일간 2명이 사망하였다.	St. Catharines Standard
2018.10.19	영국	M6 Overpass Bridge(Stafford)	한 여성이 M6 Overpass Bridge(Stafford)에서 뛰어내려 병원에 일원하였다.	Stoke-on-Trent Live
2018.10.20	인도	Old Vashi Bridge	KWAN 창업자가 Old Vashi Bridge에서 자살을 시도하다가 경찰에 구조되었다.	The Indian Express
2018.10.25	타국	Martyrs Bridge	2명의 여성이 Martyrs Bridge에서 뛰어내려 자살을 시도하는 남성을 수색하고 있다.	Daily Sabah
2018.10.29	미국	Senator William V. Roth Jr. Bridge	경찰이 William V. Roth Jr. Bridge에서 뛰어내려 23세의 여성을 수색하고 있다.	Delaware Online
2018.10.30	미국	Bob Kerrey Pedestrian Bridge	국립공원 생활안전가 Bob Kerrey Pedestrian Bridge에서 뛰어내리는 남성 구조하였다.	KETV
2018.10.31	미국	Guy West Bridge	한 여성이 Guy West Bridge에서 뛰어내린 후 구조되었다.	The State Hornet
2018.11.01	미국	215 Beltway Over Bridge(Henderson)	10대 소년이 215 Beltway Over Bridge(Henderson)에서 뛰어내려 숨졌다.	Las Vegas Review-Journal
2018.11.02	미국	George Washington Bridge	경찰은 사우디 재벌가 George Washington Bridge에서 뛰어내려 자살을 시도했다고 전했다.	TIME
2018.11.02	나이지리아	Third Mainland Bridge	Third Mainland Bridge에서 Lagos lagoon으로 뛰어내려 여성이 신원이 확인되지 않고있다.	Daily Post Nigeria
2018.11.03	미국	Howard Frankland Bridge	23세 여성이 Howard Frankland Bridge에서 뛰어내려 남성이 남성이 구조되었다.	Yahoo
2018.11.07	미국	Mile Long Bridge	Mile Long Bridge에서 뛰어내린 남성이 시신이 발견되었다.	The Des Moniters Register
2018.11.09	영국	Menai Suspension Bridge	30대와 10대 남성이 로프로 서로 묶고 Menai Suspension Bridge에서 뛰어내려 자살을 시도하였다.	Daily Mail
2018.11.12	미국	Senator William V. Roth Jr. Bridge	Roth Bridge에서 뛰어내린 한 여성이 뛰어내린지 2주 후에 시신으로 발견되었다.	Delaware Online
2018.11.12	미국	Throgs Neck Bridge	남성이 자살하기 위해 Throgs Neck Bridge에 뛰어내렸다.	New York Post
2018.11.15	미국	Whitney Avenue Bridge(Shelby)	경찰관이 Whitney Avenue Bridge(Shelby)에서 뛰어내렸던 남성을 구조하였다.	News 5 Cleveland WEWS
2018.11.15	미국	Harbor Bridge(Corpus Christi)	21세 여성이 Harbor Bridge(Corpus Christi)에서 자살하고 뛰어내렸다.	KIII
2018.11.15	미국	Route 30 Bridge(York County)	Route 30 Bridge(York County)에서 한 남성이 뛰어내렸다.	York Daily Record
2018.11.16	영국	North Bridge(Halifax)	11세 소녀가 North Bridge(Halifax)에서 뛰어내려 머리가 심하게 부상당한 후 숨졌다.	Daily Star
2018.11.20	미국	Scammonden Bridge	겹버월이 Scammonden Bridge에서 뛰어내려 M62 고속도로가 폐쇄되었다.	ZimEye
2018.11.29	뉴질랜드	Robert E. Lee Memorial Bridge	경찰이 Robert E. Lee Memorial Bridge에서 뛰어내려 자살을 시도하는 남성을 구조하였다.	FOX61
2018.12.01	뉴질랜드	Auckland Harbour Bridge	Auckland Harbour Bridge에서 뛰어내리는 사람 때문에 목격자들 목격하였다.	Stuff
2018.12.06	미국	Cambridge overpass(Tauranga)	익명의 Cambridge Overpass(Tauranga)에서 뛰어내리는 남성을 맞추기 위해 도움을 주었다.	NZ Herald
2018.12.10	미국	San Diego-Coronado Bridge	Coronado Bridge에서 뛰어내리겠다고 위협하는 남성 때문에 경찰이 도로가 4시간 동안 차단되었다.	10News.com
2018.12.10	영국	A174 Over Bridge(Ormesby)	부인이 A174 Over Bridge(Ormesby)에서 뛰어진 후 여러 번 차에 치여 사망하였다.	The Mirror
2018.12.10	미국	Bronx-Whitestone Bridge	경찰관이 Bronx-Whitestone Bridge 뛰어내리는 여성을 암수했다.	New York Daily News
2018.12.30	미국	I-94 Over Bridge(St. Paul)	I-94 Over Bridge(St. Paul) 도로에서 뛰어내린 여성이 숨졌다.	Valley News Live

〈표 4.2〉 외국의 교량 투신자살 사고와 관련한 보도기사(2019년도)

일자	국가명	교량명	보도기사	언론·매체
2019.01.03	영국	Humber Bridge	낯선 두 명의 남자가 각각 몇 분만에 Humber Bridge에서 뛰어내려 숨졌다.	Daily Express
2019.01.14	미국	Sunshine Skyway Bridge	플로리다 경찰이 Sunshine Skyway Bridge에서 뛰어내린 남성을 구했다.	Newsweek
2019.01.15	미국	Mount Hope Bridge	Portsmouth 경찰이 Mt. Hope Bridge에서 뛰어내리겠다는 청소년을 구했다.	WJAR
2019.01.16	영국	Humber Bridge	Humber Bridge에서 뛰어내려 살아남은 엄마의 아기의 기적	Hull Live
2019.01.16	미국	Manhattan Bridge	뉴욕경찰이 Manhattan Bridge에서 뛰어내리려는 남자를 구조했다.	New York Post
2019.01.16	미국	Gervais Street Bridge(Columbia)	승무원이 Gervais Street Bridge(Columbia)에서 뛰어내린 시신을 수색하고 있다.	The State
2019.01.20	미국	Gov. Thomas Johnson Bridge	Calvert 군대 소녀가 Gov. Thomas Johnson Bridge에서 뛰어내려 숨 사망했다.	SoMdNews
2019.01.22	말레이시아	Sultan Abdul Halim Muadzam Shah Bridge	남성이 Penang Second Bridge 위에서 뛰어내려 숨 구조되었다.	SAYS
2019.01.24	스페인	Monterola Footbridge(Lorca)	남성이 Monterola Footbridge(Lorca)에서 뛰어내려 위에 실종됐다.	MURCIA TODAY
2019.01.31	뉴질랜드	Auckland Harbour Bridge	한 남성이 Auckland Harbour Bridge에서 뛰어내려 숨 살아남았지만, 심각한 부상을 입었다.	NZ Herald
2019.02.04	미국	Thomas Alva Edison Memorial Bridge	여내를 살해한 남편이 Thomas Edison Memorial Bridge에서 뛰어내려 사망하였다.	New York Post
2019.02.05	미국	Robert F. Kennedy Bridge	남성이 RFK Bridge에서 뛰어내린 후 경찰에 구조되었다.	Astoria Post
2019.02.07	콜롬비아	La Variante Bridge(Tolima)	아들을 살해하고 La Variante Bridge(Tolima)에서 어머니가 뛰어내린 비극적인 순간.	Daily Mail
2019.02.08	미국	I-81 Overpass Bridge(Christiansburg)	경찰은 I-81 Overpass Bridge(Christiansburg)의 보행구간에서 뛰어내린 사망자를 조사하고 있다.	WSET
2019.02.13	미국	Indian River Inlet Bridge	경찰은 48세의 여성 시신을 Indian River Inlet Bridge 남성에서 발견하였다.	DelmarvaNow
2019.02.15	미국	Antioch Bridge	경찰은 추적으로부터 쫓기던 남성이 Antioch Bridge에서 뛰어 뛰어내렸다가 살아남았다.	The Mercury News
2019.02.21	영국	Humber Bridge	Humber Bridge에서 물속으로 뛰어내린 남성이 구조되었다.	Hull Live
2019.02.22	영국	Waterloo Bridge(London)	정신건강의 지원기 부족한 16세 소녀가 몇 분만에 Waterloo Bridge(London)에서 뛰어내렸다.	The Mirror
2019.02.26	영국	M53 Bridge(Liverpool)	M53 Bridge(Liverpool)에서 뛰어내린 부독일 직원은 이전에 만났던 가장 친절한 사람이었습니다.	Liverpool Echo
2019.03.07	말레이시아	Sultan Ismail Bridge	경찰이 Sultan Ismail Bridge에서 뛰어내린 남자를 설득하였고, 다행이라 뛰어내렸다.	WORLD OF BUZZ
2019.03.11	미국	Monterey Bridge(Janesville)	Monterey Bridge(Janesville)로부터 뛰어내린 남성이 소방관에 의해 구조되었다.	GazetteXtra
2019.03.12	미국	Abraham Lincoln Bridge	경찰관이 Lincoln Bridge에서 뛰어내리는 100kg 남성을 껴안으며 하였다.	KOLN
2019.03.14	미국	MacArthur Bridge(Detroit)	10대 소녀가 MacArthur Bridge(Detroit)에서 차가운 물속으로 뛰어내린 후 구조되었다.	Detroit Free Press
2019.03.14	미국	Sidney Lanier Bridge	Sidney Lanier Bridge에서 뛰어내린 후 실종된 여성의 시신을 발견했다.	First Coast News
2019.03.18	미국	160 Highway Overpass(Sacramento)	Sacramento경찰이 160 Highway Overpass에서 뛰어내리려는 남성을 구했다.	KCRA
2019.03.29	미국	I-20 Overpass(Arlington)	경찰과 토닥 운전사가 힘을 모아 I-20 Overpass(Arlington)에서 자살을 시도하는 소년을 구조했다.	FOX 4
2019.04.01	미국	Verrazano-Narrows Bridge	6명의 경찰이 1명의 운전자가 Verrazano-Narrows Bridge에서 자살을 시도하던 79세의 남성의 안전을 끌어냈다.	Daily Mail
2019.04.06	미국	Stanislaus Street Bridge(Fresno)	학생들이 Stanislaus Street Bridge(Fresno)에서 뛰어내린 여성을 구조했다.	ABC30 News
2019.04.05	미국	Cold Spring Canyon Arch Bridge	경찰이 Cold Spring Bridge에서 뛰어내리는 사람 때문에 154 고속도로를 폐쇄하였다.	Edhat
2019.04.09	영국	A30 Overpass Bridge(Launceston)	용감한 10대 소녀가 A30 Overpass Bridge(Launceston)에서 뛰어내리는 여성을 구해냈다.	The Mirror
2019.04.19	미국	Hoan Bridge(Milwaukee)	보안관이 마리나의 Hoan Bridge(Milwaukee)에서 뛰어내린 남성을 구했다.	FOX6

일자	국가명	교량명	보도기사	언론·매체
2019.04.23	미국	Conde McCullough Memorial Bridge	McCullough Memorial Bridge(North Bend)에서 뛰어내린 30대 남성이 숨졌다.	The World Newspaper
2019.04.23	영국	M20 Over Bridge(Ashford)	아버지가 M20 Over Bridge(Ashford)에서 뛰어내린 후 사망했다.	Kent Online
2019.04.30	미국	60 Freeway Bridge(Chino)	여성이 60 Freeway Bridge(Chino)에서 뛰어내린 후 사망했다.	Daily Bulletin
2019.05.02	미국	Black Street Bridge(Hamilton)	여성이 Black Street Bridge(Hamilton)에서 뛰어내리기 전에 탈진한 군인을 설득하였다.	CBS Austin
2019.05.08	미국	E. Beltway 8 Overpass(Houston)	텍사스 노스 브인근의 E. Beltway 8 Overpass(Houston)에서 뛰어내리겠다는 남성을 구조하였다.	ABC13 Houston
2019.05.10	미국	I-84 Overpass Bridge(Manchester)	경찰은 I-84 Overpass Bridge(Manchester)에서 뛰어내린 남성이 사망했다고 전했다.	Journal Inquirer
2019.05.14	미국	Piscataqua River Bridge(I-95)	경찰은 Piscataqua River Bridge(I-95)에서 뛰어내린 한 여성을 얌전히 하였다.	Foster's Daily Democrat
2019.05.14	영국	A50 Overpass Bridge(Stokeon-Trent)	34세의 여성이 A50 Overpass Bridge(Stokeon-Trent)에서 뛰어내렸다.	The Mirror
2019.05.21	미국	Bosphorus Bridge	운전자가 Bosphorus Bridge(15 July Martyrs Bridge)에서 Bosporus 해협으로 뛰어내렸다.	Daily Sabah
2019.05.21	미국	Verrazano-Narrows Bridge	36세의 여성이 Verrazano-Narrows Bridge에서 뛰어내리려는 사람이었다고 뉴욕 경찰이 전했다.	SILive.com
2019.05.22	미국	Lesner Bridge	레슬링 선수가 Lesner Bridge에서 뛰어내리려는 남성을 구하였다.	Beliefnet
2019.05.25	미국	Verrazano-Narrows Bridge	Verrazano-Narrows Bridge에서 그가 독을 단지가 전에 가족들에게 사망한다고 전했다.	SILive.com
2019.05.25	인도	Old Maini Bridge	남성이 Yamuna bridge(Delhi Noida Direct Flyway)에서 투신자살을 시도했다.	India Today
2019.05.27	미국	I-90 Bridge(Coeur d'Alene)	남성이 I-90 Bridge(Coeur d'Alene)에서 뛰어내린 세미트럭에 치어 후 입원하였다.	KHQ
2019.05.29	캐나다	Overlanders Bridge(Brattle Street)	경찰이 Overlanders Bridge에서 뛰어내린 남성을 수색하고 있다.	CFJC Today Kamloops
2019.05.30	미국	South Berwick Bridge(Brattle Street)	한 남성이 South Berwick Bridge(Brattle Street)로부터 뛰어내린 후 숨졌다.	Forster's Daily Democrat
2019.05.30	미국	Veterans Memorial Highway Bridge(285)	Smyrna 출신 Veterans Memorial Highway Bridge(285)에서 Chattahoochee 강으로 자살시도하는 해군 퇴역군인을 막았다.	11Alive
2019.06.10	미국	Mill Street bridge(watertown)	경찰은 Mill Street bridge(watertown)에서 뛰어내린 남성의 시신을 운반했다.	WWNY
2019.06.14	영국	Saint Alkmund's Way Footbridge	경찰은 Chaddesden 남성이 Saint Alkmund's Way Footbridge에서 뛰어내린 후 사망했다.	Durby Telegraph
2019.06.15	미국	Homestead Grays Bridge	누이의 아이가 차에서 기다리는 동안 Homestead Grays Bridge에서 뛰어내려 사망하였다.	THE MORNING CALL
2019.06.23	미국	J4 M90-Bridge(Keity)	남성이 J4 M90-Bridge(Keity)로부터 뛰어내린 후 병원에 입원하였다.	Daily Record
2019.06.23	미국	Manhattan Bridge	실종된 유튜버가 자살에 대한 말하는 충격적인 영상을 올린 후 Manhattan Bridge위에서 유튜버의 가방과 전화가 발견되었다.	Business Insider
2019.06.25	영국	M5 Bridge(Avonmouth)	M5 Bridge(Avonmouth)에서 투신자살 한 대학생들의 집안이 친구에게 "더 이상 갈수가 없다"고 유서를 남겼다.	Somerset Live
2019.07.03	영국	M20 Bridge(Aylesford)	M20 Bridge(Aylesford)에서 뛰어내린 소녀가 달려오는 차량에 치여 숨졌다.	The Mirror
2019.07.10	미국	Bob Kerrey Pedestrian Bridge	한 남성이 Bob Kerrey Pedestrian Bridge위에서 조깅 하던 여성을 구조하였다.	WOWT
2019.07.10	미국	Fourth Avenue Bridge(Olympia)	Fourth Avenue Bridge(Olympia)에서 뛰어내린 여성이 일찍자금 2주가 지난 후에도 여전히 위험한 상태.	The Daily World
2019.07.10	미국	I-5 Bridge(Columbia River)	I-5 Bridge(Columbia River)에서 뛰어내린 여성의 시체가 며칠 후에 발견되었다.	The Columbian
2019.07.15	영국	I-293 Overpass Bridge(Manchester)	남성이 I-293 Overpass Bridge(Manchester)에서 뛰어내린 후 숨졌다.	WMUR
2019.07.15	영국	Thelwall Viaduct(Warrington)	한 신적인 아버지가 Thelwall Viaduct(Warrington)에서 뛰어내리기 전 마지막 문자를 보냈다.	The Mirror
2019.07.22	캐나다	Stoney Trail N.W Bridge(Calgary)	한 여성이 Stoney Trail N.W Bridge(Calgary)에서 뛰어내리러 걸치고 남자를 구하였다.	CBC
2019.07.24	미국	Millard E. Tydings Memorial Bridge	한 남성이 Millard E. Tydings Memorial Bridge에서 뛰어내린 후 사망하였다.	Baltimore Sun

일자	국가명	교량명	보도기사	언론·매체
2019.07.29	미국	I-10 Bridge(Baton Rouge)	I-10 Bridge(Baton Rouge)에서 뛰어내리겠다는 임산부 여성을 보안관이 구조해냈다.	The Advocate
2019.07.31	미국	Winooski River bridge(I-89)	경찰이 Winooski River Bridge(I-89)에서 뛰어내리려는 남자를 설득하여 안전하게 구조했다.	WCAX
2019.08.01	미국	Verrazano-Narrows Bridge	뉴욕시 환경미화원이 Verrazano-Narrows Bridge에서 뛰어내리려는 남자를 설득해 여성을 막았다.	ABC7 New York
2019.08.06	미국	Smithton Bridge	주 경사관이 의뢰한 Smithton Bridge에서 뛰어내린 남성이 자살을 시도한 것 같다.	Pittsburgh Tribune Review
2019.08.08	미국	I-84 Over Bridge(Waterbury)	경찰관이 I-84 Over Bridge(Waterbury)에서 자살을 시도하는 십대를 구조하였다.	NBC Connecticut
2019.08.17	인도	Netravati Bridge	23세인 남성이 Netravati Bridge에서 자신의 죽음을 결심했다.	Daijiworld
2019.08.20	필리핀	Marcelo Fernan Bridge	경찰은 Marcelo Fernan Bridge에서 자살을 시도하는 16세의 소녀를 구했다.	SunStar Philippines
2019.08.21	미국	I-805 Overpass Eastgate Mall	부모를 잃은 이들은 I-805 Overpass Eastgate Mall에서 뛰어 떨어져 사망하였다.	The San Diego Union Tribune
2019.08.26	필리핀	Mandaue-Mactan Bridge	한 남성이 Mandaue-Mactan Bridge에서 뛰어내렸지만 몸이 남성이 뛰어내렸다.	Cebu Daily News
2019.08.27	영국	Wilford Suspension Bridge	Wilford Suspension Bridge에서 두 명의 남성이 뛰어내렸다.	Nothingham Post
2019.08.27	미국	Infinity Bridge	경찰은 Stockton's Infinity Bridge에서 뛰어내리는 점은이에게 보고를 받고, 경고게 관련 상황을 문제로 하였다.	Teeside Live
2019.08.28	미국	I-90 Overpass Bridge(Moses Lake)	Moses Lake 경찰이 I-90 Overpass Bridge(Moses Lake)에서 뛰어내려 자살을 시도하는 한 남성을 구조하였다.	KHQ
2019.08.28	미국	I-94 Overpass Bridge(Louisville)	한 남성이 I-94 Overpass Bridge(Louisville)에서 뛰어내려 목숨을 잃었다.	WDRB
2019.08.29	미국	George Washington Bridge	경찰이 George Washington Bridge에서 한 남성을 구하였다.	Bergen Record
2019.09.01	미국	Robert F. Kennedy Bridge	한 남성이 RFK Bridge에서 뛰어내려 숨 사망하였다.	New York Post
2019.09.19	미국	Union Arch Bridge	Montgomery경찰이 Union Arch Bridge에서 뛰어내리려 시도하는 한 남성을 구조하였다.	FOX 5 DC
2019.09.20	미국	I-55 Overpass Bridge(Ridgeland)	I-55 Overpass Bridge(Ridgeland)에서 뛰어내린 여성이 생존하였다.	The Clarion-Ledger
2019.09.23	미국	Hale Boggs Memorial Bridge	Hale Boggs Memorial Bridge에서 뛰어내린 47세의 여성 시신이 다음날 발견되었다.	St. Charles Herald Guide
2019.09.26	인도	Koel Bridge Jhirpani	아리 소녀이 위유 Jhirpani Bridge에서 뛰어내렸지만, 아직 발견되지 않았다.	OrissaPOST
2019.10.29	미국	Enfield-Suffield Veterans Bridge	경찰이 Enfield-Suffield Veterans Bridge에서 뛰어내리는 남성을 구조하였다.	Patch
2019.11.08	인도	Prakasam Barrage	한 여성이 Prakasam Barrage에서 뛰어내려 사망하였다.	Siasat.com
2019.11.19	오스트레일리아	Anzac Bridge	경찰이 Sydney's Anzac Bridge에서 뛰어내리겠다고 위협하는 한 남성을 설득하였다.	Daily Mail
2019.11.21	영국	M1 Overpass Bridge(Wakefield)	18세 여성이 M1 Overpass Bridge(Wakefield)에서 뛰어내린 후 차량과 부딪혀 사망하였다.	Yorkshire Evening Post
2019.11.22	미국	I-10 Overpass Bridge(Santa Monica)	경찰이 I-10 Overpass Bridge(Santa Monica)에서 뛰어내린 정신질환이 있는 한 남자의 안전을 확보하기 위해 체포했다.	Santa Monica Mirror
2019.11.30	미국	Harbor Bridge(Corpus Christi)	경찰은 Harbor Bridge(Corpus Christi)에서 뛰어내린 정신질환이 있는 한 남자의 안전을 확보하기 위해 체포했다.	Caller-Times
2019.12.02	미국	Mount Hope Bridge	세명의 남성이 Mt. Hope Bridge에서 뛰어내리는 청소년을 구하였다.	Newport Daily News
2019.12.04	미국	Brooklyn Bridge	이 국적이 여성은 문전사가 Brooklyn Bridge에서 자살을 시도하는 남성에게 먼지 말 것을 간청하는 것을 보여준다.	New York Post
2019.12.05	미국	Market Street bridge(Youngstown)	남성이 Market Street bridge(Youngstown)에서 뛰어내려 후 병원으로 이송되었다.	WKBN
2019.12.12	미국	Foresthill Bridge	자살을 것이라고 생각했던 시신이 Foresthill Bridge 아래에서 발견되었다.	Gold County Media
2019.12.13	미국	St. Georges Bridge	경찰이 자살을 시도로 인해 폐쇄됐던 St. Georges Bridge의 도로를 다시 개통하였다.	Delaware Online
2019.12.20	아일랜드	N7 Bridge(Dublin)	트럭기사가 뛰어내리는 소녀를 돕기 위하여 N7 Bridge(Dublin) 아래에 덤추었다.	Irish Mirror
2019.12.24	미국	I-96 Bridge(Livonia)	경찰이 I-96 Bridge(Livonia)에서 제정신이 아닌 한 남성을 구조하였다.	ABC News

〈표 4.3〉 외국의 교량 투신자살 사고와 관련한 보도기사(2020년도)

일자	국가명	교량명	보도기사	언론 매체
2020.01.01	미국	Market Street Bridge(Riverside)	사마리아 인들이 Market Street Bridge(Riverside)에서 뛰어내린 한 사람을 구해냈다.	FOX 11 Los Angeles
2020.01.03	미국	Kingston-Rhinecliff Bridge	한 남성이 Kingston-Rhinecliff Bridge 위에서 숨졌다.	Hudson Valley Post
2020.01.04	미국	Jamestown Verrazzano Bridge	경찰이 Jamestown Verrazzano Bridge에서 자살하려는 남성을 구해냈다.	New York Post
2020.01.05	영국	Tyne Bridge	여성이 Tyne Bridge 꼭대기 출에 숨졌다.	Chronicle Live
2020.01.10	영국	Humber Bridge	고통스러워하는 어머니가 Humber Bridge에서 뛰어내려 숨졌다.	Hull Live
2020.01.14	인도	Gaula Bridge	Gaula Bridge에서 남성이 동시에 뛰어내려 숨졌다.	Hindustan Times
2020.01.14	인도	Vashi Bridge	Mumbai 경찰이 Vashi Bridge에서 자살을 시도하는 여성을 구해냈다.	Latestly
2020.01.15	미국	Woodrow Wilson Bridge	여성이 Woodrow Wilson Bridge에서 뛰어내렸다.	ALXnow
2020.01.16	미국	NC33 Overpass(Washington)	NC33 Overpass(Washington)에서 점프한 남성이 다리가 부러졌다.	Washington Daily News
2020.01.18	아프리카공화	N3 Bridge(Duban)	20대 여성이 친구들과 하이킹 후 N3 Bridge(Duban)에서 뛰어내렸다.	The South African
2020.01.20	영국	Clackmannanshire Bridge	Clackmannanshire Bridge에서 뛰어내린 사람을 구조한 경찰에게 진상위 찬사를 보낸다.	The Scottish Sun
2020.01.21	캐나다	Reversing Falls Bridge	Reversing Falls Bridge에서 뛰어내린 남성의 가족이 시신을 찾는 것을 기다리고 있다.	CBC
2020.01.21	나이지리아	Lekki-Ikoyi Link Bridge	한 남성이 Lekki-Ikoyi Link Bridge에서 Lagos Lagoon으로 뛰어들었다.	PM News Nigeria
2020.02.15	캐나다	Queensborough Bridge(Vancouver)	Queensborough Bridge(Vancouver)에서 뛰어내린 한 남성이 실종되었다.	The Indean Express
2020.02.16	나이지리아	Third Mainland Bridge	3rd Mainland Bridge 자살, 구조팀 48시간 수색 후 일시중지	Vanguard News
2020.02.19	미국	Market Street Bridge	Market Street Bridge(Chattanooga)에서 뛰어내린 변호사의 시신이 발견되었다.	Chattanoogan
2020.02.19	미국	Walnut Street Bridge(Chattanooga)	Walnut Street Bridge(Chattanooga)에서 뛰어내린 실종된 남성의 시신이 발견되었다.	The Tennessean
2020.02.20	인도	Prakasam Barrage	Prakasam Barrage에서 아이를 버리고 여성간 여성이 구조되었다.	Times Now
2020.02.24	미국	Harbor Bridge(Texas)	한 남성이 Harbor Bridge(Texas)에서 뛰어내려 숨졌다.	KIII
2020.02.27	나이지리아	Third Mainland Bridge	택시내서 내린 남성이 Third Mainland Bridge에서 뛰어내린 후 즉시 구조되었다.	Sahara Reporters
2020.02.29	미국	Forth Worth Bridge	경찰이 Forth Worth Bridge에서 뛰어내린 여성을 구조하였다.	Fort Worth Star-Telegram
2020.02.29	인도	Netravati Bridge	Netravati Bridge에서 뛰어내린 실종된 아버지와 아들의 시신이 발견되었다.	Daijiworld
2020.03.26	미국	Noyo River Bridge	한 여성이 Noyo Bridge(Mendocino)에서 뛰어내려 숨졌다.	The Mendocino Voice
2020.03.27	영국	Durham Viaduct	남성이 Durham Viaduct에서 뛰어내려 숨졌다.	Palatinate
2020.03.30	미국	Kingston-Rhinecliff Bridge	한 여성이 Kingston-Rhinecliff Bridge에서 뛰어내려 숨졌다.	Hudson Valley One
2020.04.06	태국	Rama VIII bridge(Bangkok)	Rama VIII bridge(Bangkok)에서 뛰어내린 3명의 대학생 중 2명이 숨지고, 한명은 구조되었다.	Chiang Rai Times
2020.04.13	인도	Ganpat Bridge Doda	한 남성이 Ganpat Bridge에서 뛰어내려 자살을 시도했다.	Greater Kashmir
2020.04.15	미국	Bayonne Bridge	한 남성이 Bayonne Bridge에서 뛰어내려 자살을 시도했다.	Hudson Reporter
2020.04.16	미국	South Knoxville Bridge	한 남성이 출근 후 South Knoxville Bridge에서 뛰어내려 숨졌다.	WATE 6 On Your Side
2020.04.17	미국	Verrazzano-Narrows Bridge	38세 남성이 Verrazzano-Narrows Bridge에서 뛰어내려 숨졌다.	SILive.com
2020.04.17	미국	Sherman Minton Bridge(Louisville)	Perry주 감시원이 Sherman Minton Bridge(Louisville)에서 끌어진 여성의 시신을 Ohio강에서 발견하였다.	Courier & Press
2020.04.23	캐나다	Simon Fraser Bridge	Simon Fraser Bridge에서 뛰어내린 남성이 병원으로 이송 후 숨졌다.	Prince George Citizen

일자	국가명	교량명	보도기사	언론·매체
2020.04.27	미국	Verrazzano-Narrows Bridge	Verrazzano-Narrows Bridge에서 뛰어내린 후 숨진 19세 여성의 시신을 발견했다.	SILive.com
2020.05.01	미국	Verrazzano-Narrows Bridge	뉴욕경찰이 Verrazzano-Narrows Bridge에서 뛰어내린 사람의 시신을 찾고 있다.	SILive.com
2020.05.04	미국	Ann W. Richards Congress Avenue Bridge	Austin경찰이 Congress Avenue Bridge에서 뛰어내리는 자살하는 남성을 막았다.	FOX 7 Austin
2020.05.06	미국	Bayonne Bridge	Bayonne Bridge에서 뛰어내리는 또 다른 사람의 시도.	Hudson Reporter
2020.05.10	미국	Kosciuszko Bridge	뉴욕경찰이 Kosciuszko Bridge에서 자살시도하려는 남성을 막았다.	New York Post
2020.05.12	미국	Antelope Boulevard Bridge	여성이 Antelope Boulevard Bridge(Red Bluff)에서 뛰어내려 부상을 입었다.	Red Bluff Daily News
2020.05.14	미국	Founders Bridge(Hartford)	Portland 카약선수가 Founders Bridge(Hartford)에서 뛰어내린 남성의 시신을 발견했다.	Connecticut Post
2020.05.20	미국	Bear Mountain Bridge	한 여성이 자살하러 Bear Mountain Bridge에서 뛰어내렸다.	Mid Hudson News
2020.05.21	미국	Kingston-Rhinecliff Bridge	남성이 Kingston-Rhinecliff Bridge에서 자살하고 뛰어내렸다.	Mid Hudson News
2020.05.22	미국	Brooklyn Bridge	뉴욕경찰이 Brooklyn Bridge위에서 위험하던 남성을 구조하였다.	ABC7 New York
2020.06.03	미국	Sarah Mildred Long Bridge	Kittery경찰관이 Sarah Mildred Long Bridge에서 뛰어내리는 여성을 구했다.	Seacoastonline.com
2020.06.04	미국	Roosevelt Bridge(Stuart)	Roosevelt Bridge(Stuart)에서 뛰어내린 한 남성의 시신을 발견했다.	TCPalm
2020.06.08	인도	Vashi Bridge	한 남성이 Vashi Bridge에서 뛰어내려 자살을 시도하였다.	Mumbai Mirror
2020.06.10	미국	I-39 Bridge(Lasalle)	한 사람이 I-39 Bridge(Lasalle)에서 뛰어내려 자살하였다.	Peoria Journal Star
2020.06.15	영국	Marlow Bridge	사람들은 Marlow Bridge에서 Tames 강으로 뛰어내리는 것을 보게 된다.	Bucks Free Press
2020.06.22	미국	Verrazzano-Narrows Bridge	Verrazzano-Narrows Bridge에서 뛰어내린 남성의 시신이 발견되었다.	SILive.com
2020.06.25	미국	Throgs Neck Bridge	한 남성이 Throgs Neck Bridge에서 뛰어내려 자살을 시도하였다.	TCPalm
2020.06.29	영국	Swing Bridge	생각보다 바보들은 Swing Bridge(Newcastle)에서 뛰어내렸고, 다른 사람들도 그저 모여 있었다.	Queens Chronicle
2020.07.01	미국	I-180 Bridge(Lincoln)	경찰이 I-180 Bridge(Lincoln)에서 뛰어내린 남성을 도우기 위해 출동했다.	BBC
2020.07.01	미국	Chester Ave. Bridge(Bakersfield)	한 남성이 Chester Ave. Bridge(Bakersfield)에서 58일 고속도로 뛰어내렸지만, 살아남았다.	1011Now
2020.07.09	영국	M56 Bridge(Manchester)	한 여성이 M56 Bridge(Manchester)에서 뛰어내리겠다고 위협하는 시간이 소녀를 구하였다.	23ABC News Bakersfield
2020.07.13	미국	Merrill P. Barber Bridge	Merrill P. Barber Bridge에서 뛰어내린 여성의 시체가 Taunton 강에서 발견되었다.	Manchester Evening News
2020.07.14	미국	Bourj Hammoud Bridge	한 남성이 Bourj Hammoud Bridge에서 뛰어내려 숨졌다.	TCPalm
2020.07.15	레바논	Reinig Bridge	신 대가 Old Reinig Trestle에서 뛰어내려 숨졌다.	Naharnet
2020.07.15	미국	Queen Elizabeth II Bridge	Queen Elizabeth II Bridge에서 뛰어내린 남성의 시신이 5주후 발견되었다.	The Seattle Times
2020.07.27	영국	Newton Cap Bridge	Newton Cap Bridge에서 100대 소녀이 뛰어내려 숨졌다.	Essex Live
2020.07.27	미국	Hubert Humphrey Bridge	경찰관이 Hubert Humphrey Bridge에서 뛰어내리는 사람이 있다는 신고를 받고 출동했다.	Chronicle Live
2020.08.01	미국	Charles M. Braga Jr. Memorial Bridge	Braga Bridge에서 뛰어내린 남성의 시체가 Taunton 강에서 사흘 후 발견되었다.	Florida Today
2020.08.02	미국	San Diego-Coronado Bridge	San Diego-Coronado Bridge에서 뛰어내린 여성이 구조 후 병원에서 숨졌다.	The Herald News
2020.08.04	미국	Pelham Hammoud Bridge(Lincoln)	경찰이 남성의 안전에 대한 우려 속에 Pelham Bridge(Lincoln)으로 출동하였다.	The San Diego Union Tribune
2020.08.12	미국	Carquinez Bridge(San Francisco)	한 여성이 Carquinez Bridge(San Francisco)에서 뛰어내렸다.	Lincolnshire Live
2020.08.17	일본	Nakanosebashi bridge	두 명이 외국인이 Nakanosebashi Bridge에서 뛰어내려 일본이 100대 소녀를 구하였다.	Daily Republic / Asahi Shimbun

일자	국가명	교량명	보도 기사	언론ㆍ매체
2020.08.18	영국	Waney Bridge	Waney Bridge에서 뛰어내리겠다고 위협하던 10대 여성이 자신을 구해준 사람들에게 감사의 인사.	The Mail
2020.08.22	미국	Market Street Bridge(Passaic River)	한 신대가 Market Street Bridge(Passaic River)에서 뛰어내려 사망하였다.	NJ.com
2020.08.24	미국	George P. Coleman Memorial Bridge(Yorktown)	대응요원이 George P. Coleman Bridge(Yorktown)위에서 고통스러워하는 여성을 안전하게 대피시켰다.	WAVY
2020.08.25	미국	Royal Gorge Bridge	한 남성이 Royal Gorge Bridge에서 뛰어내렸다.	KOAA News5
2020.08.28	미국	Chesapeake Bay Bridge	시신이 Chesapeake Bay Bridge 근처에서 발견되었다.	Star Democrat
2020.09.03	영국	Tyne Bridge	한 남성이 Tyne Bridge에서 뛰어내린 후 숨졌다.	Chronicle Live
2020.09.05	미국	Highway 198 Overpass(Visalia)	한 남성이 Highway 198 Overpass(Visalia)에서 다가오는 차량으로 뛰어내렸다.	Visalia Times Delta
2020.09.08	미국	Warren Avenue Bridge	50대 여성이 Warren Avenue Bridge(Ho-Ho-Kus Brook)에서 뛰어내린 후 병원으로 이송되었다.	Daily Voice
2020.09.08	영국	A12 Bridge(Marks Tey)	한 남성이 A12 Bridge(Marks Tey)에서 뛰어내린 후 숨졌다.	Essex Live
2020.09.11	미국	Natchez Trace Parkway Bridge	보안관이 Natchez Trace Parkway Bridge에서 뛰어내린 남편과 여성을 구하였다.	FOX 17
2020.09.13	미국	Vicksburg Bridge(I-20)	Vicksburg Bridge(I-20)에서 뛰어내린 남성의 시신을 가족들이 확인하였다.	The Vicksburg Post
2020.09.17	미국	Sunshine Skyway Bridge	보안관이 Sunshine Skyway Bridge에서 뛰어내리려는 남성을 구조했다.	FOX News
2020.09.21	미국	Hoan Bridge	Milwaukee보안관이 Hoan Memorial Bridge에서 뛰어내리려는 남성을 구하였다.	Milwaukee Journal Sentinel
2020.09.22	아프리카공화	N2 Bridge	지나가는 한 행인이 N2 Bridge에서 뛰어내린 여성의 다친 상태에 대한 경찰조사.	Cape Town ETC
2020.09.27	미국	Brandon M. Silk Memorial Bridge	Brandon M. Silk Memorial Bridge(Orono)에서 뛰어진 익사한 미성년자.	WABI
2020.10.05	미국	New Jersey viaduct	한 여성이 Goethals Bridge로 이어지는 뉴저지 고가교에서 뛰어내린 후 숨졌다.	SILive.com
2020.10.06	미국	Arthur Ravenel Jr. Bridge	Charleston경찰이 Arthur Ravenel Bridge에서 뛰어내린 여성을 구조했다.	WCIV
2020.10.14	미국	Bear Mountain Bridge	뉴욕주들이 Bear Mountain Bridge에서 한 사람이 뛰어내린 후 숨졌다고 전해다.	Patch
2020.10.18	나이지리아	Ikoyi-Lekki Link Bridge	Lasema는 Ikoyi-Lekki Link Bridge에서 자살을 시도한 한 남성을 구조했다.	Vanguard News
2020.10.20	미국	Route 3 Bridge	경찰이 Route 3 Bridge에서 뛰어내린 남성을 구조했다.	Hudson Reporter
2020.11.02	미국	Claiborne Pell Newport Bridge	한 남성이 Newport Pell Bridge에서 뛰어내린 후 숨졌다.	Newport Daily News
2020.11.03	영국	M4 Bridge(Wales)	27세 여성이 정신건강 상담이 취소된 후 M4 Bridge(Wales)에서 뛰어진 숨졌다.	WalesOnline
2020.11.06	영국	Clackmannanshire Bridge	Clackmannanshire Bridge에서 불속으로 뛰어내린 남성이 병원으로 이송 후 숨졌다.	The Scottish Sun
2020.11.16	인도	Utkal Gourab Madhusudan Setu	매우 부인이 CDA Madhusudan Bridge에서 뛰어내린 자살을 시도하였다.	Daily Pioneer
2020.11.18	요단	Abdoun Bridge(Amman)	경찰은 Abdoun Bridge(Amman)에서 뛰어내린 자살을 시도한 후 구조했다.	Roya News
2020.12.01	미국	Pennybacker Bridge	Pennybacker Bridge(Austin)에서 21세의 한 여성이 뛰어내렸다.	FOX 7 Austin
2020.12.04	캐나다	University Bridge(Saskatoon)	한 여성이 University Bridge(Saskatoon)에서 뛰어내린 후 숨졌다.	650 CKOM
2020.12.07	미국	Bridge Street Bridge	시신이 Bridge Street Bridge(Wausau) 인근 Wisconsin 강에서 발견되었다.	Wausau Daily Herald
2020.12.07	미국	New Tappan Zee Bridge	New Tappan Zee Bridge에서 뛰어내린 여성이 병원으로 이송되었다.	Daily Voice
2020.12.13	미국	Fifth Street Bridge(Lynchburg)	경찰이 Fifth Street Bridge(Lynchburg)에서 뛰어내린 한 여성을 확인하였다.	WFXR
2020.12.14	미국	Westminster Bridge	41세의 남성이 Westminster Bridge에서 뛰어내린 후 숨졌다.	Daily Mail
2020.12.18	영국	Kessock Bridge(Inverness)	Kessock Bridge(Inverness)에서 불속으로 뛰어내린 사람을 끌어냈지만 숨졌다.	The Scottish Sun
2020.12.29	영국	Tyne Bridge(Newcastle)	여성이 Tyne Bridge(Newcastle)에서 뛰어내린 후 숨졌다.	Chronicle Live

<표 4.4> 외국의 교량 투신자살 사고와 관련한 보도기사(2021년도)

일자	국가명	교량명	보도기사	언론·매체
2021.01.08	미국	I-95 Bridge(Portsmouth)	I-95 Bridge(Portsmouth)에서 뛰어내린 한 남성이 숨졌다.	Seacoastonline.com
2021.01.09	미국	Hale Boggs Memorial Bridge	Hale Boggs Bridge에서 뛰어내린 한 사람을 계속해서 찾고있다.	St. Charles Herald Guide
2021.01.18	미국	Jackson Street Bridge(Joliet)	Jackson Street Bridge(Joliet)에서 뛰어내린 30세의 남성이 시신이 발견되었다.	Patch
2021.01.25	미국	Westminster Bridge	생동이 동상이 런던에 있는 Westminster Bridge에서 뛰어내려 숨졌다.	The Mirror
2021.02.06	미국	Sunshine Skyway Bridge	자살방쟁 건설의 프로젝트가 계속 지연되면서 Skyway Bridge로부터 뛰어내린 10대가 다행히 살아남았다.	IONTB
2021.02.08	중국	Nanjing Yangtze River Bridge	한 남성이 Nanjing Yangtze River Bridge로부터 7000미터 아래로 자살시도 후 살아있다.	The Nanjinger
2021.02.09	미국	Parrotts Ferry Bridge	보안관이 Parrotts Ferry bridge에 매달린 한 남자를 구해냈다.	KCRA
2021.02.15	미국	Telford bridge	한 남성이 Telford Bridge에서 떨어진 후 숨졌다.	Shropshire Star
2021.02.15	미국	Thunderbolt Bridge(Chatham)	비번인 구급대원이 Thunderbolt Bridge(Chatham)의 대형 사이즈 남성에게 뛰어내리지 말라고, 대응하며 표창을 받음.	JEMS
2021.02.16	베트남	Can Tho Bridge	교량이 정비공이 Can Tho Bridge에서 뛰어내려 자살을 시도하던지 시를 통해 대화를 통해 생명을 구한다고 전해졌다.	VnExpress International
2021.02.19	미국	Richmond-San Rafael Bridge	실종된 십대가 Richmond-San Rafael Bridge에서 뛰어내리거나, 떨어진 것 같다고 경찰은 전했다.	The Mercury News
2021.02.19	미국	I-65 Overpass(Hoover)	한 남성이 I-65 Overpass(Hoover)에서 뛰어내린 후 숨졌다.	WBRC FOX6 News
2021.02.25	영국	High Level Bbridge(River Tyne)	High Level Bridge(River Tyne)에서 뛰어내리겠다고 위협하는 두 명의 시남이 몇 분 경찰에 구조되었다.	Chronicle Live
2021.03.08	미국	Edison Bridge (New Jersey)	교도관이 Edison Bridge(New Jersey)에서 자살을 시도하는 남자를 막았다.	Daily Voice
2021.03.19	영국	Waterloo Bridge	나는 Waterloo Bridge에서 뛰어내려 목숨을 끊을 뻔 했지만, 봄날 후 자살을 다시 생각하게 되었다.	The Sun
2021.03.19	뉴질랜드	Mangere Bridge	Mangere Bridge에서 떨어진 여성이 죽었다.	Stuff
2021.03.20	캐나다	Redwood Bridge(Harry Lazarenko Bridge)	경찰이 Redwood Bridge(Harry Lazarenko Bridge)에서 자살을 시도한 한 여성을 구조했다.	CBC
2021.03.25	미국	I-95 Overpass(Hampton)	Hampton경찰이 I-95 Overpass(Hampton)에서 뛰어내리겠다고 위협한 여성을 구해 상을 받았다.	Seacoastonline.com
2021.03.25	캐나다	Paris Street Bridge(Sudbury)	53세 여성이 Paris Street bridge(Sudbury)에서 뛰어내려 목숨을 잃었지만 숨졌다.	Sudbury Star
2021.03.25	영국	A500 Bridge(Harplands)	26세의 남성이 A500 Bridge(Harplands)에서 죽으려고 뛰어내렸다.	Stoke-on-Trent Live
2021.03.26	미국	Newport Pell Bridge	Newport Pell Bridge에서 뛰어내린 30세 남성이 시신이 발견되었다.	Newport Daily News
2021.03.27	미국	Bayonne Bridge	Bayonne Bridge의 보고에 대한 긴급한 대응.	TAPinto
2021.04.04	미국	Jamestown Verrazzano Bridge	남성이 일요일 아침 Jamestown Verrazzano Bridge에서 죽은 가슴 아픔 중.	Newport Daily News
2021.04.05	영국	Humber Bridge	Humber Bridge에서 자살이 출한 달에 6명이 죽는 가슴 아픔 중.	Yorkshire Live
2021.04.15	미국	Charles Berry Bridge	오하이오 주 경찰관은 Charles Berry Bridge(Lorain)에서 뛰어내리겠다고 위협하는 십대를 구출해냈다.	WKYC
2021.04.16	말레이시아	Penang Berry Bridge	Penang Bridge에서 뛰어내려 자살을 시도했던 아내를 남편이 다이빙하여 구조했다.	FMT
2021.04.25	영국	London Bridge	London Bridge에서 떨어진 여성을 구한 영웅.	LBC
2021.04.25	미국	Tynsborough Bridge	2명의 경찰관이 Tynsborough Bridge에서 난간 건너편에 있는 19세의 여성을 끌어냈다.	Lowell Sun
2021.04.27	미국	Colorado Street Bridge	자살로 추정되는 시신이 Colorado Street Bridge 아래의 공원에서 발견되었다.	Pasadena Now
2021.05.05	영국	M5 Bridge	M5 Bridge(Lawrence)에서 떨어진 후 생존한 15세의 소녀.	Bristol Live
2021.05.10	필리핀	Marcelo Fernan Bridge	Marcelo Fernan Bridge에서 뛰어내린 한 여성이 살아남았다.	Cebu Daily News
2021.05.16	인도	Vidyasagar Setu(Second Hooghly Bridge)	Kolkata 사업가의 남성 시신이 Vidyasagar Setu(Second Hooghly Bridge)에서 실종되고 된지 몇 시간 후 발견되었다.	Hindustan Times
2021.05.17	미국	Veterans Memorial Bridge	정신건강 위기 후 불명의 흑인 남성이 불꽃놀이 후 Veterans Memorial Bridge에서 뛰어내렸다.	13WHAM

일자	국가명	교량명	보도기사	언론·매체
2021.05.26	미국	Clark Bridge(Alton)	Clark Bridge(Alton)에서 위아래로 한 여성을 초기 대응자가 구조했다.	RiverBender.com
2021.05.26	미국	Route 322 Bridge	17세 축구스타인 청소년이 Route 322 Bridge(Downingtown)에서 위아래로 숨졌다.	Daily Voice
2021.05.28	카리브미래이트	Rawda Bridge	COVID19에 검문당 아시아인이 Rawda Bridge에서 자살을 시도했다.	Gulf Today
2021.06.01	인도	Budshah Bridge	경찰관이 Budshah Bridge에서 Jhelum강으로 위아래로 실을 마감하려는 한 여성을 막아섰다.	India.com
2021.06.04	미국	Lake Pontchartrain Causeway	Lake Pontchartrain Causeway Bridge에서 위아래로 한 여성을 자살을 시도하는 한 여성이 시신이 발견되었다.	Fox 8 News
2021.06.05	미국	Rip Van Winkle Bridge	경찰은 Rip Van Winkle Bridge 위에서 자살을 시도하는 한 여성의 남성을 설득했다.	Hudson Valley 360
2021.06.05	미국	Varina-Enon Bridge	Virginia 경찰은 Varina-Enon Bridge에서 위아래로 한 남성을 구조했다.	The Progress-Index
2021.06.07	미국	Yale Bridge over I-244	Tulsa 경찰은 위아래로 시도이 Yale Bridge over I-244에서 위아래로 시도를 구조하기 위해 힘을 이루었다.	KFOR
2021.06.08	미국	Broad River Bridge	카약수들이 Broad River Bridge(Beaufort)에서 위아래로 한 여성을 구조했다.	The Island Packet
2021.06.15	미국	Shreveport-Barksdale Highway Bridge	Bossier 시의회가 Shreveport-Barksdale Highway Bridge에서 위아래리는 한 여성을 구한 경찰과 시민에게 경의를 표했다.	KSLA
2021.06.15	영국	M62 Bridge	M62 Bridge(Manchester)에서 위아래로 남성이 미디나가 구조하는 트럭운전자를 트럭으로 올림을 전했다.	Manchester Evening News
2021.06.15	영국	A12 Bridge	정신병동을 나온 끝머머지가 A12 Bridge에서 다가오는 차량으로 한 여성을 맞았다.	Essex Live
2021.06.16	미국	Hathaway Bridge	Panama 시에 있는 Hathaway Bridge에서 위아래로 한 남성이 숨졌다.	PANAMA CITY NEWS HERALD
2021.06.18	미국	Donora-Monessen Bridge	Donora-Monessen bridge에서 위아래로 66세이 한 남성이 숨졌다.	Pittsburgh Tribune-Review
2021.06.20	미국	I-95 Overpass(Flagler)	Flagler보안관이 Prince 근처이 I-95 Overpass에서 위아래리고 하는 십대의 여성을 구해냈다.	Daytona Beach News-Journal
2021.06.20	캐나다	Prince of Wales Bridge	경찰은 Prince of Wales Bridge(Ottawa)에서 위아래로 흘러들었던 수영하는 수십세의 시체를 발견했다.	CTV News Ottawa
2021.06.21	미국	Humber Bridge	Humber Bridge에서 위아래리는 순간 붙잡혔다.	Hull Live
2021.06.22	캄보디아	Monivong Bridge	한 남성이 Monivong Bridge에서 위아래로 죽음이 점프.	KHMER TIMES
2021.06.28	인도	Signature Bridge	24세이 여성이 Signature Bridge에서 자살을 시도했다.	The Indian Express
2021.06.30	미국	Bear Mountain Bridge	69세인 한 여성이 Bear Mountain Bridge에서 투신사망.	Mid Hudson News
2021.07.02	미국	Claiborne Pell Newport Bridge	Pell Bridge에서 위아래로 자살을 시도한 후 살아남은 사람이 다른 사람들 돕는것을 목표로 하고 있다.	The Providence Journal
2021.07.03	인도	Sun City Cement Bridge	한 달 만에 15명의 점프, 가스미르 (Sun City Cement Bridge) 지역에서 자살이 급증하고 있다.	Kashmir Observer
2021.07.05	미국	French King Bridge	French King Bridge에서 위아래로 것으로 의심되는 한 남성이 시신이 발견되었다.	Daily Hampshire Gazette
2021.07.06	캐나다	Port Mann Bridge	경찰은 Port Mann Bridge에서 위아래로 올이 자살을 수색 중.	The Abbotsford News
2021.07.06	미국	Korean War Veterans Memorial Bridge	배달트럭을 몰던 여성이 Korean War Veterans Memorial Bridge에서 위아래로 위아래했다.	WKRN
2021.07.10	미국	Atchafalaya Basin Bridge	한 남성이 Atchafalaya Basin Bridge에서 위아래로 후 구조되었다.	KATC
2021.07.12	미국	481 Overpass Bridge(Syracuse)	한 여성이 481 Overpass Bridge(Syracuse)에서 위아래로 한 여성을 구해냈다.	WSYR
2021.07.17	미국	Rainbow Bridge(Beaumont)	Rainbow Bridge(Beaumont)에서 위아래로 빠른 뒤도 도구이 구조되었다.	Beaumont Enterprise
2021.07.25	미국	Deception Pass Bridge	Deception Pass Bridge에서 최근 두 달이 사이(7/1, 7/17)이 햄스아 활동같은 장비이 요구를 새롭게 하였다.	Everett Herald
2021.07.30	미국	Lake Britton Bridge(Shastay)	Lake Britton Bridge(Shastay)에서 한 남성이 차주적이 두신이 친구이 영상에 있었다.	The Mercury News
2021.08.04	미국	Bear Mountain Bridge	60대인 삼촌이 Bear Mountain Bridge에서 위아래로 시신을 발견하였다.	Lohud
2021.08.06	미국	Thousand Islands International Bridge	경찰은 Thousand Islands International Bridge에서 위아래로 한 남성을 긴급히 수색하고 있다.	InformNNY
2021.08.08	영국	Westminster Bridge	Westminster Bridge에서 Thames 강으로 위아래했던 한 남성을 긴급히 수색하고 있다.	MyLondon

일자	국가명	교량명	보도기사	언론·매체
2021.08.14	미국	San Diego-Coronado Bridge	Coronado Bridge에서 뛰어내린 한 남성이 숨졌다.	Times of San Diego
2021.08.16	미국	Oneida Skyline Bridge(Fox River)	Appleton경찰이 Oneida Skyline Bridge(Fox River)에서 뛰어내린 한 남성을 구조했다.	WLUK
2121.08.17	미국	I-210 Bridge(Calcasieu Parish)	부모자녀 I-210 Bridge(Calcasieu Parish)에서 뛰어내린 한 남성이 부상하다.	KLFY
2021.08.23	미국	Driscoll Bridge	Driscoll Bridge에서 뛰어내린 24살의 남성이 시신이 Raritan 강에서 발견되었다.	MyCentralJersey
2021.08.26	미국	Richmond-San Rafael Bridge	경찰이 Richmond-San Rafael Bridge에서 뛰어내리겠다는 남성과 대치를 하고 있다.	Richmond Standard
2021.08.27	미국	Christopher S. Bond Bridge	한 여성이 Kit Bond Bridge에서 뛰어내리기 전에 두 아들을 죽인 것으로 인정했다.	KRCG
2021.09.01	미국	Wagon Creek Bridge	California 2명의 남성이 Wagon Creek Bridge에서 뛰어내려 숨졌다.	The Sacramento Bee
2021.09.01	미국	Brooklyn Bridge	NYPD는 Brooklyn Bridge에서 뛰어내려 숨진 한 여성에 대한 여성을 공개.	New York Daily News
2021.09.13	인도	Venduruthy Bridge(Kochi)	Venduruthy Bridge(Kochi)에서 뛰어내린 26세 여성이 선원과 시민들에 의해 구조됐다.	Times of India
2021.09.14	쿠웨이트	Sheikh Jaber Al-Ahmad Al-Sabah Causeway	22세의 호주 여성이 Sheikh Jaber Al Ahmad Bridge에서 투신사망.	Gulf News
2021.09.15	미국	North Bridge(Halifax)	홀리팩스 직원이 상사업과 다툼으로 직장 북쪽의 경위으로 인해 North Bridge(Halifax)에서 뛰어내린 숨졌다.	Daily Mail
2021.09.18	나이지리아	Third Mainland Bridge	한 최사장이 Third Mainland Bridge에서 자살을 시도하였으나, 경찰에 의해 저지되었다.	Vanguard News
2021.09.21	미국	405 Overpass(Irvine)	405 Overpass(Irvine)에서 자살을 시도하기 위해 한 남성이 건물하고 있다.	Los Angeles Times
2021.09.27	영국	Breck Road Bridge	Breck Road Bridge에서 13세 소녀가 뛰어내려 혹 긴장한 상황이 발생	Liverpool Echo
2021.10.06	미국	Savannah River Bridge(Augusta)	경찰력이 Savannah River Bridge(Augusta)에서 뛰어내린 사람을 수색하고 있다.	WRDW
2021.10.14	쿠웨이트	Sheikh Jaber Al-Ahmad Al-Sabah Causeway	쿠웨이트의 자살명소 Sheikh Jaber Causeway 보안강화.	Gulf News
2021.10.14	인도	Power Channel Bridge	한 여성이 Power Channel Bridge(Sambalpur)에서 점프해 자살을 시도했다.	OMMCOM NEWS
2021.10.20	인도	Kathajody Bridge	배달 소년이 Kathajody Bridge에서 뛰어내려 숨졌다.	OrissaPOST
2021.10.21	필리핀	Marcelo Fernan Bridge	Marcelo Fernan Bridge에서 뛰어내린 임산부가 지나가는 배에게 안착.	Cebu Daily News
2021.10.26	피지	Rewa Bridge	실종된 10대가 Rewa Bridge에서 뛰어내린 후 2일 만에 시신으로 발견되었다.	FBC News
2021.10.28	미국	William Sell Jr. Memorial Bridge	한 노인이 William Sell Bridge에서 뛰어내려 숨졌다.	Mariposa Gazette
2021.10.28	영국	Menai Suspension Bridge	시민의 설민행동는 질투하고 말을 들은 대학생이 Menai Bridge에서 자살하고 젊은 남성을 설득할 수 있다고 확인했다.	WalesOnline
2021.10.28	영국	Governor Thomas Johnson Bridge	한 남성이 Gov. Thomas Johnson Bridge에서 뛰어내린 자살하고 계속 수색 중.	SoMdNews
2021.11.03	태국	Sarasin Bridge(Phuket)	경찰은 Sarasin Bridge(Phuket)로부터 뛰어내린 자살하는 젊은 남성을 설득하고 숨졌다.	The Phuket News
2021.11.07	미국(리카공화국)	OR Tambo Road bridge (Geduldbrug)	한은 OR Tambo Bridge(Geduldbrug)에서 뛰어내린 자살했다고 경했다.	The Citizen
2021.11.08	인도	Maa Flyover(Kolkata)	한 남성이 Maa Flyover(Kolkata)에서 자살했다고 뛰어내렸다.	The Times of India
2021.11.09	미국	I-40 Overpass	Norfolk경찰이 Campostella Bridge에서 뛰어내리는 한 여성을 구조하기 위해 대응했다.	WAVY.com
2021.11.09	인도	Campostella Bridge	한 여성이 Bandra-Worli Sea Link Bridge에서 뛰어내렸고, 유서도 발견되지 않았다.	Mid-Day
2021.11.20	인도	Bandra-Worli Sea Link	군인이 Woodrow Wilson Bridge에서 뛰어내린 시도를 구조하였다.	InsideNoVa
2021.11.21	미국	Woodrow Wilson Bridge	13세 소년이 Tower Bridge에서 뛰어내린 후 숨졌다.	Sky News
2021.11.24	영국	Tower Bridge	Asheville 고을의 Sand Hill Road 위에 I-40 육교에서 뛰어내린 남성을 구조하여 영웅상을 받았다.	The City of Asheville
2021.12.15	미국	I-40 Overpass	Route 52 Bridge(Santee)에서 뛰어내린 뛰어내린 후 숨졌다.	Times of San Diego
2021.12.18	미국	Route 52 Bridge(Santee)	한 남성이 San Diego-Coronado Bridge에서 뛰어내려 숨졌다.	Times of San Diego
2021.12.29	미국	San Diego-Coronado Bridge	Newburgh Beacon Bridge에서 뛰어내린 한 남성이 숨졌다.	Daily Freeman
2021.12.30	미국	Newburgh-Beacon Bridge		

〈표 4.5〉 외국의 교량 투신자살 사고와 관련한 보도기사(2022년도)

일자	국가명	교량명	보도기사	언론·매체
2022.01.21	미국	U.S. 31 Bridge	한 남성이 U.S. 31 Bridge(Memorial Bridge, Manistee)에서 뛰어내렸다.	Manistee News Advocate
2022.02.01	미국	North Bridge	경찰관이 North Bridge에 뛰어내린 한 남자를 구조했다.	Post and Courier
2022.02.03	나이지리아	Third Mainland Bridge	Third Mainland Bridge에서 Lagoon 속으로 뛰어내린 한 여인소녀가 구조되었다.	Vanguard News
2022.02.08	미국	Governor Thomas Johnson Bridge	Gov. Thomas Johnson Bridge에서 뛰어내린 올해 두 번째 사망.	SoMdNews
2022.02.10	태국	Rama 8 Bridge	이 영상은 여성이 자살하려고 Rama 8 Bridge에서 Chao Phraya River로 뛰어내리는 것을 보여준다.	Bangkok Post
2022.02.11	영국	Hunter Bridge	Savannah경찰은 두 명이 Hunter Bridge(Savannah)에서 뛰어내려 물속에 있는 여성을 구조했다.	WJCL
2022.02.16	영국	Itchen Bridge	정신건강의 문제가 있는 51세 여성이 Itchen Bridge에서 떨어진 뒤 숨졌다고 뛰어내렸다.	Daily Echo
2022.02.20	미국	George Washington Bridge	George Washington Bridge의 상부에서 뛰어내리겠다고 위협하는 여성.	Daily Voice
2022.02.28	미국	MacArthur Bridge (Detroit)	경찰관이 MacArthur Bridge(Detroit)에서 뛰어내린 한 남성을 구조했다.	FOX 2 Detroit
2022.03.16	미국	James River Bridge	경찰은 James River Bridge에서 뛰어내린 두 사람이 남성에 대한 정보를 공개했다.	Richmond Times-Dispatch
2022.03.16	미국	Route 288 Bridge	남성이 차에 충돌 후 Route 288 Bridge에서 뛰어내렸다.	The Progress-Index
2022.03.29	미국	Ambassador Bridge	LaSalle경찰은 한 남성이 어나를 숲에 후 교량(Ambassador Bridge)에서 뛰어내린 것을 확인했다.	Windsor Star
2022.04.05	나이지리아	Third Mainland Bridge	경찰은 Third Mainland Bridge에서 자살하였다고 자살하는 사람을 저지.	Premium Times
2022.04.05	미국	Chesapeake Bay Bridge	Chesapeake Bay Bridge에서 뛰어내린 한 사람이 시신을 발견했다.	Daily voice
2022.04.06	미국	I-95 Overpass	Seabrook경찰이 I-95 Overpass에서 뛰어내린 한 여성을 구했다.	Seacoastonline.com
2022.04.18	미국	Coosa River Memorial Bridge	Coosa River Memorial Bridge에서 뛰어내린 사람들 위한 수색.	CBS 42
2022.04.26	미국	I-25 Bridge	한 남성이 Alameda에 있는 I-25 Bridge에서 뛰어내려 숨졌다.	Albuquerque Journal
2022.04.28	파키스탄	Native Jetty Bridge	Native Jetty Bridge에서 뛰어내린 여성을 구하기 위해 잠수전기가 사람들.	ARY News
2022.05.02	미국	Third Street Bridge	한 여성이 제임스타운에 있는 Third Street Bridge에서 뛰어내려 추락했다.	Erie News Now
2022.05.04	미국	Highway 23 Bridge	Highway 23 Bridge에서 2시간의 자살소동 후 뛰어내렸다.	Ventura County Star
2022.05.05	미국	Piscataqua River Bridge	포츠머스경찰은 Piscataqua River Bridge에서 뛰어내리겠다고 위협하던 한 남성을 구조했다.	Union Leader
2022.05.05	캐나다	Prince of Wales Bridge	한 소년이 Prince of Wales Bridge에서 뛰어내린 숨졌다.	CTV News
2022.05.06	미국	Thomas Rukavina Memorial Bridge	한 여성이 Thomas Rukavina Memorial Bridge(Virginia)에서 떨어져 숨졌다.	Duluth News Tribune
2022.05.08	미국	Rust Avenue Bridge	경찰은 Rust Avenue Bridge에서 자살을 시도하던 여성을 구조했다.	Mlive.com
2022.05.09	미국	Pont-Vieux Bridge	Waratahs 덕비 스타가 프랑스에 있는 Pont-Vieux Bridge에서 뛰어내려 숨졌다.	Daily Mail
2022.05.12	미국	Train Bridge	심대가 Huron River 위에 있는 Train Bridge에서 뛰어내렸다.	FOX 2 Detroit
2022.05.13	미국	Verrazzano-Narrows Bridge	38세의 교도관이 Verrazzano-Narrows Bridge에서 뛰어내린 자살로 사망했다.	SILive.com
2022.05.16	미국	Governor Thomas Johnson Bridge	Gov. Thomas Johnson Bridge에서 뛰어내린 24살의 여성, 상태는 경화되지 않고 있다.	SoMdNews
2022.05.25	미국	Burnside Bridge	구조원들이 Burnside Bridge(Kentucky)에서 떨어진 한 여성을 구하기 위해 신속히 움직인다.	Commonwealth Journal
2022.05.28	미국	Hoan Bridge	여러 사람이 Hoan Bridge에서 뛰어내린 자살로 사망했다.	WTMJ
2022.05.30	미국	William H. Natcher Bridge	한 사람이 Natcher Bridge에 뛰어내렸다.	Eyewitness News (WEHT/WTVW)
2022.06.02	나이지리아	Lekki-Ikoyi Bridge	Lekki-Ikoyi Bridge에서 자살을 시도했던 한 남성이 구조되었다.	Punch Newspapers
2022.06.02	미국	Forest Hill Bridge	Richmond경찰은 누군가 Forest Hill Bridge에서 뛰어내렸고 이후 트럭에게 치어 죽는 사고를 조사하고 있다.	WTVR.com
2022.06.07	미국	Memorial Bridge(Palatka)	지역의 보안관은 Memorial Bridge(Palatka)에서 뛰어내린 사람을 계속해서 수색하고 있다.	WCJB TV20

일자	국가명	교량명	보도기사	언론·매체
2022.06.11	미국	North Washington Street Bridge	보스턴 경찰이 North Washington Street Bridge에서 위어내린 남성의 시체를 발견했다.	CBS News
2022.06.12	미국	George Washington Bridge	목격자가 George Washington Bridge에서 처음 멈추고 밖으로 나와 뛰어드는 것으로 보인다.	Daily Voice
2022.06.12	미국	Sagamore Bridge	Massachusetts경찰과 소방관 등이 Sagamore Bridge에서 위어내리려고 시도하는 한 남성을 구조했다.	Fall River Reporter
2022.06.13	미국	Pine Valley Creek Bridge	캘리포니아 소방관이 Pine Valley Creek Bridge 끝에서 134m 높이에서 위어내렸다.	CalMatters
2022.06.14	미국	Powhite Parkway Bridge	리치몬드 경찰이 Powhite Parkway Bridge에서 몰아져 죽었다고 확인했다.	WWBT
2022.06.17	미국	D Street Bridge	D Street Bridge(California)그는 한 남성이 위어내렸다고 위협하는 공사 동안 차단됐다.	WVNG
2022.06.22	이집트	Mansoura Bridge	재정적인 문제로 고통으로 한 남성이 Mansoura Bridge에서 자살을 시도했다.	Ahram Online
2022.06.23	미국	Mississippi River Bridge	한 여성이 Mississippi River Bridge에서 자살시도를 후 구조되었다.	WBRZ
2022.06.27	미국	George Washington Bridge	George Washington Bridge에서 위어내리겠다고 위협하던 남성이 20분후 하도 강으로 뛰어들었다.	Daily Voice
2022.07.01	미국	Tobin Bridge	경찰은 Tobin Bridge에서 위어내리는 한 남성을 막았고, 그를 위로했다.	InspireMore
2022.07.03	미국	Bob Kerrey Pedestrian Bridge	구조자들이 Bob Kerrey Bridge에서 위어내린 한 여성을 수색하고 있다.	Omaha World Herald
2022.07.05	미국	I-95 Bridge	경찰이 I-95 Bridge(Greenwich)에서 Mianus 강으로 뛰어진 한 여성을 구조했다.	Greenwich Time
2022.07.13	미국	Sagamore Bridge	한 남성이 Sagamore Bridge에서 위어내린 후 숨졌다.	Capenews.net
2022.07.22	미국	Penobscot Narrows Bridge	Penobscot Narrows Bridge에서 위어내린 한 남성을 지역조합이 사무실에서 조사하고 있다.	Republican Journal
2022.07.25	미국	Fox Island Bridge	Fox Island Bridge에서 한 여성을 교량 집단들의 도움을 받아 벽위에 으로 이송했다.	The News Tribune
2022.07.25	파키스탄	Ghazi Ghat Bridge	자살을 시도하려고 Ghazi Ghat Bridge에서 이다섯 강으로 뛰어들는 한 여성이 영상이 화제다.	MM News
2022.07.29	미국	I-10 Twin Span Bridge	Tammany 해멀링가 Twin Span Bridge에서 위어내린 한 남성을 찾고 있다.	WDSU
2022.08.03	인도	Iskcon Bridge	한 여성이 Iskcon Bridge에서 뛰어내렸으며, 병원으로 이송되나 숨졌다.	Ahmedabad Mirror
2022.08.16	미국	Jaws Bridge	현재들이 Jaws Bridge에서 위어내렸다.	Boston.com
2022.08.17	미국	Warren Avenue Bridge	자신에 불을 붙인 사람이 Warren Avenue Bridge에서 뛰어져 구조됐으나, 심각한 부상을 입었다.	Kisap sun
2022.08.18	미국	Perrine Bridge	Perrine Bridge에 생명을 구한 시민에게 경찰에서 의사한 재로 뽑은.	KTVB
2022.08.20	말레이시아	Sungai Petagas Bridge	Sungai Petagas Bridge에서 남성이 이사한 채로 발견.	New Straits Times
2022.08.22	미국	Gatlinburg's SkyBridge	한 남성이 Gatlinburg's SkyBridge의 잡기 문화 정비를 넘어 뛰어내려 숨졌다.	Knoxville News
2022.09.01	미국	Kingston-Rhinecliff Bridge	Kingston-Rhinecliff Bridge에서 위어내리는 한 남성을 인정하게 구조했다.	Daily Freeman
2022.09.01	파키스탄	Prek Tamak Bridge	한 남성이 아버지의 다툼 후 Prek Tamak Bridge에서 위어내린 후 숨졌다.	Khmer Times
2022.09.08	미국	Chesapeake Bay Bridge	수식 명의 사람이 Chesapeake Bay Bridge에서 위어내린 후 숨졌다.	The Tailbot Spy
2022.09.09	인도	Herikudru-Kundapura Bridge	한 사람이 Herikudru Kundapura Bridge에서 위어내린다고 위협하고 있다.	Mangalore Today
2022.09.09	미국	Clark Bridge	한 남성이 Clark Bridge의 난간을 넘어 위어내리겠다고 위협하고 있다.	Alton Telegraph
2022.09.09	미국	Manhattan Bridge	NYPD경찰이 Manhattan Bridge에서 위어내린 여성을 구조했다.	Daily Mail
2022.09.13	미국	Throgs Neck Bridge	38세의 NYPD경찰관이 Throgs Neck Bridge에서 위어내린 이사한 채로 발견.	Daily Mail
2022.09.16	미국	Sagamore Bridge	Sagamore Bridge에서 위어내린 사람이 온적을 아직 발견되지 않았다.	The Enterprise
2022.09.18	인도	Kathajodi Bbridge	자살을 시도하려고 Kathajodi Bridge에서 위어내린 젊은 여성이 구조되었다.	Sambad English
2022.09.25	미국	SR-125 Bridge	한 남성이 SR-125 Bridge에서 위어내린 후 숨졌다.	San Diego Union Tribune
2022.09.27	영국	Humber Bridge	아버가 Humber Bridge에서 사망한 후 48시간 만에 엄마의 죽음으로, 가족의 고통.	Hull Live

일자	국가명	교량명	보도기사	언론·매체
2022.09.27	미국	Kingston-Rhinecliff Bridge	아일랜드 여성이 Kingston-Rhinecliff Bridge에서 뛰어내린 것으로 확인되었다.	Mid Hudson News
2022.09.30	인도	Marthanda Varma Bridge	한 남성은 그의 딸을 Marthanda Varma Bridge에서 아래로 던지고, 강으로 뛰어내렸다.	Onmanorama
2022.09.30	미국	George Washington Bridge	30대 여성이 George Washington Bridge에서 떨어져 숨졌다.	Patch
2022.10.01	미국	Pascagoula River High Rise Bridge	2교대 수배중인 남자가 Pascagoula River High Rise Bridge의 얼굴 뛰어남은 후 숨겼다.	Sun Herald
2022.10.03	미국	Newburgh-Beacon Bridge	경찰은 Newburgh-Beacon Bridge의 특신지에 대통, 그리나 숨진 채 발견.	NYSP
2022.10.03	미국	Dams Point Bridge	경찰관에게 총을 쐈던 남자가 Dams Point Bridge에서 뛰어내려 사망한 것으로 확인하였다.	First Coast News
2022.10.08	미국	I-25 Overpass	I-25 Overpass에서 매달린 자살 후 Montgomery I-25가 폐쇄되었다.	Albuquerque Journal
2022.10.09	미국	I-64 Bridge	한 남성이 Charleston의 기둥에서 I-64 Bridge 위에서 뛰어 구조되었다.	WOWK
2022.10.10	미국	Main Street Bridge(Hesperia)	한 여성이 Main Street Bridge(Hesperia)에서 뛰어내려 숨졌다.	VVNG
2022.10.10	인도	Siolim-Chopdem Bridge	신원미상의 사람이 Siolim-Chopdem Bridge에서 뛰어내려 자살을 시도했다.	The Goan
2022.10.20	미국	Queen City Bridge	Queen City Bridge에서 뛰어내려 후 사망.	Union Leader
2022.10.26	인도	Muttar Bridge	시안에 실패한 녀석이 여성이 Muttar Bridge에서 뛰어내린 생을 마감했다.	Onmanorama
2022.10.27	영국	Kingston Bridge	경찰이 Kingston Bridge에서 뛰어내린 남성에 대한 정보를 조사하고 있다.	Kingston Nub News
2022.10.28	아르메니아	Davitashen Bridge	두 명의 남자가 Davitashen Bridge에서 뛰어내린 사망.	Greek Reporter
2022.10.31	미국	Overpass I-26	검사들이 I-26 옆 교량에서 뛰어진 숨졌다.	Live 5 News
2022.10.31	미국	Burnside Bridge	한 사람이 Burnside Bridge에서 Willamette 강으로 떨어져 숨졌다.	KOIN 6
2022.11.02	태국	Thao Thepkasattri Bridge	Thao Thepkasattri Bridge에서 떨어 합계 있는 여성이 뛰어내리는 것을 막았다.	The Phuket News
2022.11.05	미국	Tamar Bridge	Tamar Bridge에서 한 남성이 뛰어진 후 숨졌다.	Plymouth Live
2022.11.09	미국	Salem Parkway Bridge	한 남성이 Salem Parkway Bridge에서 도로로 뛰어져 머리부상을 입었다.	Winston Salem Journal
2022.11.14	미국	Oglethorpe Bridge	Albany 남성이 Oglethorpe Bridge에서 뛰어내려 경미한 부상을 입었다.	WFXL
2022.11.15	미국	Robert F. Kennedy Bridge	한 여성이 Robert F. Kennedy Bridge에서 뛰어내린 숨진 채 발견됐다.	New York Post
2022.11.20	미국	Varina Enon Bridge	Varina Enon Bridge에서 뛰어내린 한 사람이 숨진 채 발견됐다.	The Progress
2022.11.25	캐나다	High Level Bridge (Edmonton)	Emotion Trio High Level Bridge에서 자살 시도자를 구한 공로자를 경찰 위원회에서 수상.	Global News
2022.11.29	미국	John Greenleaf Whittier Bridge	실종된 70세 여성이 시신이 John Greenleaf Whittier Bridge에서 발견되었다.	Daily News of Newburyport
2022.11.29	영국	Humber Bridge	10대 소년가 Humber Bridge의 레일위에 비좁지 섰으나, 관리원이 접근하지 떨어져 숨졌다.	Manchester Evening News
2022.12.07	파키스탄	Lahore's Shangai Bridge	한 소녀가 오빠에게 쫓반 후 Lahore's Shangai Bridge에서 뛰어내린 한 남성을 구조했다.	ARY News
2022.12.11	아랍에미리트	Sheikh Khalifa Bridge	UAE경찰이 Sheikh Khalifa Bridge에서 뛰어내린 한 남성을 구조했다.	Khaleej Times
2022.12.11	인도	Durgam Cheruvu Bridge	23째의 우울증 여성이 케이블 다리(Durgam Cheruvu Bridge)에서 뛰어내린 영상이 확보되었다.	New Indian Express
2022.12.14	미국	Kingston-Rhinecliff Bridge	지역의 마약반은 Kingston-Rhinecliff Bridge에서 뛰어내린 사람의 영상 여성을 확보했다.	Daily Freeman
2022.12.16	미국	Golden Gate Bridge	인도계 미국인 16세 소녀이 Golden Gate Bridge에서 뛰어진 후 숨졌다.	yahoo News
2022.12.22	영국	Purbrook Way Bridge	한 여성이 Purbrook Way Bridge에서 떨어져 후 숨졌다.	BBC
2022.12.23	필리핀	Intramuros-Binondo Bridge	Intramuros-Binondo Bridge에서 뛰어내린 한 여성이 구조되었다.	Manila Bulletin
2022.12.24	미국	Falmouth Bridge	Mrs. Clauss는 Falmouth Bridge로 부터 뛰어내린 한 사람을 구해보다.	Potomac Local News
2022.12.27	미국	Snake River Bridge	18세의 아르한스인 Snake River Bridge에서 뛰어내렸으나, 다행히 구조되었다.	Argus Observer
2022.12.31	미국	Dog River Bridge	한 남성이 Dog River Bridge에서 뛰어내린 후 숨겼다.	FOX 10 News

앞의 외국의 교량 투신자살 사고와 관련한 보도기사의 자료를 통해서 알 수 있듯이 그에 따른 종류는 너무나 다양하며, 그 수는 너무나도 많다. 더욱이 외국에서도 국내와 같이 언론·매체의 보도 제한 등에 따라 보도기사의 노출이 많지 않다는 점과 많지 않은 외국의 기사들을 조사한다는 것이 매우 힘들고 어려웠다는 부분을 감안한다면, 얼마나 많은 외국의 교량 투신자살 사건이 발생하고 있음을 충분히 추정할 수 있다.

외국의 '투신자살', '교량'은…

〈그림 4.1〉 长江大桥, Nanjing Yangtze River Bridge(en.wikipedia.org)

〈그림 4.1〉은 중국 난징의 장강대교(강교, 보·차도)이다. 양쯔강(揚子江: 창장)에 놓인 철교로, 충칭·우한·난징의 세 곳에 있으며, 위층은 보·차도용으로, 아래층은 복선의 철도용으로 된 2층 구조의 교량이다. 국영 언론에 따르면, 이 교량은 금문교를 능가해 세계에서 가장 빈번한 투신자살의 장소로 선정되었다. 개통 후, 최근까지 2,000명 이상의 투신자살이 발생했고, 최근 들어 이 교량에서의 투신자살 시도자가 급격히 증가하는 추세로, 투신자살의 매우 심각함을 절실히 보여주고 있다. 또한 공안당국이 연평균 약 200명의 투신자살 시도자를 설득 및 구조했으나, 최근에는 한 해에만 무려 약 700명 이상의 투신자살 시도자를 설득 및 구조하고 있는 실정이다(en.wikipedia.org).

〈그림 4.2〉 Golden Gate Bridge(en.wikipedia.org)

〈그림 4.2〉는 미국 샌프란시스코의 골든게이트, 금문교(해상교, 보·차도)이다. 샌프란시스코 만과 태평양을 연결하는 폭 1.6km의 해협을 가로지르는 현수교이며, 전 세계에 관광의 교량으로도 너무도 잘 알려져 있는 교량이다. 수년간의 논쟁과 수많은 투신자살자가 발생한 후, 교량에서 20피트의 연장된 스테인리스 스틸 그물로 구성되고 보도 아래로 20피트의 구조용 강재로 지지되는 자살예방의 장벽이 2017년 4월에 설치되기 시작했다. 건설은 처음에 2억 달러 이상의 비용으로, 약 4년의 기간이 걸릴 것으로 보았고, 그물망 설치는 2024년 1월에 완료되었다. 금속의 그물은 보행자 통로에서 볼 수 있으며, 착지하는 것이 고통스러울 것으로 예상된다(en.wikipedia.org).

〈그림 4.3〉 Cold Spring Canyon Arch Bridge(en.wikipedia.org)

〈그림 4.3〉은 미국 산타이네즈 산맥의 콜드 스프링 캐니언 아치교(협곡교, 차도)이다. 2012년 3월까지 교량의 완공 후, 55명의 자살자가 발생했으며, 이는 평균 1년에 한 명 이상이 이 교량에서 투신자살을 했다는 것이며, 2009년에 기록된 8명의 투신자살자와 같이 몇 년 동안 자살이 여러 차례 더 발생했다. 이후, 투신자살을 예방하기 위한 노력의 일환으로, 캘리포니아 교통부는 2012년 3월 안쪽으로 구부러진 미세한 격자 모양의 메쉬망 울타리로 9.5피트(2.9m) 높이의 장벽을 설치했으나, 6개월 후인 2012년 9월에 산타모니카의 한 남성이 이 교량에서 투신자살을 했다. 가장 최근의 자살은 2019년 4월이었다(en.wikipedia.org).

〈그림 4.4〉 Colorado Street Bridge(en.wikipedia.org)

〈그림 4.4〉는 미국 캘리포니아 패서디나의 콜로라도 스트리트교(강교, 보·차도)이다. 교량은 최대 150피트(50m) 높이에서 1,468피트(447m)에 걸쳐 있으며, 독특한 보자르 아치교로 유명하다. 국가 사적지로 등록되어 있으며, 미국 토목학회(American Society of Civil Engineers)에 의해 토목 공학의 랜드마크로 지정되었다. 20세기 초반에 콜로라도 스트리트 교량은 수십 명의 사람들이 투신자살한 후, 현지에서는 '자살교량'으로 알려지게 되었다. 이 교량은 건설 노동자가 교량 아래의 젖은 시멘트에 떨어져 사망했기 때문에 건설되기 전부터 평판이 좋지 않았다. 투신자살자 수는 대공황 기간 동안 급증하게 되었지만, 거기서 멈추지 않고, 계속해서 증가하게 된다. 가장 심각했던 사건의 기사 중 하나에 따르면, 한 엄마가 아기를 먼저 던진 다음 뛰어내렸다고 한다. 아

이는 나무에 내려앉았기 때문에 무사히 살아남았지만, 엄마는 사망했다. 기존의 난간은 투신자살을 막기 위해 8피트(2.4m) 높이의 장벽으로 대체되었으나, 2015년 10월 27일 영국계 미국인인 모델이자, 리얼리티(reality) TV의 스타인 샘 사르퐁(Sam Sarpong)이 투신해 목숨을 끊었다. 2016년에는 보도부에 10피트(3.0m) 높이의 체인링크 펜스(fence)가 설치되어 투신시도자가 시도할 수 있는 주요 위치를 차단했으나, 2017년에는 9명의 사망자가 발생했다. 2018년에는 9월까지 4건의 투신자살 사건이 이어졌으며, 이후, 이 임시의 장벽은 교량 전체를 덮을 수 있도록 확장되었다. 또한 이 임시의 펜스를 높이가 최소 7.5피트(2.3m)인 영구적인 장벽으로 교체할 계획을 세웠다(en.wikipedia.org).

〈그림 4.5〉 Wissahickon Memorial Bridge(en.wikipedia.org)

〈그림 4.5〉는 미국 필라델피아의 위사히콘 메모리얼교(강교, 보·차도) 이다. 원래 헨리 애비뉴 교량(Henry Avenue Bridge)은 완공 직후, 위사 히콘 메모리얼(Wissahickon Memorial Bridge)교로 이름이 바뀌었고, 제1차 세계대전에 참전한 필라델피아 북서부 지역의 사람들에게 헌정 되었다. 교량의 길이는 333피트이고, 주경간은 288피트이다. 60피트 너비의 도로는 각 방향으로 2차선의 교통량을 제공하며, 교량의 상부 는 지상에서 약 170피트 떨어져 있다. 이 교량은 개통 당시부터 '자살 교량'으로 알려졌고, 1941년부터는 경찰관이 교량을 순찰하면서 교량 을 보행하는 모든 사람을 심문하게 되었다(en.wikipedia.org).

〈그림 4.6〉 Eads Bridge(en.wikipedia.org)

〈그림 4.6〉은 미국 세인트루이스의 이즈교(강교, 차도)이다. 미주리주 세인트루이스와 일리노이주 동부 세인트루이스(East St. Louis)를 연결하는 미시시피 강의 도로와 철도가 결합된 교량이며, 북쪽의 Laclede's Landing과 남쪽의 Gateway Arch 부지 사이의 St. Louis 강변에 위치해 있다. 설계자이자 건축가인 제임스 뷰캐넌 이즈(James Buchanan Eads)의 이름을 따서 명명되었다. 이 교량의 공사는 1867년에 시작되어 1874년에 완공되었으며, 초기의 교량 중 어느 것도 남아 있지 않기 때문에 강에서는 가장 오래된 교량이기도 하다. 이러한 이 교량에서는 재개통 이후, 약 18건의 투신자살 사건이 발생했으며, 이후로도 지속적인 투신자살 사건이 발생하고 있다(en.wikipedia.org).

〈그림 4.7〉 New River Gorge Bridge(en.wikipedia.org)

〈그림 4.7〉은 미국 페이어트빌의 뉴 리버 협곡교(협곡교, 차도)이다. 웨스트버지니아주 페이어트빌 근처의 뉴 리버 협곡 위에 3,030피트(924m) 길이의 강재 아치교이며, 1,700피트(518m) 길이의 아치가 있는 이 교량은 26년 동안 세계에서 가장 긴 단일 경간의 아치교였다. 또한 높이 876피트(267m)인 이 교량은 세계에서 가장 높은 교량 중 하나이며, 미국에서도 세 번째로 높은 교량이다. 1977년에 완공되었을 때 세계에서 가장 높은 교량이었으며, 2001년 중국 리우구항헤 교량이 개통될 때까지 그 기록은 유지되었다. 개통 이래 이 교량은 매년 10월 셋째 주 토요일에 열리는 '브리지 데이(Bridge Day)'의 중심이 되었으며, 이 축제에는 하강(rappelling), 상승(climbing), 베이스 점핑(base jumping) 등의 시연이 포함되어 있었다. 그러나 이 베이스 점핑은 1993년도부

터 브리지 데이의 기간 동안에는 금지했다. 이 교량에서 점핑한 첫 번째 사람은 웨스트버지니아주 코웬에 사는 버튼 어빈(Burton Ervin)으로, 탄광의 감독관이었으며, 이 버튼 어빈은 1979년 8월 1일에 재래식 낙하산을 사용해 점핑을 했다. 이후, 계속된 점핑에 있어 4명의 점퍼가 사망했으며, 그중에 3명이 브리지 데이 기간에 사망했다. 이는 교량의 높이와 차단의 장벽이 없었기 때문에 수시로 투신자살의 시도자를 끌어들이게 되었다. 보안당국의 관계자는 매년 3~4건의 치명적인 교량의 투신자살을 처리하고 있다고 한다(en.wikipedia.org).

〈그림 4.8〉 Chesapeake Bay Bridge(en.wikipedia.org)

〈그림 4.8〉은 미국 메릴랜드의 체서피그 베이교(해상교, 차도)이다. 이 교량은 1952년 7월 30일 개통되었을 당시 공학적, 정치적 경이로움으로 찬사를 받았으며, 당시 세계에서 가장 긴 연속의 강재 구조물로, 메릴랜드의 도시와 교외의 지역을 동부의 해안과 함께 연결한 교량이었다. 이러한 교량이 '자살교량'으로 변하게 된 것은 불과 8주 만의 일이었다. 9월의 금요일 정오, 볼티모어의 한 엔지니어가 차를 경간 중앙에 주차하고, 교량의 아래 바다로 뛰어내렸다. 첫 번째 투신사망 이후, 투신자살은 충격적인 증가추세로 계속되었으며, 팬데믹(pandemic)이 발생한 첫해에 자살률은 매우 급격히 증가하게 된다(en.wikipedia.org).

〈그림 4.9〉 Natchez Trace Parkway Bridge(en.wikipedia.org)

〈그림 4.9〉는 미국 윌리엄슨 카운티의 나체즈 트레이스 파크웨이 교(도로교, 차도)이다. 2000년도에서 2022년도 사이에 Natchez Trace Parkway와 New Hwy 96 교량에서 42명이 투신자살로 사망했다. 이후, 2011년 교량에 자살예방의 표지판이 설치되었지만, 여기서 멈추지 않고, 투신자살의 시도는 계속 이어졌다. 이에 Natchez Trace Bridge Barrier Coalition이 2018년 9월에 결성되어 연방의회 대표단 및 국립공원 관리청과 협력해 투신자살 방지의 장벽을 설치했다. 2022년 8월 16일 기존 32인치의 난간을 높이고, 투신자살의 차단성을 높이기 위해 교량의 양쪽에 체인링크와 철조망 펜스가 설치되었다(en.wikipedia. org).

〈그림 4.10〉 All-America Bridge(en.wikipedia.org)

〈그림 4.10〉은 미국 오하이오주 애크런의 올-아메리카교(고가교, 보·차도)이다. 리틀 쿠야호가 강을 가로지르는 오하이오주 국도 261호선을 일방통행으로 나누는 고가교이며, 1982년에 건설된 이 교량은 현지에서 Y-Bridge로도 알려져 있다. 가장 높은 위치는 134피트(40m)의 높이를 가지고 있다. 경찰의 기록이 확실치 않지만, 이 교량에서는 적어도 1년에 한 번은 투신자살이 발생했다. 1930년대에 적어도 두 번 이상의 투신자살이 시도되었으나, 다행히 살아남았다. 1997년도부터 2009년 12월 3일까지 29명이 이 교량에서 뛰어내려 투신자살했다. 2009년도에는 100만 달러에서 150만 달러가 연방경제 경기부양기금을 사용해 교량에 투신자살 예방의 장벽을 설치하는 데 사용될 것이라고 발표되었으나, 교량에 장벽을 설치하는 것은 애크런에서 논란이 되

었고, 이로 인해 이 계획은 무산되었다. 1991년, 1993년, 2000년, 2006년에도 장벽을 설치하려는 계획은 실패로 돌아갔다. 이후, 계획이 성사되어 2010년 9월까지 완료될 것으로 예상했지만, 2010년에서 2011년 사이의 겨울에 다시금 중단되었다. 이러한 우여곡절 끝에 이 계획은 2011년 12월 말에 총 870만 달러의 비용으로 마침내 완료되었다. 하지만, 자살예방의 장벽이 생겼음에도 불구하고, 2012년 6월 28일에 또 다른 투신자살이 발생하게 되었다(en.wikipedia.org).

〈그림 4.11〉 Auburn-Foresthill Bridge(en.wikipedia.org)

〈그림 4.11〉은 미국 플레이서 카운티 노스 오번의 오번-포레스트힐 교(강교, 보·차도)이다. 이 교량은 2002년도 영화 〈트리플X〉의 시작 부분에서도 볼 수 있는데, 빈 디젤이 맡은 캐릭터인 잰더 케이지가 훔친 차량으로 교량에서 차량과 함께 점핑한 후, 차량에서 탈출해 아메리칸 리버 캐년 바닥으로 낙하산을 타고 착지하는 장면이다. 또한 기타 많은 영화 및 광고에도 활용되고 있다. 그러나 이 교량은 그 엄청난 높이로 인해 투신자살의 장소로 주목받고 있기도 하다. 개통 이래 2024년 2월까지 이 교량에서 무려 102명의 투신자살 사망자가 발생했다. 2011~2015년의 교량 개·보수 공사의 일환으로, 투신자살을 방지하기 위해 2.0m 높이의 보행자 장벽을 설치했다(en.wikipedia.org).

〈그림 4.12〉 George Washington Bridge(en.wikipedia.org)

〈그림 4.12〉는 미국 뉴저지-뉴욕시의 조지 워싱턴교(강교, 보·차도)이다. 이 교량의 위쪽 경간에는 양쪽에 하나씩 두 개의 보도가 있으며, 북쪽의 보도는 9.11 테러사건 이후, 대부분이 폐쇄되었다. 2017년도에는 양쪽 측 보도에 영구적인 펜스를 설치하기 위해 남쪽 보도에 임시적 투신자살 방지 펜스를 설치하면서 재개장하게 되었고, 2023년도 이전에는 보행자가 북쪽 보도를 이용하기 위해 총 171개의 계단을 횡단해야만 했다. 교량 개·보수 공사의 일환으로, 계단이 경사로로 바뀌게 되었고, 두 개의 전망대가 추가되었다. 하지만, 이 교량에서 연간 평균 약 10명의 투신자살 사건이 발생하고 있으며, 2012년에는 18명의 투신자살 시도로 인한 사망사건이 기록되었다(en.wikipedia.org).

〈그림 4.13〉 Aurora Bridge(en.wikipedia.org)

〈그림 4.13〉은 미국 시애틀의 오로라교(호수교, 보·차도)이다. 이 교량은 워싱턴주 교통부가 소유 및 운영하고 있으며, 길이 2,945피트(898m), 너비 70피트(21m), 수면 위 167피트(51m)의 재원을 가진 교량이다. 교량은 1932년 2월 22일 조지 워싱턴의 탄생 200주년을 맞아 개통되었고, 1982년에 국가 사적지로 등재되었다. 이러한 교량이 수년 동안 수많은 투신자살로 인한 사망사고를 발생시키고 있으며, 투신자살을 시도하려는 많은 사람들에게 너무나 유명한 '자살교량'의 장소로 인식되었다. 여러 보고서에 의하면, 자살예방을 위해 시도자에 대한 병원의 치료 전·후의 효과에 이르기까지 다양한 분야의 사례 연구로, 이 교량을 활용했다. 1998년에는 버스 운전기사가 교량을 건너던 중 총에 맞아 사망하는 사고가 발생해 버스가 추락하고, 승객 중 한 명이 사

망했고, 2015년에는 수륙양용의 투어 차량과 전세 버스와 충돌해 5명이 사망하고, 50명이 부상을 입었으며, 두 대의 소형 차량의 탑승자들도 함께 피해를 입었다. 이 교량에서의 첫 번째 투신자살자는 32세의 신발 판매원으로, 1932년 교량이 완공되기 전에 투신해 사망했으며, 1997년부터 2007년까지는 50건 이상의 투신자살 사건이 발생했고, 그 이후로 약 230건 이상의 투신자살 사건이 있었다(en.wikipedia.org).

〈그림 4.14〉 Coronado Bridge(en.wikipedia.org)

〈그림 4.14〉는 미국 샌디에이고의 코로나도교(해상교, 차도)이다. 샌디에이고와 캘리포니아 코로나도를 연결하는 미국 샌디에이고 만을 가로지르는 프리스트레스트 콘크리트와 강재 거더로 설계된 교량이다. 이 교량은 '자살교량'으로 유명하다. 2017년 7월까지 교량에서 투신으로 인한 사망자는 최소 407명으로, 샌프란시스코의 금문교에 이어 미국에서 투신자살이 가장 많이 발생하는 교량이다. 한때 투신자살을 생각하는 사람들에게 직접적인 도움을 주기 위해 교량에 상담의 전화와 함께 핫라인에 전화할 것을 촉구하는 표지판을 설치했지만, 이후, 별다른 도움이 되지 않아 제거하게 되었다. 2016년에 음주 운전자가 픽업트럭을 몰고 교량을 벗어나 치카노 공원으로 돌진해 4명이 사망하고, 9명이 부상을 입은 사고가 발생한 후, 주 상원의원이 교량에 대

한 안전의 조치를 다루고, 진행 상황에 대해 주 의회에 보고하도록 하는 법안을 제안했다. 2017년 2월에는 교량에 대한 투신자살 설득의 옵션에 대한 타당성 조사를 수행하겠다고 발표했으며, 고위관계자는 "교량 위를 통행하는 주민과 방문객, 그리고 교량 아래에 모인 치카노 공원의 안전이 가장 중요하다."고 밝혔고, 2018년 3월 26일에 그물망, 펜스, 유리 장벽과 같은 투신자살 방지 옵션의 보고서를 발표하기도 했다. 이 교량이 개통된 지 3년 후인 1972년에 최초의 투신자살이 기록되었다. 이후, 2017년 7월까지 교량에서 투신자살로 인한 사망자는 최소 407명이 발생했다(en.wikipedia.org).

〈그림 4.15〉 Sunshine Skyway Bridge(en.wikipedia.org)

〈그림 4.15〉는 미국 플로리다주의 선샤인 스카이웨이교(해상교, 차도)이다. 탬파베이를 가로지르는 한 쌍의 장대 빔의 교량으로, 피넬라스 카운티와 매너티 카운티를 연결하는 이 교량은 1987년에 개통되었다. 최소 약 300명 이상이 이 교량에서 탬파베이 바다로 투신자살해 생을 마감했으며, 약 40명 이상의 투신시도자는 생존한 것으로 추산되고 있다. 다른 많은 실종자들도 이 교량에서 투신자살한 것으로 의심되지만, 시신이 수습되지 않아 사망의 여부는 확인되지 않고 있다. 교량에서의 투신자살 시도자가 급증하자 플로리다주는 1999년에 교량의 중앙을 따라 6곳의 위기 핫라인 전화기를 설치하고, 24시간의 순찰을 시작했다. 2003년도 《상트페테르부르크 타임즈》의 보도에 따르면, 탬파베이 위기 콜센터는 잠재적 투신자살 시도자로부터 18통의 전화를 받아 투

신자살의 막아냈다. 그러나 한 달에 평균 한 건씩 증가해 2018년도에는 18건의 투신자살로 사상 최고치를 기록했다. 2020년에는 투신자살 시도를 차단하기 위해 콘크리트 방호책 위에 배치되는 교량의 가장 높은 부분을 따라 약 1.5마일(2.4km)에 달하는 11피트(3.4m) 높이의 수직 펜스를 설치했다. 설치가 완료된 2021년 6월 이후, 투신자살자의 수는 급격히 감소하게 되며, 29개월 동안 5건의 사건만이 보고되었다. 이 교량은 고속도로와 마찬가지로, 보행자와 자전거의 통행이 금지되어 있으며, 응급의 상황을 제외한 관광을 포함한 모든 차량의 정차 또한 금지되어 있다. 순찰대는 교량 위의 모든 교통의 상황을 모니터링하고 있으며, 자전거 및 보행자 그리고 정차하는 차량이 있으면, 즉각적으로 출동하고 있다(en.wikipedia.org).

〈그림 4.16〉 Vista Bridge(en.wikipedia.org)

〈그림 4.16〉은 미국 오리건주 포틀랜드의 비스타교(도로교, 보·차도)이다. 4개의 보행자 발코니(balcony)와 대피소(待避所, Shelter)가 보도에서 바깥쪽으로 확장된 248피트(76m) 길이의 교량이며, 1926년에 완공되어 1984년 4월 26일 국가 사적지에 추가되었다. 1991년에는 오리건주의 복권 광고를 위해 여러 번의 번지 점프(bungee or bungy jumping)를 이 교량에서 촬영하기도 했다. 이 교량에서 1926년 개통 후, 5년 만에 첫 번째 투신자살 사건이 발생해 '자살교량'이라는 별명을 얻었을 정도로, 투신자살 시도자들에게 매우 유명한 장소로 알려지게 된다. 2004년부터 2011년까지 13명이 투신자살로 사망했으며, 2013년도에는 6개월 동안 세 번의 치명적인 투신자살 사건이 발생해 포틀랜드의 시는 투신자살 장벽을 세우기 위한 긴급 요청을 신청해 포틀랜드 교통

국의 승인을 받게 되었다. 2013년 가을에 투신자살 장벽의 설치를 완료한 후, 투신자살 시도자가 이 장벽을 월담하는 데에는 성공했지만, 경찰에 의해 즉각 제지당하게 되었다. 2014년 1월에 14세의 한 소년이 교량 위에서 총을 쏴 자살해 인접한 제방으로 굴러떨어지는 사고도 발생했다(en.wikipedia.org).

〈그림 4.17〉 Clifton Suspension Bridge(en.wikipedia.org)

　〈그림 4.17〉은 영국 브리스톨의 클리프턴 현수교(강교, 보·차도)이다. 브리스톨의 클리프턴과 노스 서머셋의 리 우즈를 연결하는 에이본 협곡과 에이번 강을 가로지르는 현수교이며, 1864년 개통된 이래 이 교량은 유료로 사용되어 왔다. 이 교량은 이미 건설 중 두 사람이 사망하는 사건이 발생했었다. 1885년에 22세의 사라 앤 헨리(Sarah Ann Henley)라는 여성이 투신자살을 시도해 살아남았는데, 이는 그녀의 부풀어 오른 치마가 낙하산 역할을 하게 되었고, 때마침 물이 양이 빠져 강의 두꺼운 진흙 둑에 떨어졌기에 가능했다. 그 후, 그녀는 80대까지 살았다고 한다. 이 교량은 '자살교량'으로 잘 알려져 있으며, 1974년에서 1993년 사이에만 127명이 교량에서 투신해 사망했다. 1998년에는 투신자살 시도자를 막기 위해 교량에 장벽을 설치하게 되었으며, 설치

후, 4년 동안 자살률이 연간 8명에서 4명으로 감소하게 되었다. 이러한 이 교량에서 영국의 유명한 리듬 앤 블루스 가수 조지 페임(Georgie Fame)의 아내 니콜렛 파월(Nicolette Powell)이 1993년 8월 13일 이 교량에서 투신해 사망하는 사건도 발생했었으며, 1864년 개통 이후, 최근까지 약 500명 이상의 투신자살 사망자가 발생했다(en.wikipedia.org).

〈그림 4.18〉 Humber Bridge(en.wikipedia.org)

〈그림 4.18〉은 영국 요크셔 이스트 라이딩의 험버교(강교, 보·차도)이다. 요크셔 이스트 라이딩의 킹스턴 어폰 헐 근처에 있는 이 교량은 1981년 6월 24일에 개통된 2.22km(2,430야드, 7,300피트, 1.38마일)의 단일 경간 도로의 현수교이다. 개통 당시 세계에서 가장 긴 교량이었으며, 1998년 아카시 해협 대교가 완공될 때까지 가장 긴 교량으로 기록되었다. 현재는 12번째로 긴 교량으로 되어 있다. 1981년 교량이 개통된 이래 약 200명 이상의 사람들이 이 교량에서 투신하거나, 추락했으며, 그중 살아남은 사람은 불과 5명뿐이었다. 1990년에서 2001년 2월 사이에 험버 구조대는 교량에서 추락하거나, 투신하는 사람들을 구조하기 위해 64건의 구조정을 출동시켰다. 여기서 주목할 만한 사건은 2005년 교량에서 투신한 한 여성과 그녀의 두 살배기 딸의 사례와

2006년 교량에서 투신해 사망한 남성의 사례가 있다. 2009년 12월 26일 교량의 보도를 따라 투신자살 방지의 장벽을 건설하는 계획이 발표되었으나, 이 계획은 교량 건설 중에 설치하지 않았다는 이유로 제약을 받게 되었다. 2021년 4월 3일 빈번한 투신자살 사건의 발생에 따라 보행자와 자전거를 이용하는 사람들의 통행을 금지했으며, 이러한 결정은 3월 한 달 동안 교량에서 여러 명이 투신으로 사망한 후에 나오게 되었다. 그달에 또 한 사람이 사망한 후, 교량을 보완하기 위한 안전의 조치를 강화할 것을 요구하는 청원이 수천 명의 서명을 받아 제출되었다. 이러한 조치가 도보나, 자전거로 출·퇴근하는 사람들에게 어떠한 영향을 미칠지에 대한 우려도 함께 제기되었으며, 이에 끝내는 2021년 5월 6일 보행자와 자전거를 이용하는 사람들의 통행을 재개시키게 되었다. 이후, 사전에 등록한 통행자만 교량을 이용할 수 있게 되었고, 더 많은 CCTV와 안내문이 세워졌으며, 많은 수의 관리원이 통행자를 순찰할 수 있도록 배치되었다(en.wikipedia.org).

〈그림 4.19〉 Itchen Bridge(en.wikipedia.org)

〈그림 4.19〉는 영국 햄프셔주 사우샘프턴의 이첸교(강교, 보·차도)이다. 높은 수준의 중공박스 거더교인 이 교량의 길이는 8,70야드(800m)이며, 높이는 92피트(28m)이다. 원래의 계획은 1977년 5월 1일에 개통하는 것이었지만, 공사가 예정보다 늦어지면서 1977년 6월 1일에 개통하게 되었다. 이첸교는 1977년 7월 13일 알렉산드라 공주의 남편인 앵거스 제임스 브루스 오길비(Sir Angus James Bruce Ogilvy)경에 의해 명명되었다. 이 교량에서 1977년 개통된 이래 약 200건 이상의 투신자살 추정의 사건 사례가 기록되는 등 투신자살 장소로 악명을 떨치게 되었으며, 교량 전체에 걸쳐 투신자살의 예방 조치를 취해야 한다는 목소리가 더욱 높아지고 있다(en.wikipedia.org).

〈그림 4.20〉 Forth Road Bridge(en.wikipedia.org)

〈그림 4.20〉은 영국 스코틀랜드의 포스 로드교(해상교, 보·차도)이다. 이 교량은 1964년에 개통되었으며, 당시 미국을 제외한 세계에서 가장 긴 현수교로 기록되었다. 사우스 퀸즈페리의 에든버러와 노스 퀸즈페리의 파이프를 연결하는 교량이며, 선박의 운송을 대체해 차량, 자전거 이용자 및 보행자가 통행할 수 있도록 한 것이다. 경찰당국은 이 교량에서 개통된 이래 2011년까지 약 800여 명이 투신해 사망한 것으로 추정하고 있으며, 2000년도의 보고서에 따르면, 그 이전에 투신자살을 시도한 사람 중 단 4명만이 살아남았다고 전하고 있다. 또한 최근까지 매년 약 20여 명이 투신자살을 시도해 사망하는 것으로 추정한다고 밝혔다(en.wikipedia.org).

〈그림 4.21〉 Foyle Bridge(en.wikipedia.org)

〈그림 4.21〉은 영국 북아일랜드 데리의 포일교(강교, 보·차도)이다. 교량 중앙의 경간은 767피트(234m)로, 아일랜드 섬에서 가장 길며, 접속 경간을 포함한 전체의 길이는 2,839피트(866m)이다. 도시의 북쪽에 있는 포일(Foyle) 강을 건너 도심과 수변을 연결하는 교량이다. 이 교량은 1980년에 공사가 시작되어 1984년 10월에 개통했다. 1984년 교량 건설 중 철제의 난간을 뚫던 작업자는 사용 중이던 굴착 장비가 고장 나면서 교량 아래의 물속으로 떨어졌고, 마침 대기 중이던 안전요원에 의해 구조되었지만, 안타깝게도 목숨을 건지지 못했다. 2005년 1월에는 폭풍우가 몰아치는 동안 트럭 한 대가 교량에서 떨어져 나가 운전사가 사망했다. 이 사건 이후, 측풍의 위험으로 인해 날씨, 특히 바람이 강한 날에는 교량의 통행이 금지된다. 또한 운전자에게 경고하기 위해

교량의 양쪽 끝에 경고 표지판이 설치되었다. 데리의 강을 가로지르는 세 개의 교량이 있는데, 일부 사람들은 깊고 빠르게 흐르는 강으로 교량에서 투신자살을 시도한다. 이에 1993년 7월 '포일 수색구조대(Foyle Search and Rescue)'라는 자선단체가 설립되었고, 포일 브릿지(Foyle Bridge), 크레이개본 브릿지(Craigavon Bridge), 피스 브릿지(Peace Bridge)에서 사람의 생명을 보호하는 역할을 채택했다. 이후, 1993년에서 2008년도 사이에 1,000명 이상의 조난자를 구조했다(en.wikipedia.org).

〈그림 4.22〉 Erskine Bridge(en.wikipedia.org)

〈그림 4.22〉는 영국 스코틀랜드 중서부의 어스킨교(강교, 보·차도)이다. 스코틀랜드 중서부의 클라이드 강을 가로지르는 다중 경간의 사장교인 이 교량은 스코틀랜드에서 가장 악명 높은 자살의 장소 중 하나로, 매년 약 15명 이상이 투신해 자살하는 것으로 추정하고 있다. 이로 인해 자선 단체는 교량으로 이어지는 양쪽 도로에 인접한 양측 보도에 4곳의 전화와 표지판을 설치했다. 이후, 교량은 인근 보안의 시설에서 탈출한 두 명의 10대 소녀가 투신사망한 후, 다시금 언론의 주목을 받았다. 2011년 9월에 앞으로의 투신자살 시도를 막기 위해 교량을 따라 투신자살 방지의 장벽을 설치하는 공사가 시작되었으며, 총 350만 파운드의 비용을 들여 완공했다(en.wikipedia.org).

〈그림 4.23〉 Sydney Harbour Bridge(en.wikipedia.org)

〈그림 4.23〉은 호주 뉴사우스웨일스주 시드니의 시드니 하버교(강교, 보·차도)이다. 이 교량은 중심의 업무지구(CBD)에서 노스 쇼어까지 시드니 하버를 가로지르고 있다. 아치형의 디자인 때문에 '옷걸이(The Coat hanger)'라는 별명이 붙어 있으며, 철도, 차량, 자전거 이용자 및 보행자의 통행을 제공한다. 이 교량은 센트럴코스트의 무니 무니교, 멜버른의 웨스트게이트교, 브리즈번의 스토리교 등과 함께 '자살교량'으로 간주되고 있다. 2009년 2월 한 아버지가 교량에서 4세 소녀를 던져 사망케 한 후, 투신자살 방지를 위해 장벽이 설치되었으며, 이후, 웨스트게이트 교량에도 투신자살의 방지 장벽이 세워졌다. 이 장벽은 자살률을 약 85% 정도 감소시키는 것으로 보고되고 있다(en.wikipedia.org).

〈그림 4.24〉 Mooney Mooney Bridge(en.wikipedia.org)

〈그림 4.24〉는 호주 뉴사우스웨일스주 센트럴코스트의 무니 무니 교(강교, 차도)이다. 이 교량은 브리즈번 워터 국립공원의 무니 무니(Mooney Mooney) 근처에 위치한 무니 무니 크릭(Mooney Mooney Creek)을 가로질러 퍼시픽 고속도로로 연결되는 쌍둥이 캔틸레버교이며, 1986년 12월 14일 호주 총리에 의해 개통되었다. 이 무니 무니교는 그 자체의 높이 때문에 개통 이래 투신자살을 시도하는 사람들에게 매우 취약한 교량이었다. 이를 막기 위해 교량의 옆을 따라 전체의 투신자살 방지의 장벽을 세우게 되었다. 이 장벽은 2003년에 설치가 완료되었다(en.wikipedia.org).

〈그림 4.25〉 West Gate Bridge(en.wikipedia.org)

〈그림 4.25〉는 호주 빅토리아주 멜버른의 웨스트 게이트교(강교, 차도)이다. 중심의 업무지구(CBD)와 서부 교외의 지역, 서쪽 산업 교외의 지역을 남서쪽으로 80km 떨어진 질롱 시와 연결하는 중요한 교량이며, 호주에서 가장 붐비는 도로 교량 중 하나이다. 또한 높은 경간의 이 교량은 대형 화물선이 야라 강의 부두에 접근할 수 있도록 건설되었다. 주경간의 길이 336m(1,102피트), 높이 58m(190피트), 총 길이는 2,582.6m(8,473피트)로, 호주에서 다섯 번째로 긴 교량이다. 호주의 가장 긴 교량은 멜버른의 볼테 브리지(Bolte Bridge)로, 총 길이 5km(3.1마일)이다. 이 교량은 높이가 매우 높아 투신자살의 장소로 유명해졌는데, 2000년대 초반 경찰의 자료에 따르면, 3주에 한 명꼴로 투신자살이 발생했다. 2004년 검시관의 보고서는 사람들이 스스로 목숨을 끊으

려는 투신자살의 시도를 막기 위해 교량에 투신자살 방지 펜스나, 장벽을 세울 것을 권고했다. 여러 치명적인 투신자살의 사건이 계속해서 발생하자, 2009년 2월 콘크리트로 만든 차량의 충돌방지 장벽에 메쉬의 펜스를 용접해 얹은 임시의 투신자살 방지 펜스를 세웠다. 이후, 2010~2011년에 2,000만 달러의 비용을 들여 교량 전체에 영구적인 금속의 메쉬 펜스가 설치되었으며, 이러한 노력은 교량에서의 투신자살률을 약 85% 정도 감소시킬 수 있었다고 보고되고 있다(en.wikipedia.org).

〈그림 4.26〉 Story Bridge(en.wikipedia.org)

〈그림 4.26〉은 호주 브리즈번의 스토리교(강교, 보·차도)이다. 브리즈번 강을 가로지르는 유산에 등재된 강재 캔틸레버의 교량으로, 호주 퀸즐랜드주 브리즈번의 북부와 남부 교외의 지역을 연결하는 차량, 자전거 이용자 및 보행자가 통행할 수 있는 호주에서 가장 긴 캔틸레버교이며, 너비 24m(79피트), 높이 74m(243피트), 전체의 총 길이가 777m(2,549피트)의 교량이다. 폴티튜드 밸리와 캥거루 포인트를 연결하는 이 교량은 1940년에 개통되어 1947년까지 통행료가 부과되었다. 저명한 공무원인 '존 더글러스 스토리(John Douglas Story)'의 이름을 따서 명명되었다. 이 교량의 건설 중 이미 3명이 사망하는 사고가 발생했는데, 첫 번째 사고는 1937년 11월 22일, 한스 제임스 짐머만은 미끄러져 75피트(23m) 교량 아래로 떨어져 사망했다. 두 번째 사고는

1939년 2월 7일, 알프레드 윌리엄 잭슨이 교량에서 강으로 떨어졌으나, 다행히 살아 있어 급하게 물에서 건져 올렸지만, 의식을 회복하지 못한 채 4시간 만에 병원에서 사망했다. 세 번째 사고는 1939년 12월 6일, 아서 맥케이 와튼이 장비에 맞아 기절했고, 교량에서 아래로 추락해 사망했다. 미국 샌프란시스코의 금문교와 같은 많은 대형 교량과 마찬가지로, 브리즈번의 스토리교도 '자살교량'으로 악명이 높다. 2011년과 2012년에 사이에 2건의 세간의 이목을 끄는 '살인-자살' 사건이 발생하게 된다. 이후, 브리즈번의 시장은 투신자살 예방 핫라인과 연결된 무료의 전화기를 긴급히 설치할 계획을 발표했으며, 2013년 2월 6일 3m 높이의 투신자살 방지의 장벽을 설치할 계획도 발표했다. 전체적으로, 이러한 계획은 약 840만 달러의 비용이 소요되었고, 마침내 2015년 12월에 완공하게 되었다(en.wikipedia.org).

〈그림 4.27〉 Prince Edward Viaduct Bridge(en.wikipedia.org)

〈그림 4.27〉은 캐나다 온타리오주 토론토의 프린스 에드워드 고가교(강교, 보·차도)이다. 이 교량은 높이 40m(131피트), 총 길이가 494m(1,620피트)인 콘크리트-강재로 설계된 아치교로, 서쪽에 있는 블루어 스트리트와 동쪽의 댄포스 에비뉴를 연결하고 있다. 5차선(동쪽 방향 3개, 서쪽 방향 2개)으로 되어 있고, 자전거 이용자 및 보행자의 통행을 제공한다. 시간이 지남에 따라 이 교량은 투신자살을 자석처럼 끌어당기는 자살교량이 되었고, 투신자살로 인한 시체들 때문에 교량 아래의 상황에 위험을 초래하게 되었다. 2003년까지 거의 500명 이상의 투신자살이 발생한 이 교량은 캐나다에서 가장 치명적인 구조물로 기록되었으며, 샌프란시스코의 금문교에 이어 북미에서 두 번째로 많은 구조물로도 기록되었다. 1997년도 투신자살률이 최고조에 달했을 때는 평균 22

일마다 1명 이상이 투신자살을 시도했다. 투신자살과 안전 위험으로 인해 2003년에 안전 장벽의 설치가 시작되었지만, 자금의 조달에 대한 우려로 인해 지연되기도 했다. 그 기간에 약 48명에서 60명의 투신자살자가 발생하기도 했다. 시의회는 원래 250만 캐나다 달러의 예산을 승인했지만, 설치를 위한 최소 입찰가는 550만 캐나다 달러였다. 이에 시의회는 결국 나머지 자금을 모으기 위한 모금 캠페인을 승인하게 되며, 설치는 2003년 550만 달러의 비용으로 완공되었다. 2010년 연구에 따르면, 이 장벽이 교량에서의 투신자살 시도를 막아냈지만, 토론토시의 투신자살에 대한 전체적 비율은 변하지 않았다고 보고하고 있다. 그러나 2017년도의 한 연구 결과에 따르면, "장기적으로 토론토 시에서 투신에 의한 자살은 안전 장벽의 설치 이후, 분명 감소했으며, 다른 수단에 의한 자살의 증가는 관련이 전혀 없었다."고 보고하고 있다(en.wikipedia.org).

〈그림 4.28〉 Jacques Cartier Bridge(en.wikipedia.org)

〈그림 4.28〉은 캐나다 몬트리올의 자크 카르티에교(강교, 보·차도)이다. 몬트리올 퀘벡에서 세인트로렌스 강을 건너는 강재 트러스의 캔틸레버교인 이 교량은 원래 몬트리올 하버교로 명명되었으나, 1934년 자크 카르티에의 세인트로렌스 강의 항해 400주년을 기념하기 위해 교량명이 변경되었다. 5차선의 교량은 접근 고가교를 포함해 총 길이가 3,425.6m(1만 1,239피트)이며, 매년 약 3,580만 대의 차량이 통행하고 있는 캐나다에서 세 번째로 붐비는 교량이다. 이러한 교량에서 투신으로 인한 사망사고가 계속 증가하자, 2004년 관리당국은 투신자살 방지의 장벽을 설치하게 된다. 설치 전까지만 해도 매년 평균 약 10명 이상의 투신자살 사망사건이 발생했다(en.wikipedia.org).

〈그림 4.29〉 High Level Bridge(en.wikipedia.org)

〈그림 4.29〉는 캐나다 앨버타주 에드먼턴의 하이 레벨교(강교, 보·차도)이다. 앨버타주 에드먼턴의 노스 서스캐처원 강을 가로지르는 이 교량은 편도 2차선, 총 길이 777m(2,549피트)의 콘크리트 교각의 강재 트러스교이다. 건설 공사가 절정에 이르렀을 때 500명 이상의 노동자가 고용되었으며, 건설 중에 이미 4명이 사망하는 사건이 발생했다. 이 교량은 1994년 에드먼턴 시의 소유권으로 이전하게 되며, 1995년에 시의 역사적 자원으로 지정되었다. 2010년에 트레버 앤더슨(Trevor Anderson)의 단편 다큐멘터리 영화인 〈하이 레벨 브리지(The High Level Bridge)〉의 주제가 되었는데, 이 영화는 투신으로 인한 자살 장소로의 교량 역사에 초점을 맞추고 있다. 이 교량에서 얼마나 많은 투신 자살의 사망자가 발생했는지는 정확히 알 수 없지만, 약 25명 이상이

었고, 2012년도부터 2013년도까지 약 10명 이상이 투신으로 인해 사망했다. 2016년 7월 새로운 투신자살 방지 장벽의 설치가 완공되면서 투신자살의 시도가 약 50% 이상 감소했다. 그러나 이 장벽은 초기 승인된 설계의 의도와 다르게 기존 공유 경로의 펜스 내부에 배치된 방지 장벽은 서쪽 공유 경로의 너비를 2.8m(9.2피트)로, 동쪽 공유 경로의 너비를 2.3m(7.5피트)의 표준 이하로 줄였다. 시 당국에서 의뢰한 타당성 조사보고서의 결과에 따르면, 약 2,370만 달러의 비용으로 교량의 기존 공용 경로를 넓히는 것이 '약간 실현 가능'할 것으로 나타났으나, 변경 사항은 승인되지 않았다(en.wikipedia.org).

〈그림 4.30〉 Lethbridge Viaduct Bridge(en.wikipedia.org)

〈그림 4.30〉은 캐나다 앨버타주의 레스브리지 고가교(강교, 철도)이다. 올드만 강을 가로지르는 철도 가대의 교량이며, 1907년에서 1909년 사이에 캐나다 퍼시픽 철도에 의해 건설된 이 철도의 구조물은 캐나다에서 가장 큰 철도 구조물이자 세계에서도 가장 큰 철도 구조물이며, 건설된 지 100년이 넘도록 여전히 정기적으로 유지·관리되고 있다. 이러한 이 교량은 '자살교량'으로 알려져 있으나, 1909년 개통 이후, 이 교량에서 얼마나 많은 투신자살의 사망사건이 발생했는지 정확히 알 수는 없다. 교량의 진입로에 투신자살 시도자들에 대한 방지 및 예방의 표지판이 설치되어 있기는 하지만, 이후, 추가적 시설에 대한 계획은 진행되지 않았다(en.wikipedia.org).

〈그림 4.31〉 Lions Gate Bridge(en.wikipedia.org)

〈그림 4.31〉은 캐나다 밴쿠버의 라이온스 게이트교(해상교, 보·차도)이다. 노스 밴쿠버시 및 웨스트 밴쿠버의 노스 쇼어를 연결하는 현수교이며, 접근 경간의 길이 1,517.3m(4,978피트), 주경간의 길이 473m(1,552피트), 높이는 111m(364피트)로, 총 길이는 1,823m(5,981피트)이다. 이 교량에는 총 3개의 차선이 있으며, 중간의 차선은 신호로 표시되는 가역 차선이 있어 교통량의 패턴에 따라 방향을 변경하게 된다. 메트로 밴쿠버의 지역에는 '자살교량'이 많으며, 가장 자주 발생하는 교량 중 하나로, 이 교량을 꼽는다. 2006년도부터 2017년도까지 78건의 투신자살 사망사건을 포함해 개통 이래 총 324건의 투신자살 사망사건이 발생했다(en.wikipedia.org).

〈그림 4.32〉 Angus L. Macdonald Bridge(en.wikipedia.org)

〈그림 4.32〉는 캐나다 핼리팩스-다트머스의 앵거스 L. 맥도널드교(해상교, 보·차도)이다. 이 교량은 노바 스코샤의 핼리팩스 항구를 가로지르는 현수교로, 1955년 4월 2일에 개통했으며, 핼리팩스 반도와 다트머스를 연결하는 두 개의 현수교 중 하나이다. 1954년에 교량을 건설하는 데 중요한 역할을 한 노바 스코샤의 전 총리인 앵거스 L. 맥도널드의 이름을 따서 명명되었다. 교량의 건설은 1952년에서 1955년 사이에 이뤄졌으며, 공사 중 이미 5명의 노동자가 교량에서 추락해 사망했으며, 2004년 3월 3일 유명한 환경 운동가인 투커 곰버그가 투신자살한 것으로 추정되는 장소로 언론의 주목을 받게 되었다. 1999년 현대화 과정에서 교량의 체인링크 펜스가 제거되었을 때 이 투신자살의 문제가 더욱 악화되었다고 주장된 바 있으며, 2007년 7월 투신자살의 시

도를 방지하고, 교량 아래의 직원을 보호하기 위해 교량 서쪽 끝의 핼리팩스 교대에 있는 보도의 약 22% 정도를 따라 투신자살 방지 장벽을 설치했다. 처음에는 핼리팩스-다트머스 교량의 위원회는 교량의 전체 경간을 따라 안전 장벽을 설치하는 추가적 중량을 견딜 수 없다고 우려했으며, 이후, 컴퓨터 모델링을 통해 이러한 우려를 제거했다. 2009년 5월 13일 교량 위원회의 총 책임자 겸 CEO인 스티브 스나이더는 2009년 6월에 교량 전체 길이를 따라 장벽 확장에 대한 입찰이 발행될 것을 발표했으며, 이후, 2010년 3월까지 미설치된 나머지 부분이 설치되었다. 현재 이 교량에는 보행자 전체 통로의 100%를 따라 이 안전 장벽이 설치되어 있다(en.wikipedia.org).

〈그림 4.33〉 Burgoyne Bridge(en.wikipedia.org)

〈그림 4.33〉은 캐나다 온타리오주 세인트캐서린의 버고인교(강교, 보·차도)이다. 길이는 333m이고, 강재 아치로 지지되는 125m의 주경간이 매우 특징적인 이 교량은 1915년에 상당히 높은 수준의 설계 및 건설 능력으로 건설되었다. 교량의 두 상판 사이에 4m(13피트)의 간격이 있었는데, 이는 투신자살을 시도하려는 사람들에게 매우 치명적인 곳으로 알려지게 되었다. 2019년 4월 기준, 교량에서 한 달에 한 명 이상의 투신자살 시도로 인한 사망자 수가 집계되고 있다. 19세의 한 소년이 투신해 사망한 후, 자원봉사자들이 희망적인 문구를 담은 40개 이상의 메모를 작성해 교량 위에 놓았으며, 곤경에 처한 사람들을 돕고, 교량을 더 안전하게 만들기 위한 다양한 노력의 조치가 지속적으로 벌어지게 되었다. 공중보건의 당국이 연구한 몇 가지의 임시 옵션은 핫라

인 전화 또는 정신건강 보호소를 현장에 소규모 시설로 설치하는 것이었다. 2019년 투신자살 예방의 조치로 스테인리스 그물망을 설치하는 계획이 세인트캐서린의 시의회에서 승인되어 2020년 7월 교량 하부에 스테인리스 그물망과 측면에 가드레일의 설치가 모두 완료되었다. 이 계획은 원래 승인된 그해 봄쯤에 완료될 예정이었으나, 코로나19로 인해 연기되었으며, 필요한 자재들의 도착 또한 지연되게 되었다. 이 투신자살 방지 장벽의 설치 계획에는 400만 달러 이상의 비용이 할당되었다(en.wikipedia.org).

〈그림 4.34〉 Van Stadens Bridge(en.wikipedia.org)

〈그림 4.34〉는 남아프리카 공화국 동부 케이프의 반 스타덴스교(강교, 차도)이다. 반 스타덴스 강을 가로지르는 높이 140m(460피트), 주경간의 길이 198.10m(649.9피트)의 콘크리트 아치교이며, N2 국도의 도로 교통을 담당한다. 이 교량은 1971년 11월 11일에 개통되었으나, 불과 12일 후, 한 남성이 투신해 사망했으며, 계속되는 투신자살로 인해 '죽음의 교량'이라는 명성이 자자해졌다. 2005년 8월에는 개인 기부자들의 비용을 통해 감시 시스템이 설치되었으며, 이후, 기금도 계속 모금되었다. 지역의 경찰과 보행자들은 투신자살을 시도하려는 사람을 약 20명 이상을 구조하곤 했다. 이 교량에서 발생한 투신자살의 사건 중 가장 충격적인 사건의 발견은 반 스타덴스 야생화 보호구역 근처로 산책을 나갔던 10대 소년의 두 명에 의해 처음 한 시신이 발견되면서

부터 이루어졌다고 한다. 이들은 즉시 경찰서에 신고해 시신을 발견한 장소를 알려주었으며, 수색 중 얼마 지나지 않아 투신자살로 추정되는 사망자의 한 시신이 발견되었으며, 덤불 사이의 어딘가에 또 다른 시체가 있다는 메모도 함께 발견되었다. 그 메모에는 사망한 사실을 알려야 할 또 다른 세 명에 대해서도 언급되어 있었다. 이에 경찰 탐지견이 출동했고, 시신은 다른 두 구의 시신이 발견된 곳에서 몇 미터 떨어진 곳에서 발견됐다. 시신은 심하게 부패하지 않아 바로 신원을 확인할 수 있었다. 교량의 주변에서 주차된 차량의 흔적은 발견되지 않았다. 결국 이 교량에 투신자살 시도자들을 막기 위한 약 2.7m 높이의 철조망으로 된 장벽이 2013년도에 설치가 완료되었다(en.wikipedia.org).

〈그림 4.35〉 Native Jetty Bridge(en.wikipedia.org)

〈그림 4.35〉는 파키스탄 신드주 카라치의 네이티브 제티교(강교, 보·차도)이다. 도시와 카라치 항구를 연결하는 이 교량은 카라치에서 가장 오래된 교량 중 하나이다. 이 교량은 이 지역의 다른 중요한 교량과 함께 건설되었으며, 현재는 교통량에 따른 혼잡이 증가함에 따라 새롭고 더 넓은 교량인 진나대교가 건설되어 이 교량을 대체하게 되었다. 이러한 이 교량에서는 100여 년 동안 약 200명 이상이 투신자살한 것으로 알려져 있다. 현지 경찰에 따르면, 최근에도 많은 투신자살 시도자들이 이 교량에서 투신한 후, 바다에서 비극적으로 사망하고 있음을 시사하고 있으며, CCTV 영상으로 투신시도자들을 확인하고, 이에 구조정을 통해 구출하고 있다고 한다(en.wikipedia.org).

〈그림 4.36〉 Nusle Bridge(en.wikipedia.org)

〈그림 4.36〉은 체코 프라하의 너슬교(고가교, 보·차도)이다. 프라하 2와 프라하 4를 연결하며, 너슬 지구의 일부를 형성하는 계곡을 가로지르고 있는 이 교량은 체코에서 가장 긴 교량 중 하나이며, 두 개의 보도, 다차선의 도로 및 도시의 고속 교통망의 일부를 제공하는 프리스트레스 콘크리트 고가교이다. 교량은 특히 강과 프라하 중앙역에서부터 철도 노선을 가로지르며, 교량의 대부분은 프라하 2의 행정구역에 속한다. 그러나 아래 철도 선로의 남쪽에 있는 구간은 프라하 4에 속한다. 이 교량의 건설은 1967년에 시작되어 1973년 2월 22일 공산주의 혁명가이자 전 대통령인 클레멘트 고트발트(Klement Gottwald)를 기리기 위해 클레멘트 고트발트의 교량명으로 개통되었다. 길이 485m, 너비 26.5m로, 4개의 기둥이 있으며, 교량의 2개 구간은 68.5m, 나머지 3

개 구간은 115.5m로, 평균 높이는 42.5m이다. 이 교량에서 약 200명에서 300명이 투신해 스스로 목숨을 끊은 것으로 기록되어 있으며, '자살교량'이라는 별명을 가지고 있다. 이 교량은 원래 1m 높이의 안전 펜스가 설치되어 있었으나, 높은 투신으로 인한 사상자의 발생률에 따라 이에 대응하기 위해 안전 펜스 아래에 1.5m 폭의 안전망을 추가 설치했다. 또한 1996년과 1997년 사이에 투신자살 방지 펜스가 추가되어 안전 장벽이 2.7m로 높아졌다. 2007년에는 장벽을 오르는 것 자체가 거의 불가능하도록 광택이 나는 금속재로 1m를 추가로 덮었다(en.wikipedia.org).

〈그림 4.37〉 Adolphe Bridge(en.wikipedia.org)

　〈그림 4.37〉은 룩셈부르크 남부 룩셈부르크의 아돌프교(협곡교, 보·차도)이다. 2차선의 도로와 보행자 보도 및 자전거 도로가 양방향에 있는 복층 아치교로, 높이는 46m, 상부 데크의 총 길이는 153m이다. 2020년 12월 13일 도시의 새로운 건설인 트램 라인의 두 번째 단계가 완료된 후, 교량은 상부 데크에서 양방향으로 트램 라인의 교통을 제공하고 있다. 이 교량은 아돌프 대공작이 통치하던 시기인 1889~1903년에 건설되었고, 주재료로는 석재가 사용되었다. 건설 당시 세계에서 가장 큰 아치교로도 세상의 이목을 끌었으나, 페트류스 골짜기에 이 교량이 세워진 1903년도 이후, 무려 약 554명 이상이 이곳에서 투신으로 인해 사망했다(en.wikipedia.org).

〈그림 4.38〉 Grand Duchess Charlotte Bridge(en.wikipedia.org)

〈그림 4.38〉은 룩셈부르크 남부 룩셈부르크의 샤를로트 대공비교(강교, 보·차도)이다. 이 교량은 독특한 빨간색 때문에 빨간 교량으로도 잘 알려져 있으며, 도심인 빌 오트와 도시의 유럽연합 기관이 있는 키르히베르크를 연결하는 주요 경로의 교량이다. 1966년 개통된 이래 현재까지 약 100명 이상이 넘는 사람들이 투신으로 인해 자살했다. 1993년 룩셈부르크 정부는 더 많은 투신자살을 방지하기 위해 안전 장벽을 세우기로 결정했으며, 개·보수 공사의 일환으로, 2017년에 새로운 장벽의 디자인으로 교체했다. 〈The Red Bridge〉라는 룩셈부르크의 다큐멘터리를 통해 투신자살을 목격한 사람들이 겪는 끔찍하고도 섬뜩한 여파를 알 수 있다(en.wikipedia.org).

〈그림 4.39〉 Bosphorus Bridge(en.wikipedia.org)

〈그림 4.39〉는 터키 이스탄불의 보스포러스 해협 대교(해상교, 보·차도)이다. 보스포러스 해협을 가로지르는 3개의 현수교 중 가장 오래된 최남단의 교량이며, 오르타쾨이(Ortaköy, 유럽)와 베일러베이(Beylerbeyi, 아시아)의 사이를 연결하고 있는 철탑과 경사 행거가 있는 중력 고정 현수교이다. 이러한 교량에서 2001~2002년 사이에만 투신으로 인해 약 62명 이상이 사망했다. 국제과학수사기구(FSI))에 의해 2000년 7월 30일 발표된 연구 결과에 따르면, 1986~1995년 사이에는 65명 이상이 이 교량에서 투신해 96.9%인 63명이 목숨을 잃고, 두 명만이 구조되었다. 보행이 금지된 이후에도 53.3%가 택시 등을 이용해 이 장소까지 이동한다고 한다(en.wikipedia.org).

〈그림 4.40〉 Kocher Viaduct Bridge(en.wikipedia.org)

〈그림 4.40〉은 독일 슈베비쉬 홀의 코허 고가교(강교, 차도)이다. 아우토반 6번은 하일브론과 뉘른베르크 사이의 코허 계곡을 가로지른다. 계곡 바닥에서 최대 높이가 185m에 달하는 이 교량은 1976~1979년에 건설되었다. 독일에서 가장 높은 고가교이며, 2004년 프랑스 미요 고가교가 완공되기 전까지 세계에서 가장 높은 프리스트레스 콘크리트 거더교이기도 하다. 9개 경간의 총 길이가 1,128m이며, 개별 경간의 길이는 바깥쪽 2개는 81m, 나머지 7개는 138m이다. 기둥 높이는 40~178m이며, 너비는 31m이다. 이러한 교량에서 1979~1990년도 사이에 매우 높은 48건 이상의 투신자살이 발생했고, 이에 계속되는 투신자살을 막기 위해 장벽을 설치하게 되었다(en.wikipedia.org).

'자살교량(suicide bridge)'은 사람들이 자기 자신의 삶을 끝내기 위해 자주 사용되는 교량으로, 투신자살의 명소가 된 교량을 뜻하며, '투신'은 가장 일반적으로 높은 장소에서 물이나, 땅 아래로 뛰어내려 사망에 이르게 하는 수단이다. 높은 교량에서 투신해 물에 빠지면, 치명적일 수 있지만, 금문교와 같은 교량에서 투신해 살아남은 사람도 있다. 그러나 투신으로 인한 심각한 부상의 정도는 매번 확실치 않음을 많은 연구에서 보고되고 있다. 이는 물로 투신자살을 시도한 자가 익사로 사망한 것인지, 아니면 부상에 의한 사망인지, 어느 사인이 우선된 것인지를 가려내기 쉽지 않음을 내포(內包, connotation)하고 있다.

많은 관련 전문가들은 교량을 통한 투신의 수단이 다른 그 어떤 수단보다 매우 충동적일 수 있으며, 그 가능성도 더 크다고 보고 있다. 그렇기에 투신자살 시도의 방지시설이 교량에서의 투신자살 발생률을 감소시키는 데 있어서 매우 커다란 영향을 미칠 수 있음을 시사하고 있다.

한 연구에 따르면, 워싱턴 D.C.의 듀크 엘링턴 교량(Duke Ellington Bridge)에 투신자살 방지의 장벽을 설치했지만, 이로 인해 인근 태프트 교량(Taft Bridge)의 투신자살률이 증가하지는 않은 것으로 나타났다. 또한 영국의 '자살교량'으로 유명한 클리프턴 현수교(Clifton Suspension Bridge)에 투신자살 방지의 장벽이 세워졌을 때도 이와 비슷한 결과가 나타났다. 이러한 연구의 결과는 투신이라는 수단에 있어 매우 치명적인 장소에 자살방지 시설이 설치된다고 하더라도 '풍선 효과(風船效果, Balloon Effect: 어떤 범죄의 단속으로 인해 뜻하지 않게 다른 방향으로 범죄가 표출되는 현상을 의미하거나, 어떤 현상을 억제하자 다른 현상이 불거져 나오는 현상을 말한다. 한쪽을 누르면, 다른 쪽이 부풀어 오르는 풍선의 형상을 빗대어 풍선 효과라 함)'의 영향이 그다지 미치지 않고 있음을 단적으로 보여주는 것이다.[4]

   이 장을 통해 더 많은 해외의 치명적인 투신자살 관련 교량들을 보여주려 노력했으나, 관련된 자료 등이 너무나 광범위하게 분산되어 있어 조사분석 및 수집의 자체가 어렵고, 국내에서는 해외의 언론·매체 등의 자료가 엠바고로 인해 상당수 통제되고 있어 더 많은 자료를 상세히 다룰 수가 없었다. 그렇기에 비교적 조사 및 수집이 수월하고, 조금은 쉽게 접할 수 있는 널리 알려진 자료들로 편집·정리하게 되었음을 밝힌다.

한국의 투신자살, 교량은

　한국은 최근에도 여전히 사망의 요인 중 10세 이상의 전 연령에서 자살이 가장 높았으며, 이는 반드시 해결해야 할 매우 중요한 사안임엔 틀림없는 사실이다. 자살의 수단별 사망률 변화추이를 살펴보면, 추락 및 투신을 통한 자살이 큰 비중을 차지하고 있으며, 이것은 국내뿐만 아니라 해외에서도 이에 대한 해결의 근본적인 대책 마련이 없어 쉽게 해결할 수 없는 심각한 문제로, 오래전부터 대두되어 오고 있는 실정이다. 그렇기에 비단 한국만이 아닌 국제사회(國際社會, international society) 전체의 매우 심각한 공중보건(公衆保健, public health)의 문제가 되고 있다. 특히나 교량에서 투신의 수단으로 인한 자살은 매우 심각하고도, 치명적인 결과를 초래하고 있다.

한국의 '교량'에서의 '투신자살'은…

- **아내·딸 자살 부른 '가정폭력'**: 동기가 묘연했던 진도대교 모녀 투신사건 넉 달 만에 유서 발견돼… 40대 남편 구속, 남편의 상습적인 가정폭력을 견디다 못해 부인이 5살짜리 딸과 바다에 투신자살한 사건의 전모가 묻힐 뻔했다가 유서가 발견돼 드러났다.(세계일보, 2010.09.17.)

• "우째 이런 일이"… 40대 가장, 생활고 비관해 아들과 투신: 40대 아버지가 생활고를 비관해 초등학교 4학년 아들과 마창대교에서 투신했다. 아들을 먼저 뛰어내리게 하고, 아버지도 곧바로 투신했다. 이번 사건을 조사한 경찰은 생활고를 비관해 투신자살한 것으로 보고 있다. 지난해 위암으로 아내를 잃고, 어머니 명의로 된 진해의 한 아파트에서 아들과 함께 살아온 A씨는 대리운전을 했지만, 벌이가 신통치 않았다.(오마이뉴스, 2010.09.17.)

• 서울에서 자영업하던 부부는 왜 완도 신지대교에서 뛰어내렸을까?: 경기의 침체로 인해 장사가 잘 안되자, 부부는 주변의 사람들에게 어려움을 자주 호소해 온 것으로 전해졌다.(헤럴드경제, 2012.08.24.)

• '마포대교=자살대교' 오명 왜?: 마포대교가 자살률 1위의 오명을 안게 된 이유는 다른 교량에 비해 보행자의 접근이 용이하고, 여의도 증권가가 인근에 위치해 있다는 지리적 특성 때문이라는 것이 다수의 관계자들 분석이다. 22년 동안 서울경찰청 한강경찰대 소속의 대원으로 활동해 온 조동희 경위는 "참 신기하게도 자살자들의 투신 지점이 크게 벗어나지 않는다. 마포대교의 경우 북단보다는 남단 쪽에서 투신자살을 시도하는 경우가 많다. 한강대교는 아치 부분에서 발생률이 높다."며, "정확한 근거를 찾기는 어렵지만, 접근이 용이하고, 사람들의 왕래가 많다는 점 때문인 것 같다."고 말했다.(헤럴드경제, 2012.09.25.)

• '자살대교', 10대 여성 또 투신해: 목포대교에서 강(19)모양이 몸을 던져 숨졌다. 신변을 비관해 스스로 목숨을 끊었을 것으로 추정된다.(시사포커스, 2013.02.22.)

• 성재기 대표 한강 투신… 긴급 수색: 한강 투신을 예고해 논란을 일으켰던 성재기(46) 남성연대 대표가 26일 서울 마포대교에서 투신한 것으로 추정돼 소방당국이 긴급 수색에 나섰다.(한국일보, 2013.07.26.)

• 故 성재기 '베르테르 효과'… 마포대교 투신사고 급증: 하루 1건 정도였던 마포대교의 투신 관련 신고는 지난달 26일 고 성재기 남성연대 대표가 이곳에서 투신해 사망한 후, 하루 평균 4~5건으로 늘었다.(조선일보, 2013.08.06.)

• "다리 위에선 모진 마음 먹어도 결국 '삶' 택하더라.": 자살 신고를 받은 구조대는 오직 투신자가 살아 있기만을 바랄 뿐이다. 강 대장은 "강으로 뛰어내리려는 사람이 있다는 신고를 받는 경우에는 구조대가 도착할 때까지 투신하지 않기만을 바란다."고 말했다. 이어 그는 "다리 위에선 모진 마음을 먹었더라도 막상 뛰어내려 삶과 죽음의 경계에 있을 땐 삶을 택하더라. 지푸라기라도 잡는 심정으로 살기 위해 몸부림을 친다."고 전했다.(아시아경제, 2013.09.09.)

• 세월호 참사 현장의 근무 경찰관 진도대교서 투신: 세월호 참사 현장에서 지원업무를 해온 경찰이 진도대교에서 투신했다.(경향신문, 2014.06.27.)

• 가정사 비관 모녀, 10대 아들 남기고 동반자살: 가정불화를 겪던 모녀가 10대 아들을 남겨두고 한강의 원효대교에 투신해 숨진 채 발견됐다.(경향신문, 2014.06.27.)

• 지나가던 시민의 관심… 37%, 신고로 구조: 마포대교의 자살시도자들은 전국 각지에서 온다. 서울 마포구 영등포구 등의 마포대교 인근에 사는 사람은 14명(16.3%)에 불과했다. 그 밖의 서울 지역과 경기·인천이 각각 23명(26.7%)으로 가장 많았다. 충남, 충북, 부산 등의 먼 지방에서 올라온 이도 4명(4.7%)이었다. 마포대교에서 자살을 시도하는 연령은 10·20대가 61.6%로 가장 많았다. 전문가들은 통상 젊은 층이 자살 방법으로 투신을 택하는 현상이 반영된 것이라고 분석했다. 그런데 20대의 비율이 39.5%로 월등히 높은 점은 특이하다. 박 교수는 "젊은 층은 우울함을 느끼고, 충동적으로 마포대교에 왔다가 충동적으로 뛰어드는 경우가 많다.", "순간적으로 '죽겠다.'는 생각이 들 때 10대보다 20대가 실행에 옮기는 경우가 많다는 얘기"라고 말했다. 자살 충동의

이유는 신변비관이 34명으로 가장 많았으며, 우울증이 14명으로 뒤를 이었고, 가정불화가 13명이었다. 생활고와 이성의 문제는 각각 10명이다. 이런 요인들이 복합적으로 작용한 경우도 적지 않다. 지난 7월 구조된 수영(가명, 31)씨는 음악을 전공한 사운드 디자이너였지만, 가정의 형편이 어려워 뜻을 펼치지 못한 처지를 비관해 마포대교를 찾았다.(국민일보, 2014.10.13.)

- **"여자친구 문제로 힘들다." 10대 남, 영동대교서 투신**: 영동대교에서 이(19)모군이 한강으로 뛰어내리는 사고가 발생했다. "여자친구 문제로 힘들다."는 말을 한 뒤 한강으로 뛰어내렸다.(이데일리, 2014.11.30.)

- **마포대교 13번 가로등 앞… '자살'이 '살자'가 되었다**: 올해 4월 말 밤, 마포대교 위에 우두커니 서 있던 A(20대, 여)씨는 세상 모든 슬픔을 짊어진 듯 서럽게 울기 시작했다. 타향살이의 설움과 산더미처럼 불어나는 빚에 시달리며 살았다. 이 세상엔 자신의 편이 아무도 없었다. 가족조차 자신을 믿어주지 않았다. 무언가에 홀린 듯 그는 마포대교로 향했다. A씨가 죽음이라는 단어를 생각하고, 마포대교를 떠올린 건 우연이 아니었다. 밤이면, A씨는 한 평 남짓한 고시원의 침대에 누워 마포대교 난간에 오르는 상상을 했었다. '적어도 난간에 서면, 누군가 손을 잡아주지 않을까?' 아무도 자신에게 관심을 보이지 않는 이 세상에서 그렇게라도 누군가가 자신의 얘기를 들어줬으면 했다.(동아일보, 2015.06.13.)

- **마포대교의 여름밤 '자살방지' 순찰차를 얻어 타다**: 경기도 수원의 고등학교 1학년 학생이 마포대교를 걸어가는 것을 보았다. 인터넷에 자살을 치면, 마포대교가 바로 나와서 무작정 서울로 올라왔다고 한다. "전국에서 자살하러 마포대교를 찾아와요." 마포대교를 찾는 이들은 대체로 자살을 결단한 사람이라기보다 뭔가 하소연하고 싶어 하는 사람들이라고 일선 경찰들은 말한다. "나 죽을 만큼 힘들어."라고 외마디 비명이라도 지르고 싶은 이들에게 마포대교는 그 하소연을 받아주는 공간이다. 어딘가에서 소리 없이 죽어버릴 수도 있는 사람들이 마포대교로 모이고, 경찰은 이들을 발견하고, 우리 사회는 대화를 건넨

다.(한겨레, 2015.08.14.)

- **'대청호 문의대교 투신' 청주시청 사무관 시신 발견**: 부하 직원으로부터 무차별 폭행 정황… 무차별적인 상급자 폭행 배경은 동료 여직원 문제 등이 얽혀 있는 것으로 알려졌다.(충북뉴스, 2017.06.18.)

- **청주 문의대교 투신 30대 남, 사흘 만에 숨진 채 발견**: 당시 승용차 내부에서는 살기 힘들다는 내용의 유서도 발견됐다.(노컷뉴스, 2017.07.20.)

- **자살은 '개인적 선택' 아닌 '사회적 사실'**: 지금까지 자살은 고도성장의 후유증 정도로 여겨졌다. 우리가 받아들이는 인식이 그랬다는 얘기다. 그러다 보니 정부의 정책도 소극적이었다. 자살예방 상담정책 위주였으며, 지자체 차원의 대책은 말할 것도 없다. 하루라도 빨리 합리적 정책을 위해 정확한 실태조사가 선행돼야 한다. 자살률에 대한 통계청의 자료와 경찰청의 자료에 일관성이 없을 때가 많다. 자살의 관련 조사나, 연구의 보고서를 보면, 자살의 원인도 제각각이다.(충북일보, 2017.08.08.)

- **50대 여성 여주대교 투신 무사 구조**: 경찰과 소방당국에 따르면, 술에 취해 오학동에서 여주 시내 방향으로 택시를 타고 가던 50대 여성 A씨가 여주대교 중간 부분에서 갑자기 차에서 내려 강으로 투신했다는 신고를 접수, 현장으로 긴급 출동해 A씨를 구조, 인근 병원으로 이송했다.(남한강뉴스, 2017.11.08.)

- **울산대교 난간 끝, 투신기도 모녀 5시간 만에 구조**: 울산대교에서 투신을 기도하려던 모녀가 경찰의 5시간 가까운 끈질긴 설득으로 안전하게 구조됐다.(연합뉴스, 2019.05.07.)

- **'생명의 다리' 마포대교… 희망 되찾고 돌아가는 사람들**: 이날 윤씨는 오전 11시부터 다리에 있었다. 홀로 술도 마셨다. 오기 전 친구들과 문자도 주고받고 전화도 했지만, 그곳에 있단 이야기는 하지 않았다. 윤씨는 생명의 전화를

건 후, 다리 끝까지 걸어 집으로 가는 택시를 잡았다. 부모님도 윤씨에겐 힘이 되지 못했다. 어머니와 아버지의 사이는 좋지 않았다. 하나뿐인 자식에게 모든 관심이 집중되는 것도 부담스러웠다. 집을 떠나고 싶었고, 그렇게 서울에 혼자 둥지를 튼 지 5개월째였다. 홀로 사는 삶은 그리 녹록지 않았다. 외로운 타지였으며, 온전히 마음을 나눌 친구도 없었다. 모든 고민이 얽히고설켜 "이제는 어디서부터 어떻게 해야 할지도 모르겠다."는 생각 끝에 마포대교를 떠올렸다. 전화를 끊은 윤씨는 40여 분간 천천히 다리 위를 걸어 마포역으로 내려왔다. 집으로 향하는 택시를 잡기 전 "누구에게라도 내 이야기를 하고 싶었다."고 말했다.(뉴시스, 2019.05.26.)

- **구미 산호대교 투신 후, 실종, 고교생 숨진 채 발견**: 다리 위에서 이성 문제로 아버지와 말다툼 도중 감정이 격해 뛰어내린 것으로 보고, 사고의 원인을 조사하고 있다.(뉴시스, 2019.08.11.)

- **삼천포대교 투신 30대 구조**: 경남 사천 삼천포대교에서 신세를 비관해 해상으로 투신한 A(30)씨를 발견해 구조했다. 1년 전 지병으로 시한부 판정을 받고, 신세를 비관해 오던 중 극단적 선택을 한 것으로 드러났다.(문화일보, 2019.08.30.)

- **진도대교 투신 남성 2명 중 1명 숨진 채 발견**: 전남 해남의 진도대교 인근 바다에 투신한 남성 2명 가운데 1명이 숨진 채 발견됐다. 이들이 주차를 한 뒤 대교로 걸어간 모습을 목격한 식당의 주인은 닷새째 같은 자리에 차량이 세워져 있는 점을 수상히 여겨 지난 16일 해경에 신고했다.(뉴시스, 2019.09.17.)

- **'극단적 선택' 위해 한강다리 찾는 사람들, 대책은?**: 전문가들은 자살방지 난간을 한강의 다리 전체에 설치해야 한다고 조언한다. 백종우 중앙자살예방센터장은 "마포대교처럼 자살방지 난간을 모든 대교에 조속히 설치할 수 있도록 해야 한다."며, "난간이 있으면, 자살을 시도하려다가도 멈추게 돼 자살예방에 실제적인 효과가 있다."고 말했다.(머니투데이, 2020.02.19.)

- **"박사방 참여했다."… 40대 남성 서울 영동대교서 투신**: 현장에서 발견된 메모에는 "박사방에 참여했는데, 일이 이렇게 커질 줄 몰랐다.", "죄책감이 든다.", "가족과 지인들에게 미안하다." 등의 내용이 있던 것으로 전해졌습니다.(KBS, 2020.03.27.)

- **여주 세종대교 투신 30대 초 남성 6일째 수색**: 경기도 여주시 세종대교에서 투신한 30대 초반 남성이 수색 6일째인 26일 오전까지 발견되지 않고 있다. 이 남성은 신변을 비관해 극단적 선택을 한 것으로 추정하고 있다.(국제뉴스, 2020.12.26.)

- **극단적 선택 암시는 "살고 싶다."는 뜻… '골든타임' 놓치지 말아야**: 백종우(경희대 정신건강의학과) 교수는 "주변 사람이 극단적 선택 직전에 연락하면, 죽고 싶은 마음과 가슴 한쪽에 남은 살고 싶은 마음이 충돌하는 것"들로 인해 주저하는 동안 경찰과 소방이 출동해 구출할 수 있는데, 그게 골든타임이라고 설명했다. 김태형 심리연구소 '함께' 소장은 "사람은 죽기 직전까지 주저하기 마련"이라며, "SNS에 글을 남기거나, 가까운 사람에게 문자를 보내 극단적 선택을 암시하는 건 '혹시라도 나를 봐줄 수 있는 사람이 있지 않을까?' 하는 마음에서 비롯된다."고 했다. 김소장은 "달리 말하면, 마지막 구조의 신호"라고 강조했다.(뉴스1, 2021.02.09.)

- **한강 투신 비극 막아야**: "아들아, 사랑하는 내 아들, 지금 어디에 있니, 엄마랑 같이 집에 가자.", "안경 끼고 키는 175cm, 남색 잠바 착용… 보신 분은 연락 부탁드립니다. 도와주세요." 얼마 전 서울 반포동 잠수교에 아들을 애타게 찾는 어머니의 노란 쪽지가 눈길을 끌었다. 노란색 메모지는 모두 100여 장이 넘었으며, 4~5m 간격으로 빼곡하게 붙어 있었다. 나이 어린 청년은 왜 이런 극단적인 선택을 했을까? 죽은 청년은 자신이 찍은 영상을 하나 남겼다. "엄마 아빠 미안해, 열심히 살아볼라 그랬는데, 그게 잘 안 되는 것 같아."(천지일보, 2021.03.28.)

- **광양시 40대 공무원, 여수 낭도대교서 투신… 아내가 신고**: 전남 광양시 소속 공무원이 낭도대교에서 바다에 투신해 해경이 수색에 나섰습니다.(MBN, 2022.08.26.)

- **구조해 준 경찰 앞에서 또 투신… 천호대교 뛰어내린 20대 숨진 채 발견**: 한강다리에서 투신을 시도하던 20대가 현장에서 자신을 구조해 준 경찰 앞에서 투신해 숨지는 사건이 발생.(헤럴드경제, 2022.09.16.)

서울시, 한강 교량 상에서의 투신자살 시도자의 구조 성공은 구조대원들에게도 매우 기쁜 일이다. 물론 아쉬울 때도 너무 많다. 투신자살 시도자의 증가세 여파는 수난구조대의 출동 건수를 배가시키고 있으며, 이는 대원들의 피로가 쌓일 수밖에 없는 상황을 만들어 내고 있다. 2023년 4월 24일 119특수구조단 여의도수난구조대 황진규 지대장은 "6명이 24시간 교대근무를 도맡아야 한다. 하루에 12번 이상 출동한 날도 있으며, 특히나 수중 구조 작업을 할 때 시야가 흐리면, 불안감과 공포감이 가중되는데, 대부분이 야간의 출동이기 때문에 그 부담은 더욱 크다."라고 무거운 마음의 얘기를 꺼내놓았다. 또한 "수중에선 특히 골든타임이 매우 중요한데, 대원의 체력적인 소모가 극심한 특성과 투신자의 증가로 인한 구조 출동의 건수를 감안할 때 인력의 증원은 매우 중요한 사안이다."라고 언급하고 있다.

한국은 20여 년의 긴 세월 동안 OECD 가입국 중 불명예스럽게도 자살률 1위라는 자리를 굳건히 지키고 있는 실정이다. 서울시 한강의 주요 교량 중에서도 마포대교는 한국의 교량 투신자살이라는 문제의 심각성을 단연하게 보여주고 있는 교량이다. 이 마포대교는 마포구 용

강동과 영등포구 여의도동을 연결하고 있는 교량이다. 1968년 마포대교의 착공 당시만 해도 황무지였던 여의도가 '서울의 맨해튼'으로 도약하는 발판의 계기를 자아냈다. 그러나 시간이 흐르는 동안의 마포대교는 서울시 한강의 주요 교량 중 투신자살률 1위라는 어두운 이면을 갖게 되었다.

소방본부(消防本部, Fire Department·Headquarters)로부터 제출받은 자료에 따르면, 지난 2021년부터 2023년 9월까지 한강의 주요 교량에서 투신자살 시도의 건수는 총 2,345건에 달하며, 이중 마포대교가 622건으로 단연 많았고, 한강대교는 232건, 양화대교 172건, 한남대교 158건, 동작대교가 138건 등으로 뒤를 이었다. 수많은 한강 상의 교량 중 유독 마포대교에서의 투신자살이 잦은 원인에 대해 여러 가지의 분석된 의견이 분분했다. 그중 하나를 들어보자면, 여의도의 증권가에서 주식 투자에 실패한 투자자나, 투자 상품의 판매에 실패해 배상의 책임을 지게 된 증권사의 직원들이 마포대교로 발길을 향했다는 분석이다. 이와 같은 사건들의 잦은 발생 이후, 언론·매체 등의 미디어에 자주 노출되면서부터 주식과는 무관한 사람들도 몰리게 되어 '자살교량'이라는 불명예스러운 별명을 갖게 됐다는 것이다.[5]

서울시, 한강의 교량에서의 '현재의 투신자살'은… 패닉 셀(panic sell: 공황매도·투매는 어떤 증권에 대해 투자자들의 공포심에 따른 급격한 매도의 현상이 일어나는 것을 가리키며, panic selling이라 칭함)로 인한 사회 관계망 서비스(SNS: Social Network Service) 등에서는 "경찰들이 마포대교 순찰에 있어 비상근무에 들어섰다."는 내용들이 화제가 되고 있으며, 암호화폐(暗號貨幣, cryptocurrency)의 비트코인(bitcoin) 커뮤니티에서는 마포대교가 많이 언급되고 있어 "순찰의 강화가 필요해 보인다."는 내용이 경찰의 신고 화면에 잡히고 있다고 한다. 교량 투신자살률 1위의 마포대교가 계속되는 투신자살로 인해 몸살이 나고 있는 상황이다. 이러한 상황은 언제부터인가 청년들이 신변을 비관할 때 "나 마포대교 간다."는 자조적(自嘲的, self-ridicule)으로 쓰는 흔한 말이 되어 있다. 이러한 상황을 볼 때 젊은 세대들에게 있어 '투신자살'하면, 한강의 교량들이 제일 먼저 생각나는 상징적인 투신자살의 명소가 되어 있다는 점은 어떤 변명도 통하지 않는, 절대로 부인할 수 없는 사실이 되었다. 요즘의 세대들은 타인과의 끝없는 비교로 인해 그 불행이 커져 끝내 비극으로 치닫는 결말을 이어가고 있는 실정이기에 더욱 안타까울 뿐이다. 실제로, 한강 교량 상에서의 투신자살 시도는 서울 소방재난본부에 따르면, 20~30대가 가장 많은 편으로 나타나고 있으며, 2019년도를 기준으로, 한강 교량 상에서의 연령별 투신자살 시도는 20대(144건)가 가장 많았고, 30대(97건)가 그 뒤를 이었다. 2011년도부터 9년간 SOS생명의 전화를 가장 많이 이용한 연령대도 20대가 전체 중에 32.7%를 차지했다. 요즘의 세대들이 이 같은 이유로 자살을 고민하는 것은 경제적 문제도 당연히 있겠지만, 미디어 매체의 발달로 인해 타인과의 삶을 너무 많이 비교하게 되면서 예전보다 불행을 더 크게 느끼기에 이는 아직 성장기에 놓여 있는 청년들에게는 견뎌내기 힘든 사안이 될 수 있을 것이라 사료된다.[6]

한국의 '투신자살', '교량'은…

〈그림 4.41〉 마포대교(search.naver.com)

〈그림 4.41〉은 서울시 한강의 마포대교(강교, 보·차도)이다. 마포구 도화동과 영등포구 여의도동을 잇는 교량으로, 길이는 1,400m이며, 왕복 10차로의 교량이다. 마포대교 남쪽에는 파크원 타워와 서울국제금융센터가 있으며, 수도권 전철 5호선 하저터널이 여의나루역과 마포역 사이의 마포대교 바로 밑을 지나간다. 1968년 2월 29일에 서울대교라는 이름으로 착공해 1970년 5월 16일에 개통되었다. 그러다 1984년 11월 13일에 서울대교에서 마포대교로 이름을 바꾸었다. 이 교량으로 인해 여의도 중심의 한강연안 일대에 교통이 집중되는 상황에서 교통량 배분의 합리화를 기하게 되었으며, 대량의 교통량을 적절히 수용할 수 있게 되었다(ko.wikipedia.org, encykorea.aks.ac.kr).

〈그림 4.42〉 한강대교(search.naver.com)

〈그림 4.42〉는 서울시 한강의 한강대교(강교, 보·차도)이다. 용산구 이촌동에 있는 용산구 한강로 3가와 동작구 본동 사이를 잇는 총 연장 1,005m의 길이의 교량이며, 한강에 놓인 최초의 교량으로, 제1한강교라 불렸다. 1917년 개통된 뒤 몇 차례의 수난을 거쳐 지금의 교량이 되었으며, 교량 아래에는 노들섬이 있다. 과거에는 국도 제1호선이 이 교량을 통해 서울로 연결되었다. 2017년 10월에는 완공 100주년을 맞이했고, 2020년 9월 10일에는 서울시의 시·도등록문화재 제1호로 등록되었는데, 이러한 한강대교는 한국의 등록문화재 제도가 국가등록문화재와 시·도등록문화재로 나뉜 뒤 처음으로 등록된 시·도등록문화재가 되었다(ko.wikipedia.org).

〈그림 4.43〉 양화대교(search.naver.com)

〈그림 4.43〉은 서울시 한강의 양화대교(강교, 보·차도)이다. 마포구 합정동과 영등포구 양평동을 연결하는 왕복 8차로의 교량으로 제2한강교라 불렸다. 국도 제6호선과 국도 제77호선의 일부분이기도 한 이 교량은 중간에 있는 선유도공원 부분을 포함하면, 교량의 총 길이는 약 1.14km이다. 제2한강교라는 이름으로, 1962년 6월 20일 착공해 1964년 10월 14일 오후 2시경 당해 연도 말 완공을 앞두고, 공사 중 양평동 쪽 구간의 일부가 날림 공사로 인해 주저앉아 집 두 채가 반파되었다. 인명의 피해는 없었고, 계속 공사를 진행해 1965년 1월 25일 폭 18m, 차로 13.6m, 보도 4.4m의 왕복 4차로로 개통되었다. 1984년 11월 13일에 현재의 이름인 양화대교로 개칭되었다(ko.wikipedia.org).

〈그림 4.44〉 한남대교(search.naver.com)

〈그림 4.44〉는 서울시 한강의 한남대교(강교, 보·차도)이다. 용산구 한남동과 강남구 신사동 사이를 잇는 교량으로, 제3한강교라 불렸다. 1966년 1월 19일에 착공해 1969년 12월 25일에 준공되었다. 교통량 증가와 교량의 노후로, 1996년 12월 기존 교량의 서쪽에 새 교량을 착공해 2001년 3월 개통했다. 이후, 기존 교량은 보수 공사를 진행해 2004년 8월 9일에 재개통되었고, 현재의 12차로로 구성된 교량이 완성되었다. 원래는 제3한강교라는 이름으로, 1969년 당시 준공 개통했으나, 1985년 한남대교로 개칭되었다. 한국의 교량 중 하루 평균 차량의 통행량이 가장 많은 교량으로, 강남대로 및 경부고속도로 남산1호 터널 및 명동·을지로 일대로 직결된다(ko.wikipedia.org).

〈그림 4.45〉 잠실대교(search.naver.com)

〈그림 4.45〉는 서울시 한강의 잠실대교(강교, 보·차도)이다. 광진구 자양동과 송파구 신천동 및 잠실동을 잇는 교량으로, 길이 1,280m, 너비 25m의 6차선 교량이다. 교량의 하부에 잠실보가 있으며, 잠실대교 남쪽에는 롯데월드타워와 석촌호수가 위치해 있다. 이 교량은 1970년 10월에 착공해 1972년 7월에 준공되었으며, 한강에 건설된 서울의 6번째 교량으로, 완공 당시에는 마포대교에 이어 한국에서 2번째로 긴 교량이었다. 이 교량을 중심으로 한 도로망은 의정부·춘천 방면과 태릉·망우동·면목동·워커힐 방면 등 서울 동부 외곽의 도로들을 도심을 거치지 않고 곧장 경부고속도로와 경수·경인·김포 등 강남 간선도로로 연결시켜 서울 교통의 골격을 이루게 한다(ko.wikipedia.org).

〈그림 4.46〉 광진교(search.naver.com)

〈그림 4.46〉은 서울시 한강의 광진교(강교, 보·차도)이다. 광진구 광장동과 강동구 천호동을 잇는 총 연장 1,056m의 교량으로, 한강에서는 세 번째, 도로 교량 중에서는 두 번째로 1936년에 건설되었으나, 노후화 및 교통량의 증가로, 1994년에 철거되고, 2003년 4차로로 새로 놓인 교량이 들어서 있다. 2009년 7월에 걷고 싶은 다리의 조성공사를 해 4차로 중 2차로가 보행로(폭 3~10m)와 자전거의 전용도로(폭 2.5m, 연장 1,056m)가 새로이 조성되었으며, 이와 함께 한강공원으로 진출입이 가능하도록 하는 자전거 램프도 설치되었다. 교량 중간 부분에 하부 전망대를 설치해 한강의 교량들 중 유일의 걷는 다리와 복합 문화 예술 공간으로 만들었다(ko.wikipedia.org).

〈그림 4.47〉 원효대교(search.naver.com)

〈그림 4.47〉은 서울시 한강의 원효대교(강교, 보·차도)이다. 용산구 원효로 4가와 영등포구 여의도동을 잇는 이 교량은 1978년 7월에 착공해 1981년 10월 27일에 완성되었다. 폭 20m, 차도 폭 15.4m, 보도 폭 4.6m의 4차선 규모, 총 연장 1,120m의 길이를 지니고 있는 지보공이 없는 프리스트레스트 콘크리트 장대교이다. 이 교량은 한국 최초로 디비닥 공법 및 프리캔틸레버 공법을 도입해 건설한 보존의 가치가 충분한 교량으로, 서울시의 미래유산으로 선정되었다. 원효대교의 남쪽에는 63빌딩이 위치해 있다. 외관이 다른 교량과는 달리 다이내믹하고 긴장감을 주어 2006년 개봉되었던 봉준호 감독의 영화〈괴물〉의 전투 장면에서 배경으로 쓰이기도 했다(ko.wikipedia.org).

〈그림 4.48〉 서강대교(search.naver.com)

〈그림 4.48〉은 서울시 한강의 서강대교(강교, 보·차도)이다. 마포구 신정동과 영등포구 여의도동을 연결하는 왕복 6차로의 교량으로, 1980년에 공사를 시작했으나, 1983년 이후, 공사가 중단되었다가 10년만인 1993년 공사가 재개되었고, 양화대교 일부 폐쇄에 따른 교통량을 흡수하기 위해 1996년 말 완공해 개통하게 되었다. 서강대교 남쪽에는 국회의사당이 위치하고 있다. 이 교량은 철새도래지로 유명한 밤섬을 가로지르는 노선으로 되어 있어 아치형 구조물이 세워져 있는 곳이 밤섬임을 알려주고 있으며, 교량의 개통 초기 밤섬의 생태계가 이 교량을 지나는 차량의 소음과 매연에 의해 훼손되고 있다는 지적도 있었다(ko.wikipedia.org).

〈그림 4.49〉 한강 상의 교량

위의 〈그림 4.49〉는 한강에 걸쳐 건설된 교량들의 위치를 해당 교량 명과 함께 나타낸 것이다.

현재 한강 상의 교량 현황 총 31개 중 시계 내 교량은 22개, 시계 외 교량은 4개, 시계 연결 교량은 5개이며, 서울시가 관리하는 교량은 시계 내 교량 중 21개와 시계 연결 교량 중 2개이다. 앞의 〈그림 4.41〉~〈그림 4.48〉은 서울시가 관리하는 시계 내 교량 중 8개의 교량이며, 이 교량들은 한강 상의 교량 중 매우 높은 투신자살의 시도율과 사망률을 나타내고 있는 교량들이다.

2023년도 한 해에만 약 1,035명 이상이 한강 상의 교량들에서 투신자살을 시도했다. 최근 5년 중에 가장 많은 수치로 조사되고 있으며, 소방의 출동 건수는 2019년 504건, 2020년 474건, 2021년 626건, 2022년 1,000건으로 해마다 느는 추세이다. 이 같은 위기 상황에 대응하기 위해 설치된 'SOS 한국생명의 전화' 상담자 절반 이상은 10~30대였는데, 20·30대에 비해 10대를 위한 사회안전망이 매우 부족하다는 지적도 나오고 있다. 이는 상담 전화를 건 사람들이 대부분 젊은 층으로 확인되고 있어 그 지적에 대한 심각성을 더욱 실감할 수 있다. 최근 5년간 연령별 상담 비율은 10대(11%), 20대(32%), 30대(9%), 40대(3%), 50대(2%), 60대 이상(1%), 불명(42%) 등으로 나타났으며, 성별로는 남성(59%), 여성(31%), 불명(10%)으로 집계되었다. 교량별로는 마포대교 757건(31%), 양화대교 318건(13%), 한강대교 175건(7%), 광진교 123건(5%), 잠실대교 111건(5%) 등의 순이었고, 시간대별로는 오후 9시~0시(24%), 0시~오전 3시(24%), 오전 3시~6시(15%), 오후 6시~9시(17%) 등 밤·새벽 시간대가 많았다.[7] 이에 자살방지 난간 등의 사고예방 시설이 제대로 설치되어 있지 않아 이를 보완해야 한다는 지적도 적잖이 제기되어 왔었다.

현재 '교량 기타시설 설계기준'에 따르면, 난간은 보도 등의 노면에서 1.1m 이상의 높이로 설치하도록 하고 있지만, 투신자살의 시도를 막기에는 턱없이 부족한 수준이다. 서울시가 2020년 9월 '한강 교량 안전난간 확대 설치 실시설계 용역' 종합보고서를 통해 1.65m 높이가 적정하다고 판단해 2021년 12월 마포대교와 한강대교의 보도 난간을 기존 1.2m에서 1.65m로 높였지만, 2개 교량을 제외한 나머지 교량의 난간 높이는 전부 1.65m에 못 미치는 평균 1.24m에 불과했다. 같은 기간 투신 수단으로 인한 자살사고의 사망자는 59명으로, 교통사고 사망자의 21명보다 2배 이상 많았으며, 이 중 13개의 교량은 65%로, 교통사고로 인한 사망자보다 투신자살 사고로 인한 사망자가 더 많았다.[8]

매해 한강 상의 교량에서 투신자살 시도 사고가 끊임없이 발생하고 있기에, 교량 상에 최소한의 예방시설을 설치해야 할 것이며, 안전난간의 높이도 적정하게 상향해 설치해야 할 것이 분명하다.

〈그림 4.50〉 서울로 7017(search.naver.com)

〈그림 4.50〉은 서울시 서울역의 서울로 7017(고가교, 보도)이다. 1970년에 만들어진 고가도로가 2017년에 사람이 다니는 길로 다시 태어난다는 뜻에서 명명된 고가교이다. 서울시는 이 고가교를 공원화해 2017년 5월 20일에 개장했고, 인근 보행로와 고가를 잇는 구조물을 추가 설치해 최종적으로 총 17개의 보행로와 연결할 계획이다. 이 고가교는 2012년의 정밀 안전진단에서 예상한 수명이 2015년 말에 다해 붕괴 등의 심각한 사고의 우려가 적지 않기 때문에 2015년 12월 이후에는 차량의 통행을 금지해야 하는 상태에 있었다. 이에 2015년 12월 13일에 폐쇄한 후, 이를 철거하지 않고, 보행자 전용교로 2016년에 공사를 시작해 2017년에 완공했다(ko.wikipedia.org).

〈그림 4.50〉의 투신 수단으로 인한 자살의 사건과 관련한 대표적 내용의 언론·매체 등의 기사는 다음과 같다.

- **비상걸린 '서울로 7017'… 개장 열흘 만에 투신사고**: (한강다리 같은 '극단 선택' 장소로 변질될까 우려) 30일 서울시와 남대문경찰서에 따르면, 카자흐스탄 출신 30세 남성 A씨가 전날 밤 11시 50분쯤 서울로 7017에서 투명 강화유리로 된 안전펜스 너머로 몸을 던졌다. 개장 열흘 만에 투신자살 사고가 발생함에 따라 서울로 7017이 한강 상의 교량과 같은 투신자살 장소가 되는 것이 아니냐는 우려가 나오고 있다. 특히 서울로 아래는 차도와 인도가 밀집한 곳이라서 상공 17m의 서울로 7017에서 사람이나, 물건이 추락할 경우 대형사고를 초래할 수 있어 대책이 필요하다는 지적이다. A씨가 투신한 곳은 서울로의 서쪽 끝 부분으로, 만리동 광장으로 빠져나가기 10여m 전이다. A씨는 서울 서부역 앞쪽 청파로 8차선 대로 위로 추락했다. 차들이 오가는 상황에서 추락했다면, 대형 교통사고로 이어질 수도 있는 상황이었지만, 추락 전 119구조대가 차량 통행을 막아 추가사고는 없었다. A씨는 안전펜스에 부착된 장애인용 핸드레일을 밟고 올라선 채 경찰과 30여 분간 실랑이를 벌이다가 안전펜스 너머로 몸을 던졌다. 이번 사고로 서울로 7017의 안전에 비상이 걸렸다. 서울시는 지난 20일 서울로 7017을 개장하면서 안전사고를 우려해 안전펜스를 통상적인 높이보다 20cm가량 높여 1.4m로 설치했다고 설명했지만, 투신을 막진 못했다. 장애인과 노약자의 보행을 돕기 위해 안전펜스 1m 정도 높이에 설치한 핸드레일이 발을 딛고 올라서는 계단 역할을 할 수 있다는 허점도 드러났다. 핸드레일이 없다면, 1.4m 높이의 미끄러운 안전펜스 위로 올라가기가 힘들 것이라는 분석도 나온다. 추락으로 인한 2차 사고 가능성도 심각한 문제. 한 택시기사는 "주행 중 차량이나, 차도 위로 사람이 추락하면 큰일"이라며, "차도 위로 빈 캔 하나만 떨어져도 교통사고로 이어질 수 있다."고 말했다. 서울로 7017에서 이용객들이 안전펜스 너머로 병, 캔 등의 쓰레기를 버릴 경우 자칫 큰 사고를 부를 수도 있다는 얘기다. 서울시는 투신자살 사고와 관련해 대책회의를 열고, 순찰요원 확충 등을 논의하고 있다고 설명했다. 1.2km에

달하는 서울로 7017에 배치된 경비 인력은 현재 총 16명이며, 12시간씩 3교대로 운용하고 있다. 서울로 방문객은 개장 후, 열흘간 80만 명이 넘은 것으로 집계됐다.(국민일보, 2017.05.31.)

• **서울시의원 "서울로 7017 보행로 사고는 명백한 인재"**: 지난 25일 서울 중구 서울로 7017 위에서 59세 남성이 투신자살한 사건과 관련하여 서울시의원은 시민의 안전을 철저하게 관리하지 못해 발생한 인재로 규명했다. 서울로 7017은 옛 서울역 고가도로를 개조해 만든 고가교 공원으로, 시민들에게 서울의 다양한 볼거리와 즐길 거리를 제공하고 있으며, 2017년 5월 개장 후, 현재까지 총 2,470만 명(일 평균 2만 2,000명)의 시민이 방문해 서울의 시민들과 관광객들에게 사랑받는 명소로 자리매김하고 있다. 2017년 개장 직후, 발생한 투신자살 사건 이후, 서울시에서는 이에 대한 후속 조치로, 경비인력 증원 및 서울로 운영센터 경비시스템 강화를 통해 안전사고 예방에 노력해 왔으나, 3년 만에 또다시 안타까운 사고가 발생했다. 현재 서울로 7017에 설치된 도로 구간의 난간 높이는 1.4m이며(철도 구간 3.0m), 과거 서울로 2017의 안전 자문회의 당시 도로 구간의 난간 높이를 1.4m에서 1.8m 이상으로 높이는 것에 대한 논의가 있었으나, 경관, 조망 및 풍압의 문제로, 현행 유지로 결정된 바 있다. 이번에 발생한 사고는 난간 높이가 비교적 낮은 도로 구간에서 발생한 것으로, 시설 보강의 필요성이 제기됐다. 이에 서울시의원은 이번 사건을 도로 구간의 낮은 난간 높이로 인한 안전사고 발생의 가능성을 인지하고 있었음에도 불구하고, 경관, 조망 등의 이유로 시설 보강이 이루어지지 않아 발생한 명백한 인재라고 규명했다. 서울시의원은 "또다시 발생한 사고에 안타까움을 금치 못하며, 강화된 예방대책 마련이 필요할 것"이라며, 시설 측면의 안전강화 필요성을 강조했다. 이를 위해 서울시 관계 부서들에게 "옥상 난간 및 추락방지를 위한 시설의 보강이 이루어질 수 있도록 적극 검토해 달라."고 당부했다. 한편, 서울시 푸른도시국에서는 해당 사고 이후, 서울로 7017의 보안관 순찰근무를 강화, 고가 구간의 난간 높이 및 핸드레일 교체 등의 검토에 대해 향후, 논의할 계획이라고 밝혔다.(뉴스웨이, 2020.12.29.)

<그림 4.51> 일산대교(search.naver.com)

〈그림 4.51〉은 경기도 고양시의 일산대교(강교, 보·차도)이다. 일산서구 법곶동 이산포 분기점과 김포시 걸포동 걸포 나들목을 잇는 총 길이 1,840m의 한강 상의 교량이며, 국가지원지방도 제98호선에 속해 있다. 2008년 1월 10일에 한강 상의 교량 중 27번째로, 4개월간 임시 개통되었다. 이 교량은 아래에 갯벌 형태의 습지인 장항습지가 있다. 이 교량은 유료도로 남단에 요금징수 톨게이트가 설치되어 있고, 하이패스 전용차로가 운영되고 있어 자동차 전용도로로 오해하는 경우가 있다. 그러나 이 교량의 구간은 자동차 전용도로로 지정되어 있지 않으며, 보도가 설치되어 있어 자전거의 통행도 가능하고, 모터사이클의 통행도 제한하지 않는다(ko.wikipedia.org).

〈그림 4.51〉의 투신 수단으로 인한 자살의 사건과 관련한 대표적 내용의 언론·매체 등의 기사는 다음과 같다.

- **투신한 고양시 공무원, 17일 만에 숨진 채 발견**: 목 디스크 악화로 신변을 비관해 지난달 16일 오전 김포 일산대교서 투신한 경기도 고양시 일산동구 소속 A(43, 7급)씨가 17일 만에 숨진 채 발견됐다. A씨는 지난 1일 오후 12시 30분께 강화군 교동 봉소리 연육교 공사현장 부근에서 초소 근무 중이던 군인에 의해 숨진 채로 발견됐다. 경찰과 소방당국은 A씨가 소지한 신분증을 통해 신원을 확인했다. 인근 병원으로 옮겨져 안치된 A씨는 부검을 거친 후, 4일 일산병원으로 옮겨져 가족에게 인계된다. 한편, A씨는 고양시 일산동구 소속 직원으로, 최근 목 디스크가 악화돼 수술을 받았으나, 상태가 나아지지 않아 괴로워한 것으로 알려졌다. 또 지난달 14일에도 같은 장소에서 자살을 시도하려다 친구와 경찰의 설득으로 가족에게 인계되기도 했다.(뉴시스, 2012.09.03.)

- **'투신하겠다.' 글 남긴 40대 여성 10일 만에 숨진 채 발견**: 자살을 암시하는 글을 남긴 뒤 사라진 40대 여성이 열흘이 지나서야 숨진 채 발견됐다. 3일 오후 5시 19분께 경기도 고양시 일산대교 북단 한강변 군사보호 지역에서 송(45, 여)모씨가 숨져 있는 것을 근무 중이던 군인이 발견해 경찰에 신고했다. 송씨의 가족은 지난 23일 송씨가 자살을 암시하는 글을 남기고 사라졌다며, 경찰에 신고를 한 상태였다. 경찰은 송씨가 일산대교에서 투신해 이날 발견된 것으로 보고, 유족 등을 상대로 정확한 사고경위를 조사하고 있다.(뉴시스, 2014.04.04.)

- **일산대교 투신… 고양 일산서부서 수사 중**: 고양시 일산서구 일산대교 난간에서 신원 미상의 주민이 투신하는 장면이 CCTV에 포착돼 경찰이 수사에 나섰다. 12일 고양 일산서부경찰서에 따르면, 11일 오후 한 주민이 일산대교 6차선 난간에서 투신했다는 신고가 접수됐다. 일산서부경찰은 이 투신사망 사건

과 관련 파주에서 실종 신고를 받은 상황을 면밀히 조사하고 있으나, 시신을 발견하지 못했다. 경찰과 119구급대의 대대적인 수색작업에 따라 12일 오전 내내 일산대교 6차선 대로에서 교통체증이 있던 것으로 알려졌다. 경찰은 "오전 내내 수색작업을 벌였으나, 특정인을 발견하지 못했다."고 밝혔다.(인천일보, 2022.01.12.)

〈그림 4.52〉 신청평대교(search.naver.com)

〈그림 4.52〉는 경기도 가평군의 일산대교(강교, 보·차도)이다. 청평면에 위치해 있는 북한강의 교량이며, 신청평대교의 총 길이는 620m이다. 청평댐의 공도교가 노후화되어 이를 대체하기 위해 건설되었으며, 1995년에 완공되었다. 이러한 이 교량은 양평에서 오는 37번 국도가 이 교량을 경유하게 되며, 청평읍내를 지나서 포천 방면으로 간다. 이 교량의 서단에는 46번 국도가 남양주시에서 넘어와 가평 읍내를 넘어 춘천시로 향하며, 46번 국도와 같이 중첩되어 올라온 45번 국도가 이 교량의 서단에서 끝난다. 2017년 가평대교 개통 이전까지는 이 교량이 가평군 내에서 청평면 삼회리와 설악면을 잇는 유일한 교량이었다(ko.wikipedia.org).

〈그림 4.52〉의 투신 수단으로 인한 자살의 사건과 관련한 대표적 내용의 언론·매체 등의 기사는 다음과 같다.

• **자살 사이트서 만난 5명 북한강 투신, 여성 1명 구조, 4명 실종… 강물 불어 수색 난항**: 인터넷 자살 사이트에서 만난 남성 3명과 여성 2명이 3일 새벽 신청평대교에서 함께 북한강에 몸을 던져 여성 1명은 구조됐으나, 나머지 남녀 4명은 실종됐다. 이날 오전 6시 20분께 청평면 북한강변 수상레저용 보트장 인근에서 장(25, 여)씨가 정신을 잃은 채 물에 떠 있는 것을 수상레저업체의 직원이 구조했다고 경찰이 설명했다. 장씨는 이날 새벽 5시 30분께 인근 신청평대교에서 남녀 4명과 함께 수면제를 먹은 뒤 북한강에 뛰어내렸다고 경찰에 말했다. 동반자살을 시도한 남녀 5명은 서로 모르는 사이로, 인터넷 자살 사이트에서 만났으며, 남자 3명 중 2명은 유씨 성을 쓰고, 각각 31살과 29살이라고 장씨가 경찰에 진술했다. 이들은 전날 저녁 8시께 경기 가평의 한 펜션에 투숙해 소주 3병을 나눠 마신 뒤 연탄불을 피워놓고 동반자살을 시도한 것으로 조사됐다. 경찰은 이들이 이 동반자살 시도가 실패하자, 이날 새벽 신청평대교에서 북한강에 함께 뛰어내린 것으로 보고 있다. 경찰은 장씨가 생명에는 지장이 없으나, 수면제를 복용한 상태로, 진술이 분명치 않아 정확한 사고경위 조사가 어려운 상황이라고 전했다. 경찰은 남녀 5명이 이동할 때 사용한 것으로 보이는 차량에서 나온 운전면허증과 장씨의 진술 등을 토대로, 남성 3명 중 2명은 유(31)씨와 또 다른 유(29)씨인 것으로 추정하고 있다. 경찰과 119구조대는 나머지 남자 3명과 여자 1명을 찾고 있으나, 폭우로 강물이 불어나 수색에 어려움을 겪고 있다.(한겨레, 2011.07.03.)

〈그림 4.53〉 여주대교(search.naver.com)

〈그림 4.53〉은 경기도 여주시의 여주대교(강교, 보·차도)이다. 상동에서 천송동까지 이르는 총 연장 502m, 너비 17.5m의 왕복 4차선의 교량으로, 지방도 제345호선을 전용으로 하고 있다. 또한 여양로의 일원으로 구성된 이 교량은 주요 연선에는 영월공원이 남한강 남단에 위치하고 있다. 인근의 상리사거리에서는 주내로와 청심로를 이북의 신륵사 사거리에서는 신륵로와 강변북로를 이어준다. 이 교량은 서울국토관리청이 1994년 공사를 시작해 1996년 준공되었다. 여주대교는 원래 국가 경제개발특별회계에 따라 1962년 5월에 착공해 1964년 8월 10일 준공되었다. 그러나 노후화로 인해 이 교량을 그대로 놔둔 채 새로이 신설한 교량이 지금의 여주대교이다(ko.wikipedia.org).

〈그림 4.53〉의 투신 수단으로 인한 자살의 사건과 관련한 대표적 내용의 언론·매체 등의 기사는 다음과 같다.

- **신변비관 20대 여성 여주대교 자살시도, 112·119구조대 출동 극적 구조**: 신변을 비관해 자살을 기도하던 20대 여성을 극적으로 구조했다. 여주경찰서 남한강경찰대와 여주소방서 119구조대는 지난 6일 밤 11시 8분경 "여주대교 난간 위에서 한 여성이 투신했다."는 112신고를 받고 곧바로 출동해 투신 지점 인근을 수색한 결과, 약 150m 정도 떨어진 곳에서 투신 여성을 발견했다. 이후, 구명환 등을 투척하고, 남한강으로 입수해 이 여성을 구조, 병원으로 이송했다. 한편, 이 여성은 신변을 비관하다 이 같은 자살을 기도한 것으로 밝혀졌다.(세종신문, 2015.04.09.)

- **여주대교에서 50대 남성 투신… 10여 분 만에 구조**: 오늘 18일 오후 3시 40분쯤 경기도 여주시 여주대교 아래 남한강에 58살 김모씨가 빠졌습니다. 신고를 받고 출동한 소방당국은 소형의 선박을 이용해 김씨를 10여 분 만에 안전하게 구조했습니다. 경찰과 소방당국은 김씨가 가정사를 문제로, 스스로 목숨을 끊으려던 것으로 보고, 정확한 사건경위를 조사하고 있습니다.(YTN, 2017.11.18.)

〈그림 4.54〉 팔당대교(search.naver.com)

〈그림 4.54〉는 경기도 하남시의 팔당대교(강교, 보·차도)이다. 하남시 창우동과 남양주시 와부읍 팔당리를 잇는 교량으로, 총 연장 935m이다. 팔당댐 관리교를 제외한 한강 본류에서 첫 번째 교량이며, 한강에 18번째로 건설된 교량이기도 하다. 국도 제45호선의 일환으로, 입체 교차로를 남북으로 각각 보유하고 있다. 그중 북단 교차로(팔당대교 나들목)는 국도 제6호선과 국도 제45호선이 분기된다. 1986년 5월 3일에 착공했으며, 당시 올림픽대교에 이어 한국 두 번째의 콘크리트 사장교로 건설해 1991년 10월에 완공될 예정이었다. 그러나 1991년 3월 26일 건설 공법에 문제가 있어 공사가 전면 중단되었다가 1995년 4월 25일 착공 8년 11개월 만에 완공되었다(ko.wikipedia.org).

〈그림 4.54〉의 투신 수단으로 인한 자살의 사건과 관련한 대표적 내용의 언론·매체 등의 기사는 다음과 같다.

- **40대 남성 팔당대교서 '투신자살' 시도**: 지난 4일 오후 9시 40분경 하남 팔당대교에서 40대 남성 노씨가 투신자살을 시도하는 사고가 발생했다. 하남소방서는 '팔당대교 다리 위에서 신발과 자전거만 있고 자살이 추정된다.'는 신고를 접수하고 즉시 출동해 수색작업을 벌여 노(48, 남)씨를 안전히 구조했다고 밝혔다.(국제신문, 2016.08.05.)

- **하남 팔당대교서 남성 투신… 소방당국 수색 중**: 경기도 하남시 팔당대교 위에서 남성(54)이 투신해 소방당국이 수색 중입니다. 하남소방서에 따르면, 토요일인 지난 14일 새벽 남성 1명이 팔당대교 위에 차량을 세우고 투신했습니다. 지나가던 택배차량이 실종자가 세워둔 빈 차량을 들이받았고, 차량 안에 사람이 없는 것을 확인한 택배기사가 경찰에 신고를 했습니다. 소방당국은 실종자가 투신하는 모습을 CCTV를 통해 확인했으며, 현장 확인 결과, 차량 안에서 유서도 발견됐습니다. 현재 소방당국은 실종자를 찾기 위해 팔당대교 주변 일대를 수색 중입니다.(내외방송, 2019.12.16.)

〈그림 4.55〉 평택대교(search.naver.com)

〈그림 4.55〉는 경기도 평택시의 평택대교(강교, 차도)이다. 2016년 11월 19일 43번 국도의 세종~평택 구간 개통에 따라 함께 개통된 교량으로, 총 연장 1.18km의 엑스트라 도즈드(Extra Dosed) 형식의 교량이다. 이 교량으로 인해 서평택과 충청남도 사이를 직접 연결하는 도로가 서해대교 다음으로, 16년 만에 생기게 되었다. 이 교량이 생기기 전에는 서평택 지역과 팽성읍 사이에 안성천이 가로막고 있어서 차로 이동할 수 없었다. 안중읍 오성면 지역에서 팽성읍 남부 지역이나, 아산시 둔포면 지역으로 이동하려면, 멀리 팽성대교나, 아산만방조제 도로를 경유해야 하므로, 시간 소요가 많았다. 그러나 이 도로가 개통된 이후에는 소요 시간이 크게 단축되었다(ko.wikipedia.org, namu.wiki).

〈그림 4.55〉의 투신 수단으로 인한 자살의 사건과 관련한 대표적 내용의 언론·매체 등의 기사는 다음과 같다.

- **평택대교서 갓길에 차 세운 30대 투신… 경찰·소방당국 수색 중**: 30대 남자가 평택대교(평택→세종 방향) 갓길에 차량을 정차한 뒤 투신해 경찰과 소방당국이 수색 중이다. 평택경찰서 등에 따르면, 20일 오전 5시 48분쯤 평택시 안중읍 평택대교 하행선 부근에서 운전자가 뛰어내렸다는 신고가 112에 접수돼 경찰이 현장 출동했다. 출동 당시 폭스바겐 차량 안에는 운전자의 것으로 보이는 신발과 휴대폰 등 소지품이 놓여 있었고, 유서는 발견되지 않았다. 경찰 조사 결과, 이 차량은 62살 A씨의 소유이며, 소유주 확인 결과, 차량 운전은 37살 아들 B씨가 한 것으로 확인됐다. B씨가 대교 위에서 뛰어내리는 모습은 차량 블랙박스 확인 결과, 녹화되지 않았다. 경찰은 소방당국과 함께 B씨를 찾고 있으며, 소방 수색보트와 잠수요원 2명을 투입해 수색작업도 함께 벌이고 있다.(경인일보, 2021.05.20.)

- **평택소방서, 평택대교 또 투신사고 발생… 남성 1명 숨져**: 평택소방서는 지난 10일 평택대교에서 투신사고가 발생해 남성 1명이 숨졌다고 밝혔다. 7월 10일 오전 10시경 평택소방서는 평택대교 상행 P4 지점에 SUV 차량이 정차해 있어 사고 위험성이 크다는 신고를 받고 출동하였는데, 현장에 도착한 경찰과 소방대원은 이를 투신사고로 추정하였고, 구명보트 2대와 잠수대원 4명을 투입해 약 1시간여가량을 수색한 결과, 남성 1명을 발견하여 구급대에 인계하였다.(시사뉴스, 2021.07.12.)

- **경기도 평택시 평택대교 투신사고로 1명 사망**: 24일 정오 12시 21분경 평택시 안중읍 삼정리 평택대교에 차를 세워두고 다리 밑으로 사람이 떨어졌다는 신고가 접수됐다. 평택소방서는 평택대교 갓길에 검은색 차량이 정차돼 있는 상태로, 대교 아래 사람으로 추정되는 물체가 떠 있는 것으로 확인돼 평택구조

대를 긴급히 투입했다. 평택소방서는 구조보트를 이용해 구조자를 인양했으나, 40대 남성은 호흡과 맥박이 없어 심폐소생술을 실시하며, 119구급대에 의해 병원으로 이송됐으나, 사망한 것으로 알려졌다. 평택소방서와 경찰은 인원 30명(소방28, 경찰2)과 장비 11대(펌프3, 물탱크2, 고가1, 구조1, 구급1, 기타3)를 출동시켜 현장 상황을 수습하고 정리했다. 경찰은 구조자의 신원 파악과 정확한 투신 원인을 조사하고 있다.(청주일보, 2022.02.24.)

〈그림 4.56〉 인천대교(search.naver.com)

〈그림 4.56〉은 인천광역시의 인천대교(해상교, 차도)이다. 중구 운서동, 영종 나들목과 연수구 송도동 연수 분기점을 연결하는 이 교량은 제2경인고속도로를 구성하는 고속도로 교량이다. 2005년에 착공해 2009년 10월 16일에 완공해 개통되었으며, 총 연장 21.38km에 교량 구간은 18.35km이다. 고가교 구간은 경간이 50m, 연속 5경간에 PSC 박스 거더로 시공했으며, 접속교 구간은 경간이 145m, 연속 7경간에 PSC 박스 거더로 시공했다. 이 외에 각종 신공법으로 구성되어 있다. 사장교의 경간은 800m로, 사장교 중에서 세계 7위, 한국 1위 길이의 교량이며, 강바닥판 상자형 거더에 주탑은 역Y형 콘크리트 구조로 높이는 238.5m이다(ko.wikipedia.org).

〈그림 4.56〉의 투신 수단으로 인한 자살의 사건과 관련한 대표적 내용의 언론·매체 등의 기사는 다음과 같다.

- **5월 2명, 6월 3명 투신··· 안전 못 챙기는 '민자' 인천대교··· 10여 년 전부터 "구조안전진단 검토 뒤" 되풀이**: 영종도와 송도국제도시를 잇는 인천대교에서 차를 세운 뒤 바다로 투신하는 사고가 잇따르고 있지만, 관련 안전대책은 제자리걸음이다. 일반 기업이 관리하는 민자 고속도로여서 안전이 뒷전으로 밀린 것 아니냐는 지적이 나온다. 29일 인천해양경찰서 등의 설명을 종합하면, 이날 새벽 5시 8분께 인천대교 위에서 투신추정 신고가 해경에 접수됐다. 인천대교를 관리·운영하는 인천대교㈜ 상황실 근무자는 "대교 위에 차량이 세워져 있는데, 운전자는 없다."며, 해경에 신고했다. 해경은 50여 분 뒤 인근을 지나던 어선의 신고를 받고 ㄱ(63)씨를 구조해 병원으로 옮겼지만, 결국 숨졌다. 앞서 지난 24일에도 인천의 한 기초지방자치단체 소속 20대 공무원이 인천대교 갓길에 정차한 뒤 자취를 감췄다. 경찰은 해당 공무원이 해상으로 추락한 것으로 보고 있다. 지난 8일에도 20대 운전자가 바다로 뛰어내렸다가 긴급 출동한 해경에 의해 구조했다. 5월에도 비슷한 투신추정 사망사고가 2건 발생했다. 국내 최장 21.4km 길이의 인천대교에서는 2009년 개통 이후, 해마다 3~4건가량의 투신추정 사망사고가 발생한 것으로 알려졌지만, 인천대교㈜는 사고의 현황조차 공개하지 않고 있다. 인천대교㈜는 CCTV의 설치 수량과 화질을 개선하고, 대교 위에 차량이 정차하거나, 도로에 낙하물이 발생하면, 이를 상황실에 알리는 '돌발 상황 감지시스템'을 구축했다. 하지만, 투신의 의심적 정황이나, 돌발 상황을 감지하더라도 순식간에 벌어지는 투신을 막기에는 역부족이다. 인천대교㈜는 "투신방지 난간 설치는 교량 하중이 늘어 구조안전진단 등 고려해야 할 사안이 많다. 난간 설치엔 시간이 필요하다."고 말했다. 사고는 끊임없이 계속되는데, '보완 검토'는 10년째 반복 중인 셈이다. 인천시는 최근 인천대교㈜, 인천시 자살예방센터와 함께 투신 관련 대책을 논의했지만, 별다른 소득이 없었다. 시 관계자는 "인천대교는 그동안 아라뱃길의 시

천교 등 다른 대교에 비해 추락사고가 잦지 않아 우선순위에 있지 않았다."며, "최근 사고가 잦아 관리자 쪽에 안전난간 등 설치를 요구했지만, 구조상 문제가 있어 쉽지 않다는 말을 들었다."고 했다.(한겨레, 2021.06.30.)

• **인천대교서 또 추락사고… 50대 해상서 구조됐으나, 숨져**: 인천대교 위에 차량을 멈춰 세우고 해상으로 추락한 50대 운전자가 해상에서 구조됐으나, 끝내 숨졌다. 국내 최장 교량인 인천대교에서는 최근 추락사고가 잇따르고 있다. 지난 5월부터 최근까지 3개월간 인천대교에서 발생한 추락사고는 6건에 달한다. 지난달 29일 오전에도 인천대교 위에 차량을 멈춰 세우고 추락한 60대 운전자가 신고 접수 50분 만에 해상에서 발견됐으나, 병원으로 옮겨진 뒤 끝내 숨졌다. 지난 5월 2일에도 50대 여성이 남편 차량에 함께 타고 있다가 "바람을 쐬고 싶다."며, 인천대교 위에서 내린 뒤 바다로 뛰어들어 사망했다.(연합뉴스, 2021.07.13.)

• **인천대교서 중앙분리대 들이받은 50대… 차량 멈추고 추락해 숨져**: 올해 들어 투신사고가 잇따르고 있는 인천대교에서 50대 운전자가 중앙분리대를 들이받은 뒤 해상으로 추락해 숨졌다. 28일 경인일보 취재를 종합하면, 전날 오후 3시 18분께 인천대교 송도 방향 9.8km 지점에서 "사람이 뛰어내렸다."는 신고가 접수됐다. 수색에 나선 해경은 신고 접수 11분 만인 오후 3시 29분께 운전자 A(55)씨를 구조했으나, 끝내 숨졌다. 조사 결과, A씨는 인천대교를 달리던 도중 중앙분리대와 가드레일을 들이받고 멈춘 뒤 차량을 1차로에 세우고 바다에 추락한 것으로 파악됐다. 인천해양경찰서 관계자는 "A씨가 사고를 낸 경위에 대해서는 현재 조사 중"이라고 했다. 올해 5월부터 최근까지 인천대교에서 발생한 추락 추정 사고는 7건이다. 6월 24일에는 20대 남성이 인천대교에 차량을 세워두고 사라져 해경이 수색에 나섰지만, 발견하지 못했다. 6월 29일에도 차를 세워두고 해상으로 추락한 60대 남성이 해경에 구조됐으나, 숨지는 사고가 있었다.(경인일보, 2021.09.28.)

• **인천대교 갓길에 차량 세우고 투신한 30대 사망**: 인천대교에서 차량을 세운 뒤 투신한 30대 남성이 해상에서 발견됐으나, 숨졌습니다. 인천해양경찰서에 따르면, 어제 24일 오후 5시 26분쯤 인천시 중구 인천대교 위에서 한 남성이 추락했다는 신고가 112를 경유해 해경에 접수됐습니다. 이 목격자는 "한 남성이 갓길에 차를 세우고 바다로 떨어졌다."며, 112에 신고했습니다. 당시 차량은 송도국제도시에서 인천국제공항 방향 갓길에 세워져 있었습니다. 해경은 구조대를 투입해 42분 만인 오후 6시 8분쯤 해상에 떠 있는 30대 남성 A씨를 구조했습니다. A씨는 의식과 맥박이 없는 상태로 병원으로 옮겨졌으나, 사망했습니다. 인천해양경찰서 관계자는 "당시 차량에 동승자는 없었다."며, "CCTV 등을 토대로, A씨의 추락경위를 조사하고 있다."고 말했습니다.(SBS, 2021.11.25.)

• **한밤중 인천대교서 실종된 40대 여성… 경찰 수색 중**: 밤중에 인천대교서 40대 여성 A씨가 실종돼 해경이 수색에 나섰다. 7일 인천해양경찰서에 따르면, 전날 오후 9시 55분께 인천대교 주탑 인근 한 교각에서 "난간 아래로 사람이 내려가고 있다."는 신고가 해경에 접수됐다. 신고를 받고 출동한 해경은 실종자 A씨의 차량을 인천대교 위에서 발견했다. 인근 CCTV를 확인한 결과, A씨가 신고 지점에서 차를 정차한 뒤 다리 난간을 넘어가는 것을 발견했지만, 해상으로 추락하는 장면은 없었다. 한편, 해경은 헬기와 연안구조정 등을 투입해 A씨의 행방을 수색하고 있지만, 아직 A씨를 발견하지 못했다.(전국매일신문, 2022.02.07.)

• **인천대교서 또 사망사고… 20대 여성 승용차 세우고 투신**: 20대 여성이 인천대교 위 갓길에 승용차를 세우고 다리 아래로 떨어져 숨졌다. 오늘 16일 연합뉴스에 따르면, 인천해양경찰서는 전날 오전 9시 4분쯤 인천시 연수구 송도동 인천대교 인천국제공항 방면 갓길에 운전자가 없는 승용차가 세워져 있다는 인천대교 상황실의 신고를 접수했다. 해경은 인근 CCTV 영상을 토대로, 이 차량의 운전자가 바다에 떨어진 것으로 보고, 구조대를 투입했다. 해경 관계자

는 "당시 차량에 동승자는 없었다."며, 정확한 사건경위를 조사 중이라고 밝혔다. 한편, 지난 4월 30대 남성이 인천대교 위에 차량을 세우고 다리 아래로 투신한 사건이 있었다. 또 지난 2월에는 공기업 직원이었던 50대 남성이 차량을 몰고 인천대교로 이동한 뒤 바다에 추락해 사망했다. 인천대교에서 추락해 사망하는 일이 간간히 발생하고 있어 강력한 대책이 요구되고 있는 상황이다.(내외경제TV, 2022.07.17.)

• **오늘(30일) 인천대교서 '블랙박스' 없이 발견된 차량… 운전자도 실종**: 한 운전자가 새벽에 인천대교 위에 차를 세워두고 사라져 해양경찰이 경비함정과 연안구조정 등을 투입해 행방을 찾는 중이다. 30일 인천해양경찰청은 이날 오전 4시 19분쯤 인천 중구 인천대교 영종도 방향 6.4km 지점에서 "갓길에 있는 차량이 움직이지 않는다."는 신고가 접수됐다고 밝혔다. 해양경찰에 따르면, 차량은 인천대교 위에서 발견됐다. 차량 안에는 A씨의 신분증이 발견됐다. 확인 결과, 실종자는 30대 남성이었다. 다만, A씨가 타고 있던 차량에 블랙박스가 설치되지 않아 그가 실종 전 무슨 행동을 했는지는 아직 알아내지 못한 것으로 알려졌다. 해양경찰은 A씨가 추락했을 가능성을 고려해 인근 해상에서 수색을 진행하고 있다. 한편, 인천대교에서는 지난 7월에도 비슷한 사고가 있었다. 지난 7월 15일 오전 20대 여성 B씨가 갓길에 차를 세워둔 채 사라져 "운전자는 없는 승용차가 정차 중"이란 신고가 접수됐다. 당시 해경은 CCTV 영상을 토대로, B씨가 바다에 투신한 것을 확인하고, 구조해 병원으로 옮겼으나, 결국 사망했다. 인천대교는 하중 문제로 안전난간이 설치되지 않아 투신사고가 잦은 곳으로 알려져 있다. 지난 4월에도 30대 남성이 차를 세워두고 투신해 사망하는 사고가 있었다. 인천대교 주탑 인근 교량의 높이가 아파트 30층 수준인 74m로, 생존 가능성은 낮은 것으로 전해진다. 갓길에 정차하거나, 행인이 보이면, 인천대교 상황실에서 비상벨이 울리고, 순찰차가 즉시 출동하도록 하지만, 차에서 내려 투신할 경우 시간이 짧아 제지가 사실상 불가능한 상황이다.(인사이트, 2022.09.30.)

• 또 인천대교… 갓길에 차량 세우고 바다로 투신한 30대 사망: 인천대교에서 갓길에 차량을 세운 뒤 다리 아래로 떨어진 30대 남성이 해상에서 구조됐으나, 숨졌다. 5일 인천해양경찰서 등에 따르면, 전날 오후 1시 19분쯤 인천시 중구 인천대교 위에서 한 남성이 추락했다는 신고가 해경에 접수됐다. 인천대교 상황실로부터 연락을 받은 해경은 구조대를 투입해 24분 만에 인근 해상에서 30대 남성 A씨를 구조했다. A씨는 119구급대에 의해 병원으로 옮겨졌으나, 사망했다. 해경 관계자는 "CCTV 등을 토대로, A씨의 추락경위와 동승자 여부 등을 조사하고 있다."고 말했다. 인천대교에서는 2017년부터 지난 10월까지 모두 41건의 투신사고가 발생한 것으로 집계됐다.(중앙일보, 2022.11.05.)

• 드럼통 세웠지만… 인천대교서 20대 운전자 차 세우고 투신: 인천시 중구 인천대교에서 20대 운전자가 추락해 중태에 빠졌다. 7일 인천해양경찰서에 따르면, 전날 오후 3시 17분경 인천대교 갓길에 차량을 세운 20대 남성 A씨가 투신했다는 신고가 해경에 접수됐다. A씨는 구조 당시 호흡과 맥박이 뛰지 않았다. 바로 119구급대에 의해 병원으로 옮겨졌지만, 현재 중태인 걸로 알려졌다. 해경은 인근 CCTV 등을 토대로, A씨의 추락경위를 조사하고 있다. 한편, 인천대교에서는 지난 한 해 동안 19건의 투신사고가 발생한 바 있다. 이에 지난해 11월 사장교 주변 등 3km 구간 갓길에 5m 간격으로, 드럼통 1,500개를 설치했다.(동아일보, 2023.03.07.)

• "올해만 10명"… 65명 숨진 이곳, 추락방지 시설 설치될까: (인천대교, 개통 후, 65명 사망, 드럼통 배치했으나, 효과 없어, '추락방지 시설' 필요… 안전성 우려, 용역 결과, "설치해도 안전에 영향 無") 올해만 10명이 투신해 숨진 인천대교에 추락방지 시설을 설치해도 다리 안전에 영향을 미치지 않는다는 연구 결과가 나왔다. 2009년 개통한 인천대교는 인천국제공항이 있는 영종도와 송도 국제도시를 잇는 길이 21.4km의 국내 최장 교량이다. 사람의 보행 진입이 불가능해 차량만 진입할 수 있다. 그러나 운전자가 대교 위에 차량을 두고 추락하는 경우가 많다. 인천대교에서는 개통 후, 이날 현재까지 모두 65명

의 투신사망자가 발생했다. 투신사고가 잇따르자 운영사 측은 지난해 11월 교량 중앙부 갓길에 차량 주정차를 막기 위한 플라스틱 드럼통 1,500개를 배치했다. 다만, 올해만 10명이 투신해 숨지는 등 큰 효과를 보지 못했다. 드럼통이 없는 갓길에는 여전히 차량을 세울 수 있는 데다 드럼통 사이로 대교 난간 쪽에 접근할 수 있기 때문이다. 드럼통 대신 실질적으로 추락을 막는 시설이 필요하다는 지적이 나왔지만, 추가시설물을 설치할 경우 바람에 취약해 다리 안전성에 문제가 생길 수 있다는 우려 탓에 운영사 측은 대책 마련에 어려움을 겪었다.(서울신문, 2023.11.13.)

〈그림 4.57〉 시천교(search.naver.com)

〈그림 4.57〉은 인천광역시 서구 시천동의 시천교(강교, 보·차도)이다. 경인 아라뱃길에 있는 시천동과 검암동을 잇는 이 교량은 검암역으로부터 동쪽으로 약 200m 정도 떨어져 있는 곳에 위치해 있으며, 86번 지방도가 지나간다. 아라뱃길에 놓인 다른 교량들처럼 이 교량 또한 높게 지어졌는데, 엄청난 경사를 자랑한다. 고속국도 130호선에 위치한 이 교량은 총 길이가 594m, 폭은 33.5m, 높이는 9.8m, 경간의 수는 8개로, 최대 경간장은 145m이다. 상부의 형식은 PSC I형교이며, 하부의 형식은 역T형식 교대이다. 이러한 이 교량은 2012년도에 완공되었다 (ko.wikipedia.org).

〈그림 4.57〉의 투신 수단으로 인한 자살의 사건과 관련한 대표적 내용의 언론·매체 등의 기사는 다음과 같다.

- **아라뱃길 훼손 시신 1차 부검 "목맨 채 추락 후, 사망 추정"**: (시신에서 목을 끈에 매달아 추락했을 때 발생하는 흔적 발견돼, 타살보다 자살 가능성에 무게 두고 수사 마무리할 방침) 인천 경인 아라뱃길 수로에서 훼손된 시신의 상태로 발견된 50세 고물상 주인은 스스로 목숨을 끊었을 가능성이 크다는 부검의 결과가 나왔다. 국립과학수사연구원은 27일 "목을 끈에 매달아 추락했을 때 발생하는 흔적이 시신에서 발견됐다."는 1차 부검의 결과를 경찰에 통보했다. 고물상을 운영하는 A(50)씨는 전날 오전 6시 14분께 경인 아라뱃길 시천교에서 목상교 방면으로 500m 떨어진 수면에서 숨진 채 발견됐다. 경찰은 1차 부검의 결과를 토대로, 자살 가능성에 무게를 두고 수사를 마무리할 방침이다. 시신은 상·하의 모두 등산복 차림이었으며, 신발과 양말은 신지 않은 맨발이었다. 옷가지에서 신분증과 신용카드가 있는 지갑이 나와 신원을 확인할 수 있었다. 이날 오전 10시 8분께 경찰의 대대적인 수색 끝에 경인 아라뱃길 목상교 인근 수로에서 A씨의 나머지 머리 부위의 시신도 발견됐다. 머리 부위는 목상교(계양역 인근)에서 시천교(검암역 인근) 방면으로 200m가량 떨어진 수로에 있었다. 경찰은 단순 투신일 경우 머리와 몸이 완전히 분리될 가능성이 크지 않다는 점과 유서가 발견되지 않았다는 점 때문에 타살 후, 시신의 훼손 가능성에 무게를 두고 있었다. 그러나 A씨가 혼자 운전한 것으로 추정되는 차량이 시신의 발견 지점 인근에 세워져 있어 자살 가능성도 배제하지 않고 있었다. 고물상을 함께 운영하는 친동생은 경찰에서 "사업이 잘 안 돼 형이 힘들어 했다."고 진술했다.(서울경제, 2016.06.27.)

- **경인 아라뱃길 시천교는 자살의 명소(?)**: (3년간 투신자살 시도 58건… 대책 마련 시급) 지난 2017년 5월 11일 오전 4시 40분쯤 인천 서구 경인 아라뱃길 시천교에서 신원을 알 수 없는 남성이 다리 중앙에서 약 25m 아래로 투신

했다. 2015년 8월 20일 오전 8시 1분쯤 경인 아라뱃길 시천교 수변무대 앞에서 익사로 추정되는 한(40, 남)모씨가 발견됐다. 2016년 6월 26일 오전 인천시 서구 경인 아라뱃길에서 머리가 없는 50세 남성의 시신이 발견돼 경찰들이 경인 아라뱃길 목상교 부근에서 신체 일부를 찾기 위해 수색을 벌였다. 지난 21일 오후 7시 21분쯤 인천시 서구 경인 아라뱃길 시천교에서 30대로 추정되는 한 남성과 A(16)군이 투신해 30대 남자가 숨졌다. 경인 아라뱃길 시천교가 '자살명소'로 떠오르고 있어 대책 마련이 시급하다는 지적이다. 인천 서부경찰서에 따르면, 지난 3년간 경인 아라뱃길 시천교에서 투신자살을 시도한 횟수가 무려 58건에 달한다. 이미 목숨을 잃은 사람도 10여 명에 이르고 있는 것으로 알려졌다. 그럼에도 불구하고, 경인 아라뱃길 시천교는 다리의 난간이 모두 뚫려있고, 자살예방센터와 연결되는 직통의 전화도 없는 등 별다른 자살방지 시설들이 설치되어 있지 않고 그대로 방치되면서 '자살명소화'가 진행되고 있는 실정이다. 이는 6km가량 떨어져 있는 계양대교에 한국수자원공사가 1억 원을 들여 설치한 다리 난간의 투명 판넬, 자살예방을 위한 생명지킴전화 등의 투신자살 방지의 대책을 마련해 투신자살률을 1/5의 수준으로 줄어들게 한 것과는 대조를 이루고 있다. 이와 관련한 전문가들은 "자살이라는 것은 여러 가지 방법에서 대책을 세울 수 있지만, 자살을 가능하게 하는 접근의 자체를 차단하는 것이 상당히 중요하다."며, "투신방지 시설물 설치나 자살예방을 위한 생명지킴전화 등의 사전예방을 위한 노력이 필요하다."고 조언하고 있다.(아주경제, 2018.02.27.)

• **경인 아라뱃길에 자살예방 안전난간… 연말까지 시천교에 설치**: 경인 아라뱃길 교량에서는 투신자살이 잇따랐다. 지난 14일에도 69세 남성이 계양대교에서 추락해 숨졌다. 인천시에 따르면, 지난달 말까지 경인 아라뱃길 교량에서 160명이 자살을 시도했고, 30명이 숨졌다. 특히 숨진 30명 중 37%인 11명이 시천교에서 투신했다. 이에 인천시가 자살예방을 위해 안전난간을 설치하기로 했다.(경향신문, 2020.06.15.)

〈그림 4.58〉 계양대교(search.naver.com)

〈그림 4.58〉은 인천광역시 계양구의 계양대교(강교, 보·차도)이다. 계양구 귤현동부터 장기동까지 이어진 교량으로, 경인 아라뱃길을 지난다. 총 길이는 1km이며, 아래로는 국토종주 자전거 전용로가 있다. 이 교량은 처음 귤현교로 이름 지어졌으나, 옆에 귤현대교가 있고, 계양구를 널리 알리자는 뜻에서 명칭이 바뀌었다. 길이가 990m로, 신설된 교량 가운데 가장 길며, 최고 높이는 40m가 넘는다. 높다 보니 경사도가 다소 심해 겨울철에 눈이 많이 올 경우 안전운행이 염려된다. 교량의 남북 양쪽으로 엘리베이터 4곳이 설치되어 있어 이를 이용해 교량을 건널 수 있으며, 이곳에는 49m 높이에서 경인 아라뱃길 일대를 조망할 수 있는 공간도 설치되어 있다(ko.wikipedia.org).

〈그림 4.58〉의 투신 수단으로 인한 자살의 사건과 관련한 대표적 내용의 언론·매체 등의 기사는 다음과 같다.

• **경인 아라뱃길 자살 명소 될 판**: (개통 1년 만에 10명 투신시도) 개통한 지 1년밖에 안 된 경인 아라뱃길이 인천대교에 이어 '자살명소'라는 오명을 쓸 위기에 놓였다. 목숨을 끊기 위해 아라뱃길을 찾는 시민들의 발걸음이 꾸준히 이어지고 있어서다. 인천경찰청 아라뱃길경찰대는 지난해 5월 25일 아라뱃길 개통 후, 1년간 아라뱃길 교량에서 모두 10명이 투신자살을 기도, 이 가운데 1명이 숨졌다고 16일 밝혔다. 경찰은 4명 모두 투신 직전 다리에서 구조됐고, 5명은 물에 뛰어들었다가 곧바로 구조됐다고 설명했다. 그러나 지난 4월 21일 아라뱃길 계양대교에서 투신한 A(33)씨는 최근 계양구 다남교 인근 수로에서 시신으로 발견, 첫 사망자로 기록됐다. 투신시도 건수만 비교했을 경우 10건인 아라뱃길의 수치가 자살명소로 알려진 인천대교의 수치 7건을 뛰어넘는다. 지난 2009년 개통된 국내 최장 교량인 인천대교에서는 그동안 7명이 투신, 모두 숨졌다. 그나마 다행인 것은 투신 건수에 비해 구조율은 높은 편이라는 점. 경찰 관계자는 "순찰정 3척을 동원, 투신자살 시도가 발생하면, 신속하게 구조 작업에 나서고 있다."며, "아라뱃길을 따라 수시로 순찰 활동을 벌이고 있기 때문에 자살 기도자 구조율이 높은 것으로 보고 있다."고 밝혔다.(인천일보, 2013.05.17.)

• **관광 명소 아라뱃길, 알고 보니 사고 다발지역?**: (경인 아라뱃길 '황천길 명소?' 오명, 개통 1년 만에 16차례 자살시도… 추락·익사 등 80차례 안전사고) 경인 아라뱃길이 자살 등 사고 다발지역이란 오명을 쓸 위기를 맞고 있다. 인천서부소방서 정서진구조대는 개통 1주년을 맞은 아라뱃길에서 그동안 총 16번 자살시도가 있었고, 이 중 14명을 구조했다고 11일 밝혔다. 또 추락 및 익사 등 수난사고와 위치확인 등 19건을 포함해 올해만 총 80차례의 크고 작은 안전사고가 발생했다. 정서진구조대는 지난 10일 오전 1시 28분께 백석교 인근

수로에서 허우적거리는 A(42)씨를 구조했다. A씨는 발을 헛디뎌 아라뱃길로 추락한 것으로 알려졌다. 지난달 26일에는 계양대교와 다남교 중간 지점에서 술을 마시고 수영하던 B(20)씨가 사망하는 사고가 발생했고, 앞선 4월 21일에는 계양대교에서 투신한 C(32)씨가 보름간의 수색 끝에 숨진 채 발견됐다. 이처럼 경인 아라뱃길에서 자살과 안전사고가 끊임없이 발생해 레저와 관광 명소라는 순기능과 함께 안전사고 다발지역이라는 역기능이 문제가 되고 있다. 소방당국은 안전사고에 대한 불감증이 사고 발생의 주된 원인으로 지적했다.(경기일보, 2013.06.11.)

• **아라뱃길서 50대 남성 사체 인양… 올해만 15명**: 김포소방서 수난구조대가 지난 4일 오전 7시께 경인 아라뱃길 벌말교 인근에서 이모씨(서울 관악구 봉천동, 54세)의 사체를 인양했다. 수난구조대와 해경이 '투신자살하겠다.'는 문자를 받은 가족의 신고로 출동했지만, 이미 물에 빠진 지 한참이 지난 상황이어서 목숨을 구하지는 못했다. 수난구조대장은 "사연이야 어찌 됐든 달려온 가족들을 보면, 너무 가슴이 아프다."면서 "대원들이 물속에서 인양해 응급처치해 보지만, 안타까운 경우가 많다."고 말했다. 한편, 아라뱃길의 투신시도자 수가 증가하면서 소방당국도 비상이 걸렸다. 지난해 수난구조대의 변사자 인양은 5건, 투신시도자 구조는 4건이었다. 올해 11월 4일까지 변사자 인양은 1건으로 줄었지만, 투신시도자 구조는 14건으로 급증하고 있다. 또 구조된 사람 중 이후, 사망한 경우도 있어 전체 자살사망자는 더 늘게 된다. 이들 대부분은 김포지역 외 서울 등 수도권 주민으로 다수가 계양대교에서 투신자살을 기도하는 것으로 나타났다. 최근 계양대교 양쪽에는 자살예방을 위해 상담전화를 설치하기도 했다. 더욱이 아라뱃길 양옆 도로의 자전거 사고도 빈번하다. 올해 현재까지만 벌써 13건의 자전거 사고가 접수됐다. 또 내년 2월 26일 개장 예정인 현대 프리미엄 아울렛도 소방당국을 긴장케 하고 있다. 동양 최대 규모의 판매시설이 들어서면서 연간 수백만 명의 유동인구가 예상되지만, 수난구조대 직원은 고작 7명으로, 이마저도 3명이 24시간 맞교대를 하고 있는 형편이다.(씨티21, 2014.11.05.)

• **인천계양서 장기파출소, 계양대교 투신자살 기도자 극적 구조**: 경인 아라뱃길서 자살을 기도하던 40대 남성을 경찰이 극적으로 구조했다. 인천계양경찰서 장기파출소는 12일 새벽 1시 53분쯤 계양구 아라뱃길 소재 계양대교 하부도로 난간(수면까지의 높이 45m가량)에서 만취하여 투신을 기도하던 40대 남성을 극적으로 구조했다고 밝혔다. 장기파출소 순찰 1팀은 당일 새벽 1시 46분쯤 112순찰 근무 중 "계양대교 하부도로에서 뛰어내리려는 사람이 있다."는 관제센터의 다급한 무전을 받았다. 두 경찰관이 무전을 받은 지 4분 만에 현장에 도착해 보니, 자살 기도자는 성인 가슴 높이의 난간을 넘어가 주저하며, 투신을 기도하고 있었다. 경찰관의 접근을 눈치채면, 바로 뛰어내릴 것을 우려한 두 경찰관은 은밀히 자살 기도자의 등 뒤로 접근하여 오른팔과 왼팔을 두 경찰관이 동시에 움직이지 못하도록 세게 붙잡았다. 두 경찰관의 완력에 꼼짝 못 하고 있던 자살 기도자는 경찰관의 거듭된 설득에 자살 포기 의사를 보이고, 경찰관의 움직임에 순응, 난간으로 들어 올려졌다. 아울러 현장에 함께 출동했던 순찰 1팀장은 자살예방센터를 통해 상담을 주선하고, 가족들에게 안전하게 인계했다. 자살 기도자는 건설업에 종사하였으나, 6개월 전 실직하여 자신의 처지를 비관한 것으로 알려졌으며, 자살기도 전 아내에게 "안녕"이라는 메시지를 남기고, 핸드폰을 아라뱃길에 던져버렸다고 한다.(아주경제, 2019.06.13.)

• **아라뱃길 계양대교서 60대 수로로 추락해 숨져**: 인천 경인 아라뱃길 계양대교에서 60대가 수로로 추락해 숨졌다. 14일 인천 계양경찰서 등에 따르면, 이날 오전 1시 26분께 인천시 계양구 장기동 아라뱃길 계양대교 인근에서 수로에 빠진 A(69)씨를 행인이 발견해 119에 신고했다. A씨는 신고를 받고 출동한 119구급대에 의해 인근 병원으로 옮겨졌으나, 30여 분 만에 숨졌다. 경찰은 목격자 진술 등을 토대로, A씨가 극단적 선택을 한 것으로 보고, 유족 등을 상대로 경위를 추가로 조사할 예정이다. 경찰 관계자는 "A씨가 추락할 당시 인근에 목격자들이 있었다."며, "유서는 발견되지 않았으며, 현재 유족을 찾고 있다."고 말했다.(연합뉴스, 2020.06.14.)

〈그림 4.59〉 청운교(search.naver.com)

〈그림 4.59〉는 인천광역시 서구 시천동의 청운교(강교, 보·차도)이다. 인천여객터미널 남북 및 서부간선도로를 잇는 이 교량은 도시지역의 주간선 도로로 분류되며, 설계속도는 80km/h이다. 총 연장은 536m이며, 폭은 34.5m로, 차로 수는 총 6차선을 제공한다. 스트럿 보강 PSC 박스 거더인 이 교량은 경인 아라뱃길을 횡단하는 교량으로, 경인 아라 서해갑문에서 첫 번째 교량이다. 서부간선도로 상에 위치해 있으며, 2011년 9월 개통되었다. 최근 청운교에 투광등 88개를 설치하는 등 조명 보수·개선 공사를 완료했으며, 그동안 청운교는 조명의 노후화로 인해 상당 기간의 조명이 미점등 되는 등의 개선 필요성이 제기되어 왔었다(ko.wikipedia.org).

〈그림 4.59〉의 투신 수단으로 인한 자살의 사건과 관련한 대표적 내용의 언론·매체 등의 기사는 다음과 같다.

- **경인 아라뱃길서 70대 숨진 채 발견… "외상 흔적 없어."**: 인천 경인 아라뱃길 수로에서 70대 남성이 숨진 채 발견돼 경찰이 수사에 나섰다. 4일 인천 서부경찰서 등에 따르면, 전날 낮 12시 44분께 인천시 서구 오류동 경인 아라뱃길 청운교 인근 수로에서 A(76)씨가 숨진 채 수면 위에 떠 있는 것을 한 행인이 발견해 119에 신고했다. 발견 당시 A씨는 수면 위에 엎드린 모습이었다. 파란색 패딩 점퍼와 긴 바지를 입고 있었다. 스마트폰이나, 신분증 등 소지품은 발견되지 않았으며, 외상 흔적은 없었다. 소방당국의 공조 대응 요청을 받고 출동한 경찰은 A씨가 이달 2일 실종 신고된 상태인 것을 확인했다. 경찰은 국립과학수사연구원에 A씨 시신 부검을 의뢰해 정확한 사망원인을 파악할 계획이다. 경찰 관계자는 "A씨가 극단적 선택 또는 실족으로 숨진 것으로 추정하고 있다."며, "타살 혐의점은 없는 것으로 보이지만, 여러 가능성을 열어 놓고 수사하고 있다."고 말했다.(한국경제, 2020.03.04.)

- **경인 아라뱃길 청운교서 30대 남성 투신… 경찰·소방당국 수색**: 경인 아라뱃길에서 30대 남성이 뛰어내려 소방과 경찰이 수색에 나섰다. 30일 인천소방본부 등에 따르면, 전날 오후 9시 37분께 서구 오류동 경인 아라뱃길 청운교에서 30대 남성 A씨가 다리 아래로 뛰어내렸다. 출동한 소방당국과 경찰은 현장에서 A씨의 지갑과 신발을 발견해 신원을 확인했다. A씨는 서구 가좌동 주민으로, 사고 발생 당일 인천 서부경찰서에 실종 신고가 접수된 것으로 파악됐다. 소방당국은 "사람이 뛰어내린 것 같다."는 신고를 접수하고 소방대원 26명을 투입하고, 구조차 5대, 소방 구조정 1대 등 장비 12대를 투입해 수색에 나섰다. 현재 소방당국과 경찰, 해경이 함께 수색작업을 벌이고 있다.(경인일보, 2020.06.30.)

• **인천 경인 아라뱃길서 여성 시신 발견… 극단 선택 추정**: 2일 오전 8시쯤 인천시 계양구 목상교 인근에서 한 여성 시신이 발견됐다. 앞서 경찰은 지난 6월 30일 오전 4시 32분쯤 목상교 인근에서 차량 한 대가 주차돼 있다는 행인 신고를 받고, 차량 주인인 A씨의 행방을 찾고 있었다. 경찰은 이날 발견된 여성을 A씨로 추정하고 있다. 경찰 관계자는 "오전에 시신이 발견돼 현재 조사 중"이라며, "자세한 건 밝힐 수 없다."고 말했다. 현장에 유서는 없는 것으로 알려졌다. 경찰은 지난달 30일 오후 1시 29분쯤 경인 아라뱃길 청운교에서 추락한 B(30, 남)씨도 찾고 있다. 현장에선 "경제적으로 힘들다."는 내용이 담긴 핸드폰이 발견됐다. 경찰은 해당 남성과 여성이 추락한 시간과 장소가 달라 연관성 여부는 없다고 밝혔다. 경찰과 소방은 B씨를 수색 중이다.(동아일보, 2020.07.02.)

〈그림 4.60〉 강화대교(search.naver.com)

〈그림 4.60〉은 인천광역시 강화군의 강화대교(해상교, 보·차도)이다. 이 교량은 강화군 강화읍 갑곶리에서 경기도 김포시 월곶면 포내리까지 연결하는 연륙교이며, 1997년에 개통되었다. 원래 1970년에 개통된 기존의 교량인 강화교가 노후화되어 새로 건설된 교량이다. 총 연장은 780m, 폭은 19.5m, 차선은 4차로, 경간 수는 13개(최대 경간장 60m), 상부구조는 Steel Box Girder, 하부구조는 라멘식 기초 강관말뚝으로 된 이 교량은 1993년 8월에 공사를 시작해 1997년 8월에 완공되었다. 이 교량의 개통으로, 1969년도에 준공되어 사용하던 노후화된 기존의 옛 강화대교는 폐쇄되었다. 이 교량의 건설로, 종전 평균 30분이 걸리던 도강 시간이 3분으로 단축되었다(ko.wikipedia.org).

〈그림 4.60〉의 투신 수단으로 인한 자살의 사건과 관련한 대표적 내용의 언론·매체 등의 기사는 다음과 같다.

- **(쌍고동)강화대교서 20대 남, 자살 소동 수색 중**: 7일 오전 5시 30분쯤 인천시 강화군 갑곶리 강화대교 중간 지점 교각에서 김(29, 김포시 통진면)모씨가 교량 난간을 오르내리며, 약 3시간 동안 자살 소동을 벌여 경찰, 소방관, 군 장병 등 40여 명이 비상 출동하는 소동. 인천 강화경찰서에 따르면, 김씨는 경찰에 전화를 걸어 "헤어진 애인(30)을 데려오지 않으면, 바다에 투신자살하겠다."고 말한 뒤 자살 소동. 경찰은 구조 장비를 동원, 만일의 사태에 대비하는 한편, 위태로운 상황을 연출한 김씨를 설득해 이날 오전 9시쯤 간신히 구조.(인천일보, 2006.08.08.)

- **강화서, 강화대교 난간 자살기도자 구조**: 19일 오후 9시 30분쯤 강화대교에서 직장의 문제 및 신변비관으로 자살을 시도하려던 20대 남성이 경찰의 신속한 출동과 설득으로 구조됐다. 강화경찰서 심도파출소는 "한 남성이 강화대교 난간에서 뛰어내리려 하고 있다."는 신고를 받고 신속하게 현장 출동했다. 현장에 도착한 경찰은 강화대교 난간에서 자신의 신발과 소지품을 정리해 놓고 뛰어내리려던 K(22, 인천 주안)씨의 몸을 붙잡아 제지했다. 하지만, K씨는 격렬하게 저항하며, 출동한 경찰의 다리를 붙잡아 넘어트리고 밀치는 등 구조의 과정에서 자칫 난간 쪽으로 경찰과 함께 떨어질 수 있는 위험한 상황이 벌어졌다. 경찰은 K씨를 제지하고 파출소로 동행해 진심 어린 마음으로 회유하고, 안전하게 보호자에게 인계했다. 조사 결과, K씨는 평소 조울증 증세가 있으며, 이날 자살을 암시하는 유서를 소지하고 있었다.(매일일보, 2014.02.20.)

- **해병대, 강화대교 투신 여성 구했다**: (초소 경계근무 해병대원 예의 주시, 뛰어내리자 해병 2사단 신속 대응, 고속단정 투입… 무사히 구조 성공) 인천 강화군 강화대교에서 투신한 40대 여성이 해병대 2사단의 신속한 대처에 목숨을 구했다. 해병이 이처럼 빠른 대응으로 소중한 목숨을 구할 수 있었던 건 평

소 경계근무에 소홀함 없이 훈련해 왔기 때문이다. 12일 해병대 2사단 등에 따르면, 11일 오전 11시 6분께 인천시 강화군 강화대교에서 A씨(47, 여)가 뛰어내렸다. A씨의 모습을 가장 먼저 발견한 건 초소에서 경계근무를 하던 해병대원이다. 해병대원은 A씨가 강화대교를 서성이자 이상한 낌새를 느끼고 그를 주시했다. 또 이 같은 상황을 발 빠르게 상부에 보고해 사고 시 바로 대응할 수 있도록 준비를 마쳤다. 평소 해양경계 작전 부대인 만큼 거듭한 훈련으로 모든 대원들이 주위 경계업무에 익숙했기 때문에 가능한 일이다. A씨가 강화대교에서 몸을 던진 순간 해병 2사단은 빠르게 움직였다. 우선 염하강 기동대 고속단정과 해안 경계부대대원을 즉시 현장으로 급파했다. 이런 유형의 사고는 통상 해경이 담당하지만, 머뭇거릴 시간이 없다고 판단해 출동을 지시한 것이다. 현장에 도착한 대원들은 물속에서 허우적거리는 A씨를 빠르게 구조했다. A씨는 저체온증 증세를 보여 인근 병원에서 치료를 받았고, 생명에는 지장이 없는 것으로 알려졌다. 한편, 경찰 관계자는 A씨가 극단적 선택을 한 이유와 관련해 "수사 중이며, 사유는 밝힐 수 없다."고 말했다.(경기일보, 2019.11.12.)

• **인천 강화대교서 20대 남성 휴대폰만 남기고 실종**: 신변을 비관하는 말을 남긴 20대 남성이 인천 강화대교에 휴대전화만 남기고 실종돼 경찰이 수색에 나섰다. 11일 인천 강화경찰서에 따르면, 전날 오후 6시 57분께 인천시 강화군에 거주하는 A(28)씨가 실종됐다는 신고가 접수됐다. 신고자인 A씨의 사촌 형 B씨는 "사촌 동생이 며칠 전 금전 관계로 힘들다는 얘기를 한 뒤 연락이 두절됐다. 동생을 찾아 달라."고 경찰에 도움을 요청했다. 경찰은 A씨의 휴대전화 위치를 추적해 강화대교 김포 방면 100m 지점 보행로에서 A씨의 휴대전화를 발견했다. 그러나 다른 물품이나, 흔적은 찾지 못했다. 경찰은 A씨가 강화대교에서 투신했을 가능성이 있다고 보고, 해양경찰·소방대원·해병대원 등 인력 40여 명과 고무보트 2대 등 장비를 동원해 일대를 수색하고 있다. 경찰 관계자는 "A씨의 투신을 단정할 수 없지만, 투신했다면, 구조가 시급하기 때문에 수색을 서둘러 시행했다."며, "A씨의 휴대전화가 발견된 지점을 비추는 CCTV 영상을 확보해 정확한 경위를 조사할 방침"이라고 말했다.(연합뉴스,

2020.02.11.)

• **강화대교 갯벌서 숨진 채 발견된 20대 남… 인천해경, '극단적 선택' 결론**: 인천해양경찰서는 지난달 3일 강화대교 인근 갯벌에서 시신으로 발견된 A(28, 남)씨가 평소 생활고에 시달리던 중 극단적 선택을 한 것으로 보고, 내사를 종결했다고 20일 밝혔다. 앞서 지난 2월 A씨의 사촌 형 B씨는 "동생이 갑자기 사라졌다."며, 경찰에 신고했으나, 지난달 3일 오후 4시 14분께 A씨는 강화대교 인근 갯벌에서 시신으로 발견됐다. 해경은 정확한 사건경위를 파악하기 위해 사건 현장 주변에서 발견된 A씨의 핸드폰과 CCTV 영상 등을 확보해 분석했다. 당시 입수한 핸드폰을 디지털 포렌식 장비 등으로 분석했으나, 유서 형태의 문자 등은 발견되지 않았다. 하지만, 해경은 CCTV 영상을 B씨와 지인들이 직접 나서서 확인한 결과, 영상 속 인물을 A씨라고 판단했다. A씨가 강화대교서 투신하기 직전 머물고 있던 숙박업소 관계자와 마지막 통화를 한 사실도 확인했다. 통화 중 그는 "바다 쪽으로 나와 있다."라는 마지막 말을 남긴 채 연락이 두절 됐다. 해경 관계자는 "조사 결과, A씨의 사인은 익사로 밝혀졌다."면서 "사건이 일어나기 전 A씨가 생계 곤란 등의 이유로, 강화대교 위에서 투신한 것으로 보인다."고 말했다.(중부일보, 2020.04.20.)

• **인천 강화대교서 "사람 추락" 신고… 해경 수색 중**: (밤샘 수색작업 추락자 발견 못해) 인천 강화대교에서 추락사고가 발생해 해경이 수색작업을 벌이고 있다. 7월 6일 인천해양경찰서에 따르면, 전날 오후 9시 33분께 인천 강화군 강화대교에서 투신으로 추정되는 추락사고가 발생했다는 신고가 접수됐다. 사고가 난 곳은 강화군 강화읍 갑곶리 강화대교 7번 교각이다. 신고를 받은 해경은 중부지방해양경찰청 특공대, 인천서 공기부양정, 인천구조대 등을 현장에 투입했다. 또한 민간어선에도 수색을 요청했다. 인천해경은 초지대교 방향으로 수색했으나, 유속이 강해 추락자를 발견하지 못했다. 이에 인천해경은 중부해경청 특공대, 항공기, 인천해경서 경비함, 공기부양정, 파출소 연안구조정 등을 투입해 추락자를 찾고 있다.(일간경기, 2023.07.06.)

〈그림 4.61〉 문의대교(search.naver.com)

〈그림 4.61〉은 청주시 상당구의 문의대교(호수교, 보·차도)이다. 이 교량은 1980년 상당구 문의면 대청호 위에 왕복 2차로, 폭 10m, 총 255m 연장으로 설치했으며, 청주 문의와 대전 신탄진을 잇는다. 평균 수심이 10여 미터에 교량의 교각 높이도 30여 미터에 이른다. 이러한 교량에서는 개통 이후, 이곳에서 목숨을 잃은 사람만 투신한 청주시청 소속 A사무관까지 39명에 이른다. 그러나 인양을 하지 못한 사체까지 고려하면, 실제 투신자살 건수는 이보다 많을 것으로 추산된다. 이 교량에 자살이 늘어나면서 청주시는 CCTV 2대와 추락 감지센서 8개를 설치했으나, 뚜렷한 예방의 효과는 거두지 못하고 있다. 이에 투신을 물리적으로 차단하는 방안을 검토하고 있다(ko.wikipedia.org).

〈그림 4.61〉의 투신 수단으로 인한 자살의 사건과 관련한 대표적 내용의 언론·매체 등의 기사는 다음과 같다.

- **청주 문의대교서 40대 남성 또 투신**: (시신 발견… 차에 유서 남겨) 청주시 문의대교에서 또다시 40대 남성이 투신해 숨졌다. 경찰에 따르면, 지난 5일 자정 문의대교 인근에 사는 주민 A씨는 문의대교 인근에 정차돼 있는 차량을 수상히 여겨 경찰에 신고했다. 차량 내부에서는 B(46)씨가 작성한 것으로 보이는 유서와 핸드폰 등이 발견됐다. 경찰과 소방당국은 B씨가 대청호에 투신했을 가능성을 열어두고, 이날 오전 8시 30분부터 인근을 수색에 나섰으며, B씨는 다음날 오전 11시경 문의대교 인근 대청호에서 숨진 채 발견됐다. 경찰은 B씨의 가족 등을 상대로, 정확한 투신 원인 등을 조사하고 있다. 앞서 지난달 20일에도 문의대교 인근 대청호에서 C(33)씨의 시신을 119구조대원이 발견해 인양하기도 했다. 한편, 문의대교에서 투신자살이 잇따르면서 충북도는 문의대교에 자살예방 시설 설치를 위한 설계 용역을 추진하고 있으며, 내년도 본예산에 사업비를 반영, 내년 상반기 중에 추락방지용 시설 공사를 마친다는 구상이다.(충청투데이, 2017.08.06.)

- **'자살다리' 청주 문의대교… 예방펜스 착공 일에 또 자살**: "어머니를 죽였다."는 문자 메시지를 남긴 40대 남성이 12일 오전 9시 7분 청주 문의대교에서 투신했다. '자살다리' 오명 쓴 청주 문의대교. 청주시 CCTV 관제센터 직원들은 이 남성이 다리 아래로 떨어지는 장면을 지켜봤지만, 목숨을 구하지는 못했다. 대청호를 가로질러 건설된 문의대교에서는 오래전부터 자살사건이 잇따라 발생했다. 작년 6월에는 청주시 사무관급 공무원이 투신한 일도 있다. 인적이 드물고, 난간 높이가 90cm인 반면, 교각 높이는 30m에 달한다. 청주시는 지난해 7월 자살방지 시설물 보강 공사를 시행, 다리 양쪽 끝에 있던 회전형 카메라 2대를 양방향 근접 촬영이 가능하도록 중앙으로 옮겼다. 야간 촬영이 가능하도록 투광기 2대를 추가 설치했고, 다리 난간에 감지센터 8개를 설

치했다. 이 센서에 사람이 감지되면, 카메라 촬영이 시작되고, '가족을 생각하라'는 내용의 방송이 송출된다. 문의대교에서는 40대 남성이 손으로 난간을 잡은 12일 오후 9시 7분부터 4분 동안 자살예방 방송이 나갔지만, 그의 자살을 막지는 못했다. 충북도는 문의대교에서의 자살을 예방하기 위해 추락방지용 시설물 설치 사업을 추진 중이다. 사람이 손과 발을 이용해서는 올라갈 수 없는 펜스를 설치하는 것인데, 올해 본 예산에 3억 8,000만 원이 반영됐다. 공교롭게도 40대 남성이 자살한 이 날은 문의대교 펜스 착공 일이었다. 255m의 문의대교 전체에 높이 2m의 펜스를 설치하는 사업인데, 내달 초순이나 중순께 준공 예정이다. 충북도 관계자는 "펜스 설치가 마무리되면, 문의대교는 자살다리라는 오명을 벗게 되겠지만, 착공 일에 자살사건이 발생해 안타깝다."고 말했다.(연합뉴스, 2018.03.12.)

• **청주 문의대교에서 또… 자살예방 '3분 시스템' 무용지물**: (12일 오전 ㅊ(40)씨 또 자살, 올해 들어 두 번째 다리 접근 때 관제센터 자동신고 시스템 작동 안 해) 청주 문의대교에서 또 자살사건이 났다. 그러나 충북도·청주시·충북 경찰 등이 구축한 자살예방 '3분 시스템'은 작동하지 않았다. 12일 오전 8시 58분께 누군가 문의대교 부근에 차를 세웠다. 9시 3분께 차에서 내려 다리 쪽을 향했다. 38초 뒤 다리 초입 감지기가 울렸고, 50m 정도를 더 걸어 9시 7분께 그는 대청호로 뛰어내렸다. 그는 이날 오전 11시께 인양됐으며, ㅊ(40)씨로 드러났다. 청주 청원경찰서 소속 경찰관과 청원구청 직원 등은 청주시 청원구청 CCTV 관제센터에서 이 장면을 지켜봤다. 경찰은 ㅊ씨가 투신한 뒤에야 전화로 112와 119에 알렸다. 이 경찰관은 "남자가 차를 세운 뒤 다리 쪽으로 걸어가다 갑자기 뛰어내렸다. 애초 자살 징후가 보이지 않아 곧바로 신고하지 않았다. 손을 쓸 수 없었다."고 말했다. 9시 9분께 상황전파를 받은 충북지방경찰청 상황실은 곧바로 문의파출소에 알렸으며, 주변에 있던 순찰차가 현장에 출동했다. 하지만, 이미 늦은 뒤였다. 청주시와 충북 경찰 등은 누군가 다리로 접근하면, 자동으로 관제센터에 알려 3분 안에 경찰이 출동하는 시스템을 구축했다. 1980년 준공 뒤 지금까지 40여 명이 숨져 '자살다리'로 불린다. 지

난 1월 13일에도 20대 남성이 뛰어내렸다. 충북도·청주시·경찰 등은 지난해 8월 문의대교 자살예방 안전조처를 보강했다. 24시간 관찰 회전형 카메라, 접근 자동 감지 센서, 경광등 등을 설치했다. 차량이 서거나, 누군가 다리에 접근하면, 감지 센서가 작동해 관제센터 CCTV에 장면이 뜨고, 112·119신고를 하면, 2.6km 떨어진 문의파출소에서 3분 안에 출동해 자살을 막는 시스템을 갖췄다. 하지만, 이날 시스템은 작동하지 않았다. 기계는 제때 작동했지만, 경찰 등은 안이했다. ㅊ씨가 주차했을 때, 다리 초입에 접근했을 때, 자살 지점에 이르렀을 때 모두 3차례 관제센터에 경보가 울렸지만, 상황실은 신고도, 전파도 하지 않았다. 투신하기까지 8분 48초의 시간이 흘렀다. 관제센터 근무 경찰은 "평소 사진 촬영 등을 하는 시민이 많다. 자살할 줄 몰랐다."고 했다. 애초 이 '3분 시스템'과 함께 설치하기로 검토한 자살예방 안전 울타리는 아직 설치되지 않았다. "3억 8,000만 원을 들여 안전책(2m)과 난간 등을 다음 달까지 설치할 계획"이라고 밝혔다.(한겨레, 2019.10.19.)

• **청주 문의대교 인근 대청호서 50대 숨진 채 발견**: (청주 CCTV 통합관제센터 확인 후, 경찰 신고) 14일 오전 9시 19분쯤 충북 청주시 상당구 문의면 문의대교 인근 대청호에서 50대로 추정되는 여성이 숨진 채 발견됐다. 충북소방본부 등에 따르면, 청주시 CCTV 통합관제센터는 이날 오전 4시 29분쯤 이 여성이 승용차에서 내려 대청호에 들어가는 모습이 찍힌 CCTV를 확인한 뒤 경찰에 신고했다. 신고를 받고 출동한 경찰과 119구조대원들은 문의대교 대청댐 방향 대교 10m 아래 부근에서 시신을 발견했다. 경찰은 이 여성의 신원과 정확한 경위를 조사하고 있다. 청주시 CCTV 통합관제센터는 문의대교 사고 예방을 위해 CCTV를 설치해 실시간 확인하고 있다.(뉴스1, 2021.12.14.)

〈그림 4.62〉 서해대교(search.naver.com)

〈그림 4.62〉는 경기도 평택시와 충청남도 당진시의 서해대교(해상교, 차도)이다. 이 교량은 서해안고속도로 구간 중 충청남도 당진시 송악읍과 경기도 평택시 포승읍을 연결하는 서해에 위치한 교량이다. 서해안 시대 국가 물동량의 수송을 원활하게 해주어 지역경제 활성화에 도움을 주고 있다. 1993년 11월 착공해 2000년 11월 10일 개통되었으며, 도로는 6차로(31.4m)이고, 총 연장은 7,310m로, 한국에서 총 연장은 세 번째로, 교량의 길이만으로는 두 번째로 긴 교량이다. 주탑의 외형은 보물 제537호 아산 읍내동 당간지주를 본떠 설계했으며, 관광지로 조성되고 있는 행담도를 가로지른다. 신공법에 따른 기술의 축적으로, 교량 기술을 한층 더 높이게 된 교량이다(ko.wikipedia.org).

〈그림 4.62〉의 투신 수단으로 인한 자살의 사건과 관련한 대표적 내용의 언론·매체 등의 기사는 다음과 같다.

- **서해대교 투신자살 올 들어 5건… "더는 안 돼."**: 국내 해상 다리 가운데 두 번째로 긴 충남 당진의 서해대교(길이 7.31km)에서 투신자살 사건이 최근 들어 빈발하고 있어 관계기관이 바짝 긴장하고 있다. 한국도로공사 당진지사와 태안해양경찰서에 따르면, 9일 오전 10시 20분경 당진군 송악면 서해대교 중간 지점 밑 바다에서 서(46, 충남 천안시)모씨가 숨진 채 발견됐다. 태안해경은 이날 오전 6시 40분경 "서해대교 상행선 중간 지점 갓길에 승용차만 있고 운전자는 없다."는 신고를 받고 서해대교 밑 수색에 나서 서씨의 익사체를 발견했다. 승용차는 서씨의 것으로 확인됐다. 이에 앞서 1일 오전 4시 41분경 서해대교 하행선에서 김(39, 경기도 안산시)모씨가 바다로 뛰어내려 1주일 만에 익사체로 발견됐다. 지난달 23일에는 홍(27, 경기도 수원시)모씨가 투신자살했다. 김씨의 경우 자녀 두 명을 태운 승용차를 다리의 갓길에 세운 채 자신만 차 문을 열고 나와 투신하는 장면이 도로공사 CCTV를 통해 그대로 목격됐다. 도로공사 관계자는 "CCTV를 보고 있는데, 김씨가 갑자기 이상한 행동을 보여 직원들을 급히 출동시켰으나, 현장에 도착했을 땐 이미 상황이 종료된 뒤여서 아이들만 데리고 왔다."고 말했다. 이들 기관들에 따르면, 서해대교 투신사건은 올 들어 5건, 지난해 2건 등 2000년 11월 개통 이후, 모두 9건이 발생했다. 서해대교가 고속도로(서해안고속도로) 상의 다리이기 때문에 제지할 수 있는 행인이 많지 않은 데다 다리 난간의 높이가 1.3m로 낮아 몸을 던지기가 용이해 자살사건이 잇따르고 있는 것으로 관계기관들은 분석했다. 도로공사 관계자는 "일부에서는 투신자살을 막기 위해 난간을 높여야 한다고 주장하고 있지만, 구조물을 추가할 경우 하중이 높아져 다리가 바닷바람을 견딜 수 없다는 지적도 만만치 않다."며, "일단 다리에 설치된 CCTV(현재 4대)를 늘리고, 모니터와 순찰을 강화할 계획"이라고 말했다.(동아일보, 2009.10.09.)

• **서해대교 아래 30대 남성 숨진 채 발견**: 오늘 새벽 4시 50분쯤 경기도 평택과 충남 당진을 잇는 서해대교 아래에서 35살 이모씨가 숨진 채 발견됐습니다. 평택해양경비안전서는 "오늘 새벽 3시 30분쯤, 서해대교 서평택 방면 갓길에 승용차가 시동이 걸린 채 서 있다는 신고를 받고 출동해 한 시간여 만에 숨진 이씨를 발견했다."고 밝혔습니다. 해경은 이씨가 승용차 안에 "귀신이 자신을 따라다닌다."는 내용의 유서를 남긴 점으로 미뤄 스스로 목숨을 끊은 것으로 보고, 정확한 사망경위를 조사하고 있습니다.(MBC, 2016.12.12.)

• **서해대교 바다 위 남성 1명 투신 해양 경찰, 소방당국 수색⋯ 1시간 만에 생존 상태로 구조**: 서해대교 위에서 신원 미상의 남성이 투신해 해양경찰이 남성을 찾기 위해 수색 중이다. 5월 16일 오후 5시 13분경 서해안고속도로 목포 방향 서해대교 초입에서 다리에 진입한 승용차 한 대가 정차한 후, 남성 한 명이 내렸고, 곧바로 승용차는 출발했다. 서해대교 다리 위에서 차에서 내린 35세 A모씨는 잠시 다리를 서성이다가 곧바로 30m 다리 아래로 투신한 것으로 전해졌다. A씨는 택시를 이용해 행담도 휴게소까지 이동한 후, 투신 장소까지 걸어간 것으로 전해졌다. 사고 접수 후, 출동한 평택해양경찰과 소방당국은 투신한 남성을 찾기 위해 사고현장 일대를 수색했다. 평택해양경찰과 소방당국은 신속하고 정밀한 수색 끝에 투신 남성을 생존 상태로 구조해 병원으로 이송해 치료를 받고 있으며, 생명에는 지장이 없는 것으로 알려졌다. 이날 투신 남성의 수색에서 평택해양경찰과 소방당국의 합동 구조의 작전이 빛을 발휘해 공이 큰 것으로 평가되고 있다.(청주일보, 2020.05.16.)

• **서해대교 투신 50대 남성 숨진 채 발견**: (평택해경, 4월 27일 새벽 신고 접수 후, 수색, 오전 11시 12분 의식·호흡 없는 상태로 구조) 서해대교에서 투신한 50대 남성 A모씨가 인근 해상에서 숨진 채 발견됐다. 평택해양경찰서는 지난 4월 27일 오전 5시 19분경 서해대교 목포 방향 277km 지점 갓길에 승용차가 정차해 있고, 자살이 의심된다는 신고를 접수했다. 이후, 서해대교 CCTV를 통해 오전 3시 30분 한 남성이 승용차를 갓길에 세운 뒤 투신한 사실을 확인했

으며, 경비함정 3척, 연안구조정 2척, 평택구조대, 중부지방해양경찰청 인천항공대 헬기, 민간구조대를 급파해 수색구조작업을 진행했다. 평택해경은 이날 오전 11시 12분경 경비함정이 서해대교 인근 해상에서 의식과 호흡이 없는 상태의 남성 A씨를 발견하고 구조했다. 평택해양경찰서는 오전 11시 45분 신원확인을 거쳐 평택 인근 병원으로 이송했으며, 가족 등을 상대로, 자세한 사고 경위를 조사할 예정이라고 밝혔다.(평택시사신문, 2023.05.03.)

〈그림 4.63〉 백제교(search.naver.com)

〈그림 4.63〉은 충청남도 부여군의 백제교(강교, 보·차도)이다. 이 교량은 부여군 부여읍 동남리와 규암면 규암리를 연결하는 백마강 교량이다. 길이 812.72m, 너비 12.50m로, 1965년 4월에 착공해 1968년 10월에 완공했다. 2차선 차도와 인도가 설치되어 있다. 예전에는 규암나루가 있어 두 사람이 겨우 통행할 수 있게 만든 배다리가 있었으나, 장마철에 백마강이 범람하면, 사람의 통행이 불가능해 교통상의 불편이 많았다. 이 교량의 건설로, 금강을 건너는 시간상의 단축 및 사람과 물자의 대량 수송이 가능해져 이 일대의 괄목할 만한 발전을 가져왔다. 특히 금강유역의 넓은 평야에서 생산되는 쌀 및 고등소채와 이곳 특산물인 인삼 등의 유통에 큰 기여를 가져왔다(encykorea.aks.ac.kr).

〈그림 4.63〉의 투신 수단으로 인한 자살의 사건과 관련한 대표적 내용의 언론·매체 등의 기사는 다음과 같다.

- **부여 백제교 투신 30대 여성 극적 구조**: 심야를 틈타 부여 소재 백제교 아래로 투신하려던 30대 여성을 발견, 경찰이 극적으로 구조했다. 23일 부여경찰서에 따르면, 예하 백강지구대는 22일 오후 10시께 야간순찰 근무 중 비명을 지르며, 백제교 아래로 투신하려 한다는 112지령을 받고 현장으로 출동, 긴급 수색작업을 전개했다. 경찰은 때마침 백제교 밑으로 뛰어내리기 위해 맨발로 비명을 지르며, 다리 난간 쪽으로 달려가는 이(34, 부여군 규암면)모씨를 발견, 완강히 저항하는 여성을 제지해 귀중한 생명을 구할 수 있었다. 부여경찰서 112주간 상황실장은 "어려운 삶에 지친 상당수 자살 기도자들이 유서 깊은 백제교를 악용하는 사례가 빈번한 것으로 분석되는 만큼 CCTV가 설치됐지만, 효율적인 자구책을 모색 중"이라며, "유사 지역의 수범사안을 벤치마킹할 계획"이라고 전했다.(환경방송, 2013.04.23.)

- **부여경찰, 백마강 뛰어든 자살 기도자 극적 구조**: 10일 오후 2시 자살을 시도하기 위해 부여 백마강으로 뛰어든 자살 기도자가 극적으로 구조됐다. 부여경찰서 교통관리계는 '누군가가 백제교 난간에 서 있는데, 위험해 보인다.'는 신고를 받고 일대 수색 중 마을 주민이 "백마강에 사람이 빠져 허우적거리고 있다."는 다급한 구조 요청을 듣고, 현장에 신속히 출동했다. 자살 기도자 A씨가 물속에서 "살려 달라."고 외치는 모습을 목격하고, 그대로 강물 속(약 20m)으로 뛰어들어 A씨를 무사히 구조해 119에 인계했다. "촌각을 다투는 급박한 상황에서 무사히 구조할 수 있어 정말 다행이고, 이럴 때 경찰관으로서 보람을 느낀다며, 앞으로 국민의 생명을 지키기 위해 더욱더 열심히 근무하겠다."고 경찰은 밝혔다.(백제뉴스, 2016.08.10.)

- **백제교 투신 50대 여성은 인근 병원 간호조무사… 투신 전 방화도**: 충남 부

여군 소재 백제교에서 금강으로 투신한 50대 여성이 출동한 소방당국에 의해 구조됐다. 40대 남성이 지난달 같은 장소에서 구조된 뒤 채 한 달이 지나지 않은 시점이다. 22일 부여소방서와 경찰 등에 따르면, 전날 오후 7시 25분께 백제교에서 사람이 다리 밑 금강으로 투신했다는 신고가 접수됐다. 지나가던 행인이 투신하는 장면을 목격해 경찰에 신고했고, 공동대응 요청을 받은 소방당국 구조대가 현장에 출동했다. 구조대 도착 당시 강변(규암 수북정)에서 약 100여 미터 떨어진 강물 위에 A씨가 떠 있는 상황이었다. 즉시 구조대원들이 수영으로 접근해 여성을 무사히 구조했다. 소방 관계자는 "A씨는 구조 당시 물 위에서 움직임을 보이고 있었다."며, "구조대원 세 명이 수영으로 A씨에게 접근해 무사히 구조했다."고 말했다. A씨는 투신 이후, 소방당국에 의해 20여 분 만에 구조되면서 다행히 목숨을 건졌다. 구조 당시 A씨는 의식이 있었지만, 저체온증 등 징후가 있어 논산 백제병원으로 긴급 이송됐으나, 현재 중환자실에 입원 중이다. A씨는 투신 장소 인근 한 병원에서 근무하던 간호조무사로 투신 직전 신경안정제를 복용한 것으로 확인됐다. 경찰 관계자는 "A씨가 투신 전 신경안정제 4알을 복용한 것을 A씨 가족을 통해 확인했다."며, "현재 가수면 상태여서 하루 이틀 상태를 지켜봐야 하고, 생명엔 지장 없다는 게 병원의 판단"이라고 말했다. 그러면서 "A씨는 투신 직전 자신이 근무하던 병원 인근 컨테이너에 불을 낸 혐의도 받고 있다."며, "A씨가 안정을 찾는 대로 방화 규명 및 투신경위를 조사할 예정"이라고 덧붙였다. (뉴스1, 2021.05.22.)

- **부여 백마강교 투신자살 30대 남성 구조**: 부여소방서는 지난 5월 1일 오전 11시 11분께 백마강교에서 발생한 수난사고 신고를 받고 출동해 요구조자 1명(30, 남)을 구조했다. 소방서에 따르면, 백마강교에서 투신한 사람이 교각에 매달려 있다는 신고를 받고 현장에 출동했다. 구조대 도착 전 현장에 도착한 현장지휘 팀은 더 이상 지체할 경우 요구조자가 위험하다고 판단되어 선착장에 묶여 있던 낚싯배를 이용하여 요구조자에게 다가갔다. 요구조자에게 다가간 소방사는 요구조자를 낚싯배 위로 끌어올려 상태를 확인한바, 다행히 신속한 구조로, 요구조자 상태는 양호했다. 그 후, 구조대의 전동 서핑보드를 통해

낚싯배를 인양해 구급대에게 안전하게 인계했다. 부여소방서장은 "위급한 상황에서 침착하게 대처한 직원에게 감사를 표한다."며, "부여소방서 전 직원은 군민 여러분에게 항상 힘이 되고, 언제 어디서나 따뜻한 안전지킴이 역할을 충실히 실천하겠다."고 전했다.(금강뉴스, 2023.05.02.)

〈그림 4.64〉 금강(철)교(search.naver.com)

〈그림 4.64〉는 충청남도 공주시의 금강(철)교(강교, 보·차도)이다. 이 교량은 일제강점기인 1933년에 건설되었으며, 등록문화재 제232호로 지정된 교량은 국도의 일부이다. 1932년 공주에 있던 충청남도청이 대전으로 이전하면서 그 보상으로 건설되었다. 과거에는 공주 시내에 있는 유일한 금강의 교량이었지만, 이후, 백제교, 공주대교, 웅진대교가 건설된 이후에는 오래된 교량이라는 역사적 의미만 있다. 원래 양방향 통행이 모두 가능한 교량이었으나, 2009년 1톤 트럭이 교량 아래로 추락하는 사고가 발생한 이후, 보수 공사를 했다. 이후로 자동차는 신관동에서 공산성 방향으로만 통행할 수 있고, 반대의 방향은 자전거 도로로 활용되고 있다(ko.wikipedia.org, namu.wiki).

〈그림 4.64〉의 투신 수단으로 인한 자살의 사건과 관련한 대표적 내용의 언론·매체 등의 기사는 다음과 같다.

- **공주 금강교 신병비관 투신자살**: 17일 오전 4시경 충남 공주시 금강교에서 A(25, 남, 공주시 신관동)모씨가 다리 아래로 뛰어내려 숨지는 사고가 발생했다. 경찰에 따르면, A씨는 이날 새벽 금강교에서 사람이 떨어졌다는 신고를 받고 출동한 119구조대에 의해 오전 6시 40분경 사체로 인양돼 공주의료원으로 이송됐다. 경찰은 A씨가 평소 뚜렷한 직업이 없어 생활고에 시달리며, 힘들어 했다는 친구들의 진술을 토대로, 신병을 비관해 스스로 목숨을 끊은 것으로 보고, 자세한 사고경위를 조사 중이다.(뉴스1, 2013.07.17.)

- **'금강교 투신' 신원 미상 남성 12시간 만에 숨진 채 발견**: 16일 오후 7시 40분께 금강교에서 투신한 신원 미상 남성 1명이 12시간 만에 숨진 채 발견됐다. 경찰과 소방당국에 따르면, 17일 오전 8시 16분께 금강(철)교 3번 교각 하류 80m 지점에 수심 4m 아래서 공주소방서 잠수수색대가 시신을 발견했다. 경찰은 신변을 비관한 자살로 추정하고, 정확한 사고경위를 조사하고 있다. 한편, 이번 투신은 8월 들어 공주시 관내 금강변에서 일어난 6번째 수난사고다.(백제뉴스, 2019.08.17.)

- **금강, 어쩌다가 자살 장소로**: (8월 31일 또 투신… 순찰소방관에 구조, 28일 동안 9명 투신… 2명 구조, 7명 사망) 8월 31일 오후 1시 40여 분께 공주 금강교에서 아홉 번째 자살을 시도했으나, 구조됐다. 공주소방서에 따르면, 이날 공산성 곰탑공원 앞 "금강교 수난사고예방 생명지킴이" 순찰초소에서 신관방향 금강교 첫 번째 교각 60m 지점에서 공주시 사곡면에 사는 A(69, 남)모씨가 투신을 시도했으나, 금강교에서 순찰근무 중이던 공주소방서 소방관들에 의해 구조돼 경찰에 인계됐다. 공주소방서와 의용소방대연합회는 합동으로 지난 20일부터 공산성 곰탑 앞에 금강교 수난사고예방 생명지킴이초소를 설치,

매일 오전 8시부터 오후 6시까지는 공주소방서 직원들이 오후 6시부터 10시까지는 공주의용소방대연합회 대원들이 순찰근무를 하고 있다. 최근 8월 3일부터 31일까지 금강에 놓인 다리 위에서는 9명이 투신, 2명은 구조됐고, 7명은 사망했다.(특급뉴스, 2019.09.01.)

· **충남 공주 금강교에서 한 달 새 7명 투신**: 최근 충남 공주 금강교에서 투신사고가 잇따라 '자살다리'란 오명을 쓸 처지에 놓였다는 소식입니다. 지난 1933년 준공한 충남 공주의 금강교입니다. 폭 6.4m, 길이만 513m로, 현재는 1개 차로는 일방통행 도로, 1개 차로는 자전거와 도보용으로 사용 중이라는데요. 그런데 평화롭던 시골 마을의 다리 입구와 주변에는 이렇게 119구급차와 구조대원들까지 상시 대기하고 있습니다. 지난달 3일을 시작으로, 8월 한 달간 무려 7명이 금강교와 그 주변 다리에서 투신해 사망하는 사건이 발생했기 때문인데요. 이에 따라 투신예방 대책을 세운 소방당국과 자치단체가 금강교 지키기에 나섰다고 합니다. 평일 오전 9시부터 다음날 오전 2시까지 119구조대원과 의용소방대가 주축이 돼 하루 세 차례 순찰을 하고 있다고 합니다.(MBC, 2019.09.05.)

· **'공주 금강교 투신' 20대, 수색 6일 만에 인양**: 지난 11월 30일 오후 1시께 공주 금강교에서 극단적 선택을 한 20대가 오늘 5일 수색한 지 6일 만에 인양됐다. 인양에는 공주소방서 119구조대에서 운용 중인 드론이 결정적 역할을 했다. 공주소방서 119구조대는 지난 30일부터 6일간 인력 68명과 장비 25대를 동원해 금강 일원을 수색했다. 인근 논산, 청양, 부여, 서천의 소방서에도 지원을 요청해 금강 하류 지역에서도 전방위적인 수색작업이 이루어졌다. 소방드론과 소방헬기를 이용한 공중수색, 구조보트를 활용한 수상수색, 구조대원 잠수를 통한 수중 수색을 벌이던 구조대는 오늘 14시 23분께 드론으로 요구자를 발견하고, 소방헬기로 접근, 인양을 완료했다. 이를 지켜본 한 시민은 "추운 날씨 속에서 물속에서 수색을 벌이는 구조대원들과 공주해병전우회 회원들에게 고마움을 느낀다."면서 "돌아가신 분의 명복을 빌고, 다시는 이런 사고가 일

어나지 않으면 좋겠다."고 말했다.(백제뉴스, 2021.12.05.)

• **4일 공주 금강교 다리 위 중년여성 A씨 투신 소동**: 4일 18시 14분께 공주시 금강교 남단에서 중년여성 A씨가 투신을 시도, 출동한 119구조대에 의해 구조됐다. 이날 A씨가 금강교 철제구조물 위에 올라가 소동을 벌였다. 이에 소방력 21명과 장비 7대가 긴급 투입되었고, 18시 30분 A씨를 구조 완료했다. 경찰은 A씨를 상대로, 사건경위를 조사하고 있다.(백제뉴스, 2023.09.04.)

〈그림 4.65〉 미호교(search.naver.com)

〈그림 4.65〉는 세종특별자치시 연동면의 미호교(호수교, 보·차도)이다. 연동면 예양리와 충북 청주시 흥덕구 오송읍 동평리를 잇는 미호천의 이 교량은 옛 충청북도 지방도 591호선 구간에 건설되었다. 1994년 5월 25일 공사를 시작해 1995년 11월 22일 완공했다. 미호교 지명은 미호천(美湖川)에서 유래했다. 세종특별자치시의 이 교량은 총 연장 432m, 총 너비 9m의 유효 너비 8m인 왕복 2차선의 교량이며, 높이는 6.5m이다. 교량 기둥인 경간의 수는 28개, 최대 길이는 28m이며, 설계 하중은 DB-24이다. 교량의 상부 구조는 강판형교(SPG)이고, 하부 구조는 기둥형 구주식 교대(RA)로 설계되었다(sejong.grandculture.net).

〈그림 4.65〉의 투신 수단으로 인한 자살의 사건과 관련한 대표적 내용의 언론·매체 등의 기사는 다음과 같다.

• **대덕구, 자살예방 환경조성 나서**: 대덕구는 16일 대전 대덕경찰서와 함께 지역의 주민 등 50여 명이 참석한 가운데 대청대교에서 '자살예방 환경조성을 위한 생명존중 감성문구스티커 부착 행사'를 개최했다. 대덕구 정신건강복지센터와 대전 대덕경찰서는 대청댐 인근 금강수변공원 일대 교량과 산책로에 자살예방 감성문구스티커를 부착하고, 그림자 조명을 설치함으로써 자살률을 낮추고, 자살예방 홍보 기회를 마련하고자 이날 행사를 열었다. 사전 현장 조사를 통해 선정된 대청대교, 대청교, 미호교, 현도교 교량 4곳 양방향에 희망의 메시지 및 자살위기상담전화 안내가 있는 감성문구스티커를 부착했다.(씨티저널, 2019.04.16.)

〈그림 4.66〉 용평대교(search.naver.com)

　〈그림 4.66〉은 전라북도 진안군의 용평대교(호수교, 차도)이다. 상전면 용평리와 구룡리를 연결하는 이 교량은 2002년에 준공된 용담댐 이설 도로에 있는 교량으로, 현 국도 30호선에 속한다. 상전면 용평리에서 시작되므로, 용평대교로 명명되었다. 이 교량의 길이는 550.5m, 폭은 10.5m, 높이는 25m이며, 교각과 이웃하는 교각 사이를 정의하는 경간의 수는 21개이고, 최대 길이는 50m이다. 상부의 형식은 강상자형교이며, 하부의 형식은 구주식으로, 설계하중은 DB-24이다. 2012년 기준 1일 통행량은 총 2,046대, 승용차가 1,477대로 가장 많고, 그 다음으로 소형 화물차 429대, 중형 화물차 73대, 버스 63대, 대형 화물차 4대의 순서이다(jinan.grandculture.net).

〈그림 4.66〉의 투신 수단으로 인한 자살의 사건과 관련한 대표적 내용의 언론·매체 등의 기사는 다음과 같다.

- **용담댐 실종자 집중 수색작업**: 무진장소방서는 26일 지난 25일에 실종된 요구조자를 수중 탐색장비를 이용해 집중 수색작업을 펼치고 있다. 27일 소방서에 따르면, 지난 25일 17시 15분경 딸이 아버지(68, 남, 울산광역시)로부터 자살하고 싶다는 전화를 받아 112에 신고한 공동대응 요청 건이라고 전했다. 실종자 차량이 발견된 진안군 상전면 입구 부근에서 수색작업을 펼쳤으며, 수색 과정 중 실종자가 용평대교 위를 걸어가는 모습이 지나가는 차량의 블랙박스를 통해 확인됐다. 26일 무진장소방서에서는 긴급 구조 통제단을 가동하여 소방 21명·경찰 49명·수자원공사 등 유관기관 12명이 합동해 수색 구조 활동에 만전을 기하고 있다. 26일 09시 40분경 용담댐 선착장 입구에서 실종자의 모자가 발견되었으며, 소방에서 용평대교 아래 수중 수색을 본격 진행하였고, 경찰에서는 용담댐 주변 일대를 수색 중이다.(전북중앙, 2019.08.27.)

- **진안 용담호서 실종된 60대 남, 7일 만에 익사체로 발견**: 지난달 31일 오전 7시 57분쯤 전북 진안군 상전면 용담댐 용평대교 인근 용담호에서 A(68)모씨가 물에 떠오른 것을 수색에 나선 경찰에 의해 발견됐다. 경찰은 이날 본격적인 수중 수색에 나서기 전에 물속에서 A씨를 발견하고, 119구조대의 협조를 받아 A씨의 사체를 인양했다. 경찰과 구조대는 A씨를 찾기 위해 지난달 25일부터 용평대교 일대 용담호에서 수색작업을 진행해 왔다. A씨는 실종 당일인 지난달 25일 오후 3시 57분쯤 딸과 통화에서 극단적인 선택을 암시하는 말을 하고 연락이 두절됐고, 이날 A씨가 쓰고 있었던 모자가 물속에서 발견된 데 이어 A씨의 선산 묘소 인근에서 차량도 발견됐다. 한편, A씨는 실종 당일 오후 시간대 용담댐 용평대교서 지나가던 차량의 블랙박스에 모습이 마지막으로 촬영되기도 했다.(위키트리, 2019.09.01.)

• **진안 용담호의 용담대교서 14일 저녁 40대 치과의사 투신실종**: 용담호의 용담대교 중간 부분에서 40대 치과의사로 알려진 남성 A(40)씨가 10월 14일 저녁 6시 10분경 투신했다. 소방당국은 곧바로 신고를 접하고 실종자 수색에 나섰으며, 현재 현장에는 소방서에서 지휘본부를 설치하고, 보트와 드론을 이용해 실종자를 찾고 있다. 알려진 바에 따르면, 실종자는 전주에서 치과의사로 활동하고 있는 것으로 파악됐다. 실종 당일 가족에게 극단적 메시지를 전하고 나간 것으로 알려졌다. 다리 부근의 공터에 실종자가 타고 온 것으로 보이는 승용차가 주차되어 있고, 다리 중간 부분에 휴대폰과 나란히 신발을 벗어 놓은 채 다리 난간에는 먼지가 닦여진 흔적이 있었다. 수자원공사 용담지사에서 다리 부근에 설치한 CCTV에 투신하는 장면이 확인됐다. 전북경찰청에서도 긴급 대책회의를 갖고, 실종자 수색에 공조하고 있다. 5,500만 원에 달하는 드론을 띄워 용담호 곳곳을 수색하고 있다. 또 보트 위에서도 떠오르는 실종자가 있는지 탐색하고 있다. 관계당국은 실종자가 익사했다면, 가을철이라서 떠오르는 데 1주일가량 소요될 것으로 보고, 수색을 계속하면서 16일에는 잠수부를 동원해 물밑에서 실종자를 찾는다는 방침이다.(mjjnews, 2021.10.15.)

〈그림 4.67〉 운암대교(search.naver.com)

〈그림 4.67〉은 전라북도 임실군의 운암대교(호수교, 보·차도)이다. 임실군 운암면 마암리와 운종리를 연결하는 교량으로, 옥정호수를 횡단하는 교량이다. 이 교량은 2004년 8월부터 7년에 걸쳐 928억 원의 공사비가 투입되었으며, 기존의 운암교(2차로)와는 다른 4차로의 신설 교량으로, 총 연장은 670m, 주경간은 130m, 교폭은 23m, 주탑의 높이는 18m이다. 교량은 다섯 개의 주탑과 황포돛단배의 돛을 상징하는 케이블로 디자인되어 주변의 지형과 최적의 조화를 이루고 있으며, 경관조명의 설치로 인해 호반의 야경을 찾는 많은 관광객들과 지역의 주민들에게 색다른 볼거리를 제공하고 있어 관광명소로도 유명세를 떨치고 있다(krbridge.com).

〈그림 4.67〉의 투신 수단으로 인한 자살의 사건과 관련한 대표적 내용의 언론·매체 등의 기사는 다음과 같다.

- **임실서 호수 투신자살자 수색 중 1년 전 시신 발견**: 전북 임실군의 한 호수에서 투신자살한 20대 남성을 수색하던 중 숨진 지 1년 이상 된 시신이 발견됐다. 22일 전북지방경찰청과 전북도 소방본부에 따르면, 지난 20일 오전 6시 임실군 운암면 운암대교에서 한 남성이 20여 미터 아래 옥정호로 투신했다. 목격자 이(42)모씨는 "악 소리와 함께 20대로 보이는 남성이 옥정호로 뛰어내린 뒤 허우적거려 경찰에 신고했다."고 말했다. 신고를 받은 경찰은 119구조대, 임실군청과 함께 30여 명의 인원과 장비를 동원해 수색작업에 나섰고, 다음 날인 21일 오후 2시 10분께 수심 12m의 펄에 묻혀 있던 시신 한 구를 찾아냈다. "시신을 인양했다."는 소식에 잠시 수색작업이 중단됐고, 전날 투신한 20대일 것이라는 추정이 나오기도 했다. 그러나 경찰의 감식 결과, 이 시신은 사망한 지 1~2년 된 신원 미상의 30대 남성으로 드러났다. 경찰 관계자는 "시신의 부패 정도 등을 종합적으로 판단할 때 하루 전 투신한 20대와는 전혀 다른 제3의 인물"이라며, "펄에 묻혀 있다 보니 오랫동안 물에 떠오르지 않았던 것 같다."고 설명했다. 이에 따라 경찰은 수색작업을 재개하는 한편, 이 30대 남성의 신원과 사인 파악에 나섰다. 경찰 관계자는 "전혀 예상치 못했던 시신을 발굴한 것은 흔치 않은 일"이라며, "자살이나, 타살 등 모든 가능성을 열어놓고 수사를 벌일 계획"이라고 말했다.(한겨레, 2007.08.22.)

- **임실 운암대교서 60대 남, 투신**: 7일 오전 7시 30분께 임실군 운암면 운정리 운암교에서 유(62)모씨가 다리 아래 옥정호로 투신했다. 목격자 최(42, 여)모씨는 "풍덩 하는 소리에 놀라 나가보니 누군가 물속에서 두세 번 허우적거리다 가라앉았다."고 말했다. 경찰은 택시기사인 유씨의 택시가 갓길에 세워져 있고, 차량 안에 유서가 발견됨에 따라 유씨가 스스로 목숨을 끊은 것으로 보고, 정확한 사망원인을 조사 중이다.(전북도민일보, 2008.05.07.)

• **자살 기도자 극적 구조**: 임실경찰서 하운암파출소는 지난 22일 임실군 운암면 운암대교에서 자살 기도자를 극적으로 구조하였다. 전주에 거주하는 모씨는 사업부진과 건강악화를 비관하여 운암대교에서 자살하려는 것을 경찰이 끈질기게 설득한 끝에 자살을 막게 되었다. 자살을 기도하려 한 이 남성은 평소 우울증이 의심되는 상태에서 자살까지 결심하고 운암대교를 찾았으나, 가족들의 신고로 경찰관들은 신속히 출동하여 의심자를 발견하고, 자살기도를 방지하였다. 하운암 파출소장은 "최근 들어 경제가 안 좋은 상황에서 사업에 실패하여 비관 끝에 자살을 기도하려는 사람들이 운암대교를 많이 찾고 있다."며, "가족들은 자살을 의미하는 글이나, 말을 남기고 가출할 경우 가출인의 신속한 위치파악을 하여 경찰관서에 신고하여 미연에 사고를 막아야 한다."고 강조하였다.(전북중앙, 2010.07.26.)

• **운암교에서 60대 남자 스스로 목숨 끊어**: 10일 오후 1시 49분쯤 임실군 운암면 운암교에서 박(62, 전주시 덕진동)모씨가 높이 25m 다리 아래로 떨어져 숨진 채로 발견됐다. 신고자는 "남자가 다리 아래로 뛰어내린 것을 보고 신고했다."고 경찰에 진술했다. 경찰은 박씨가 다리에서 뛰어내려 스스로 목숨을 끊은 것으로 보고 유족 등을 상대로, 정확한 사고의 경위를 조사 중이다.(전라일보, 2012.06.10.)

• **운암대교 50대 여성 떨어져 숨져**: 4일 오전 10시께 임실군 운암면 운종리 운암대교 25m 아래에 최(58, 여)모씨가 떨어져 숨진 것을 남편 조(63)모씨가 발견해 경찰에 신고했다. 남편 조씨와 함께 바람을 쐬러 나온 최씨는 "멀미가 나니 내려 달라."고 말한 뒤 차량에서 내린 것으로 알려졌다. 경찰은 유족들을 상대로, 정확한 사고원인을 조사하고 있다.(전북일보 인터넷신문, 2013.07.05.)

• **임실서 실종 신고된 70대 남… 숨진 채 발견**: 2일 오전 9시 13분쯤 운암대교 인근에서 김(70)모씨가 숨져 있는 것을 실종 신고자를 수색 중이던 경찰이

발견했다. 숨진 김씨는 며칠 전 집을 나가 귀가하지 않아 지난 1일 가족들이 경찰에 실종 신고를 접수한 것으로 알려졌다.(국제뉴스, 2016.12.02.)

• **전북 지역의 건설사 대표, 실종 13일 만에 숨진 채 발견**: 지난 15일 실종된 건설회사 대표 이모씨가 옥정호에서 숨진 채 발견됐습니다. 전북 임실경찰서는 어제 28일 임실군 운암대교 인근 옥정호에서 발견된 시신이 실종된 이씨와 지문이 같다고 밝혔습니다. 경찰은 정확한 사인을 확인하기 위해 오늘 부검을 진행할 예정입니다. 앞서 경찰은 옥정호 주변에서 이씨의 차량을 발견하고, 2주 동안 주변을 수색해 왔습니다. 이씨는 새만금 육상 태양광 선정과 관련한 특혜 의혹으로, 서울북부지방검찰청에서 수사를 받고 있었습니다.(YTN, 2024.04.29.)

〈그림 4.68〉 목포대교(search.naver.com)

〈그림 4.68〉은 전라남도 목포시의 목포대교(해상교, 차도)이다. 목포시에 있는 국도 제1호선의 자동차 전용도로 교량으로, 죽교동과 유달동의 고하도, 허사도를 연결한다. 이 교량은 목포 신외항과 서해안고속도로를 연결하는 목포의 관문으로, 2012년 6월 29일에 개통되었다. 교량은 사장교 형식이지만, 세계에서 두 번째, 한국에선 최초로 시도된 3웨이 케이블의 고난이도 공법을 사용함으로써 한국의 대교 역사에 새로운 획을 긋고 있다. 또한 상판은 초속 67.4m, 주탑은 초속 74.9m의 강풍에도 견딜 수 있게 설계되었다. 북항~고하도 간 총 연장 4.129km를 잇는 왕복 4차로로, 3,346억 원을 투입, 길이 167.5m짜리 주탑 2개, 교각 36개, 상판 슬라브 36경간이 시공되었다(ko.wikipedia.org).

〈그림 4.68〉의 투신 수단으로 인한 자살의 사건과 관련한 대표적 내용의 언론·매체 등의 기사는 다음과 같다.

- **개통 닷새 만에 목포대교서 30대 남, 투신자살**: 개통 닷새밖에 되지 않은 전남 목포대교에서 30대 남성이 투신해 숨졌다. 4일 오후 5시 10분께 목포대교 중간 지점에서 A(33)씨가 바다로 뛰어내렸다. A씨는 곧장 해경에 의해 구조돼 인근 병원으로 옮겨졌으나, 결국 숨졌다. A씨는 투신 직전 119에 전화해 "목포대교에서 해상으로 투신할 사람이 있다."고 말했던 것으로 알려졌다. 해경은 목격자들의 진술을 토대로, 정확한 A씨의 투신경위를 조사 중이다. 한편, 목포대교는 목포시 죽교동 북항과 고하도(신외항)를 연결하는 3.1km 길이의 해상 교량이다. 착공 8년만인 지난달 29일 개통됐다.(뉴스1, 2012.07.04.)

- **목포대교서 30대 여 투신 숨져**: (지난 6월 29일 개통 이후, 3명 자살) 3일 오전 1시 10분께 전남 목포시 충무동 목포대교 중간 지점에서 김(34, 무안군)모씨가 50m 다리 아래로 투신, 숨졌다. 신고를 받은 목포해양경찰은 경비정 5척을 동원, 수색에 나서 이날 5시 25분께 북항 목포해경 신 전용부두 앞 해상에서 김씨의 시신을 인양했다. 목격자 서(43)모씨는 "바람이나 쐬자며, 함께 차를 타고 나와 다리 중간 부분에서 내렸는데, 김씨가 갑자기 투신, 119에 신고했다."고 밝혔다. 해경은 서씨를 상대로, 정확한 사고경위를 조사하고 있다. 지난 6월 29일 개통한 목포대교에서는 이날까지 3명이 투신, 모두 숨졌다.(연합뉴스, 2012.08.03.)

- **'자살대교' 목포대교서 10대 여 투신해 숨져**: 22일 오후 3시께 목포시 죽교동 목포대교 중간 지점에서 A(19, 여)씨가 바다에 뛰어내린 것을 인근을 순찰 중이던 해경 경비정이 발견했다. A씨는 해경에 의해 곧바로 구조돼 119구급차로 인근 병원에 옮겨져 치료를 받았으나, 약 40분 뒤 결국 숨졌다. 해경은 A씨가 신변을 비관해 스스로 목숨을 끊었을 가능성이 높은 것으로 보고, 유족들

을 상대로, 정확한 경위를 조사 중이다. 한편, 목포 북항과 고하도를 연결하는 목포대교에서는 지난해 6월 29일 이후, 모두 8명의 투신사망 사건이 발생했다.(뉴스1, 2013.02.22.)

• **목포대교 '자살대교' 오명… 2년여 동안 투신자살자 12명**: 목포대교가 '자살대교'라는 오명을 얻고 있지만, 적절한 대책 마련 없이 방치되고 있다. 목포대교는 2012년 개통 이후, 투신자살자가 12명에 달했다. 이 중 11명이 숨지고, 1명이 실종됐다. 지난 18일 오전 8시 30분 택시를 타고 목포대교를 지나던 20대 남성(24)이 택시에서 내린 뒤 저지하는 택시기사를 뿌리치고 바다로 투신했다. 목포대교는 보행자 통행은 물론 차량의 주·정차도 금지돼 있다. 하지만, 관리를 맡고 있는 익산지방국토관리청, 목포시, 경찰, 해경 등의 대응이 느슨한 탓에 투신이 이어지고 있다는 지적이 나온다. 이들 기관은 2012년 말 자살예방을 위한 관계기관 대책회의까지 열고, 후속대책을 논의했지만, 서로 책임을 떠넘기느라 현실적인 대안을 내놓지 못하고 있다. 목포시나, 경찰은 "해경이나, 익산지방국토관리청의 소관"이라는 입장을 보이고 있는 반면, 해경은 "투신자의 구조나, 수색이 우리의 임무"라고 맞서고 있다. 지금까지의 자살방지 대책은 익산지방국토관리청이 지난 7월 CCTV 14대를 설치하고, 양쪽 다리 입구에 보행자 통제 장치를 해놓은 것이 고작이다. 그러나 자살자들이 교량 갓길에 차량을 세워놓고, 1.3m 높이의 난간을 넘어 바다로 뛰어내리거나, 다리 입구에서 몰래 걸어 들어가 몸을 던지고 있어 감시·통제 장치는 무용지물이다. 이에 따라 난간 높이를 높이거나, 다리 안팎에 철망이나, 그물망을 설치해야 한다는 지적이 나온다. 감시 요원을 늘리는 한편, 'SOS 생명의 전화' 설치가 필요하다는 목소리가 나오고 있다. 목포경실련 사무국장은 "그동안 자살방지 대책이 수없이 나왔지만, 실행에 옮기지 못하면서 투신자가 늘어나고 있다."고 말했다.(경향신문, 2014.09.23.)

• **목포대교서 40대 남성 투신… 의식불명**: 10일 오후 전남 목포대교에서 투신자살 의심사건이 발생했다. 목포경찰서에 따르면, 이날 오후 2시 54분께 목

포에서 영암으로 향하는 목포대교 1.2km 지점에서 이(40)모씨가 소리를 지르며, 50m 아래 바다로 뛰어내리는 것을 인근에 있던 낚시객 이(45)모씨가 목격하고, 112에 신고했다. 이씨가 투신한 지점은 서해어업관리단이 있는 곳으로, 관리단 소속 어업지도선이 이씨를 발견하고, 곧바로 구조해 119를 통해 병원으로 이송했지만, 의식 불명 상태다. 경찰은 목포대교 CCTV를 분석하는 등 정확한 사건경위를 조사 중이다.(뉴시스, 2016.12.10.)

• **목포대교 아래서 60대 여성 숨진 채 발견… 투신 추정**: 전남 목포대교 해상에서 60대 여성이 숨진 채 발견돼 해경이 수사에 나섰다. 4일 목포해양경찰에 따르면, 오전 9시 51분 즈음 목포대교를 지나가는 차량에서 보행자가 이상하다는 신고를 접수했다. 현장에 도착한 해경은 목포대교 교각(목포) 끝단 해상에서 보행자로 추정되는 신원 미상의 60대 여성을 발견하고, 심폐소생술을 실시하며, 병원으로 긴급 이송했으나, 사망했다. 해경은 이 여성의 신원 파악에 나서는 한편, CCTV 자료 등을 토대로, 사망경위를 조사 중이다.(이뉴스투데이, 2020.02.04.)

• **목포대교서 남성 해상 투신… 해경, 수색 나서**: 전남 목포대교에서 신원 미상의 남성이 해상에 투신해 해경이 긴급 수색에 나서고 있다. 목포해양경찰서는 지난 10월 31일 해상에 투신한 A(남)씨를 수색 중이라고 1일 밝혔다. 해경은 지난 10월 31일 오후 5시 54분쯤 목포시 목포대교에서 남성이 뛰어내렸다는 신고를 접수, 경비함정, 연안구조정, 육상 순찰팀 및 서해해양특수구조대 등 구조 세력을 현장에 급파했다. 해경은 신고 접수 6분 만인 오후 6시께 현장에 도착, 현장 주변 CCTV 등을 통해 해상 투신을 확인 및 해·육상 집중 수색을 실시했다. 해경은 가용 해경력과 장비를 총동원해 해상 투신자살자를 찾기 위한 해상 집중 수색을 진행하고 있다.(노컷뉴스, 2023.11.01.)

〈그림 4.69〉 돌산대교(search.naver.com)

〈그림 4.69〉는 전라남도 여수시의 돌산대교(해상교, 보·차도)이다. 이 교량은 여수시 남산동과 돌산읍 우두리를 연결하는 총 길이 450m, 폭 11.7m, 왕복 2차로, 높이 62m의 사장교이다. 1984년 12월 15일에 준공 완료되었으며, 거북선대교와 함께 돌산도와 여수반도를 연결하는 교량으로, 설계사는 영국사이고, 시공은 대림산업이 수행했다. 진도대교와 일종의 쌍둥이 교량으로, 1980년 12월 26일 동시에 착공되었다. 조류가 세지 않은 내해에 설치된 교량으로, 기초는 공기케이슨을 이용해 시공되었으며, 이런 이유에서 지상에 기초를 설치한 진도대교에 비해 준공이 조금은 늦어졌다. 진도대교는 완공기준 한국 최초의 사장교가 되었다(ko.wikipedia.org).

〈그림 4.69〉의 투신 수단으로 인한 자살의 사건과 관련한 대표적 내용의 언론·매체 등의 기사는 다음과 같다.

• 여수 돌산대교서 유서 발견… 해경 수색: 전남 여수 돌산대교 난간에서 투신 자살한 사람이 남겨놓은 것 같은 유서가 발견돼 해경이 수색작업을 벌이고 있다. 10일 오전 4시께 전남 여수시 돌산대교 난간 바닥에서 유서와 남성용 검정 구두 1켤레, 담배 1갑이 놓여 있는 것을 행인이 발견해 경찰에 신고했다. 유서에는 '사랑했기 때문에 힘들었다. 먼저 세상을 떠나 부모님과 친구들에게 미안하다.'는 내용이 적혀 있었다. 해경은 유서를 쓴 사람이 다리 위에서 투신했을 가능성이 있다고 보고, 경비정 4척을 동원해 돌산대교 일대를 수색 중이다. 앞선 9일 오후 1시께에도 돌산대교 아래 교각 부근에서 다리 위에서 투신한 것으로 추정되는 문(55, 여)모씨가 숨진 채 발견되었다.(연합뉴스, 2008.02.10.)

• 여수 돌산대교서 투신 40대 남성 하루 만에 숨진 채 발견: 전남 여수 돌산대교 위에서 투신한 40대 남성이 하루 만에 숨진 채 발견됐다. 22일 여수해양경찰서에 따르면, 이날 오전 9시 5분께 전남 여수시 돌산읍 한 조선소 앞 해상에서 A(45)씨가 숨져 있는 것을 조선소 관계자가 발견했다. 해경은 전날 오후 6시 44분께 돌산대교에서 남성이 바다로 뛰어들었다는 신고를 접수하고 함정과 민간자율구조선을 투입해 수색했지만, A씨는 결국 돌산대교와 1.8km 떨어진 곳에서 숨진 채 발견됐다. A씨는 전날 오후 6시께 투숙 중인 고시텔 운영자에게 자살을 암시하는 카카오톡 메시지를 보냈다. 고시텔 운영자의 신고를 받은 여수해경은 위치 추적을 통해 A씨의 행방을 추적했으나, A씨는 바다로 투신한 것으로 알려졌다. 해경은 주변에 설치된 CCTV 확인 결과, A씨가 다리 중간에서 바다로 투신하는 장면이 확인됐다고 밝혔다. 해경은 A씨의 정확한 사인을 조사하고 있다.(연합뉴스, 2018.05.22.)

• 여수해경, 돌산대교서 해상 투신시도자 구조: 여수해양경찰서는 30일 오

전 7시 16분경 돌산대교 치안센터 다리 끝단에서 자살을 시도하는 사람이 난간을 넘어갔다는 신고를 받고 긴급 구조에 나섰다. 여수해경에 따르면, 돌산대교에서 남성 한 명이 난간을 넘어가는 것을 목격한 행인이 여수해경에 구조 요청했다. 신고를 접수한 여수해경은 봉산해경파출소에 상황을 긴급 전달하여 구조정과 해경구조대를 신속히 돌산대교 해상으로 급파, 해상에 투신한 A(55, 남, 여수 거주)모씨를 발견하고 경찰관이 입수하여 신속히 구조했다. 해경은 구급차량을 이용하여 병원으로 이송하고, 생명에는 지장이 없는 것으로 확인됐다. A씨는 정신질환을 앓고 있어 자신의 처지를 비관해 돌산대교에서 바다로 투신자살을 시도한 것으로 확인됐다. 한편, 지난 5월 22일 오전 9시 5분경에도 돌산대교에서 투신자살한 40대 남성이 숨진 채 발견되는 등 여수 관내 해상에서 올해만 벌써 5명이 안타깝게 투신자살한 사고가 발생했다.(매일일보, 2018.05.30.)

• **바다에 투신 30대, 낚시객이 조류 뚫고 구조**: 여수에서 스스로 목숨을 끊으려 바다에 뛰어든 30대 남성을 낚시객이 구조했습니다. 7일 아침 7시쯤 여수시 장군도 인근 해상에서 30대 남성이 물에 빠져 있는 것을 인근을 지나던 낚시객 41살 김모씨와 송모씨가 발견했습니다. 구조관련 자격증이 있던 송씨가 바다에 뛰어들었지만, 조류가 거세 곧바로 구조하지는 못했습니다. 송씨와 김씨는 포기하지 않고, 배를 이 남성 가까이에 댄 뒤 배 위로 끌어올려 구조했습니다. 구조 당시 이 남성은 거의 의식이 없는 상태였으며, 출동한 해경과 119에 의해 병원으로 옮겨졌습니다. 이 남성은 다행히 생명에 지장이 없는 것으로 알려졌습니다. 해경은 인근 돌산대교에 신발과 점퍼, 오토바이가 남겨진 점으로 미뤄 이 남성이 스스로 투신한 것으로 판단하고 있습니다.(kbc광주방송, 2022.08.08.)

• **비 맞고 울고 있던 '투신 직전' 20살 대학생… 경찰 촉으로 살렸다**: 가정사를 비관해 바다로 뛰어들려던 20대 대학생이 지나가던 경찰에게 구조된 사연이 뒤늦게 알려졌다. 19일 여수경찰서에 따르면, 봉산파출소 경관들은 지난달

18일 순찰 중 돌산대교 중간쯤 인도 난간에서 얼굴을 파묻고 울고 있는 20대로 추정되는 남성을 발견했다. 당시 비가 오는 날씨에도 우산을 쓰지 않고, 비에 젖은 채로 흐느끼는 남성의 이상행동에 위험을 감지한 경찰은 순찰차를 돌려 이 남성에 다가갔다. 경찰은 이 남성을 설득해 차에 태운 뒤 파출소에 데려가 안심시키자 이 남성은 말문을 열었는데, 순천에 사는 20살 대학생으로 밝혀졌으며, 가정형편을 비관해 극단적인 선택을 하려 했던 것으로 밝혀졌다. 경찰의 설득으로 마음을 바꾼 이 남성은 나중에는 연신 "고맙다."고 말한 뒤 자택으로 귀가했다. 봉산파출소 관계자는 "마음을 터놓고 얘기하다 보니 마음을 되돌릴 수 있었다."고 말했다.(헤럴드경제, 2023.08.19.)

〈그림 4.70〉 이순신대교(search.naver.com)

〈그림 4.70〉은 전라남도 여수시의 이순신대교(해상교, 차도)이다. 이 교량은 묘도동과 광양시 금호동을 연결하는 총 길이 2.26km의 현수교이다. 2013년도 기준, 2개의 주탑 사이의 경간 길이가 1,545m로, 한국에서 가장 길고, 해수면에서 상판까지의 높이 역시 80m로, 한국에서 가장 높다. 이 교량은 여수국가산단 진입도로 건설공사의 일환으로 건설되었으며, 2007년 10월에 착공해 2012여수세계박람회 때문에 2012년 5월 10일부터 8월 13일까지 3개월여간 임시 개통했다가 2013년 2월 7일부로 정식 개통했다. 계획 초기에는 '광양대교'로 불렸으나, 2007년 2월 '주요 장대 교량에 대한 명칭 공모'를 통해 현재의 이름으로 정해졌다(ko.wikipedia.org).

〈그림 4.70〉의 투신 수단으로 인한 자살의 사건과 관련한 대표적 내용의 언론·매체 등의 기사는 다음과 같다.

- **2013년 개통 '여수~광양 이순신대교' 첫 투신사망자 나와**: 2013년 2월 개통한 이순신대교에서 첫 투신사망자가 나왔다. 2일 여수해양경비안전서에 따르면, 전날 오후 7시 35분쯤 광양~여수를 잇는 이순신대교 중간 지점에서 ㄱ(56)씨가 바다로 뛰어내렸다. 난간에 서 있던 ㄱ씨는 신고를 받고 출동한 경찰과 소방서 구조대의 만류에도 투신, 40여 분 만에 인근바다에서 해경에 구조됐으나, 숨졌다. 해경은 ㄱ씨가 친구에게 자살을 암시하는 문자를 보낸 정황 등을 토대로, 정확한 투신경위를 조사하고 있다. 해경 관계자는 "2015년 11월 첫 투신자살자가 나왔으나, 긴급 출동한 해경이 인근 바다에서 구조한 적이 있다."면서 "다리 위에서 투신을 막을 수 있는 감시 장치 등의 대책 마련이 필요하다."고 밝혔다. 이순신대교는 길이 2,260m, 폭 25.7m(왕복 4차로)로, 주 기둥 2개 사이가 이순신 장군 출생연도인 1,545m로 놓아 국내에서 가장 길다. 해수면에서 상판까지 높이도 80m로 가장 높다.(경향신문, 2017.02.02.)

- **광양 이순신대교 투신 30대 해안가에 숨진 채 발견**: 광양 이순신대교에서 투신한 것으로 의심됐던 30대 남성이 숨진 채 발견됐다. 여수해경은 6일 오전 10시 34분 여수시 묘도동 도독 해안도로 해안가에서 30대 남성 A씨가 숨져 있는 것을 해안도로 정비공사 중이던 사람이 발견해 신고했다고 밝혔다. 발견된 지점은 이순신대교에서 1.19km 떨어져 있다. 숨진 A씨는 지난 4일 회사 동료들과 저녁 식사 후, 회사 사택에 들어가지 않은 상태로, 5일 새벽 1시 14분 가족에게 자살을 암시하는 문자를 보낸 후, 연락이 두절돼 가족이 신고했다. A씨는 회사에서 다른 지역으로 발령이 나는 등 업무상 스트레스 등을 호소한 것으로 알려졌다. 해경은 이순신대교 관리사무소 CCTV를 확인한 결과, A씨가 5일 새벽 1시 36분 묘도에서 광양 방면 이순신대교 중간에 차량을 세우고, 2분 뒤 차량에서 내려 난간으로 넘어간 후, 행적이 확인되지 않았다고 전

했다. 이순신대교 난간에는 슬리퍼 한 짝과 담배, 라이터가 놓인 상태로 발견돼 바다에 투신한 것으로 추정하고, 여수해경이 해상수색을 벌였다.(노컷뉴스, 2018.04.06.)

• '차는 있는데, 사람이 없어요.' 이순신대교 SUV 참극: 전남 광양시와 여수시를 연결하는 이순신대교 아래 해상에서 40대 남성이 숨진 채 발견됐다. 여수해양경찰서에 따르면, 10일 오전 7시 8분 교량 관리소 직원이 이순신대교 중간쯤에서 정차된 SUV 차량에 사람이 없다고 신고했다. 현장에 출동한 해경은 다리 위에 설치된 CCTV를 확인한 결과, 한 남성이 차에서 나와 이동한 뒤 나타나지 않은 사실을 확인했다. 이후, 경비함정 2척과 구조정을 보내 수색작업에 나서 오전 이순신대교로부터 2.7km 떨어진 지점에서 남성(42)의 시신을 발견했다. 해경은 이 남성이 다리 위에서 투신한 것으로 보고 승용차를 수색하는 등 정확한 사고의 경위를 조사하고 있다.(국민일보, 2020.01.10.)

• 이순신대교서 30대 여성 투신… 해경 수색 중 발견: (이순신대교 중간 시동이 꺼진 차량 있다는 신고 접수) 전남 여수와 광양시를 잇는 이순신대교에서 30대 여성이 바다로 추락해 해경이 수색에 나섰다. 1일 여수해양경찰서 등에 따르면, 이날 오전 4시 56분쯤 이순신대교 중간에 시동이 꺼진 차량이 있다는 신고가 접수됐다. 경찰은 CCTV 분석을 통해 같은 날 오전 3시 24분쯤 이순신대교 난간에서 운전자가 뛰어내리는 장면을 확인했다. 해당 여성은 순천에 거주하는 30대 여성으로, 해경은 함정 4척과 민간 함정 8척, 차량 1대 등을 동원해 익수자 수색을 펼쳤다. 해경은 이날 오전 8시 12분쯤 민간 어선을 통해 해당 여성으로 보이는 익수자를 발견하고, 신원 파악에 나선 상태다. 해경은 해당 여성을 확인하는 대로 자세한 사고경위를 조사할 예정이다.(아시아투데이, 2021.10.01.)

• 여수~광양 잇는 이순신대교서 20대 남성 투신… 해경 수색: (10일 새벽 4시경 운전자 없는 차량 발견 신고, 차량에 신분증과 휴대폰 남아 있어) 10일 새

벽 전남 여수시와 광양시를 잇는 이순신대교에서 해상투신으로 추정되는 사고가 발생해 여수해경 경비함정이 인근 해역을 수색작업을 벌이고 있다. 여수해양경찰서와 광양경찰서 등에 따르면, 이날 새벽 4시경 이순신대교 광양 방향 2/3의 지점에 흰색 아반떼 승용차가 정차해 있고, 운전자는 보이지 않은 채 조수석 난간에 신발만 놓여 있다는 신고가 접수됐다. 신고를 받은 광양경찰 순찰차량이 현장의 확인 결과, 유서로 추정되는 글과 휴대폰, 신분증 등을 발견했다. 발견된 차량은 조회 결과, 9일 오후 전남 담양에서 렌트한 것으로 알려졌다. 실종된 사람은 27세 남성으로 현재 여수해경과 경찰이 인근 해상과 주변 지역을 대상으로 수색에 나서고 있다.(아시아투데이, 2022.02.10.)

• **경제적 어려움 겪은 50대, 이순신대교서 투신**: 전남 여수와 광양을 잇는 이순신대교에서 50대 남성이 투신해 숨졌다. 28일 광양경찰서와 여수해경 등에 따르면, 전날 오전 6시 43분쯤 광양시 이순신대교(광양 방면)에 비상등이 켜진 차량이 주차됐다는 신고가 접수됐다. 경찰은 차량 조사를 토대로, 운전자가 바다에 뛰어내린 것으로 보고, 해경에 수색을 요청했다. 같은 날 오전 8시 33분쯤 민간구조선에 의해 이순신대교 서쪽 약 1.6km 해상에서 A(58)씨가 숨진 채 발견됐으며, 신원 확인 결과, 차량 운전자와 동일인으로 확인됐다. A씨는 최근 금전적인 어려움을 호소했던 것으로 전해졌다.(노컷뉴스, 2023.11.28.)

〈그림 4.71〉 진도대교(search.naver.com)

　〈그림 4.71〉은 전라남도 해남군·진도군의 진도대교(해상교, 보·차도)이다. 이 교량은 해남군 문내면과 진도군 군내면을 연결하는 국도 18호선인 총 길이 484m, 폭 11.7m의 국내 최초이며, 유일한 쌍둥이 사장교로, 충무공 이순신 장군의 명량대첩으로 유명한 울돌목을 횡단하는 이 교량은 전두환 정부가 1978년 7월부터 추진한 광주권 지역개발 제2단계 사업 중 하나로, 1980년 12월에 착공해 1984년 10월 14일에 개통되었다. 교량의 개통식에는 당시 대통령이었던 전두환과 김성배 제17대 건설부장관이 참석했다. 이 교량의 부근에는 진도연륙교가 있으며, 이 교량으로 인해 진도 주민의 육지와의 교통이 원활해졌다(ko.wikipedia.org, namu.wiki).

〈그림 4.71〉의 투신 수단으로 인한 자살의 사건과 관련한 대표적 내용의 언론·매체 등의 기사는 다음과 같다.

- **완도해경, 해상에 투신한 자살의심 실종자 1명 기상악화로 수색난항**: 완도해양경찰서는 지난 26일 해남군 문내면에서 해상으로 투신한 자살의심 실종자가 발생하여 수색에 나섰으나, 기상악화로 어려움을 겪고 있다. 완도해경에 따르면, 3일 전부터 해남군 문내면 삼정마을 선착장 뒤쪽에서 약 150m 지점 공터에 검정색 차량이 주차되어 있었고, 차량 조수석을 확인해 보니 신분증 및 유서와 함께 선착장 끝단에는 운동화 등의 물건이 있어 K(남, 마을주민)씨가 저녁 7시 22분경 자살이 의심된다며, 완도해경 상황실로 신고하였다. 해남경찰서 강력팀에서 차량조회와 CCTV 확인 결과, S(42, 남)씨로 확인하였고, 23일 낮 1시 56분경 해남군 문내면 학동리 삼정마을 선착장에서 투신하여 진도대교 방향으로 허우적거리며, 떠내려가는 모습이 영상에 확인되었다. 이에 완도해경은 저녁 7시 22분경 경비정 2척과 구조정 1척, 수중 수색을 위한 구조대를 급파하여 야간·수중을 수색했고, 27일 일조시간부터 경비정은 기상악화로 수색에 어려움을 겪고 있으며, 오전 7시 25분경 삼정 선착장 주변 수중 수색하였으나, 실종자 S씨를 찾지 못하고 있다.(매일일보, 2019.05.27.)

- **진도대교 동반 투신 30대, 1명 숨진 채 발견**: 전남 진도대교 동반 해상 투신자들 중 1명이 숨진 채 발견됐다. 완도해양경찰에 따르면, 지난 17일 오전 7시 28분경 전남 진도 벌포항 동쪽 1km 해상에서 하(51)모씨가 0.89톤 양식장 관리선 D호를 타고, 자신의 김 양식장 작업 중 그물에 부패된 시신이 걸려있어 신고했다. 완도해경은 변사자를 인양해 해남 땅끝항으로 이송 후, 완도지역 장례식장에 안치했다. 동반 투신자는 차량 소유자 김(35, 서울 거주)모씨와 동승자 양(31, 전주 거주)모씨로 나왔으며, 이날 발견 시신은 지문 조회 결과, 김씨로 확인됐다. 완도해경은 남은 한 명을 찾기 위해 진도대교 해상 주변을 집중 수색 중이다.(이뉴스투데이, 2019.09.18.)

• **세월호 이어 또… 참사 뒤 이어지는 극단적 선택 '비극'**: 이태원 참사 이전 가장 큰 인명의 사고였던 2014년 세월호 참사 이후에도 비극이 이어졌다. 당시 경기 안산 단원고등학교의 A교감은 사고 이틀 뒤인 2014년 4월 18일 진도 실내체육관 인근 야산에서 유서를 남기고 숨진 채 발견됐다. 그의 유서에는 수학여행을 추진했던 본인을 자책했던 내용이 담겼던 것으로 알려졌다. 세월호 참사 후, 자원봉사를 한 B씨는 안산 자택에서 숨진 채 발견됐다. B씨는 세월호 사고 초기부터 진도 팽목항과 안산 합동분향소에서 봉사활동에 나섰던 것으로 전해졌다. 당시 경찰에 따르면, B씨는 세월호 참사 이후, 심적인 고통이 컸던 것으로 알려졌다. 50대 남성 C씨는 어른으로서의 미안하다며, 지갑에 든 70여만 원을 유족들을 위한 성금으로 해달라는 내용의 유서를 남기고 안산 한 주차장에서 스스로 목숨을 끊었다. 세월호 참사 현장을 오가며, 지원업무를 해 온 경찰 D씨는 진도대교에서 투신했다. 현장에서 유가족들과도 친밀하게 지냈던 그는 동료들에 격무와 스트레스를 호소했던 것으로 전해졌다.(이데일리, 2022.11.11.)

〈그림 4.72〉 백야대교(search.naver.com)

〈그림 4.72〉는 전라남도 여수시의 백야대교(해상교, 보·차도)이다. 이 교량은 여수시 화양면 안포리와 여수시 화정면 백야리 백야도 사이를 잇는 아치교이며, 총 사업비 377억 원을 들여 건설했다. 여수시와 고흥군을 연결할 11개의 교량 중 첫 번째 교량에 속한다. 총 연장 325m, 폭 12m, 최대 경간장 183m, 2차로의 이 교량은 주탑이 없이 아치로 상부를 지탱하는 주전자 손잡이 모양의 닐센아치형으로, 최신의 공법과 첨단의 기술이 집약되어 2000년 6월 29일에 착공해 2005년 4월 14일에 완공했다. 백야도를 연결하는 교량의 특성과 용도를 가장 잘 나타낼 수 있도록 백야대교로 명명되었다. 교량 아래에는 다양한 조형물들이 있어 볼거리도 선사하고 있다(ko.wikipedia.org).

〈그림 4.72〉의 투신 수단으로 인한 자살의 사건과 관련한 대표적 내용의 언론·매체 등의 기사는 다음과 같다.

- **여수 백야대교서 노인 추락… 해경 수색**: 전남 여수 백야대교에서 노인이 추락하는 사고가 발생했다. 7일 여수해경에 따르면, 이날 오후 12시 53분께 여수시 화양면 백야대교에서 노인이 추락했다는 신고가 접수됐다. 해경은 경비함정 3척을 사고현장에 급파해 수색작업을 벌이고 있지만, 아직까지 실종자를 찾지 못하고 있다. 해경은 또 무선통신을 통해 근처를 항해하거나, 조업 중인 선박에 실종자 수색에 협조해 줄 것을 당부했다. 해경은 목격자를 상대로, 정확한 추락 위치를 확인하는 한편, 실종자 인적사항 등을 확인하고 있다.(뉴시스, 2013.03.07.)

- **여수 해상서 60대 숨진 채 발견… 백야대교 실종자 추정**: 여수 해안가서 60대 남성이 숨진 채 발견돼 해경이 수사를 벌이고 있다. 10일 여수해양경찰서에 따르면, 이날 오전 8시 10분께 여수시 화정면 화백리 선착장 앞 해안가에 A(64)씨가 숨져 있는 것을 주민이 발견 신고했다. A씨는 165cm의 왜소한 체격으로, 파란색 등산복 상의와 바지를 착용하고 있는 상태였다. 해경은 A씨의 주머니에서 발견된 신분증을 토대로, 지난달 7일 오후 12시 53분께 여수 백야대교에서 추락한 사람일 가능성이 있는 것으로 보고 있다. 당시 해경은 추락 신고 이후, 경비함정 3척을 사고현장에 급파해 수색작업을 벌였지만, 실종자를 찾지 못했다. 해경은 시신을 인양한 뒤 목격자와 가족 등을 상대로, 사망 전 행적 등 정확한 경위를 조사하고 있다.(뉴시스, 2013.04.10.)

〈그림 4.73〉 소양1교(search.naver.com)

〈그림 4.73〉은 강원도 춘천시의 소양1교(강교, 보·차도)이다. 이 교량은 6.25 한국전쟁 초기 소양강 남북을 연결하는 유일한 교량으로써 화천 양구에서 춘천 시내로 들어오는 관문이었다. 교량의 총 길이는 395.6m이며, 폭은 6.0m로, 상부의 형식은 강형교이며, 하부의 형식은 중력식이다. 춘천에서 최고령 교량으로, 80년 넘는 역사를 간직한 이 교량은 1932년 7월 15일 김화~충주선에 포함되어 춘천의 남북을 잇는 교량으로, 1년 6개월 동안 총 인부 8만 4,632명이 동원되었고, 길이 397m, 폭 6m, 높이 12m로, 1933년 12월 16일 준공되었다. 당시 신문에는 '강원도 횡단의 요충인 소양강교 초도식 성대히 거행', '산업 교통상 공헌' 등의 요란한 성과를 자랑하기도 했다(chunsa.kr).

〈그림 4.73〉의 투신 수단으로 인한 자살의 사건과 관련한 대표적 내용의 언론·매체 등의 기사는 다음과 같다.

- **춘천 소양강 투신 30대 구명부표 잡고 있다 구조돼**: 27일 오전 10시 10분께 강원 춘천시 우두동 소양1교 중간 지점에서 A(31)씨가 소양강으로 투신했으나, 구명부표를 붙잡고 버텨 구조됐다. 목격자 등에 의하면, A씨는 다리 난간에 매달려 있다 강으로 추락했으며, 구명부표를 붙잡고 물 위에 떠 있다가 시민의 신고를 받고 출동한 119구조대에 의해 8분여 만에 구조됐다. 인근 병원으로 이송된 A씨는 현재 생명에 지장이 없는 상태로 알려졌다. 경찰은 A씨가 스스로 목숨을 끊으려 한 것으로 보고, 정확한 사고경위를 조사하고 있다. 한편, 춘천소방서는 2011년 투신자살 등 각종 수난사고에 대비해 소양1교 인근에 구명부표 50여 개를 설치했다.(연합뉴스, 2014.03.27.)

- **춘천경찰서 신속한 출동·수색으로 자살 기도자 인명 구조**: 춘천경찰서는 2월 12일(목) 03시 17분경 자살 기도자가 있다는 신고를 접하고 신속하게 현장에 출동한 뒤 112차량에 탑재된 구명환을 던져 인명을 구조했다고 밝혔다. 경찰은 소양1교 남단 50m 지점에서 자살 기도자가 타고 나간 차량을 발견한 뒤 차량 내에 자살 기도자가 없는 것을 확인 후, 강가로 내려가 수색한 결과, 강물에 빠져 부표를 잡고 떠내려가면서 살려 달라고 구조 요청하는 자살 기도자(34, 남)를 발견하여 즉시 112차량에 탑재된 구명환을 던져주고, 물 밖으로 끌어내 구조하는 등 신속한 출동과 수색으로 인명을 살릴 수 있었다고 밝혔다. 한편, 이 소식을 접한 시민 A씨는 국민의 재산과 생명을 지키기 위해 주·야로 애쓰고 있는 경찰들이 있어 안심이 된다고 감사를 표했다.(매일일보, 2015.02.12.)

- **춘천 변사체 발견 잇따라**: 자살로 추정되는 사망사고가 잇따라 발생했다. 지난 26일 낮 12시 53분쯤 춘천시 우두동 소양1교 인근에서 A(70, 여, 춘천 거

주)씨가 물 위에서 숨진 채 발견됐다. 신고를 받고 출동한 119소방대원이 김씨의 시신을 인양해 경찰에 인계했다. 앞서 같은 날 낮 12시 30분쯤 춘천 봉의산의 등산로에서 B(61, 대구 거주)씨가 숨져 있는 것을 주민이 발견, 경찰에 신고했다.(강원도민일보, 2016.03.28.)

• **택시기사 신속 대처에 무사 구조**: 술을 마시고, 자살을 기도한 40대 남성을 택시기사와 119상황요원이 신속한 대처로 무사히 구조하였다. 26일 새벽 2시 48분께 춘천시 소양1교 아래 강물에 A(45)씨가 빠져 있는 것을 택시기사 김(65)모씨가 발견, 119에 신고, 김씨는 구명환을 던지는 등 침착하게 대처하여 A씨는 출동한 구조대에 의해 무사 구조되었다. (강원일보, 2017.07.27.)

• **2일 오전 춘천에서 70대 투신사망**: 2일 오전 7시 25분쯤 춘천 소양1교에서 A(72, 여)씨가 투신하는 사건이 발생했다. 신고를 받고 긴급 출동한 119구급대와 수난구조대는 1시간 10분여 만에 투신 지점 인근에서 A씨의 변사체를 발견해 인양했다. 다리 위에서는 A씨의 휴대폰과 신발 등이 발견됐으나, 유서는 없었던 것으로 전해졌다.(강원도민일보, 2018.08.03.)

• **"그분의 얼굴을…" 극단적 선택하려던 여성을 본 군인이 달려갔다**: (A씨는 난간 위에 위태롭게 서 있었다, 육군 부사관이 투신시도를 막았다) 육군 부사관이 강원도 춘천시 한 교량에서 투신하려던 중년 여성의 생명을 구했다는 사실이 뒤늦게 전해졌다. 14일 육군 제2군단에 따르면, 제2군수지원여단 소속 박 하사가 지난 6일 퇴근하던 중 춘천시 소양1교 난간에서 투신하려던 여성 A씨를 시민과 함께 구조했다고 전했다. 박 하사는 이날 오후 5시 50분쯤 자전거로 퇴근 중이었다고 전해졌다. 그는 난간 위에 서 있던 A씨를 보자마자 곧바로 자전거에서 내려 A씨에게 달려갔다. 때마침 한 시민이 A씨의 투신을 말리던 중이었다. 막무가내로 뛰어내리려 시도하는 A씨를 박 하사와 시민이 함께 끌어내리는 데 성공한 후, 박 하사는 A씨를 꽉 붙잡은 채 심리적 안정을 유도했다. 박 하사가 "투신하려던 여성을 난간에서 끌어내리는 순간 그분의 얼굴

을 보았는데, 너무 힘들고 지친 모습이었다."라고 말했음을 전했다. 박 하사는 "그분이 다시 희망을 품고 행복하게 살아갈 수 있었으면 좋겠다."라고 덧붙였다.(위키트리, 2020.04.15.)

• **춘천 소양1교 아래 물에 빠진 60대 숨져**: 26일 새벽 2시 59분께 춘천시 우두동 소양1교 아래 소양강에서 A(61)씨가 물에 빠진 채 발견됐다. A씨는 출동한 119수난구조대원에 의해 구조돼 심정지 상태로 병원에 옮겨졌으나, 숨졌다. 경찰은 정확한 사고원인을 조사 중이다.(강원일보, 2023.07.26.)

〈그림 4.74〉 소양2교(search.naver.com)

〈그림 4.74〉는 강원도 춘천시의 소양2교(강교, 보·차도)이다. 이 교량은 총 길이가 510m, 폭은 35m, 상부의 형식은 아치교이며, 하부의 형식은 V형 교각식의 교량으로, 주경간부에는 높이 25m의 로제아치교를 배치하고, 측경간부는 각각 6경간의 PSC 빔(30m)으로 구성되어 있다. 1950년 한국전쟁이 발발할 때까지 춘천의 강북과 강남을 연결하는 교량은 소양1교가 유일했다. 증가하는 교통량에 따라 새로운 교량이 요구되어 신축의 계획이 수립되었으며, 1995년 10월 총 길이 510m, 폭 17.5m 규모의 3차선으로 1차 교량이 완공되었고, 이어서 1997년 12월 30일 1차 교량과 똑 닮은 2차 교량도 완공되어 6차선(폭 35m)의 현재 모습을 갖추게 되었다(sunroad.pe.kr, chunsa.kr).

〈그림 4.74〉의 투신 수단으로 인한 자살의 사건과 관련한 대표적 내용의 언론·매체 등의 기사는 다음과 같다.

- **소양강 투신 여성 '겨울 점퍼' 때문에**: (물에 떠 구조돼 사고 모면) 남자친구와 헤어진 것을 비관한 20대 여성이 춘천 소양2교에서 소양강으로 투신했으나, 입고 있던 겨울용 점퍼 때문에 몸이 물에 떠 경찰과 소방당국의 구조로 사고를 모면. 경찰에 따르면, 지난 13일 오후 8시 58분께 춘천시 소양2교 중간 지점에서 한(22, 여)모씨가 물에 떠 있다가 주민 임(48)모씨의 신고를 받고 출동한 경찰과 119구급대의 도움으로, 10여 분 만에 무사히 구조되었다. 경찰 관계자는 "다행히 생명에 지장은 없었으나, 물에 떠 있는 시간이 길어졌다면, 추운 날씨로 인한 저체온증으로 자칫 위험할 수 있었다."며, "입고 있던 겨울용 점퍼가 구명조끼 역할을 했다."고 설명했다.(강원일보, 2014.01.15.)

- **소양2교 교각에서 "살려주세요."… 40대 구조**: 9일 오전 11시 강원 춘천시 우두동 소양2교 교각에서 A(42)씨가 119구조대에 의해 구조됐다. 구조대에 따르면, 지나가던 주민이 아래 교각에서 "살려 달라."는 소리에 교각에 앉아 있던 A씨를 발견하고, 신고한 것으로 알려졌다. A씨는 새벽의 시간대에 소양강으로 투신했다가 자력으로 교각으로 올라와 앉아 있던 것으로 알려졌으며, 출동한 119구조대에 의해 오전 11시 13분께 무사히 구조됐다. 경찰은 A씨를 상대로, 자세한 사고경위를 조사 중이다.(뉴시스, 2014.05.09.)

- **춘천 소양2교 인근서 남성 추정 시신 인양**: 춘천 소양2교 인근 강변에서 투신으로 추정되는 A(남)씨의 시신이 구조대에 의해 27일 오후 8시 40분쯤 인양됐다. 소방당국은 "다리에서 갑자기 사람이 뛰어내렸다."는 주민의 신고를 받고 119구조대와 수난구조대를 투입, 수색에 나서 A씨의 시신을 인양했다. 경찰은 유가족과 목격자 등을 상대로, 정확한 투신경위에 대해 조사하고 있다.(강원도민일보, 2016.05.28.)

• **투신시도 남성 시민과 경찰이 막았다**: 대교에서 투신을 기도한 남성을 경찰과 시민이 함께 구조한 사실이 뒤늦게 알려졌다. 강원지방경찰청에 따르면, 지난 18일 오후 10시 58분쯤 춘천시 소양2교에서 한 남성이 울고 있다며, 투신시도 의심 신고가 112에 접수됐다. 신고를 받은 춘천경찰서 신사우파출소는 순찰차의 경광등을 끄고, 남성에게 접근했다. 그러자 남성이 돌연 다리 난간을 넘어 극단적 선택을 시도했다. 이에 경찰은 즉시 길을 지나던 시민과 함께 신속하게 남성을 제지해 구조했다. 집안 사정과 경제적 문제로 생을 포기하려 했던 이 남성은 구조된 뒤 하염없이 눈물을 흘린 것으로 전해져 안타까움을 더했다.(서울신문, 2019.05.30.)

• **춘천 소양2교에서 40대 투신… 구조됐지만, 끝내 숨져**: 어젯밤(18일) 9시 반쯤 강원도 춘천시 우두동 소양2교 다리 가운데에서 투신한 40대 남성이 춘천시통합관제센터의 신고를 받고 출동한 소방대원에 의해 구조됐지만, 끝내 숨졌습니다. 경찰 관계자는 "패딩을 벗어 두고 투신한 것으로 보아 극단적 선택을 한 것으로 보인다."며, "주변에 술과 부탄가스 등은 보이지 않았다."고 말했습니다. 경찰은 CCTV와 주변의 목격자 진술 등을 토대로, 자세한 사고원인을 조사 중입니다.(KBS, 2020.02.19.)

• **춘천 소양2교서 투신 20대… 10시간 만에 숨진 채 발견**: 29일 오전 10시 35분쯤 강원 춘천시 우두동 소양2교 인근 강변에서 A(27)씨가 숨진 채 발견됐다. 소방당국에 따르면, A씨는 이날 0시 27분께 소양2교에서 다리 밑으로 뛰어내렸다. 이를 목격한 CCTV 통합관제센터 직원의 신고를 받은 소방당국은 인력 30명을 투입해 수색작업을 벌였다. 신고 직후, 14명을 투입해 오전 1시 58분까지 수색에 나섰으나, 어두워 A씨를 찾지 못한 소방당국은 이날 오전 6시 55분께 16명을 투입해 수색을 재개했다. 10시간에 걸친 수색 끝에 A씨를 발견했으나, 이미 숨진 상태였다. 경찰은 정확한 사망경위를 조사하고 있다.(뉴시스, 2020.12.29.)

• **춘천 소양2교서 투신 소동… 20여 분 만에 구조**: 춘천 소양2교 난간에서 투신을 시도하려던 여성이 경찰에 의해 무사히 구조됐다. 춘천경찰서는 춘천 소양2교에서 투신 소동을 벌인 여성 A씨를 안전 조치했다고 22일 밝혔다. 경찰·소방당국에 따르면, 이날 오후 8시 30분쯤 춘천시통합관제센터 CCTV에 A씨가 신발을 벗어 놓고 난간을 붙잡는 모습이 포착됐다. A씨는 경찰의 설득 끝에 20여 분 만에 무사히 인근 지구대로 이송됐으며, 보호자에게 인계될 예정이다. 경찰·소방당국은 구조차를 비롯한 장비 5대와 119수난구조대원 등 인력 20여 명을 소양2교 주변에 배치해 혹시 모를 사고에 대비했다. 경찰은 A씨가 투신을 시도하려 한 정확한 경위를 조사 중이다.(강원일보, 2023.05.22.)

〈그림 4.75〉 구미대교(search.naver.com)

〈그림 4.75〉는 경상북도 구미시의 구미대교(강교, 보·차도)이다. 구미시 임수동과 공단동을 이어주는 교량으로, 낙동강을 횡단하는 교량이다. 총 연장 688m, 너비 20m(차도 14m, 인도 6m), 하중 54t, 경간 22m의 교량으로, 1973년 8월에 착공해 1974년 12월에 준공되었다. 이 교량은 제1의 구미국가산업단지와 제2, 제3의 단지를 관통하는 낙동강을 건너 제1단지 및 제2, 제3의 단지를 연결하는 최초의 교량으로, 구미시의 핵심 공단을 연결하기에 구미대교라고 이름 붙었다. 이 교량이 1975년 1월에 개통됨으로써 인근 지방인 안동·의성·군위·칠곡 등지와 교통의 소통이 원활하게 되었고, 공업의 단지가 발전해 고용이 증대되었다(encykorea.aks.ac.kr, grandculture.net).

〈그림 4.75〉의 투신 수단으로 인한 자살의 사건과 관련한 대표적 내용의 언론·매체 등의 기사는 다음과 같다.

- **구미, 신병비관 20대 대학생 투신자살**: 3일 오전 7시 42분께 경북 구미시 임수동 구미대교에서 A대학 김(20)모씨가 강물로 투신해 숨졌다. 김씨는 투신 전 "여기서 뛰어내리겠다."며, 부모에게 구미대교 동영상 화면을 보낸 것으로 경찰은 밝혔다. 구미경찰서는 김씨가 평소 개인 빚에 시달려 왔다는 사실을 확보하고, 신병비관 자살로 추정, 유족을 상대로, 자세한 사고경위를 조사 중이다.(뉴시스, 2013.06.03.)

- **구미경찰에 자살신고 월평균 20건… "20~40대 많다."**: (올해 8개월간 159건… 자살의 원인은 정신질환, 경제적 이유, 질병 순) 올해 경북 구미에서 월평균 20건의 자살신고가 112상황실에 접수된 것으로 나타났다. 29일 구미경찰서에 따르면, 올해 들어 지난 28일까지 월별로 15~28건씩 모두 159건의 자살신고가 들어와 월평균 20건으로 집계됐다. 159건 중 5명(5건)은 숨졌고, 38명은 구조됐으며, 나머지 116건은 설득·상담 등으로 무사히 해결됐다. 구미경찰서 관계자는 "지난 1월 15건에서 이달 28건으로 늘어나는 추세를 보였다."며, "밤이나, 새벽에 자살을 암시하는 메시지를 받은 가족이나, 지인이 신고하는 경우가 많다."고 말했다. 지난 22일 새벽 가족에게 휴대전화로 자살 암시 문자를 보냈다는 신고를 받은 경찰은 휴대전화 위치 추적으로 고층아파트 주변을 살피다가 계단에서 전등이 켜졌다가 꺼지는 것이 반복되는 것을 보고, 수색해 구조했다. 지난 21일 밤 40대 남성은 부부싸움 후, '세상을 끝내겠다.'는 휴대전화 메시지를 가족에게 보낸 후, 경부고속도로에서 소동을 벌이다가 고속도로순찰대 등에 의해 구조됐다. 구미에서는 낙동강 구미대교와 남구미대교에서도 자살 소동이 빚어지곤 한다. 30대 남성은 지난달 중순 밤 경제적인 어려움을 이유로, 구미대교에서 자살하려다가 신고를 받은 경찰의 설득 끝에 가족의 품으로 돌아오기도 했다. 경찰 관계자는 "자살신고 대상자는

20~40대가 많아 취업 문제와 가정사 등에 기인하는 것으로 파악됐다."고 했다. 구미시 정신건강복지센터는 2000년 설립 이후, 자살 고위험군 집중상담, 자살예방교육, 생명존중 캠페인 등의 자살예방사업을 해왔다.(연합뉴스, 2018.08.29.)

• **"나보다 더 힘드냐!" 설득해 다리 위 여성 구한 대리운전 기사**: 한 남성이 다리 아래로 뛰어내리려는 여성에게 "나보다 더 힘드냐!"고 설득해 구조한 사실이 알려졌다. 9일 경북 구미경찰서에 따르면, 지난 5일 오후 7시쯤 40대 여성 A씨가 구미시 공단동 남구미대교 철제 난간 위에서 다리 아래로 뛰어내리려 했다. 경찰에 따르면, 제갈씨 부부는 차를 타고 가던 중 A씨가 난간 위로 올라가는 것을 보고, 112에 신고했다. 이들은 난간 끝을 손으로 붙잡고 있던 A씨를 설득하기 시작했다. 나는 "최근 실직해 대리운전하고 있다.", "아내는 편의점 아르바이트를 한다. 이렇게 생계를 꾸려나가고 있는데, 나보다 더 힘드시냐!"고 했다. 반대편 차선에서 달려온 시민도 구조를 도왔다. 이 부부와 방씨의 설득 3분 만에 A씨는 난간을 넘어와 구조됐다. A씨는 다리 아래로 뛰어내리려고 했던 이유는 말하지 않은 것으로 알려졌다.(조선일보, 2019.05.09.)

• **구미소방서, 소방드론 활용 자살시도자 신속 구조**: 지난 31일 낮 12시께 구미대교에서 자살을 시도 중인 한 남성이 드론 수색으로 신속하게 구조됐다. 이날 구미대교에서 한 남성이 자살시도 중이라는 신고를 받은 구미소방서는 소방드론 및 장비 4대, 인원 10여 명을 투입해 10여 분 만에 이 남성을 구조했다. 구미소방서는 구조 및 수색장비로 소방드론을 2020년 5월부터 운용 중에 있고, 그해 9월에는 80대 노인 실종자를 찾아 구조한 바 있다.(경북도민일보, 2020.11.04.)

• **"음주 운전 신고했다고…" 뛰어내리려는 자와 말리는 자**: 경북 구미대교에서 한 남성이 극단적 선택을 하려는 것을 여성이 막았다. 제보자 A씨는 지난 15일 오후 7시께 경북 구미대교를 지나는 퇴근길에 후미추돌 사고를 당했다.

A씨 차를 들이받은 운전자는 술을 마신 상태였기 때문에 A씨는 경찰에 신고했다. 그러자 음주 운전자 B씨는 자신을 신고했다는 이유로, 다리 난간으로 뛰어내리려고 했다. 다리 한쪽 난간에 자신의 다리를 걸치는 등 극단적 선택을 시도했고, 이에 깜짝 놀란 A씨는 필사적으로 그를 말렸다. A씨는 B씨의 허리띠를 잡고 버텼고, 두 사람의 실랑이는 10분간 이어졌다. 지나가던 길에 이 상황을 목격한 한 여성 운전자는 정차한 뒤 이들을 가로막고, 경찰에 신고했다. 해당 여성은 경찰이 도착할 때까지 옆에서 자리를 지킨 것으로 알려졌다. A씨는 "다리 높이는 약 10m이며, 밑에는 낙동강이 흐르고 있었다. 음주 운전자가 큰일 당했으면, 정말 트라우마로 남을 뻔했다. 다행이라고 생각한다."면서도 "왼손 엄지손가락에 반깁스를 하고, 오른쪽 손목도 아프다."고 토로했다.(톱스타뉴스, 2021.10.22.)

• 다리 난간에서 '극단 선택' 남성 껴안아 구한 시민, "꼭 사시라." 부탁: (22일 경북 구미대교 난간 위 올라선 남성 구조한 K씨, "두 차례 놓칠 뻔… 39세에 떠난 누나 떠올라 이 악물고 버텨", "살고 싶어도 못 사는 사람도 있으니 부디 열심히 사시길") 서비스업 15년 종사 눈썰미로, 어두운 표정 포착·신고, K씨가 지난 22일 극단 선택을 시도하려는 남성을 구한 경북 구미시 구미대교 현장, K씨는 난간 바깥의 사다리 모양 구조물 위에 올라선 남성을 뒤에서 안고 버텼다. 당시 상황은 순식간에 벌어졌다. K씨는 겨울방학이 곧 끝나는 아들과 운동하기 위해 자전거를 타고, 다리 건너편 공원으로 이동 중에 남성을 발견했다. 그는 "깔끔한 옷에 새 신발을 신고, 풍광을 보고 있기에 '기분 좋은가 보다.' 생각하고, 아들한테 '경치 좋지?'라고 했는데, 그분 가까이를 지나치며, 슬쩍 본 표정이 너무 안 좋았다."면서 "멍한 시선에 슬픈 표정이었다."고 기억했다. 그래서 조금 떨어진 곳에서 남성을 주시하며, 아들에게 "저분 너무 슬픈 얼굴이어서 불안하니까 신고하고 가자."고 한 뒤 휴대전화로 112를 눌렀다. 그의 순간적인 판단력은 서비스업에만 15년가량 종사해 생긴 '직업병' 때문에 발달한 눈썰미가 한몫했다. K씨는 "평소 아무 일이 없을 때도 매장에 온 고객의 표정, 심호흡, 자세를 보고, 흥분하셨는지 파악해 선제적으로 조치하는 일에 익숙하

다."고 말했다. 그런데 K씨가 경찰에 "순찰대를 보내줬으면 좋겠다."며, 위치를 설명하는 도중 남성이 난간에 올라 두 팔을 벌린 '타이타닉'의 자세를 취했다. 놀란 K씨는 아들에게 휴대전화를 건네고 뛰어가 남성의 허리를 뒤에서 껴안았다. K씨는 "아저씨 이러지 마시고, 대화 좀 해요. 제가 들어드릴게요."라고 말하며, 설득했지만, 남성은 대답하지도 않은 채 다리에 힘을 줘 K씨를 밀었다. 혹시 모를 사고를 막기 위해 "아들, 오지 마!"라고 외친 후, 남성에게 다시 말을 걸었다. K씨도 팔에 힘이 빠져 아들이 가세했고, "도와 달라."는 K씨의 외침을 들은 행인도 난간 위 남성의 팔을 붙잡았다. K씨는 다시 "대화하자."고 요청했고, 그제야 그 남성도 다리의 힘을 풀어 두 사람은 인도 쪽으로 쓰러졌다. K씨는 엉덩방아를 찧으면서도 남성을 꼭 껴안고 남성의 이야기를 들어주다 경찰이 도착해서야 "힘내시라."며, 인계했다. K씨는 경찰로부터 "남성이 가족에게 잘 인계됐다."는 연락을 받아 "그분이 다시 그러실 수 있으니 재발하지 않도록 잘 신경 써 달라."고 부탁한 사실을 밝히면서 근본적인 대책을 요구했다. 그는 "다리의 난간이 너무 낮아, 마음만 먹으면, 얼마든지 쉽게 올라갈 수 있다."며, 난간을 높이거나, 안전장치 마련 등을 주문했다.(한국일보, 2023.02.25.)

〈그림 4.76〉 월영교(search.naver.com)

〈그림 4.76〉은 경상북도 안동시의 월영교(강교, 보도)이다. 이 교량은 2001년 착공해 2003년 4월 25일 개통되었다. 안동댐 내 월영공원과 안동민속촌을 연결하는 목교(木橋)이다. 행정구역상 상아동과 성곡동을 연결하며, 길이는 총 387m, 너비 3.6m로, 차량의 진입은 통제되는 보도전용의 교량으로, 2021년 기준 국내 최장의 목조로 된 교량이다. 이 월영교는 시민의 의견을 모아 안동댐 건설로 수몰된 월영대가 이곳으로 온 인연과 월곡면, 음달골이라는 지명을 참고로 명명되었다. 이 교량에서 법흥교까지 2,080m에 이르는 '호반나들이길'은 2013년 11월 준공된 산책로이며, 총 8개의 전망대와 2개의 정자가 있다. 3~10월에는 야경을 보기 위해 방문하는 관광객이 많다(ko.wikipedia.org).

〈그림 4.76〉의 투신 수단으로 인한 자살의 사건과 관련한 대표적 내용의 언론·매체 등의 기사는 다음과 같다.

- **관광명소 '월영교', '자살명소' 위기에**: 국내 최장의 목책 인도교로, 주말이면, 시민과 관광객 수천 명이 찾는 명소인 안동의 월영교가 최근 잇따른 투신자살로 '자살명소'라는 오명을 쓸 위기에 놓였다. 최근 3년간 월영교 일대에서 일어난 자살사건은 6건으로, 같은 기간 안동에서 발생한 교량 투신사건(15건) 중 40%에 달하고 있다. 특히 이 사건 모두 사망사건으로 이어져 자칫 국내 최장의 목책교로 유명세를 떨치고 있는 월영교가 '자살다리'란 오명을 쓸 위기다. 월영교에서 자살사건이 빈번하게 발생한 이유는 편리한 접근성과 길이가 387m에 달해 자정이 지나 조명이 꺼지면, 사람의 출입을 확인하기 어렵고, 난간의 높이도 120cm로 낮아 쉽게 오를 수 있는 구조로 돼 있기 때문으로 풀이된다. 사정이 이런데도 불구하고, 월영교는 투신방지 난간과 CCTV 등 자살예방 대책이 전무한 실정이다. 시민 박(46)모씨는 "올 들어 벌써 몇 번째 사고가 일어나고 있다. 이러다 안동의 명소인 월영교가 '자살명소'로 알려질까 걱정된다."고 말했다. 이에 대해 안동시 관계자는 "관리 주체인 안동민속박물관에서 CCTV 설치를 추진 중이며, 경찰과 연계해 다리 양쪽에 인명 구조함을 이번 주 내에 설치할 계획"이라고 했다.(경북도민일보, 2017.05.02.)

- **안동 실종 20대 여성 돌아오지 못해… 잇단 낙동강 사건사고 이유는?**: SNS에서 화제가 된 안동 실종 여성이 결국 돌아오지 못했다. 안동에서 실종된 20대 여성 A씨는 남자친구를 만나러 집을 나간 후, 나흘 만에 숨진 채 발견됐다. 지난 24일 A씨가 실종됐다는 제보의 글이 온라인을 통해 알려졌다. A씨의 언니는 "경찰에 신고해 CCTV를 확인하고, 휴대폰 위치추적을 한 결과, 남자친구 집 근처인 강변 탈춤축제장 쪽에서 동생이 마지막으로 포착됐다."며, 동생을 찾는 글을 페이스북에 게재했다. 28일 오후 2시 31분께 경북 안동시 운흥동 낙동강에서 A(25)씨는 익사체로 발견됐다. A씨는 실종되기 전 남자친구와

일하는 카페에 들렀다가 그와 함께 나갔다. 남자친구는 "자다가 일어나 보니 A씨가 없어졌다."고 진술한 것으로 알려졌다. 유족 측은 고인이 출근하기 위해 새벽에 남자친구 집을 나선 것으로 추측했다. A씨가 강에서 발견될 이유가 없다고 의견을 밝혔다. 앞서 2월에는 경북 안동댐 월영교에서 실종된 60대가 6일 만에 숨진 채 발견되기도 했다. 60대 실종자는 월영교 팔각정에서 신발과 양말, 휴대전화를 남겨둔 채 가족과 연락이 끊어진 것으로 알려졌다. 지난 5월에는 안동에서 실종됐던 B(27)씨가 수색 나흘 만에 월영교 교각 아래에서 주검으로 발견됐다. 다만, 당시 차량에는 남성이 작성한 것으로 추정되는 유서가 발견돼 자살의 정황이 있었던 것으로 추정된다. 한편, 안동지역 낙동강 다리 15곳 중 투신방지 난간 등 안전장치가 제대로 갖춰져 있는 곳이 많지 않아 자살과 추락 등 안전사고 위험이 높다고 알려졌다. 안동소방서는 지난 2월 안동시에 월영교 투신자살과 관련해 안전시설 및 CCTV 설치의 필요성에 대해 협조를 구하기도 했다.(문화뉴스, 2017.09.28.)

• **안동 월영교 인근 실종자 3일째 수색 중**: (경찰·소방, 안동댐 수문 방류 따라 하류지역 집중 수색) 지난 6일 오전 경북 안동시 상아동 안동댐 인근 영락교 부근에서 투신한 것으로 추정되는 실종자 A(31)씨의 행방이 3일째인 8일 오전까지 행방이 묘연한 가운데 경찰과 소방당국이 사흘째 안동댐 하류지역에 대한 수색을 이어가고 있다. 8일 경찰과 소방당국이 경북 안동시 안동댐 인근 월영교와 하류지역에서 실종자를 수색하고 있다. 경찰과 소방당국은 월영교 인근에 현장지휘소를 설치하고, 지난 6일 오전 6시 13분부터 일몰까지 1차 수색을 벌인데 이어 이튿날인 7일 오전 9시부터 2차 수색에 나섰으나, 실종자를 발견치 못했다. 경찰과 소방당국은 8일 오전부터 소방구조대 12명을 비롯하여 경찰 7명, 의소대 30명 등 총 49명의 수색인력과 보트, 제트스키 등 수색장비 6대를 투입해 월영교 인근과 영가대교, 영호대교와 안동대교 일대에 대한 수색을 전개하고 있다. 경찰과 소방당국은 안동댐 수문 방류에 따라 댐 하류지역을 집중 수색할 예정이다.(뉴스핌, 2020.08.08.)

• **안동 월영교 투신 추정 30대 숨진 채 발견**: 지난 6일 오전 경북 안동시 상아동 안동댐 인근 영락교 부근에서 투신한 것으로 추정되는 실종자 A(31)씨가 11일 오전 11시 40분쯤 안동댐 하류 월영교 밑의 조정지댐 부근 오탁방지막에서 숨진 채 발견됐다. 소방과 경찰당국이 지난 6일부터 수색에 나선 지 6일 만이다.(뉴스핌, 2020.08.11.)

• **안동 상아동 월영교서 20대 여성 투신… 경찰 조사 중**: 경북 안동 월영교에서 20대 여성 A씨가 다리 아래 낙동강으로 투신하는 사고가 발생했다. 19일 경찰에 따르면, 이날 오전 2시 54분쯤 A씨가 안동시 상아동 월영교에서 다리 아래 낙동강으로 투신했다. 신고를 받고 긴급 출동한 119구조대는 심정지의 상태인 A씨를 인근 병원으로 이송했지만, 끝내 숨졌다. 경찰은 "A씨가 스스로 월령교 아래로 투신했다."는 목격자 진술 등을 토대로, 정확한 사고경위를 조사 중이다.(뉴스투데이, 2022.05.19.)

• **구미, 경북시에서 사고 잇따라…**: 4일 경북소방본부 등에 따르면, 전날 오후 10시 51분쯤 안동시 상아동 월영교에서 A(30, 여)씨가 투신했다. 긴급 출동한 119구조대에 의해 구조된 A씨는 저체온증 등을 호소해 병원으로 이송했다.(더팩트, 2023.02.04.)

• **안동댐 월영교서 20대 여성 수면제 먹고 투신… 소방대원 신속 구조로 목숨 건져**: 안동에서 수면제를 복용한 20대 여성이 투신해 소방대원의 신속한 대응으로 목숨을 건졌다. 경북소방본부에 따르면, 13일 밤 11시 12분께 안동시 상아동 월영교에서 사람이 물에 빠졌다는 신고를 받고 출동해 수난 구조보트를 이용, 20대 여성을 구조했다. 구조 당시 이 여성은 인지기능 저하상태로 현장서 산소투여 등 응급처치 후, 인근 병원으로 후송됐다. 현장 구조대원은 "구조의 시간이 조금만 늦어도 낮은 기온에 저체온증 등으로 목숨이 위태로운 상황이었다."고 당시 상황을 설명했다. 소방당국 조사 결과, 이 여성은 수면제 3일 치를 복용 후, 투신한 것으로 알려진 가운데 정확한 사고경위에 대해 조사하고 있다.(안동인터넷뉴스, 2023.10.14.)

〈그림 4.77〉 마창대교(search.naver.com)

　〈그림 4.77〉은 경상남도 창원시의 마창대교(해상교, 차도)이다. 창원시 마산합포구 가포동과 성산구 귀산동을 연결하는 폭 20m(왕복 4차선), 총 길이 1.7km의 사장교인 이 교량은 국도 제2호선 창원 외곽 신선의 대교로, 기존 두 지점을 서로 오가는데, 거리 16km, 소요시간 35분에서 거리 9km, 소요시간 7분으로 크게 줄어들어 창원 시내의 교통량 분산 효과에도 크게 기여하고 있다. 이 교량은 국도 제2호선과 국도 제77호선의 일부이며, 도시고속도로인 남해안대로의 일부이다. 2004년 4월 민자 사업자인 ㈜마창대교에 의해 착공했으며, 2008년 6월 24일 준공식을 가지고, 2008년 7월 1일부터 정식으로 개통한 교량으로 세계 최대의 높이 68m에 달한다(ko.wikipedia.org).

〈그림 4.77〉의 투신 수단으로 인한 자살의 사건과 관련한 대표적 내용의 언론·매체 등의 기사는 다음과 같다.

- **경남도, 마창대교 근본적인 안전대책 요구**: 추석을 앞두고, 아버지와 아들의 안타까운 투신사망 소식이 전해진 마창대교에 대해 경남도가 종합적인 안전대책 마련을 요구했다. 지속적으로 문제가 제기되고 있는 마창대교의 낮은 난간에 추가적인 안전장치가 마련될 것인지 주목된다. 경남도는 마창대교 관리를 맡고 있는 ㈜마창대교 측에 13일 자로 공문을 보내 안전사고 방지대책을 마련해 다음 달 5일까지 제출하라고 요구했다. 도는 공문에서 "지난 2008년 7월 마창대교 개통 후, 현재까지 수차례 투신사고가 발생해 많은 인명사고가 생기고 있어 특별한 안전대책이 시급히 요구되는 실정"이라며, "마창대교의 근본적인 안전대책을 수립해 제출해 달라."고 요청했다. 이와 함께 도는 "추후, 안전관리대책회의를 개최해 대응책을 마련할 예정"이라며, "추가사고가 발생하지 않도록 순찰강화 및 신속한 대응 관리에 만전을 기해 달라."고도 주문했다. 경남도와 ㈜마창대교 등에 따르면, 마창대교에서는 개통 이후, 지금까지 13건의 투신사건이 발생해 12명이 숨졌다. 때문에 일부에서는 마창대교의 낮은 난간을 문제 삼고 있다. 차를 몰고 다리로 진입한 뒤 투신할 때까지 교량 난간이 아무런 방지책 역할을 하지 못한다는 것. 차량의 전용도로인 마창대교의 난간 높이는 1m다. 차량 방호 울타리 높이를 정하고 있는 도로안전시설 지침을 준용한 것이다. 이 지침에는 "차량 방호 울타리 높이는 차량이 울타리와 충돌했을 때 탑승자의 머리가 방호 울타리 부재와 직접 충돌하는 것을 방지하기 위해 원칙적으로 1m 이하로 한다."고 돼 있다. 경남도 관계자는 "사실 다리 위에서의 투신을 근본적으로 막으려면, 교량 난간을 대폭 높이거나, 안전망 같은 것을 설치하면 되지만, 풍속 등에 의한 교량의 안전과 운행 중인 차량 운전자의 안전 등도 고려하지 않을 수 없다."고 말했다. 때문에 경남도와 ㈜마창대교, 경찰서 등은 마창대교에서의 자살사고를 막기 위해 관계기관 회의를 열고, 몇 차례 대책을 논의해 왔다. CCTV와 방송시설 증설, 순찰 강화 등의 조치를 취했

지만, 투신자살이 이어져 근본적으로 난간을 높이거나, 안전망을 설치해야 한다는 목소리가 나오고 있다.(뉴시스, 2010.09.14.)

• **마창대교서 올해 7번째 투신… 운영사 '대책 고민 중'**: ("무게 탓 무리… 대책 고심") 마창대교에서 올해 7번째 투신자살자가 발생했다. 경찰은 안전장치 강화를 대책으로 꼽았지만, 운영사는 무게 탓에 무리가 갈 수 있다며, 추가 장치의 설치 계획이 없다고 밝혔다. 창원해양경비안전서는 10일 오전 9시 40분께 인천시 남동구에 거주하는 40대 남성이 마창대교 갓길에 차를 세우고, 바다로 뛰어들어 숨졌다고 밝혔다. 경찰에 따르면, ㄱ씨는 지난 9일 오후 인천시 한 렌터카 업체에서 차를 빌려 10일 마창대교에 도착해 차량을 정차한 후, 40초 만에 바다로 뛰어내린 것으로 드러났다. 투신자의 발생 신고를 받은 창원해경이 마산안전센터 순찰정과 122구조대를 현장에 급파해 오전 10시께 투신자를 발견하여 인양하고, 인근 병원으로 이송했지만, ㄱ씨는 11시 50분께 사망했다. 해경 관계자는 "ㄱ씨는 인천에 실제로 거주하는 것으로 밝혀졌으며, 투신을 위해 마창대교를 찾았을 가능성이 있다."고 말했다. 마창대교는 지난 2008년 7월 개통했다. 그러나 개통 이후, 불미스러운 일이 연이어 발생하면서 '투신대교'라는 오명을 얻었다. 올해 투신사고는 총 7건 발생했으며, 지난 3월 2건, 4월 1건, 5월 2건, 10월 1건, 11월 1건이 발생했다. 이 중 2명을 제외한 5명은 모두 사망했다. 개통 때부터 살펴보면, 2008년 2명, 2009년 6명, 2010년 5명, 2011년 1명, 2013년 5명, 2013년 3명이 마창대교에서 뛰어내렸으며, 올해 7명까지 합하면, 투신자는 모두 29명이다. 해경은 마창대교 투신자가 많은 이유로, 다리 높이가 높은 것과 낮은 난간을 꼽았다. 해경 관계자는 "마창대교 난간 높이가 1m가량으로 낮아 뛰어내리기 쉽고, 다리가 높아 사망률이 높다.", "난간이 낮아 CCTV로 확인하고 경찰이 출동하기도 전에 뛰어내린다."며, 출동 때까지 시간을 벌어줄 펜스·그물 등 안전장치 보강이 필요하다고 강조했다. 운영사인 ㈜마창대교는 CCTV를 12대로 늘리고, 레이더 감지기·추적 카메라 등을 설치해 시속 30km 이하로 서행하는 차량에 경고방송을 하고 있지만, 안전장치 보강은 어렵다는 입장이다. 마창대교 관계자는 "투신 예방에 효과가 있으

려면, 난간 높이가 2m는 넘어야 하는데, 그 무게 탓에 다리에 무리가 갈 수 있고, 태풍이 불었을 때 구조적으로 안전한지도 알 수 없어 조심스럽다."고 밝혔다. 또 "택시에 안내문을 배포하는 등 추가 장치의 설치 외에 투신을 막을 여러 가지 방법을 고민 중"이라고 덧붙였다.(경남도민일보, 2015.11.11.)

• **마창대교서 30대 투신 숨져**: 2일 오전 0시 40분께 창원시 성산구와 마산합포구를 잇는 마창대교 귀산동 방향에서 A(33, 울산)씨가 다리 아래로 뛰어내렸다. 마창대교 상황실로부터 신고를 받은 창원해양경비안전서는 122구조대와 순찰정을 급파해 20여 분간 수색 끝에 A씨를 발견해 인근 병원으로 옮겼으나, 숨졌다. 창원해경은 유족을 상대로, 사고경위를 조사할 계획이다. 해경에 따르면, 지난해 7명이 마창대교에서 투신했다.(경남신문, 2016.02.02.)

• **마창대교서 50대 투신해 숨져**: 경남 창원해양경비안전서는 5일 오전 5시께 경남 창원시 마산합포구 마창대교에서 김(53)모씨가 바다로 뛰어내려 긴급 구조된 후, 병원으로 후송됐으나, 숨졌다고 6일 밝혔다. 창원해경은 이날 오전 4시께 마창대교 관리실로부터 투신 신고를 받고 122구조대와 마산안전센터 연안구조정을 현장에 급파해 마창대교 인근 해상에서 김씨를 발견해 구조한 후, 인근 병원으로 후송했다. 해경은 김씨의 가족을 상대로, 정확한 투신경위를 조사 중이다.(부산일보, 2016.06.06.)

• **마창대교서 차 세워놓고 투신한 30대 숨져**: 25일 오후 2시 33분쯤 경남 창원시 마창대교에서 A(31)씨가 바다 아래로 뛰어내렸다. 창원해양경비안전서는 A씨가 마창대교 창원에서 마산 방면으로 포터를 몰고 가다 중간 지점에 차를 세우고, 바닷가 밑으로 뛰어내린 것으로 파악하고 있다. 마창대교 사무소의 신고를 받고 출동한 창원해경은 오후 3시쯤 A씨를 인양하고, 인근 병원으로 이송했지만, A씨는 결국 숨졌다. 창원해경은 자세한 사건경위를 조사 중이다.(뉴스1, 2017.07.25.)

〈그림 4.78〉 천수교(search.naver.com)

〈그림 4.78〉은 경상남도 진주시의 천수교(강교, 보·차도)이다. 진주시 망경동에 소재하는 남강 위에 있는 교량으로, 총 길이는 284m, 폭은 24m, 높이는 11m이며, 경간의 수는 6개, 최대 경간장은 60m이다. 상행선과 하행선 각기 2차도(18m)와 보도(6m)로 이루어져 있으며, 상부구조 형식은 아치교이고, 하부구조 형식은 아치식 교각이다. 이 교량의 설계하중은 DB-24, 통과하중은 43.2t으로, 1일 통행 차량은 약 1만 9,214대이다. 진주시 신안동과 평거동 지역의 대형 택지 개발 때 상대적으로 낙후된 망경동 지역을 개발하기 위해 1992년 7월 진주시에서 발주하고, 1995년 11월 준공했다. 이 교량은 신안·평거 택지개발지구와 망경동 지역을 연결하기 위한 교량이다(grandculture.net).

〈그림 4.78〉의 투신 수단으로 인한 자살의 사건과 관련한 대표적 내용의 언론·매체 등의 기사는 다음과 같다.

• **동거녀 이별 비관 30대 투신**: 17일 오후 1시 20분께 경남 진주시 망경동 천수교에서 정(39, 상대동 거주)씨가 다리 밑 남강에 뛰어내려 숨졌다. 목격자 허(39, 망경남동 거주)씨는 "오토바이를 타고 인근을 지나다 30대 남자가 천수교에서 뛰어내리는 것을 보고, 119구조대에 신고했다."고 말했다. 경찰은 정씨가 얼마 전 동거녀와 헤어진 뒤 비관해 왔다는 가족과 친구들의 말에 따라 이를 비관해 자살한 것으로 보고, 정확한 사고경위를 조사 중이다.(연합뉴스, 1999.07.17.)

• **진주, 남강 투신 30대 중태**: 30일 오후 6시 15분께 경남 진주시 망경동 소재 천수교 중간 지점에서 신원을 알 수 없는 30대 남자가 추락했다. 신고를 받고 출동한 119구급대가 이 남자를 구조, 경상대병원으로 옮겼으나, 의식이 없는 상태다. 경찰은 이 남자가 상하의 곤색 츄리닝을 착용하고, 키가 177cm가량 된다고 밝히고 지문을 채취하는 등 신원 파악에 들어갔다.(뉴시스, 2004.03.31.)

• **방송사 간부 출신 60대, 여권 후보 당선 기원하며, 남강 투신자살**: 지방 지상파 방송사 고위 간부 출신 60대가 대선 후보의 당선을 기원하고, MBC 사장의 구속 처벌을 촉구하는 내용의 유인물을 남기고, 진주 남강에 투신해 사망했다. 18일 진주경찰서에 따르면, 김(65)모씨는 17일 오후 7시 20분경 남강 천수교 다리 위에서 여권 대선 및 경남도지사 후보의 당선을 기원하는 내용의 유인물을 뿌린 뒤 남강에 투신했다. 이 유인물에서 김씨는 "어느 후보님이 대통령 되시더라도 진주 MBC를 원래 자리로 돌려주시기 소원한다."며, "고향 방송을 죽인 진주 MBC 사장을 구속해서 처벌해야 한다."라고 주장하기도 했다. 김씨는 목격자의 신고로 119에 의해 구조돼 병원으로 옮겨졌으나, 18일 오전 결국

숨졌다. 김씨는 진주 MBC 국장으로 재직하다 2006년 퇴임한 것으로 알려졌다.(뉴스1, 2012.12.18.)

• **진주 천수교에서 투신한 30대 인양**: 경남 진주시 신안동 천수교에서 투신한 A씨가 숨진 채 발견됐다. 지난 13일 오후 8시 21분께 진주시 천수교에서 남강으로 투신한 A(33)씨가 수색작업 이틀만인 14일 숨진 채 발견됐다. 이날 119구조대는 오전 7시께부터 잠수부를 동원, 수색작업에 나서 투신 지점에서 약 40m 떨어진 촉석루 인근에서 A씨의 시신을 발견, 인양했다. 경찰은 가족을 상대로, 정확한 투신경위에 대해 조사를 벌이고 있다.(뉴시스, 2013.08.14.)

• **진주 남강에 30대 투신… 7시간 만에 숨진 채 발견**: 오늘 13일 오전 9시 15분쯤 경남 진주시 신안동 천수교 근처 남강에서 39살 서모씨가 물에 빠져 숨져 있는 것을 119구조대가 발견했습니다. 소방당국은 오늘 새벽 천수교 근처에서 남성이 뛰어내렸다는 신고를 받고 현장에 출동해 수중 수색을 벌인 끝에 7시간 만에 숨진 서씨를 발견해 시신을 인양했습니다. 경찰은 서씨가 진주시내 망경동 방향에서 신안동 방향으로 차량을 운행하다가 천수교 중간에 정차해 남강으로 투신했다는 목격자의 말과 평소 우울증을 앓았다는 유족의 진술을 참고해 정확한 경위를 조사하고 있습니다.(SBS, 2014.09.13.)

• **우울증 앓던 고교생 천수교 투신**: 9일 오전 7시 53분께 진주시 신안동 천수교에서 투신한 고교생이 119구조대에 의해 무사히 구조됐다. 평소 우울증을 앓아 온 것으로 알려진 A(고1)군은 이날 등교하기 위해 집을 나섰다가 극단적인 행동을 벌였다. 진주소방서에 따르면, 목격자는 "물에 학생이 빠져 있다."고 신고한 것으로 알려졌다. 구조대는 출동 30분 만에 A군을 구조해 경상대병원으로 이송했다. A군은 치료를 받고 있으며, 다행히 생명에는 지장이 없는 것으로 알려졌다.(경남일보, 2015.12.09.)

• **천수교서 자살 기도한 20대 남성 퇴근하던 경찰이 발견해 긴급 구조**: (난간

붙잡고 뛰어내리려던 찰나, 2분 만에 설득해 끌어올려) 28일 오전 8시 30분께 신안동 천수교 난간에서 자살을 시도하던 20대 남성을 퇴근하던 경찰관이 발견해 긴급 구조했다. 진주 남강지구대 소속 경찰관은 천수교에서 한 시민이 천수교 난간 쪽을 힘든 얼굴로 바라보고 있는 것을 보고, 순간적으로 누군가 자살기도를 한다는 의심이 들어 현장으로 달려갔다. 현장에 도착한 경찰관은 난간에 매달려 손만 붙잡고 있는 문(23, 남)씨를 발견해 2여 분 만에 설득하여 난간 밖으로 끌어올렸다. 구조된 문씨는 보호자에게 인계 조치됐다. 한편, 문씨는 평소 우울증을 앓던 중 지난 27일 다니던 대학을 자퇴하고, 자살을 기도한 것으로 알려졌다.(단디뉴스, 2019.03.28.)

〈그림 4.79〉 양산천구름다리(search.naver.com)

〈그림 4.79〉는 경상남도 양산시의 양산천구름다리(하천교, 보도)이다. 이 구름다리는 총 길이 257m, 폭 3.4m에 이르는 거대한 보행자 전용 교량으로, 중부동 양산종합운동장에서 강서동 춘추공원을 연결하고 있다. 이 다리는 백조 두 마리가 마주 보며, 물 위에 앉아 있는 모습을 형상화해 '백조다리'로도 불리며, 주 통행로 양쪽으로 흔들다리와 양산천이 훤히 내려다보이는 투명 발판을 설치한 구간도 있다. 또한 야간의 경관조명은 이 다리를 더욱 돋보이게 한다. 음악분수, 영대교가 한데 어우러진 이 구름다리 옆으로 양산천을 따라 잔잔하게 노랫소리가 울려 퍼지는 엄정행 노랫길을 걸으며, 가족, 친구, 연인과 함께 밤 불빛의 향연을 감상하기 좋은 장소다(gyeongnam.go.kr).

〈그림 4.79〉의 투신 수단으로 인한 자살의 사건과 관련한 대표적 내용의 언론·매체 등의 기사는 다음과 같다.

- **자살 암시 후, 실종… 20대 익사체로 발견**: 지난달 26일 오전 2시께 양산시 북부동 양산천구름다리 인근에서 발생한 실종자가 8일 만에 익사체로 발견됐다. 양산소방서는 지난 3일 오후 4시 15분께 양산천구름다리 인근에서 실종한 유(27, 물금읍 거주)씨를 인양해 양산부산대병원에 안치했다고 4일 밝혔다. 양산소방서 등에 따르면, 지난달 26일 유씨가 가족들에게 자살을 암시하는 문자를 남기고 집을 나가 연락이 되지 않자 가족이 실종자 위치추적을 요청해 왔다. 이에 소방서는 실종 당일 오전 2시께 양산천구름다리에 설치된 CCTV 영상에서 유씨가 엘리베이터를 타고 올라간 뒤 사라져 투신한 것으로 추정했다. 이후, 구조대원과 장비를 동원, 유산교와 영대교 수중보 등 다리 상·하류 7km 일대 수중 수색작업을 벌여 8일 만에 다리 아래에서 시신을 발견했다.(경남도민일보, 2014.02.05.)

- **양산경찰서, 구름다리에서 극단 선택 시도한 남성 구조**: 경남 양산경찰서는 11일 낮 12시 7분께 북부동 양산천구름다리(높이 23m)에서 자살을 시도한 남성을 설득해 스스로 다리에서 내려오게 했다. 경찰에 따르면, 자살을 시도한 남성 A씨는 이날 오전 어머니와 싸운 뒤 정신건강 복지센터 직원과 통화 중 "학다리에서 자살하겠다."고 말했고, 이를 정신건강 복지센터 직원이 112에 신고했다. 112신고를 접수한 경찰은 양산천구름다리 주변 현장을 통제하고, 서장과 위기협상팀을 신속히 가동해 A씨를 상대로 설득에 나섰다. 서장과 위기협상팀이 정성을 다한 설득 끝에 A씨는 결국 자살을 단념하고 양산천구름다리에서 내려왔다. 남성은 현재 병원에 후송돼 안정을 취하고 있는 상태며, 생명에는 지장이 없는 것으로 알려졌다. A씨 모친은 "자칫하면, 아들의 생명이 위험할 수 있던 상황에서 경찰관이 끊임없이 대화를 시도하고 설득, 구조해 줘서 정말 감사하다."며, 경찰에 감사의 인사말을 전했다.(뉴시스, 2021.03.11.)

• **자살시도 시민 손잡아준 父子**: (육군53보병사단 양산대대 정상사, 경남 양산천구름다리서 신속 구조 도와) 극단적인 선택을 하려던 시민을 설득해 생명을 구한 육군 간부의 사연이 병영에 감동을 전하고 있다. 육군53보병사단 양산대대 정상사가 주인공이다. 30일 사단에 따르면, 정상사와 아들은 최근 경남 양산시 양산천구름다리를 산책하던 중 벤치에 놓인 개인 소지품을 발견했다. 주변을 확인하던 중 양산천구름다리 난간을 막 넘어간 여성을 발견한 정상사 부자는 천천히 다가가 대화를 시도했다. 정상사는 대화를 이어가다 손을 잡아도 되는지를 물었고, 여성이 '잡아주세요.'라고 답하자 바로 팔을 잡아 다리에서 떨어지지 않게 도왔다. 다만, 양산천구름다리 난간 높이와 재질을 고려할 때 다리 안쪽으로 바로 옮기는 것은 위험하다고 판단해 정상사는 아들에게 119구급대에 신고하도록 했다. 다리를 오가며, 운동을 하던 다른 시민들도 함께 여성을 잡아주는 사이 119구조대원 2명이 도착했다. 구조대원들이 여성을 무사히 구조하는 것을 본 정상사 부자는 조용히 자리를 떴다. 정상사는 "부사관 상담 교육을 받은 덕분에 소중한 생명을 구할 수 있었다."며, "여성분이 다시 희망을 품고 행복하게 살아갔으면 좋겠다."고 말했다.(국방일보, 2021.08.30.)

〈그림 4.80〉 아양교(search.naver.com)

〈그림 4.80〉은 대구광역시 동구의 아양교(강교, 보·차도)이다. 1932년에 준공되었으며, 1983년에 추가로 확장한 이 교량은 총 길이 230.8m, 총 폭 35m, 유효 폭 26m, 높이 10m, 경간 수 8개, 최대 경간장 32m의 교량으로, 상부구조 형식은 PSC I형교이며, 하부구조 형식은 라멘식이다. 1970년대에 제2의 아양교와 1990년대 제3의 아양교가 건설되었으며, 이 교량들은 1999년 대구시 공공시설물 명칭의 개정 작업으로 인해 화랑교, 공항교로 명칭이 변경되었다. 2003년 대구하계유니버시아드를 앞두고, 아양교 위에 폭 3m, 길이 150m의 아치형 인도를 조성했으나, 장애인과 노인 등 노약자의 통행에 불편을 초래해 2006년 철거되었다(grandculture.net).

〈그림 4.80〉의 투신 수단으로 인한 자살의 사건과 관련한 대표적 내용의 언론·매체 등의 기사는 다음과 같다.

- **대구 금호강서 60대 추정 투신자살**: 3일 오후 3시께 대구시 동구 검사동 금호강 아양교 위에서 60대로 추정되는 노인이 강으로 뛰어내린 것을 주변을 지나던 행인들이 발견해 신고했다. 신고를 받고 출동한 119구조대는 주변에 대한 수색을 실시해 같은 날 오후 7시 50분께 노인의 시신을 인양했다. 경찰은 지문 조회 등을 통해 이 노인의 신원을 확인한 뒤 유족 등을 상대로, 사고경위를 조사할 방침이다.(연합뉴스, 2011.09.04.)

- **동구 아양교서 30대 남성 투신**: (경찰, 시신 인양… 유서는 없어) 대구 동구 금호강 아양교 위에서 30대로 추정되는 남성이 뛰어내려 숨졌다. 18일 대구 동부경찰서에 따르면, 이날 오후 5시 53분께 아양교 위에서 한 남성이 강으로 뛰어내리는 것을 인근을 지나던 버스에 타고 있던 승객이 보고 112로 신고했다. 신고를 받고 출동한 경찰과 119구조대는 강 주변에 대한 수색을 벌여 1시간쯤 후인 오후 6시 46분께 이 남성의 시신을 발견, 인양했다. 유서는 발견되지 않았다. 경찰은 지문 조회 등을 통해 이 남성의 신원을 확인한 뒤 유족 등을 상대로, 정확한 사고경위를 조사할 방침이다.(대구신문, 2018.04.18.)

- **대구 동부소방서, 투신자살 시도 50대 구조**: 대구 동부소방서는 지난 20일 오후 5시께 금호강 아양교에서 투신자살을 시도한 50대 남성을 구조했다. 이날 신고를 받고 출동한 대원 22명은 5분 만에 현장 도착했으며, 스쿠버다이빙 장비를 장착한 구조대원은 수면에서 사라진 익수자를 수중 수색한 지 7분여 만에 강바닥에 가라앉은 상태로 발견, 인양해 대기 중인 구급대에 인계했다. 전문 구급대원 6명은 심정지의 상태 확인 후, 10여 분의 전문 심장소생술 실시로 자발순환회복 시킨 후, 파티마병원으로 이송하여 소중한 생명을 살렸다. 한편, 동부소방서는 지난해 12월 투신자살 등의 수난사고를 예방하기 위해 각

교각마다 CCTV와 다리 난간 감지센서 설치로 CCTV 관제센터와 핫라인을 운영한 이후, 올해 들어 투신자살한 2명의 소중한 생명을 구했다.(경상매일일보, 2019.04.23.)

• **대구 동구 아양교에서 신원 미상 여성 뛰어내려… 시신 수습**: 지난 10일 오후 9시 50분께 대구 동구 아양교에서 신원 미상의 여성이 투신하는 사건이 발생했다. 목격자에 따르면, 30대 초반으로 보이는 한 여성이 아양교 다리 위에서 소지품을 두고 다리 밑으로 뛰어내렸다. 신고를 받고 출동한 대구 동부소방서 구조대는 사고 발생 1시간 40여 분 만인 오후 11시 36분께 시신을 수습했다. 경찰당국은 정확한 사고원인을 파악 중이다.(대구일보, 2020.07.12.)

• **대구 동구 아양교서 60대 남성 투신… 경찰 수사 중**: 대구 동구 아양교에서 60대 남성이 물속으로 뛰어들어 숨졌다. 7일 대구 동부경찰서에 따르면, 전날 오후 9시 20분쯤 동구 검사동 아양교에서 A(60)씨가 다리 아래 물속으로 뛰어들었다. A씨는 심정지의 상태로 발견돼 인근 병원으로 옮겨졌지만, 숨졌다. 경찰은 목격자 등을 상대로, 정확한 사고경위를 조사 중이다.(더팩트, 2021.10.07.)

〈그림 4.81〉 강창교(search.naver.com)

〈그림 4.81〉은 대구광역시 달성군의 강창교(강교, 보·차도)이다. 달성군 다사읍 죽곡리와 달서구 파호동을 연결하는 이 교량은 금호강 주변에 강창 나루가 있어 나루의 이름을 따서 강창교라 부르게 되었다. 이 교량은 1970년에 폭 10.3m, 길이 245m의 왕복 2차선 교량으로, 준공된 이후, 1995년 강창1교, 2000년 강창2교가 건립되면서 점차 규모가 확대되었다. 1995년 전후로 다사읍 매곡리와 죽곡리 일대에 아파트 단지가 건립되어 통행량이 크게 증가하기 시작했다. 특히 2008년을 기점으로 대규모 아파트 단지가 형성되고, 방대한 상업·서비스시설이 자리잡아 신도시로 발전하게 되었으며, 이에 따라 강창교의 차량 통행이 크게 늘어나게 되었다(dalseong.grandculture.net).

〈그림 4.81〉의 투신 수단으로 인한 자살의 사건과 관련한 대표적 내용의 언론·매체 등의 기사는 다음과 같다.

- **대구 강창교서 80대 할아버지 투신 신고… 경찰 수색**: 27일 오전 9시 50분께 대구 달서구 파호동 강창교에서 80대로 추정되는 할아버지가 투신했다. 소방 등에 따르면, 이날 다리 위를 지나가던 한 여성이 "우산을 들고 있는 할아버지가 다리 아래로 뛰어내렸다."고 신고했다. 소방당국은 구조대와 전문 스쿠버를 동원해 투신자 수색에 나섰으나, 찾지 못했다. 경찰 관계자는 "28일 오전부터 특수구조대 6명과 경찰기동대 25명 등이 다시 수색에 나설 예정"이라고 말했다. 경찰 관계자는 "투신자의 신원을 밝히기 위해 수색을 재개하고, 또 미귀가자를 중심으로 수사하고 있다."고 말했다. 이후, 오후 2시 2분께 강창교 하류 500m 지점에서 소방대원이 숨진 남성을 발견했다.(연합뉴스, 2019.05.28.)

- **한 남성 강창교 아래로 투신… 12분 만에 구조**: 30대로 추정되는 한 남성이 다리 아래로 스스로 몸을 던진 사고가 발생했다. 대구소방안전본부에 따르면, 16일 오후 5시 45분께 A씨가 달서구 파호동 강창교 아래로 떨어졌다. 소방당국은 "강창교 다리 위에서 남자가 투신했다."는 신고를 받고 출동해 12분 만에 A씨를 구조했다. 구조에는 차량 6대와 인원 20명이 동원됐다. A씨는 인근 병원으로 옮겨졌으나, 두부 등에 외상이 심해 의식을 되찾지 못한 것으로 알려졌다. 경찰과 소방당국은 A씨가 스스로 뛰어내린 것으로 보고, 자세한 사고경위를 조사할 계획이다.(대구신문, 2019.07.16.)

- **대구 금호강 강창교서 10대 학생 투신… 소방당국 수색 중**: 대구 금호강 강창교에서 10대 여학생이 투신, 소방당국과 경찰 등이 수색에 나섰다. 9일 소방당국 및 경찰 등에 따르면, 지난 8일 오후 7시 19분께 대구 달성군 다사읍 매곡리 강창교 위에서 10대 여학생 A양이 강창교를 걷다 강물에 뛰어든 것으

로 전해졌다. 극단적 선택의 여부는 아직까지 구체적으로 확인되지 않고 있다. 사고 당시 달성군 일대는 시간당 50mm가 넘는 폭우가 내려 강창교 아래 강물은 물길이 크게 불어난 상태였다. 신고를 받고 출동한 소방당국은 보트로 수면의 수색을 벌이다 날이 저물어 수색을 접고, 이튿날인 9일 오전 헬기 등을 동원하고, 수색의 인원을 늘려 실종자를 찾고 있다. 소방당국 관계자는 "사고원인에 대해서는 경찰 등이 조사 중"이라고 말했다.(경북도민일보, 2020.08.09.)

〈그림 4.82〉 울산대교(search.naver.com)

〈그림 4.82〉는 울산광역시 남구·동구의 울산대교(해상교, 차도)이다. 남구 매암동 매암 사거리에서 출발해 동구 방어동 대교터널에서 끝나는 교량으로, 30번 울산광역시 도로의 일부이다. 교량의 총 길이는 1,800m, 최대 경간장은 1,150m로, 한국에서 2위의 단경간 현수교이다. 상판의 높이는 60m에 달해 울산항으로 들어오는 대형 선박의 통행에 지장을 주지 않는다. 주탑의 높이 역시 203m에 달해 대한민국 현수교 중 2위이다. 2015년 5월 29일 준공식과 점등식을 가졌으며, 2015년 6월 1일 정식 개통했다. 완공 전, 승용차로 20~40분 정도 걸리던 방어진-장생포의 통행 시간을 15분 내로 줄였으며, 매년 1,000억 원에 달하는 경제적 효과가 나올 것이라 예측하고 있다(ko.wikipedia.org, namu.wiki).

〈그림 4.82〉의 투신 수단으로 인한 자살의 사건과 관련한 대표적 내용의 언론·매체 등의 기사는 다음과 같다.

- **울산대교서 사흘 새 2명 잇따라 투신**: (1명 숨진 채 발견… 1명은 수색 중) 울산시 울산대교서 지난 17일과 19일 사흘 새 2명이 잇따라 투신하는 사고로 숨졌다. 20일 울산해양경찰서에 따르면, 지난 19일 오전 5시 43분께 20대 후반 남성 A씨가 자신의 차량을 타고 울산대교를 지나던 중 차에서 내린 뒤 다리 아래로 뛰어내려 스스로 목숨을 끊었다. 또 앞서 지난 17일 오전 7시 7분께도 신원 미상의 남성 B씨가 동일한 방법으로 투신해 사망했다. 울산해경은 정확한 사고경위를 조사하는 한편, 아직 발견되지 않은 B씨를 수색 중이다. 울산대교 투신의 건은 올해만 9건으로, 역대 최다를 기록했다.(울산제일일보, 2019.01.21.)

- **5시간 설득 끝에 모녀 구조… 울산대교 긴박했던 순간**: 울산대교 난간 밖에 여성 2명이 맨발로 섰습니다. 40살인 엄마와 16살인 딸입니다. 경찰은 이들의 마음을 되돌리려 안간힘을 씁니다. 하지만, 삶이 힘들다는 말만 되풀이했습니다. 소방과 해경은 만일의 상황에 대비했습니다. 바다에 구조정 1척과 경비함정 2척, 수색보트를 띄웠습니다. 경찰 협상팀이 나섰습니다. 해가 지면서 추워지자 옷가지를 건넨 뒤 대치 상태는 풀리기 시작했습니다. 투신 소동은 경찰이 설득한 지 5시간 만에 무사히 끝났습니다. 시민들의 도움도 컸습니다. 처음 현장을 목격한 운전자들은 곧장 112에 신고했습니다. 가슴을 졸이며, 상황을 지켜보던 시민들도 삶을 포기하지 않아 고맙다며, 격려 글을 남겼습니다. 울산대교에서 투신하려 했던 시민들을 구조하기는 이번이 처음입니다. 하지만, 대비책은 여전히 허술합니다.(JTBC, 2019.05.08.)

- **"억울하다.", "힘들다." 또 울산대교 투신 소동**: "억울하다.", "힘들다."며, 울산대교에서 투신 소동을 벌이는 일이 끊이질 않고 있다. 21일 울산대교에서

투신 소동을 벌인 30대 남성이 경찰에 붙잡혔다. 폭행 시비로 현행범 체포된 것에 대해 불만이 있다는 것이 이유였다. 경찰에 따르면, 이날 오전 7시 48분께 도보로 울산대교(남구 방향)으로 올라가는 사람을 발견했다는 신고가 들어왔다. 신고를 받고 출동한 경찰과 소방당국은 1시간여 만에 대교 위 서 있던 A(35)씨를 구조했다. 만약에 발생할지 모를 투신을 대비해 대교 아래 에어매트도 설치됐다. 경찰은 A씨가 같은 날 새벽 남구에서 폭행 가해자로 지목되며, 수갑을 찬 것에 대해 억울함을 줄곧 표현했다고 설명했다. 당시 A씨는 만취 상태로 귀가 조치됐다. 경찰은 A씨를 상대로, 업무방해죄 등 혐의점과 입건의 여부에 대해 검토 중이다. 이처럼 울산의 새로운 랜드마크로 자리매김한 울산대교가 몸살을 앓고 있다. 울산시에 따르면, 지난 2016년 6월 개통된 울산대교 투신시도 의심 신고가 접수된 것은 500여 건에 이른다. 이 중 14명이 투신해 목숨을 잃었다. 앞서 이달 9일에는 장애인 부부가 울산대교 난간에서 투신을 시도하려다 경찰에 의해 저지당했다. 7일에는 가족의 내부 사정 때문에 '힘들다.'는 이유로 한 모녀가 투신 소동을 벌여 5시간 만에 모두 구조됐다. 이처럼 잊을 만하면, 발생하는 투신 소동으로 울산대교 양방향이 통제될 때마다 시민들의 불편함도 가중되고 있는 실정이다.(울산매일신문, 2019.05.21.)

• **울산대교에서 또 투신사고… 신원 확인 중**: 오늘 11월 22일 오후 3시 50분쯤 울산대교 중간 지점에서 30대로 추정되는 여성이 투신해 인근 병원으로 옮겨졌지만, 숨졌습니다. 하버브릿지의 신고를 받고 출동한 해경은 해당 여성의 것으로 추정되는 승용차가 멈춰 서 있었다며, 정확한 사고경위와 여성의 신원을 조사하고 있습니다.(울산MBC, 2019.11.22.)

• **울산대교서 남부서 소속 경찰 투신해 숨져**: 울산남부경찰서 소속 경찰이 울산대교에서 투신하는 사고가 발생했다. 취재에 따르면, 8일 오전 6시께 울산대교에서 남부경찰서 소속 경찰 A(33)씨가 바다로 투신했다. 사고를 접수한 울산해양경찰서는 40분 만인 오전 6시 40분쯤 A씨를 발견해 울산대병원으로 이송했으나, 결국 숨졌다. 남부경찰서 관계자는 "사건에 대해 정확한 내용

을 확인 중"이라고 밝혔다.(울산제일일보, 2021.03.09.)

• **울산 남구 매암동 울산대교 투신사고… 40대 남성 사망**: 8월 1일 오후 1시 56분 울산 남구 매암동 울산대교 6번 지점에서 투신사고가 발생했다. 2일 울산소방본부에 따르면, 울산대교 난간밖에 사람이 서 있다는 신고 접수 후, 소방대 및 유관기관이 도착해 설득 중 요구조자 1명(40, 남) 추락, 해경에서 구조해 119구급대에 인계했다. 응급처치 실시하며, 울산대병원으로 이송했으나, 사망했다. 인원 28명(소방16, 경찰2, 해경8, 대교순찰2)과 장비 8대가 동원됐다.(로이슈, 2021.08.02.)

〈그림 4.83〉 태화교(search.naver.com)

〈그림 4.83〉은 울산광역시 남구·중구의 태화교(강교, 차도)이다. 태화 강을 건너 남구 신정동과 중구 태화동을 연결하는 31번 국도의 교량으로, 울산특별건설국이 투자했으며, 1963년 7월 착공해 1966년 12월에 준공되었다. 1991년 4차선에서 8차선으로, 총 길이 440m, 폭 35m로 확장했으며, 교량의 확장 이전 부분 즉, 현재 태화동에서 신정동 태화로터리 방면을 구태화교, 확장 이후인 현재 신정동에서 태화동 방면을 신태화교라고 나누어 부르기도 한다. 2009년 2월 17일부터 울산교와 함께 디자인 개선사업이 시행되어 2009년 6월 8일 준공되었다. 2022년 11월 내진보강공사가 시작되어 2024년 4월 완료될 예정이다(ko.wikipedia.org).

〈그림 4.83〉의 투신 수단으로 인한 자살의 사건과 관련한 대표적 내용의 언론·매체 등의 기사는 다음과 같다.

• '투신자살' 시도 20대… 119구조대가 목숨 구해: 어젯밤 울산 태화교에서 스스로 목숨을 끊으려던 20대 남성을 긴급 출동한 119구조대가 구조했습니다. 울산 남구 태화교 위에 119구조대가 긴급히 출동했습니다. 어제 오후 10시 45분쯤 태화교 근처 공중전화에서 27살 김모씨가 119에 연락해 "자살하겠다." 고 짧게 말한 뒤 전화를 끊었습니다. 곧바로 출동한 119대원들은 다리 밖 난간에 매달려 있는 김씨를 가까스로 끌어올려 경찰에 인계했습니다.(연합뉴스TV, 2013.03.14.)

• 울산 태화교서 투신 목격 신고 잇따라 '소동': 울산 태화교에서 투신하려는 사람이 있다는 신고가 잇따라 접수되면서 잠수 수색까지 진행되는 등 소동이 빚어졌다. 12일 오후 12시 52분께 119안전센터에는 태화교 난간에 사람이 매달려 있다는 신고가 2건 접수됐다. 신고 접수 직후, 잠수 장비를 갖춘 구조대원 등 16명의 인력과 구조 차량 5대가 투입돼 수색작업을 벌였다. 소방대원들은 오후 2시 10분께까지 잠수 수색을 실시했으나, 투신자가 발견되지 않자 수색을 중단했다. 소방당국은 수심이 비교적 얕은 태화교 아래에서 1시간여 동안 수색을 했는데도 투신자가 발견되지 않은 것으로 미뤄 오인신고였을 가능성에 무게를 두고 있다.(뉴스1, 2013.09.12.)

• 태화교서 투신 20대 숨져… 가정불화 등 고민 자살 암시: 울산 태화강 일대 교량에서 자살시도가 잇따르고 있다. 25일 울산시 소방본부 등에 따르면, 이날 0시 38분께 남구 태화교에서 A(20)씨가 7m 아래의 태화강으로 뛰어내리는 것을 행인이 발견해 경찰에 신고했다. 신고를 받고 출동한 구조대원 등 22명이 수색의 활동을 벌였지만, 1시간 30여 분 만에 발견된 A씨는 숨진 상태였다. 이어 오전 4시 45분께 B(30, 여)씨가 보건복지콜센터(129)로 전화해 "자살

하고 싶다."는 말을 남기고, 전화를 끊었다. 129로부터 신고 내용을 통보받은 소방본부는 이 여성에게 전화해 대화를 이어가면서 20여 분 만에 울산교 위에 있던 B씨를 발견, 구조했다. 소방본부의 한 관계자는 "B씨가 가정불화 등으로 고민하다가 자살을 결심한 것 같다."며, "무사히 구조해서 다행이다."고 밝혔다.(경상일보, 2014.08.25.)

• **아내와 말다툼하던 50대 다리 위 투신… 골절상**: 아내와 말다툼 중 태화교에서 투신한 50대 남성이 출동한 소방대에 의해 구조됐다. 30일 울산 중부경찰서와 소방당국에 따르면, 이날 오전 1시 45분께 태화교에서 A씨가 뛰어내렸다. A씨는 아내와 함께 차를 타고 가며, 말다툼을 하던 중 갑자기 차에서 내려 태화교 아래로 뛰어내린 것으로 전해졌다. A씨는 다리 아래 콘크리트 구조물 위로 떨어졌으며, A씨 아내의 신고를 받고 출동한 소방대가 태화강을 헤엄쳐 건너가 A씨를 구조했다. A씨는 팔과 다리에 골절상을 입었지만, 생명에는 지장이 없는 것으로 확인됐다.(경상일보, 2018.08.30.)

〈그림 4.84〉 거가대교(search.naver.com)

〈그림 4.84〉는 부산광역시 강서구 천성동~경상남도 거제시 장목면의 거가대교(해상교, 차도)이다. 강서구 천성동에서 가덕도와 죽도, 저도를 거쳐 거제시 장목면을 잇는 총 길이 8,214.7m의 교량-터널 복합 도로인 이 교량은 2004년 12월 착공에 들어가 2010년 12월 13일에 개통식을 가졌으며, 14일부터 임시 개통의 방식으로 자동차 통행이 허용되었다. 길이 3.5km의 2개 사장교, 3.7km의 침매터널, 길이 1km의 2개 육상터널로 이루어져 총 길이는 8.2km에 달한다. 도시고속화도로인 거가대로(부산광역시도 제17호선)를 구성하며, 거가대교를 포함한 거가대로 개통으로 부산~거제 간 통행 거리는 기존 140km에서 60km로, 통행 시간은 기존 130분에서 50분으로 단축되었다(ko.wikipedia.org, namu.wiki).

〈그림 4.84〉의 투신 수단으로 인한 자살의 사건과 관련한 대표적 내용의 언론·매체 등의 기사는 다음과 같다.

• **거가대교서 40대 남성 투신… 해경 수색 나서**: 거제시 한 조선소에서 근무하던 40대 남성이 장목터널 부산 방향 거가대교에서 투신해 해경이 수색에 나섰다. 창원해양경비안전서는 지난 1일 오후 8시 47분 부산시 강서구 가덕도와 거제시 장목면을 잇는 거가대교 3주탑에서 38m 아래 바다로 뛰어내린 투신자를 찾고 있다고 밝혔다. 이날 오후 9시께 거가대교 상황실로부터 한 남성이 해상 투신을 시도하고 있다는 신고를 받은 창원해경은 127정과 경비정 3척을 현장으로 보냈다. 해경은 잠시 후, 오후 9시 10분께 거가대교 상황실로부터 CCTV 확인 결과, 오후 8시 47분 투신시도자가 바다로 뛰어내렸다는 통보를 받고, 수색 지원을 요청했다. 해경 경비정 4척과 해군 4척 등 8척이 해상 수색의 활동을 벌이고 있지만, 투신자를 찾지 못했다. 해경은 출동 당시 거가대교 도로에 주차돼 있던 투신자의 것으로 보이는 차량을 부인이 가져간 것으로 보고, 2일 오후 부인을 만나 자세한 이야기를 들어볼 예정이다.(경남도민일보, 2015.10.02.)

• **거제 거가대교서 30대 투신 숨져**: 22일 오전 4시 28분께 부산~경남 거제 간 연결도로 거가대교 장목터널 진입 지점에서 ㄱ(30)씨가 50여 미터 아래 바다로 뛰어내린 것을 순찰 중인 도로공사 직원이 발견해 119에 신고했다. ㄱ씨는 출동한 해경 경비정 3척과 어업지도선 2척, 소방정 1척 등이 수색에 나선 지 3시간여 만에 숨진 채 발견됐다. 도로공사는 순찰 중 거가대교 위에 정차 중인 ㄱ씨 승용차를 발견, 사무실 CCTV를 통해 ㄱ씨가 바다로 뛰어든 것을 확인하고, 수색 지원을 요청했다. 한편, 경찰은 유족을 상대로, 정확한 사망원인을 조사하고 있다.(경남도민일보, 2016.06.23.)

• **거가대교서 해상 투신 30대 남성 숨진 채 발견**: 창원해양경찰서는 지난 9일

오전 4시 30분께 부산 가덕도 거가대교 부산방향 7번 교각에서 투신한 A(35)씨가 같은 날 오후 1시 15분께 해경경비정에 의해 숨진 채 발견됐다고 밝혔다. 이날 창원해경 거가대교 상황실로부터 차량 운전자가 해상에 투신했다는 신고를 받고 경비함정 5척과 민간 구조 선박을 현장에 급파하여 투신자를 수색했다. 거가대교 3주탑 남쪽 2km 떨어진 해상에서 발견했으며, 발견 당시 숨져 있었던 것으로 밝혀졌다. 한편, 창원해경은 투신자의 발견 당시 소지하고 있던 휴대폰과 가족(여자친구) 진술 등을 토대로, 정확한 투신경위 등을 조사하고 있다고 말했다.(경남도민신문, 2018.02.12.)

• **거가대교 4교서 40여 미터 아래로 몸 던진 여성 사망**: 거가대교에서 한 여성이 바다로 몸을 던져 숨졌다. 창원해경에 따르면, 7일 오후 3시 16분 거가대교 4교에서 30대로 추정되는 한 여성이 40여 미터 아래 해수면으로 투신했다. 거가대교를 달리는 차량이 멈추면, 상황실로 알람이 울리는데, 이를 확인한 상황실에서 신속하게 해경에 신고했다. 신고를 접수한 창원해경은 현장으로 수색 인원을 보내 15분여 만에 이 여성을 찾았다. 여성은 급히 인근 병원으로 옮겨졌지만, 숨을 거뒀다. 창원해경은 이 여성의 정확한 신원을 확인해 주변인을 상대로, 사망경위 등을 조사할 예정이다.(부산일보, 2023.09.07.)

〈그림 4.85〉 광안대교(search.naver.com)

〈그림 4.85〉는 부산광역시 수영구·해운대구의 광안대교(해상교, 차도)이다. 이 교량은 수영구 남천동 49호 광장과 해운대구 우동 센텀시티를 연결하는 한국 최대의 해상 복층 교량이다. 총 연장 7,420m 중 중앙 부분의 900m는 현수교이며, 접속교량 6,520m로 구성되어 있다. 너비 18~25m, 복층(2층) 구조의 왕복 8차로인 이 교량은 건설은 부산광역시 건설본부가 맡았으며, 현재 부산시설공단에서 관리·운영하고 있다. 1994년 12월에 공사가 시작되어 2002년 7월 11일에 공사를 마쳤다. 부산에서 개최된 2002년 아시안게임 기간인 2002년 9월 29일부터 10월 14일까지 임시로 개통되었다가 2003년 1월 6일에 정식으로 개통되면서 같은 해 6월에 유료화되었다(ko.wikipedia.org, namu.wiki).

〈그림 4.85〉의 투신 수단으로 인한 자살의 사건과 관련한 대표적 내용의 언론·매체 등의 기사는 다음과 같다.

• **광안대교서 투신 70대 남성 11시간 만에 숨진 채 발견**: 부산 광안대교에서 바다로 투신한 70대 남성이 청사포 해안가에서 숨진 채로 발견됐다. 부산해경은 1일 오후 2시 1분쯤 해운대구 청사포 해안가에 떠 있는 A(71)씨의 시신을 수습했다고 밝혔다. A씨는 청사포 해안가를 지나던 한 시민에 의해 발견됐으며, 해경과 소방당국은 현장에 출동해 A씨의 시신을 수습했다. A씨의 투신 동기 등 정확한 사고경위는 조사 중이다. 부산해경에 따르면, 이날 오전 2시 56분쯤 광안대교 하판 31번 교각 부근에 운전자가 없는 차가 멈춰서 있다는 신고가 접수됐다. 해경과 광안대교 관리사업소는 광안대교 CCTV를 확인한 결과, A씨가 신고 10여 분 전 뛰어내리는 장면을 확인했다. 이후, 오전 3시부터 해경은 경비정, 구조정, 민간구조선, 중앙해양특수구조단 등을 투입해 수색작업을 벌여왔다.(뉴스1, 2019.07.01.)

• **부산 광안대교서 30대 남성 투신… 해경 구조 후, 병원 이송 '의식 불명'**: 부산 광안대교에서 투신한 남성이 구조돼 병원으로 이송됐다. 부산해양경찰에 따르면, 지난 22일 오전 11시 28분쯤 부산 광안대교 상판에서 30대로 추정되는 남성이 투신했다. 이를 목격한 인근 운전자가 신고했고, 출동한 소방과 해경이 남성을 구조해 심폐소생술을 실시했다. 이후, 남성은 119구급차량으로 인근 병원에 이송됐다. 현재 남성은 의식이 없는 중태인 것으로 전해졌으며, 해경은 정확한 경위 등을 조사 중이다.(세계일보, 2020.02.23.)

• **택시 세워 달라더니… 40m 높이 광안대교서 바다로 뛰어내린 승객**: 택시에서 갑자기 내린 승객이 높이 40m의 부산 광안대교에서 바다로 뛰어내렸다가 무사히 구조됐다. 22일 부산해양경찰서에 따르면, 지난 20일 오후 3시 13분쯤 부산 광안대교를 지나던 택시에 타고 있던 승객 A씨는 "차를 세워 달라."

고 말한 뒤 택시 문을 열고 나와 바로 바다로 뛰어내렸다. 지나던 차량 운전자가 이 장면을 목격하고, "택시에서 사람이 뛰어내렸다."며, 119에 신고했다. A씨가 뛰어내린 곳은 해운대에서 광안리 쪽으로 올라가다 현수교가 시작되는 지점쯤이었다. 이곳은 해수면에서의 높이가 35~40m쯤으로 매우 높다. 소방당국이 이를 해경에 통보해 민락해경출장소의 연안구조정이 즉시 출동했다. 출동한 해경은 곧 A씨를 발견하고, 이날 오후 3시 24분께 구조했다. 해경 관계자는 "A씨는 구조 당시 의식·호흡·맥박이 있었고 저체온 상태였다. 구조 후, 119구조대가 A씨를 병원으로 이송했다."고 밝혔다. A씨의 생명에는 지장이 없는 것으로 알려졌다. 해경은 A씨와 택시기사 등을 대상으로, 투신경위를 조사하고 있다.(아시아경제, 2021.03.22.)

• **전동킥보드 타고 광안대교에 올라 투신한 20대 구조**: 높이 50m의 부산 광안대교에서 바다로 뛰어내린 20대 남성이 해경에 의해 무사히 구조됐다. 이 남성은 전동킥보드를 타고 광안대교에 올랐던 것으로 조사됐다. 11일 부산해양경찰서에 따르면, 전날 오후 7시 56분쯤 A(22)씨가 광안대교 교각에서 바다로 뛰어내렸다. A씨는 투신하는 장면을 목격한 광안대교 관리사업소 직원의 신고로 출동한 해경에 의해 구조돼 인근 병원으로 옮겨졌다. 현재 생명에는 지장이 없는 것으로 알려졌다. 신고를 받은 해경은 인근 해상에서 순찰 중이던 광안리파출소 연안구조정을 즉시 현장으로 출동시켜 A씨를 구조한 뒤 민락항에서 대기 중이던 119구급차로 인계해 생명을 구했다.(국민일보, 2021.05.11.)

• **부산 광안대교에 올라 바다로 투신한 20대 구조**: 부산 광안대교에서 바다로 뛰어내린 20대 여성이 소방당국과 해경에 의해 무사히 구조됐다. 7일 부산소방본부와 부산해양경찰서 등에 따르면, 이날 오전 3시 35분쯤 A(27)씨가 광안대교 교각에서 바다로 뛰어내렸다. A씨는 부산 남구 대연동 49호 광장 쪽에서 출발해 해운대구 방면 하판에 차를 정차한 뒤 교각을 넘은 것으로 파악됐다. A씨는 목격자와 광안대교 관리사업소 직원의 신고로 출동한 소방·해경 합동 수색에 의해 구조됐다. 해경은 인근 해상에서 순찰 중이던 광안리파출소 연

안구조정을 출동시켜 A씨를 구조했고, 민락항에서 대기 중이던 119구급차로 인계했다. 부상 없이 저체온 증상만 보였던 A씨는 119구급대원의 처치를 받은 뒤 보호자에 인계돼 집으로 돌아갔다. 한편, 광안대교는 부산 수영구 남천동과 해운대 우동을 연결하는 7.4km 길이의 해상 교량이다. 해운대에서 광안리 쪽으로 오는 상판과 광안리에서 해운대 쪽으로 가는 하판으로 이뤄진 복층 구조다. 수면에서 높이는 상판과 하판이 각각 50m와 45m쯤 된다.(국민일보, 2024.05.07.)

〈그림 4.86〉 부산항대교(search.naver.com)

〈그림 4.86〉은 부산광역시 남구·영도구의 부산항대교(해상교, 차도)이다. 남구 감만동과 영도구 청학동을 연결하는 교량으로, 계획 당시는 남항대교와 세트로 북항대교로 불리었으나, 부산을 대표하는 교량으로, 지금의 이름으로 명명되었다. 2006년 12월 14일에 착공해 2014년 5월 22일에 개통되었으며, 건설 및 관리는 부산시와 북항아이브리지㈜에서 맡았다. 이 교량의 총 길이는 3,331m(교량 1,114m, 접속교 2,217m)로, 너비는 18.6~28.7m(4~6차로)이며, 다이아몬드형인 주탑의 높이는 190m인 사장교이다. 해수면에서 상판까지의 높이는 63m이며, 청학동에서 감만동 방향에는 한국 최초로 고리형의 접속교가 있는데, 특히 야간에 현란한 RGB 조명이 아름다운 교량이다(ko.wikipedia.org).

〈그림 4.86〉의 투신 수단으로 인한 자살의 사건과 관련한 대표적 내용의 언론·매체 등의 기사는 다음과 같다.

- **부산항대교 개통 후, 첫 투신사망**: 부산항대교 개통 이후, 첫 투신사망 사건이 발생했다. 25일 새벽 4시 29분께 부산항대교 중간 지점에서 A(33)씨가 차량을 세워두고, 신발을 벗은 채 다리 아래 바다로 뛰어드는 것을 부산항관리사무소 직원이 발견하여 부산해경에 신고했다. 신고를 받고 출동한 해경은 경비정과 순찰정 등을 동원해 수색을 펼쳐 1시간여 만에 부산 남구 감만부두 인근 해상에서 이미 숨진 A씨를 발견했다. 해경은 A씨의 승용차에서 유서가 발견된 점 등으로 미뤄 A씨가 스스로 목숨을 끊은 것으로 보고 있다. 해경은 정확한 사건의 경위 등을 조사 중이다.(국제신문, 2014.07.25.)

- **부산항대교 투신 20대 숨져**: 13일 새벽 4시 17분께 "부산항대교에 차량만 있고 운전자가 없다."는 부산항대교 사업소 직원의 신고가 접수돼 해경이 출동했다. 경비함정 구조정 구조대를 급파한 해경은 40여 분 만에 다리 밑 해상에 표류 중이던 A(26)씨를 구조해 인근 병원으로 후송했다. 해경에 따르면, 구조 당시 의식·맥박이 없던 A씨는 심폐소생술을 받았지만, 끝내 숨졌다. 해경이 사업소 CCTV를 조사한 결과, A씨는 이날 새벽 3시 10분께 투신한 것으로 드러났다. A씨는 서울에 거주했으며, 부모가 제주에 살고 있는 것으로 알려졌다. 해경은 A씨의 정확한 신원을 확인해 주변인을 상대로, 사망경위 등을 조사할 예정이다.(국제신문, 2017.06.13.)

- **부산항대교서 뛰어내린 50대 남성 치료 중 숨져**: 50대 남성이 부산항대교에서 뛰어내려 숨졌다. 부산해경에 따르면, 17일 오후 5시 39분께 부산항대교 영도방향 다리 위에서 우(56)모씨가 자신의 카니발 승합차에서 내려 부산항대교 아래 바다로 뛰어내리는 것을 뒤의 차 운전자가 발견해 해경에 신고했다. … 해경은 정확한 투신경위 등을 조사 중이다.(부산일보, 2017.09.17.)

〈그림 4.87〉 부산대교(search.naver.com)

〈그림 4.87〉은 부산광역시 중구·영도구의 부산대교(해상교, 보·차도)이다. 중구 중앙동과 영도구 봉래동을 연결하는 교량으로, 1976년 10월 8일에 착공해 1980년 1월 30일 준공되었다. 이 교량이 개통되기 전에는 영도대교가 부산대교였으며, 영도에서 대교로와 충장대로 그리고 번영로를 지나 경부고속도로를 이용해 서울까지 갈 수 있고, 영도대교 통행이 불가능한 대형 트럭이 통행할 수 있다. 공사비는 약 88억 원이 들었고, 총 길이 260m, 진입교가 600m, 너비 20m의 규모인 이 교량은 부산롯데타운에서 미광마린타워까지 편도 2차로, 왕복 4차로이며, 2m 폭의 보도가 양쪽으로 설치되어 있다. 타이드아치의 공법이 적용된 아치가 31m의 높이로 솟아 있다(ko.wikipedia.org).

〈그림 4.87〉의 투신 수단으로 인한 자살의 사건과 관련한 대표적 내용의 언론·매체 등의 기사는 다음과 같다.

- **부산해경, 부산대교 투신자 구조**: 부산해양경찰서는 7일 오전 11시 36분경 부산대교에서 투신자(30, 여성)를 구조했다고 전했다. 이날 오전 11시 30분경 운동 중인 행인이 투신자를 발견하여 119 경유, 부산해경 122상황실로 신고한 것이다. 신고 접수를 받은 부산해경은 남항파출소 순찰정 및 122구조대를 급파해 오후 11시 36분경 투신자를 발견하여 구조해 심폐소생술 및 응급 조치를 했으나, 의식 미약으로 남항파출소에 대기 중인 119구급차를 이용 인근 부산대학병원으로 후송 조치했다. 부산해경은 응급실 의사 소견에 의하면, 투신자는 맥박 및 혈압이 비정상이며, 자력호흡이 약해 인공호흡기로 호흡 중에 있으나, 의식이 회복되지 않아 중태라고 밝혔으며, 목격자 상대로, 정확한 사고경위를 조사 중에 있다고 말했다.(서울일보, 2014.05.08.)

- **부산대교서 상습 자살 소동 40대, 경찰에 입건**: 상습적으로 난간에 올라 자살 소동을 벌인 40대 남성이 경찰에 입건됐다. 부산 영도경찰서는 22일 위계에 의한 공무집행방해, 일반교통방해 등의 혐의로 A(41)씨를 불구속 입건했다. A씨는 이날 오전 8시 55분쯤 술에 취해 부산대교 난간에 올라 자살 소동을 벌인 혐의를 받고 있다. 신고를 받고 출동한 경찰과 119구조대는 부산대교 2개 차로를 통제하고, 아치 아래에 매트리스를 설치한 뒤 A씨 설득에 나섰다. 경찰 조사 결과, A씨는 지난 7월에도 부산대교에서 이 같은 소동을 벌이는 등 모두 5차례에 걸쳐 자살 소동을 벌인 것으로 나타났다. 당시 A씨는 자신과 어머니 두 사람에게 기초생활수급비 60만 원이 지급됐는데, 수입이 불규칙하지만, 자신이 일을 한다는 이유로, 최근 어머니 수급비까지 지급이 중단됐다고 하소연했다. A씨는 이번에는 "전날 친구와 만나 언쟁을 벌인 후, 기분이 나빠 이 같은 범행을 저질렀다."고 경찰에 진술했다.(국제신문, 2016.12.22.)

- **"자살하겠다." 부산대교서 투신한 20대 구조**: (해경 구조 당시 만취 상태… 생명에는 지장 없어) 20대 젊은 남성이 술에 만취한 채 바다로 뛰어내렸다가 무사히 구조됐다. 7일 부산해양경찰서에 따르면, 지난 6일 오후 11시 8분쯤 부산대교에서 A(24)모씨가 바다로 뛰어내렸다. 이날 A씨는 택시를 타고 부산대교 중간 지점에서 하차한 후, "자살하겠다."며, 곧바로 투신한 것으로 알려졌다. 택시기사의 신고를 받고 출동한 해경은 남항파출소 연안구조정, 해경구조대를 급파해 A씨를 구조해냈다. 구조 당시 A씨는 만취 상태였으며, 의식이 있고 건강에도 문제가 없는 것으로 확인됐다. A씨는 곧바로 병원으로 후송되었으며, 우발적인 행동이 우려돼 경찰이 병원에서 보호 조치를 하며, 보호자에게 신병을 인계했다.(프레시안, 2018.09.07.)

〈그림 4.88〉 영도대교(search.naver.com)

〈그림 4.88〉은 부산광역시 영도구·중구의 영도대교(해상교, 보·차도)이다. 영도구 대교동1가와 중구 남포동을 연결하는 교량으로, 1934년 11월 23일에 총 길이 약 214.63m, 너비 약 18m로 준공되었다. 개통 당시 교량의 이름은 부산대교였으며, 1966년 9월 영도구의 인구의 증가에 따른 교통량의 증가로, 도개를 중단하고, 전차궤도도 철거되었다. 1980년 1월 30일 부산대교가 개통되면서 영도대교로 이름이 바뀌었으며, 기존의 영도대교가 노후화되면서 안정성이 문제가 되어 기존 교량을 철거하고, 도개식의 교량으로 복원했다. 매일 오후 12시부터 15분 동안 교량의 상판이 들어 올려지는데, 그 길이는 31.3m, 무게는 590t으로, 2분여 만에 75도의 각도로 세워진다(ko.wikipedia.org).

〈그림 4.88〉의 투신 수단으로 인한 자살의 사건과 관련한 대표적 내용의 언론·매체 등의 기사는 다음과 같다.

- **20대 영도대교서 투신사망**: 9일 오전 5시 20분께 부산 영도대교에서 김(29)모씨가 다리 아래로 투신했다. 부산해경은 행인의 신고를 받고 수색에 나서 오전 6시 40분께 다리 밑에서 김씨를 찾아 병원으로 옮겼으나, 김씨는 끝내 숨지고 말았다. 다리 위에는 김씨가 벗어둔 신발과 가방이 놓여 있었다. 유서는 아직 발견되지 않았다.(부산일보, 2013.07.09.)

- **영도대교 도개 이후, 첫 투신사고**: 지난해 11월 부산 영도대교가 도개한 후, 처음으로 투신사고가 발생했다. 지난 1일 오후 3시 50분께 영도대교 상판에서 이(67)모씨가 투신해 자갈치시장 방향으로 떠내려가는 것을 해경이 구조했다. 이씨는 생활고를 비관해 영도대교에서 뛰어내린 것으로 알려졌다. 영도대교 도개 이후, 첫 투신사건이 발생하자 당국이 긴장하고 있다. 전국적인 관광명소여서 자칫 투신자가 계속 생길 수 있기 때문이다. 부산해경 관계자는 "영도대교 인근은 배가 많이 다니고 조류가 센 곳이다. 다리 높이가 낮아 사망으로 직결되는 것은 아니지만, 관광 명소임을 고려하면, 자신의 처지를 투신으로 알리려는 사례가 많이 발생할 수 있다."고 말했다. 이에 따라 영도대교에 안전시설을 보강해야 한다는 지적이 나오고 있다. 현재 영도대교 난간은 성인의 가슴 높이이지만, 난간 받침대를 딛게 되면, 쉽게 올라갈 수 있다. 광안대교에서도 투신사건이 일어났다. 지난달 28일 오후 5시 15분께 황(48)모씨가 하판 중간 지점에서 뛰어내렸다. 다행히 광안대교 상황실이 신속히 해경에 신고해 구조했다.(국제신문, 2014.03.02.)

- **부산 영도대교서 또 투신**: 지난 30일 정오쯤 부산 영도대교의 도개가 시작되기 직전 충북 청주에서 온 관광객 A(52)씨가 교량 난간을 뛰어넘어 8m 아래 해상으로 투신했다. A씨는 투신 직후, 인근 공사 현장 주변의 해상에서 대

기 중이던 작업 보조선에 의해 구조돼 병원으로 옮겨졌으며, 다행히 생명에는 지장이 없는 것으로 알려졌다. 해경에 따르면, 만취한 A씨는 도개를 앞두고, 차량과 관광객들의 통행을 제한하고 있던 한 안전요원을 강하게 밀친 뒤 난간을 넘어 곧장 바다로 뛰어든 것으로 알려졌다. 앞서 지난달 1일 오후 4시쯤에도 B(47)씨가 영도대교에서 바다로 뛰어내리는 등 투신 소동이 잇따라 발생해 안전요원 충원 등 대책 마련이 필요하다는 목소리가 커지고 있다.(노컷뉴스, 2014.05.01.)

• **부산해경, 영도대교 50대 투신자 구조**: 부산해양경비안전서는 22일 오전 11시 18분께 영도대교에서 투신한 이(58)모씨를 구조했다고 밝혔다. 해경에 따르면, 이날 오전 11시 16분께 부산 영도대교 아래 바다로 사람이 뛰어내렸다고, 지나던 행인이 112 경유, 부산해경상황센터로 신고한 것이다. 신고를 접수한 부산해경은 남항안전센터 순찰정, 경비정, 122구조대를 급파해 이날 오전 11시 18분께 남항센터 순찰정이 바다에 있던 이씨를 발견하고, 경찰관이 직접 바다로 뛰어들어 구조했다. 해경에 구조된 이씨는 생명에 지장이 없으며, 건강상태가 양호해 남항안전센터에서 대기하다가 이씨의 누나와 매형에게 인계했다.(아시아투데이, 2015.05.22.)

• **부산해경, 의식 잃은 30대 투신자 심폐소생술로 살려**: 바다에 투신해 의식을 잃은 남성이 해경의 응급처치로 목숨을 건졌다. 2일 오전 2시 38분쯤 한 남성이 부산 영도대교에서 바다로 뛰어내렸다는 신고가 해경에 접수됐다. 해경은 10분가량 지난 오전 2시 47분쯤 의식을 잃은 A(32)씨를 구조해 심폐소생술을 실시했다. 해경에 따르면, 다행히 A씨는 얼마 뒤 의식을 일부 회복했으며, 대기 중이던 119에 의해 인근 병원으로 옮겨져 치료를 받고 있다. A씨는 현재 저체온 증세를 보이고 있으나, 생명에는 지장이 없는 것으로 알려졌다. 해경은 정확한 경위를 조사한다는 방침이다.(노컷뉴스, 2016.02.02.)

• **부산 영도대교서 해상 투신 30대 구조**: 17일 오후 1시 47분께 부산 영도대

교에서 30대 A씨가 해상으로 뛰어내린 것을 행인이 발견하여 119를 통해 부산해경에 신고했다. 투신 당시 영도대교를 지나던 예인선 선원들이 A씨를 붙잡고 있었으며, 신고를 받고 출동한 부산해경 경찰관이 입수해 A씨를 구조했다. 해경은 구조 당시 A씨가 저체온증을 호소하자 대기 중이던 119구급대를 통해 A씨를 인근 병원으로 이송했으며, 생명에는 지장이 없는 상태인 것으로 전해졌다. 해경은 A씨를 상대로 정확한 경위를 조사 중이다.(뉴시스, 2020.02.17.)

〈그림 4.89〉 구포대교(search.naver.com)

〈그림 4.89〉는 부산광역시 강서구·북구의 구포대교(강교, 보·차도)이다. 이 교량은 강서구 대저동에서 북구 구포동을 잇는 국도 제14호선의 총 길이 950m, 본선 구간은 상·하행 각 3차로로, 총 6차로이며, 폭은 30m(차도 25m, 보도 5m)의 차도와 보도가 있는 교량으로, 본선 구간은 콘크리트 PC 박스 구조이고, 지선과 램프는 강 박스 거더 구조로 되어 있다. 본선과 달리 접속도로와 램프에는 별도의 보도가 설치되어 있지 않아 계단을 통해 올라가야 하며, 본선 콘크리트 PC 박스 구간 950m가 일체로 시공된 교량의 특성 때문에 양측의 이음이 매우 넓다. 강서구 방면으로 가면, 경상남도 김해시가 나오고, 북구 방면으로 가면, 울산광역시와 경상북도 포항시가 나온다(ko.wikipedia.org).

〈그림 4.89〉의 투신 수단으로 인한 자살의 사건과 관련한 대표적 내용의 언론·매체 등의 기사는 다음과 같다.

• **신구포대교 아래서 60대 숨진 채 발견**: 11일 오전 8시 26분쯤 신구포대교 교각 하단 기단부에서 A(61)씨가 엎드린 채 숨져 있는 것을 지나가던 B(35)씨가 발견해 경찰에 신고했다. 경찰은 A씨가 평소 지병을 비관해 투신하여 숨진 것으로 보고, 유족과 주변인을 상대로, 정확한 사망경위를 수사하고 있다.(NSP통신, 2014.03.12.)

• **여자친구 말다툼하다 투신… 숨진 채 발견**: 어제저녁 8시쯤 부산 구포대교 인근 강변도로에서 운전을 하던 31살 이모씨가 차를 멈추고 낙동강으로 뛰어내렸습니다. 신고를 받고 출동한 119구조대는 수중 수색을 벌여 2시간 만에 숨진 이씨를 인양했습니다. 경찰은 차에서 말다툼을 하던 이씨가 갑자기 차를 멈추고 강으로 뛰어들었다는 여자친구 김모씨의 진술을 바탕으로, 정확한 투신 경위를 조사하고 있습니다.(OBS뉴스, 2014.05.02.)

• **부산 구포대교서 남성 바지와 구두 발견… 경찰 수사**: 부산 구포대교 난간에 투신자살한 것으로 추정되는 남성의 바지와 구두 한 켤레가 발견돼 경찰이 수사에 나섰다. 26일 부산 북부경찰서에 따르면, 전날 오전 7시 40분께 구포대교에서 강서방면으로 약 750m 떨어진 다리 난간에서 남성용 바지와 구두 한 켤레가 놓여 있는 것을 자전거를 타고 지나가던 행인이 발견했다. 경찰은 구급차 2대와 해상 구조팀 등을 다리 아래 파견, 2차에 걸쳐 수색작업을 펼쳤으나, 별다른 흔적을 발견하지 못했다. 경찰은 이날 CCTV를 분석한 결과, 오전 5시 54분부터 6시 5분께 사이 남성 3명이 지나가는 것을 확인하고, 이들에 대한 신원 작업을 벌이고 있다.(뉴스1, 2015.01.26.)

• **낙동강 지나던 어민이 투신자 구조**: 조업을 나가던 어민이 낙동강에 투신

한 20대를 구조했다. 부산 북부경찰서에 따르면, 지난 17일 오전 7시 30분쯤 북구 구포대교에서 20대 A씨가 낙동강으로 투신했다. 배를 타고 조업을 나가던 중 이 모습을 본 어민 B(66)씨는 곧장 A씨를 구조한 뒤 낙동강 수상구조대에 인계했다. 병원으로 후송된 A씨는 생명에는 지장이 없는 것으로 전해졌으며, 경찰은 관련 기관과 연계해 A씨의 심리치료를 도울 예정이다.(노컷뉴스, 2019.09.19.)

• **부산 구포대교 30대 남성 투신**: 27일 오후 2시 12분경 구포대교에서 85년생 남자가 투신했다. 현재 헬기 등을 동원해서 수색 중이다. 경찰이 현장에 있던 휴대폰을 추적한 결과, 가족에게 극단적 선택을 암시한 사실이 확인되고, CCTV도 확인됐다고 전했다.(로이슈, 2020.04.27.)

• **부산 구포대교에서 투신한 40대 남성 구조**: 부산 구포대교에서 투신한 40대 남성이 119구조대에 의해 무사히 구조됐습니다. 어제 15일 저녁 8시 26분쯤 부산시 북구 구포대교 난간에 앉아 있던 40대 남성이 다리 아래 낙동강으로 투신했습니다. 낙동강 119수상구조대는 낙동강으로 투신한 뒤 물에 떠 있는 이 남성을 무사히 구조한 뒤 구포119안전센터 구급대에 인계했다고 밝혔습니다.(YTN, 2020.05.16.)

〈그림 4.90〉 대동화명대교(search.naver.com)

〈그림 4.90〉은 부산광역시 북구~경상남도 김해시의 대동화명대교(강교, 보·차도)이다. 경남 김해시 대동면 초정리와 부산 북구 화명동 사이를 잇는 교량으로, 총 길이는 1,544m, 폭은 17.8~27.8m로, 왕복 4차로이며, 교량 본선 길이는 1,039m의 주탑 2개가 지탱하는 구간은 500m로, 한국 최대의 콘크리트 사장교이다. 사장교 상판을 콘크리트로 건설하기 위해 한국 최초의 독자적인 선형 관리 기술 및 하중 제어의 기술 등 첨단의 기술을 적용해 유지관리비가 절감되며, 교각 사이의 거리는 270m로, 올림픽대교보다 120m가 더 넓다. 낙동강을 가로지르는 교량의 이름에 양측의 지역명을 함께 넣은 것은 이 교량이 처음이다(ko.wikipedia.org).

〈그림 4.90〉의 투신 수단으로 인한 자살의 사건과 관련한 대표적 내용의 언론·매체 등의 기사는 다음과 같다.

- **부산 119종합상황실, 투신 중학생 생명 살렸다**: (통화 이어가며, 구조대 도착 시간 벌어, 수상구조대 출동 등 침착한 상황 관제) "화명대교인데 여기서 뛰어내리면 죽을까요?" 13일 부산소방재난본부에 따르면, 지난 10일 오후 7시 34분 119종합상황실로 10대 중학생의 소년이 이같이 전화를 걸어왔다. 당시 전화를 받은 소방관은 상황 요원으로 근무한 지 2개월도 채 되지 않은 신입이었다. 소방관은 순간 당황했지만, 침착하게 통화를 이어갔다. 이어 신고자의 말을 되짚으며, 상황을 주변 동료들에게 알렸다. 옆에 있던 선임 상황 요원의 소방관은 투신 상황을 눈치채고, 계속 통화를 유지할 것을 주문하고 빠르게 대처에 나섰다. 또한 낙동강 수상구조대 출동 조치와 유관기관에 공동 대응을 요청했다. 소방관은 차분한 말투로 소년을 안심시키며, 통화를 이어갔다. 소방관의 지혜로 출동대가 현장에 도착할 수 있는 시간을 벌었던 것이다. 하지만, 신고자는 멀리서 접근하는 소방차를 발견하고, "안녕히 계세요."라며, 전화를 끊었다. 경찰이 현장에 도착했을 때 신고자는 대교 아래로 떨어졌으나, 수면 위로 보이는 상황이었다. 곧이어 낙동강 수상구조대가 현장에 도착해 구조에 성공했다. 당시 소년의 의식은 명료했고, 체온이 약간 떨어진 상태로 병원으로 이송됐으며, 다행히 생명에는 지장이 없었다. 부산소방은 소년이 투신한 이유를 가정불화로 추정했다. 부산소방재난본부는 "최근 재난 상황을 모든 요원이 공유할 수 있도록 시스템을 도입해 요원들의 파트너쉽을 강조해 왔다."고 말했다.(뉴시스, 2023.03.13.)

- **암 투병 비관 50대 낙동강서 숨진 채 발견**: 25일 오후 1시 3분 부산 북구 화명동 낙동강변에서 50대 남성이 숨진 채 발견됐다. 경찰은 화명대교에서 가족에게 자살을 암시하는 전화를 한 점으로 미뤄 A(59)씨가 바다에 뛰어내린 것으로 보고 있다. 경찰에 따르면, 오래전부터 대장암으로 투병생활을 한 A씨는

'치료 후, 다시 재발하자 힘들어했다.' 경찰은 A씨가 신변을 비관해 목숨을 끊은 것으로 추정하고, 유족의 진술을 토대로, 극단적 선택을 한 경위를 조사 중이다.(국제신문, 2020.12.27.)

• **부산소방·경찰, 화명대교서 투신 20대 남성 구조**: 부산소방과 경찰이 공동대응에 나서 화명대교에서 뛰어내린 20대 남성이 무사히 구조됐다. 16일 부산소방재난본부에 따르면, 지난 15일 오후 8시 18분께 부산소방본부 119종합상황실은 화명대교에서 A(20)씨가 뛰어내렸다는 내용으로 경찰상황실로부터 긴급 신고 공동대응요청을 접수받았다. 공동대응요청을 접수받은 119종합상황실 상황관리요원은 곧바로 낙동강 119수상구조대를 출동시켰다. 당시 A씨가 뛰어내린 화명대교 아래 낙동강은 주변이 어둡고, 수색 범위가 넓어 육안으로 A씨를 발견하기 쉽지 않은 상황이었던 것으로 알려졌다. 하지만, 부산소방은 경찰에 접수된 신고 내용을 토대로, A씨가 뛰어내린 위치 주변을 특정해 수색한 결과, 출동지령 6분 만에 A씨를 구조했다. A씨는 생명에는 문제가 없는 것으로 확인됐다. 부산소방본부 119종합상황실장은 "신속한 긴급신고 공동대응으로 골든타임을 확보해 생명을 구할 수 있었다."고 밝혔다.(파이낸셜뉴스, 2024.02.16.)

〈그림 4.91〉 신호대교(search.naver.com)

〈그림 4.91〉은 부산광역시 강서구의 신호대교(강교, 보·차도)이다. 이 교량은 서낙동강을 가로질러 강서구 신호동~명지동을 잇는 교량으로, 아치와 강상형의 합성교 형식의 총 길이는 840m, 폭은 36m의 교량이다. 1995년 4월 19일에 착공해 1997년 12월 31일에 완공한 교량으로, 최대 경간장은 중앙의 아치 부분이 120m이며, 양측 강상형 부분이 60m씩 12경간이 덧붙여져 있다. 차도는 상·하행 각 4차로, 총 8차로로, 폭은 29m이며, 양측으로 폭 3.5m 보도를 가진 교량이다. 광안대교, 산성터널, 화명대교, 을숙도대교와 연결되는 부산시 외부순환도로인 제77호선으로, 명지주거단지와 신호산단, 부산신항을 연결하는 주요한 교량이다(ko.wikipedia.org).

〈그림 4.91〉의 투신 수단으로 인한 자살의 사건과 관련한 대표적 내용의 언론·매체 등의 기사는 다음과 같다.

- **부산 강서구 신호대교서 40대 여, 자살기도**: 20일 오후 6시 10분께 부산시 강서구 신호동 신호대교에서 A(43, 여)씨가 10m 아래 바다에 빠졌다가 행인의 신고로 119구조대에 의해 구조됐다. 처음 A씨가 다리 아래에 빠진 것을 발견한 행인은 경찰에 신고해 신고를 받고 출동한 해경과 119구조대가 1시간 만에 A씨를 구조해 병원으로 옮겼으며, 생명에는 지장이 없는 것으로 알려졌다. 경찰은 A씨가 평소 우울증을 앓고 있었다는 가족들의 진술로 볼 때 스스로 목숨을 끊기 위해 투신했을 가능성이 높은 것으로 보고, 정확한 사고경위를 조사 중이다.(뉴시스, 2010.03.21.)

- **부산경찰, 자살시도 디지털치매 30대 여, 구조**: 디지털치매를 앓고 있는 30대 여성이 투신자살을 시도하려다 경찰의 발 빠른 대처로 목숨을 간신히 건졌다. 24일 부산 강서경찰서에 따르면, 이날 오전 9시 26분께 강서구 신호동 신호대교 위에서 30대 여성이 다리 난간 위에 올라가 있다는 신고가 접수됐다. 신고를 받은 강서서공단파출소 경찰관 2명은 3분 만에 현장을 출동, 난간에서 아래로 뛰어내리려던 A(32)씨에게 "멈추세요."라며, 고함을 친 뒤 설득했다. 하지만, A씨는 몸부림을 치면서 재차 뛰어내리려 했고, 이에 경찰은 끈질기게 설득해 난간에서 내려오게 했다. 경찰은 A씨의 아버지에게 연락해 무사히 A씨를 인계했다. A씨는 2년 전 남자친구와 헤어진 충격으로 디지털치매라는 정신병을 앓고 있는 것으로 전해졌다. 경찰은 A씨가 집에 자신을 감시하는 CCTV와 도청장치 등이 설치돼 있다는 환청과 환각의 증상에 시달리는 등 올 들어 증세가 더 심해졌다는 사실을 가족으로부터 전해 들었다. 이에 경찰은 A씨와 A씨의 가족과 함께 집으로 이동해 수색을 펼친 뒤 CCTV나, 도청장치가 없다는 사실을 A씨에게 확인시켜 안심시킨 뒤 자살시도를 하지 않겠다는 다짐을 받고 철수했다.(뉴시스, 2013.05.24.)

• **부산 신호대교서 투신한 50대 숨져**: 11일 낮 12시 51분께 부산 강서구 신호대교 위에서 A(53)씨가 투신해 숨졌다. 신호대교를 지나가던 행인의 신고를 받고 출동한 부산해경은 순찰정, 연안구조정 등을 동원해 119구조대와 함께 다리 밑 해상에서 A씨를 구조했지만, 이미 숨진 상태였다. 당시 인도에는 구두, 휴대전화, 소주병 등이 놓여 있었으나, 유서는 발견되지 않았다. 해경은 A씨가 다리 위에서 투신해 스스로 목숨을 끊은 것으로 보고, 유족 등을 상대로, 정확한 경위를 조사하고 있다.(뉴스1, 2014.03.11.)

• **부산 신호대교 위 40대 남성 자살 소동**: 어제 19일 오후 4시 반쯤 부산 강서구 신호대교 위 15m 높이의 철골 구조물에서 44살 박모씨가 자살 소동을 벌였습니다. 경찰과 해경, 소방당국이 신호대교 아래 바다에 구조 보트를 띄워 만일의 사고에 대비했고, 설득 작업도 벌여 박씨는 1시간여 만에 구조물에서 내려왔습니다. 경찰 조사 결과, 박씨는 가정불화 끝에 자살 소동을 벌인 것으로 드러났습니다.(YTN, 2015.10.20.)

• **우울증 앓는 여중생, 부산 신호대교서 투신**: 14일 오전 11시 15분께 부산 강서구 명지동 신호대교 위에서 여중생 A(15)양이 15m 아래 해상으로 뛰어내린 것을 안점점검 중이던 직원이 발견해 부산해경에 신고했다. … A양은 생명에는 지장이 없는 것으로 알려졌다. A양은 평소 우울증 증세로 약을 복용하고 있으며, 이날 처지를 비관해 신호대교 위에서 투신한 것으로 파악됐다고 부산해경은 전했다.(국민일보, 2017.04.14.)

• **부산 신호대교서 투신시도 30대 구조**: 어제 19일 오후 5시 반쯤 부산 신호대교에서 36살 김모씨가 다리 아래로 뛰어내리려는 소동을 빚었습니다. 다리 난간에 사람이 매달려있다는 신고를 받고 출동한 소방당국은 36살 김모씨를 설득해 구조했습니다. 경찰은 김씨가 우울증 증세를 보인다는 보건센터 진료의 결과를 바탕으로, 정확한 경위를 조사하고 있습니다.(YTN, 2019.08.20.)

〈그림 4.92〉 낙동강하굿둑(search.naver.com)

〈그림 4.92〉는 부산광역시 사하구의 낙동강하굿둑(강교, 보·차도)이다. 사하구 하단동과 강서구 명지동 사이를 잇는 낙동남로를 구성하는 낙동강과 바다의 교통수단으로 건설된 하굿둑의 교량이다. 총 길이 2,230m, 최대 높이 18.7m의 토언제 방식으로 건설되었다. 이 교량의 이남은 남해로 취급하며, 이북은 낙동강으로 취급한다. 이 교량은 1983년 9월에 착공해 1987년 11월에 준공된 콘크리트 중력댐이다. 낙동강 하구 개발을 추진해 온 정부는 1974~1977년 사이 낙동강 하굿둑 건설 타당성 조사를 했으며, 실시설계를 거쳐 착공했다. 당시 중동 지역의 경기가 퇴조해 국내 대규모 건설 프로젝트가 필요한 것도 배경으로 작용했다(ko.wikipedia.org, busan.grandculture.net).

〈그림 4.92〉의 투신 수단으로 인한 자살의 사건과 관련한 대표적 내용의 언론·매체 등의 기사는 다음과 같다.

- **부산 낙동강서 숨진 채 발견된 여성, 남아는 모자**: 21일과 22일 부산 낙동강하굿둑 지점에서 숨진 채 연이어 발견된 30대 여성과 8살 남자 어린이는 모자의 관계로 밝혀졌다. 24일 부산 해양경찰서에 따르면, 21일 오전 부산 사하구 낙동강하굿둑 수문에서 숨진 채 발견된 A(38, 여)씨와 22일 오후 비슷한 장소에서 숨진 채 발견된 8살 어린이에 대해 지문감식과 함께 유족을 상대로 확인한 결과, 모자로 밝혀졌다. 해경은 숨진 A씨가 외상이 없어 단순 실족사나, 자살 등에 무게를 뒀으나, 하루 뒤 숨진 채 발견된 8살 남자 어린이가 모자의 관계일 가능성이 높은 것으로 보고, 수사를 벌여왔다. A씨와 8살 난 아들은 지난 19일 집을 나간 뒤 행방이 묘연했었다. 해경은 A씨가 심한 우울증을 앓고 있었다는 유족의 진술에 따라 아들과 함께 강으로 투신했을 가능성이 큰 것으로 보고, 정확한 사망경위를 수사하고 있다.(연합뉴스, 2009.06.24.)

- **부산 낙동강하굿둑서 투신한 10대 사망**: 부산해양경비안전서는 지난 7일 부산 사하구 낙동강하구둑 4번 수문 인근에서 투신한 A(16)군을 구조했지만, 병원에서 사망했다고 밝혔다. 해경에 따르면, 지난 7일 오후 2시 37분 여자친구에게 강으로 뛰어내리겠다는 문자메시지를 보내고 투신하는 A군을 사고현장 행인이 발견하여 경찰에 신고했다. 신고를 접수한 해경은 경비함정 및 다대안전센터 순찰정, 122구조대 등을 사고현장에 급파해 투신자를 구조한 뒤 인근 병원으로 후송 조치하였으나, 오후 4시 50분께 사망했다. 해경은 자세한 투신 원인 등을 조사할 계획이다.(ZUM뉴스, 2016.06.07.)

- **"살려주세요."… 낙동강하굿둑 투신 10대 2시간 만에 구조**: 부산 낙동강하굿둑에서 투신한 10대가 2시간가량 외침 끝에 구조됐다. 부산 사하경찰서에 따르면, 20일 오후 7시께 A양이 SNS에 '나는 행복하면 안 되나 보다, 다들 잘

살아요.'라는 신변 비관 글을 남긴 뒤 얼마 시간이 지나지 않아 낙동강에 투신했다. 당시 낙동강하굿둑 쌈지공원 철조망을 넘어 강물에 뛰어내린 것으로 알려졌다. 경찰에 따르면, A양은 투신 후, 2시간가량이 지난 뒤 구조됐다. 투신 후, 순간적으로 겁이 난 A양은 인근 수문의 구조물로 헤엄쳤으며, 구조물을 붙잡은 뒤 "살려주세요."를 외쳤다. 그러나 해가 진 뒤에다 사람이 잘 다니지 않는 곳이다 보니 구조에 상당한 시간이 걸렸다. 현재 A양은 목숨에는 지장이 없으며, 저체온증으로 병원 진료를 받고 있다. 소방 관계자는 "신원을 알 수 없는 목격자가 이날 오후 10시 58분 '사람이 다리 밑에 있다.'며, 최초 신고를 했다."고 밝혔다. 경찰 관계자는 "A양과 가족 모두 심리적 충격이 커 치료가 끝난 뒤 강물에 뛰어내린 이유를 조사할 예정"이라고 말했다.(부산일보, 2019.09.21.)

이 장에서는 국내의 투신 수단으로 인한 치명적인 교량에서의 투신자살 사건·사고와 다빈도 투신자살 사건·사고의 해당 교량들을 보여주고자 언론·매체 등의 미디어를 통한 보도기사에 근거한 자료만을 제시했다. 이는 사실성에 입각해야 하기에 더욱 그러하며, 잘못된 내용과 추측성의 내용이 절대 전달되어서는 안 되기에 보도된 기사만을 기초해 조사 및 정리하게 되었다. 따라서 보도되지 않거나, 알려지지 않은 사건 및 사고도 물론 많이 있겠지만, 그 부분까지 조사한다는 것은 개인의 연구만으로 진행하기에는 일반적으로 불가능하다는 것을 밝히는 바이다.

이 같은 조사 및 분석은 국가의 유관기관들이 협심해 체계적이고 구체적인 계획을 통해 진행되어야 할 것으로 사료되며, 자살예방의 세부적 계획에 있어 반드시 선행되어야 함을 저자는 계속적인 개발·연구를 통해 지속적으로 제시하고자 한다.

지금껏, '그것'에 대한 노력은

 아주 오래전 투신 수단으로 인한 교량에서의 투신자살은 어떠했을까? 작금(昨今, recent)의 상황과는 많이 달랐을까? 아니면 상황이 별반 다르지 않았을까? 이를 어떻게 들여다볼 수는 없을까? 문득 이렇게 생각이 들기 시작하면, 저자의 머릿속에서는 꼬리에 꼬리를 물며, 이에 대한 궁금함이 쏟아져 나오기를 멈추지 않았다. 많은 관련한 자료들을 조사해 봐도 이의 궁금함은 좀처럼 씻겨 내려가질 않았다. 이러한 궁금함은 밑도 끝도 없이 계속해서 이어져 갔으며, 저자의 개발·연구를 매번 곤경에 빠트리곤 했다. 어느 날 교량에서의 투신자살과 관련한 자료들을 조사하던 중에 불현듯 아주 오래전에도 경위는 어떻든 간에 분명 교량에서의 투신자살 사건·사고는 있었을 것이고, 그렇다면, 그때는 '그것을 어떻게 대했을까?'란 의구심에 이에 관련한 자료를 조사하던 중 〈그림 4.93〉과 같은 자료를 찾을 수 있었다.

 1962년 한강 인도교(人道橋, footbridge) 자살방지 안내판의 글을 들여다보면, 매우 차분하면서도 단호함이 동시에 느껴지기도 한다. 물론 개인의 견해차(見解差, difference in opinion)에 따라 다르게 느껴질 수도 있을 것이나, 진심이라는 것을 전달하려고 노력한 것은 같게 느껴질 것이라 생각한다. '자력갱생(自力更生)'이란 자신의 힘만으로도 생존을 추구한다는 뜻으로, 남에게 의존하지 않으면서도 오직 자신의 능력과 의지로 도전을 극복하려는 행동 또는 정신을 말하는데, 이는 개인에 있어 그때에도 현재에도 매우 힘든 일이라 사료된다.

〈그림 4.93〉 1962년 한강 인도교 자살방지 안내판(news.naver.com)

서울에서 한때는 '한강 투신'이 마치 유행인양 번졌다고들 한다. 그래서인지 몰라도 자살방지 안내판에 명시된 '사단법인 한국사회복지사업연합회', '자력갱생위원회 자살미연방지상담소', '한강출장소'의 유관기관명이 그 시기에도 부단한 노력을 하고 있었음을 말해주듯이 확연히 눈에 들어오는 것 같다.

서울신문 2013년 4월 9일 자의 사설·오피니언(DB를 열다, 1962년 한강 인도교 자살방지 안내판)에 따르면, 1930년도에 한강에 투신자살한 사람이 55명이나 되었다고 전하고 있으며, 1950~1960년대 전·후에는 매우 궁박(窮迫, poverty)한 삶을 이기지 못한 사람들의 투신과 관련한 사건들이 폭발적으로 늘어났다고 한다. 1962년도엔 6월부터 7월 20일까지 두 달 남짓한 짧은 기간 동안 한강에 투신했거나, 시도하려 한 사람이 113명이나 되었다고 하니 이는 실로 엄청난 숫자가 아닐 수 없다. 이러한 상황이기에 한강 인도교 주변에는 '자살방지상담소' 직원들이 상주해 투신자살 시도자들을 설득하거나, 한강에 투신한 사람들을 구조하는 활동을 했으며, 또 한편으로는 앞의 〈그림 4.93〉과 같이 '잠간만 참으세요.'라는 자살방지 안내판도 세워놓았다.

   비단 한국 사회의 자살이 사회적 문제가 된 것은 작금의 일은 아니다. 지방에 사는 젊은 처자가 당산나무(堂山树)에 목을 매어 죽었더라도 쉬쉬하면서 넘어갔겠지만, 도시의 특정 장소(교량이 놓인 한강과 같은 곳)에서 자살의 사건·사고가 지속적으로 일어나면서부터는 언론·매체 등의 흔한 기사의 소재가 되었다고 한다. 일제강점기(日帝強占期, Korea under Japanese rule)에 한강의 인도교와 철로가 건설되어 손쉽게 한강으로 투신할 수 있는 환경이 조성되자, 투신 수단으로 인한 자살사건이 하루가 멀다 하고 발생했다고 한다. 아마도 자신의 생명을 끊는 행위의 경위는 그때에도 지금이나 크게 다를 바 없었을 것이다. 지금으로부터 약 100년 전, 1923년도에는 한강에서의 투신자살이 계속해서 이어지자 교량에 전등을 설치하고, 난간에는 안전철망을 치는 한편, 상주해 감시하는 인원을 배치하자는 보도기사도 있었다고 하며, 1930년도에는 바로 이곳 한강 교량에서 투신 수단으로 인해 사망한 사람이 무려 55명이나 되었다고 한다.[9)]

1988년, 제24회 서울올림픽(88올림픽) 당시 많은 외국인들은 서울 한강의 위용에 놀랐다. 도시를 가로지르는 강으로는 너무나 크며, 웅장하기까지 했기 때문이었을 것이다. 개막식 당시 전 세계에 중계된 서울 한강의 전경은 마치 바다처럼 비춰졌다. 이는 유럽에서 두 번째의 긴 강으로 알려진 알프스에서 발원해 11개국을 거쳐 흑해로 흘러드는 헝가리(Hungary)의 '다뉴브 강(Danube River)'도 도심에서는 서울의 한강과 같이 크고 웅장하며, 힘차 보이지는 않는다고 당시는 전하고 있다. 이러한 상황은 매년 10% 이상의 고도로 성장한 1960~1970년대 한국의 경제적 발전을 '한강의 기적'을 통해 그만큼의 놀라움을 전 세계에 선사(膳賜, present)했기에 한국의 발전을 두고, 많은 외국의 언론·매체 등이 '한강의 기적'을 표현해 알리고자 만든 상황이라고 한다.

  또한 이는 제2차 세계대전에서 패망한 독일이 폐허(廢墟, ruin)가 된 도시를 복구하고, 다시금 부흥을 달성한 '라인 강(Rhine River)의 기적'과도 비교한 것이라고 당시는 전하고 있다. 1900년, 한강철교를 시작으로, 현재 한강 상의 교량은 총 31개교이다. 한강에 교량이 놓이면서부터 투신 수단으로 인한 자살의 사건·사고가 끊이질 않았다고 한다. 삶이 힘들어진 서민들은 물론이며, 사회 유명인사들마저 제각기의 처해진 힘든 상황을 들어 한강에 투신자살하는 사건들은 국민들을 더욱 더 놀라게 하고 있다. 이 때문에 '한강(漢江)'을 '한강(恨江)'으로 부르는 상황마저 일게 되었다. 이러하니 제각기 자신들의 억울함 등을 호소하거나, 이를 세상에 알리고자 하는 상황의 투신자살 시도자들은 얼마나 더 많을 것이며, 또 앞으로의 상황은 어떠할 것인가? 이렇듯 한국의 경제 성장(經濟成長, economic growth)과 비유되었던 이 한강이 다른 측면에서는 경제적 등의 고립으로 인한 고통을 온전히 받고 있는 사람들의 투신자살 시도의 장소가 되고 있다는 것은 어쩌면 너무나 당연하게 예견되었던 것이 아닐까 한다.10)

중국 난징의 장강대교는 양쯔강을 가로지르는 1.57km의 교량으로, 중국의 대약진운동에 따른 자력갱생의 시대였던 지난 1968년에 독자적으로 건설하게 된다. 당시 화북·화남의 교류와 경제발전에 큰 공헌을 하면서 '경제 대동맥'으로도 일컬어졌지만, 서울의 한강처럼 다른 한편의 어두운 면모를 지니게 되었다. 2007년도를 기준으로, 장강대교가 건설된 이후, 근 40년간 모두 2,000여 명이 이곳 양쯔강에 투신해 스스로 목숨을 끊은 것으로 보고된 바 있으며, 지금까지도 '자살대교'로 이름을 떨치고 있다. 이러한 유사한 상황은 비단, 두 나라의 상황만이 아닌 전 세계의 어느 곳에서도 일어났을 것이며, 앞으로도 계속해서 일어날 것이 분명하다. 이제는 경제적인 것뿐만 아니라, 어느 누구도 쉽게 헤아릴 수 없는 제각기 처한 수많은 힘든 상황들로 인해 바로 이 교량에서 투신이라는 수단으로 수없이 많은 '보이는 자살'이 발생할 것이라는 사실을 이제 우리는 충분히 예지(叡智, foresight)할 수 있지 않을까 한다.

이처럼 애환이 많은 한강은 일제강점기 때부터 서울 나들이의 대표적인 명소로 인기가 많았다고 한다. 야간에 조명까지 설치해 놓았을 정도였다니, 그 인기를 충분히 실감해 볼 수 있을 것 같다. 그러나 한강대교는 1917년 보·차도로써 개통 전부터 이미 투신자살의 명소로도 악명이 높았다. 그래서인지 준공 당시 양쪽의 입구에 '일촌대기(一寸待己: 잠깐만 참으시오.)'라는 팻말을 세워놓았다고 하니, 이미 '자살교량'이 되리라는 것을 예견했었던 것은 아닐까 하는 생각마저 든다. 이러한 상황이 현재까지도 변함없이 이어져 오고 있으니 말이다. 이제는 한강대교 아치의 트러스에도 롤러가 달린 판을 설치해 아치 위로 오르려는 시도의 자체도 차단하려는 노력을 기하고 있는 실정이다.[11]

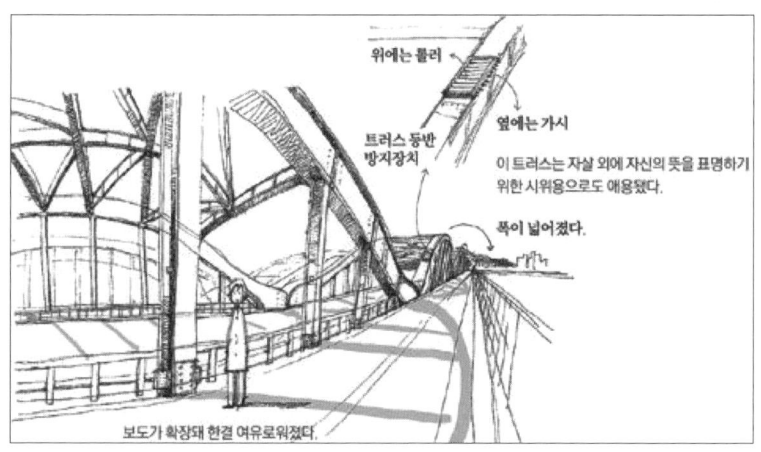

〈그림 4.94〉 한강대교 일러스트레이션(동아일보)

이렇게 시간은 흘러 21세기의 현재가 되었고, 한국은 OECD 회원국 가운데 무려 20여 년 가까이 부동적인 1위 자리를 차지하고 있다. 이에 너무나 많은 관련한 연구의 조사·분석과 그에 따른 해석·결과는 많았지만, 뾰족한 솔루션(solution)은 마련되지 못하고 있다는 것이 현 실정이다.

- **서울시민 3시간마다 1명 자살⋯ 뉴욕의 5배**: 서울시 자살률이 세계의 주요 도시 가운데 가장 높은 수준인 인구 10만 명당 26.1명(2009년, 기준)인 것으

로 나타났다. 이는 뉴욕(5.5명), 런던(9.0명), 홍콩(15.2명), 도쿄(23.0명)와 비교해 현저히 높은 수준이다. 같은 기간 우리나라 전체의 자살률은 35.5명으로, OECD의 평균인 12.9명을 크게 웃돌고 있다. 2011년 세계 1위의 도시 서울, 뉴욕의 4.8배이며, 도쿄보다도 평균 3.2명이 많다.(매일경제, 2013.04.03.)

왜 이렇게 될까? 왜 이러한 상황을 뛰어넘지 못할까? 먹고 사는 것이 힘들 때는 이러한 것만 해결되더라도 단 얼마간은 행복할 수 있었다. 사실 현재는 먹고 사는 것 자체가 다 해결되었다고는 말할 수 없지만, 지난 과거의 그 당시들과 비교해 볼 때는 경제적 생활의 수준은 분명 나아졌다고 할 수 있을 것이다. 그런데도 왜 이렇게 되는 것일까? 이건 또 무슨 문제일까? 이제는 이러한 것이 이 사회적 문제의 핵심 사항이 아닌 것이라면… 어떻게 예방하고 방어할 수 있는 것일까?

오늘날까지도 매우 심각하게 이어져 오는 이 자살은… 시간이 흐를수록 오히려 더 증가하고 있는 현실은…

사실 우리가 사는 현대의 사회는 급속도로 발전하고 있는 산업화에 따라 사회계층(社會階層, social stratum) 간과 세대(世代, generation) 간의 사회적 통합이 완전히 해체된 결과로, 과거와는 달리 단순히 먹고 사는 문제를 훨씬 넘어서서 현대의 사회로부터 소외된 사람들의 현 상황이 너무나 극단적으로 치닫고 있기에… 정도의 차이는 분명 있겠지만, 각자가 많은 것들을 차지하고, 마음껏 누리고자 하는 욕망이 쉽게 이루어지지 못하기에… 끝내 자신의 생명을 끊는 행위를 하기에 이르는 불행한 시간들이 멈추지 않고 지속적으로 이어져 가고 있기 때문이 아닐까 싶다.

지금껏, '그것'에 대한 노력은…

• **문의대교, 안전펜스·예방표어 등 투신 원천차단 한계**: (자살다리 오명 더는 안 된다 - 구조적 대책 실효성 의문, 도에 대책 마련 특별지시, "현장서 심리 상담 실효성 떨어져") 문의대교에서의 '투신 뉴스'는 최근 일이 아니다. 지자체는 문의대교의 이미지 환기를 위해 긴급 대책의 마련에 나섰다. 문의대교는 개통 이후, 매년 1명 이상의 투신자가 발생했다. 사고 발생 때마다 관할 지자체는 투신방지를 위해 대책을 세웠다. 지난 2015년에는 서울 마포대교와 같이 감성 문구를 펜스에 부착하기도 했으나, 관리 소홀 등으로 현재는 어디에 부착했었는지 알아볼 수도 없다. 문의대교 투신사고는 올해도 어김없이 이어졌다. 지난 6월 청주시 고위 공무원이 투신한 것, 이에 충북도지사는 구체적인 투신방지 대책을 마련하라고 관련 부서 등에 특별 지시했다. 충북도는 지난달 29일과 이달 10일 관할 경찰서·소방관서·청주시·정신건강복지센터 등이 참석한 가운데 자살예방 전문가회의를 열어 구조적·정신적 문제를 모두 고려한 대책이 시급하다는 결론을 내렸다. 도는 가장 먼저 안전시설물 설치 가능 여부 조사를 한국시설안전공단에 의뢰했다. 공단의 조사 결과, 교량의 콘크리트 강도는 설계기준강도(상부 24Mps, 하부 21Mps) 이상으로 양호했다. 다만, 일부 콘크리트 열화로 보수가 필요한 상황이었다. 공단 측은 '철근 위치 등 교량 구조해석을 통한 안전성 평가 후, 시설물을 설치해야 한다.'는 최종 입장을 도에 전달했다. 문제는 이를 위한 '교량 설계도서(도면·구조계산서)'가 없다는 점이다. 그렇다면, 내년도 충북도 본예산을 통과해 정밀안전진단을 벌인 뒤 도면부터 다시 만들어야 한다. 때문에 도는 기간 단축을 위해 '구조계산'을 통한 시설물 보강으로 급선회했다. 결국, 펜스 곳곳에 기둥을 세워 교량 하중에 부담이 적은 사각 형태의 '와이어 메쉬(철제 펜스보다 가벼운 용접용 철망)'로 설치할 계획을 세운 뒤 지난 21일 가능 여부에 대한 용역에 착수했다. 도 관계자는 "높이를 1.5m가량 높여 투신자가 펜스를 넘지 못하도록 완전히 차단할 것"이라며, "2년여간 운영한 뒤 실효성이 있으면, 탄금대교 등에도 적용할 생각"이라고 설

명했다. 그러면서 "정신적 대책으로는 교량 입구에 설치된 CCTV를 주 투신 장소인 교량 가운데로 옮긴 뒤 스피커를 설치해 투신 의심자가 나타나면, 위로할 것"이라며, "시설 보강을 하면서 교량에 자살예방 표어도 부착할 예정"이라고 했다. 하지만, 이 같은 대책만으로 투신을 원천 차단하는 데 한계가 있다는 지적도 있다. 문의대교는 직접 투신을 막을 수 있는 인력이 상주하지 않는 데다 인적마저 드물다. 이런 상황에서 투신을 원천 봉쇄하는 방법과 간접적인 심리 상담은 실효성이 떨어진다는 것이 전문가들의 중론이다. 청주의료원 정신과장은 "문의대교는 외지인이 투신하러 차량을 몰고 오는 경우가 대다수인데 간접적인 심리 상담으로 이들의 투신을 막기 어렵다."며, "차라리 물리적인 제지를 통해 해당 교량에서의 1차적인 투신을 막은 뒤 2차적 조치를 해야 한다."고 조언했다.(충북일보, 2017.07.31.)

〈그림 4.95〉 문의대교, (前) 물리적 시설의 설치(search.naver.com)

〈그림 4.96〉 문의대교, (後) 물리적 시설의 설치(search.naver.com)

• 대청호 '자살명당' 오명… 대책은 없나: (작년부터 대전서만 10명 사망, 다리 위 펜스 낮고, 수심 깊어 지자체 안전시설 보강 나서야) 충청권의 식수원인 대청호가 스스로 목숨을 끊으려는 이들의 투신사고에 상당히 취약한 상태다. 다리 위 안전펜스는 높이가 90cm에 불과하고, 대청호의 깊은 수심, 그리고 구조대가 도착하기 어려운 탓에 자살시도를 너무 쉽게 허용하는 실정이다. 지난 4일 오후 4시 40분쯤 60대 할머니가 대청댐 바로 아래 대청교에서 금강 물속으로 추락해 익사했다. 앞서 지난달 26일 오전 10시쯤에는 대청교에서 2.4km 하류인 미호교에서 20대 남성이 역시 다리 아래 금강에 투신했다. 작년 4월에는 70대 남성이 대청댐의 보조 댐인 용호교에서 6월에는 10대가 대청댐에서 사망사고가 있었다. 지난해부터 최근까지 대청호 주변 대전 관내에서만 스스로 목숨을 끊는 사고가 10차례 발생한 것으로 집계됐다. 이 같은 사고는 대청호 상류 충북 관내에서도 유사하거나, 자주 발생하고 있다. 대청호를 직접 건너거나, 하천 지류를 통과하는 문의·회남·장계교가 목숨을 가볍게 여기는 사고가 빈번한 실정이다. 문제는 대청호 주변의 다리가 안전시설이 부족해 스스로 목숨을 끊으려는 이들의 시도를 너무 쉽게 허용한다는 점이다. 이날 기자가 확인한 대전 대덕구와 충북 청주의 대청호 주변 다리 4개에 안전펜스 높이가 사람 허리쯤 올라오는 1m에 불과했다. 연석을 밟고 올라서면, 안전펜스의 실제 높이는 80~90cm까지 낮아졌다. 여기에 대청호가 만들어지고 수위가 올라가면서 충북지역 다리 아래의 수심이 깊은 상태고, 대청댐 하류 대전의 금강구간도 깊은 수심을 유지하는 실정이다. 최근에 만들어진 다리는 안전펜스의 높이를 1m 70cm까지 높였으나, 펜스 하단부에 쇠기둥을 가로로 연결해 사다리처럼 여겨졌다. 이밖에 신탄진에서 대청댐까지 이어지는 왕복 2차선 대청로에 과속방지턱 14개가 있어 구급차량 출동에 어려움을 겪고 있으며, 한국수자원공사가 관리하는 다리는 높이 2m의 안전철망이 설치돼 지자체가 관리하는 다리와 대조를 이루고 있다. 대덕경찰서 생활안전과 관계자는 "다리 위 안전펜스를 보강하거나, 자살예방 문구, 그리고 구조 장비를 설치하도록 대전시와 충북도, 한국수자원공사에 요청하고 있다."며, "자살시도를 너무 쉽게 허용하지 않도록 관심이 필요하다."고 말했다. 충북도로관리사업소 관계자는 "대청호 주

변 다리에서 사고 소식은 파악하고 있으나, 펜스를 높이는 일은 예산과 교각의 안전을 두루 검토해야 할 사안으로, 예산확보가 먼저 이뤄져야 한다."고 설명했다.(중도일보, 2015.02.24.)

〈그림 4.97〉 미호교, (前) 물리적 시설의 설치(search.naver.com)

〈그림 4.98〉 미호교, (後) 물리적 시설의 설치(search.naver.com)

• **둔산서, 방동저수지 자살예방 활동**: (진잠파출소, 방동저수지 주변 자살예방을 위한 입간판 설치) 대전둔산경찰서가 대전에서 자살 빈발지역으로 손꼽히는 유성구 방동 '방동저수지'에 대해 유성구청, 생명의 전화, 정신건강 위기상담소 등과 함께 '방동저수지 자살예방 협의회'를 구성해 자살예방 활동에 적극 나선다. 방동저수지는 비교적 깊은 수심과 시내에서 멀지 않은 접근성으로 해마다 자살자가 끊이지 않고 있는 곳이다. 최근 3년간 '방동저수지'에서 자살을 시도한 사람은 15명으로, 그중 5명만이 구조됐다. 이에 둔산경찰서는 한 명의 소중한 생명이라도 구하기 위해 저수지 주변 순찰활동을 강화하는 한편, 저수지 곳곳에 '다시 한 번만 더 생각해 보세요. 늘 소중한 생명!'이라는 자살예방 입간판을 설치했다. 또 생명의 전화, 정신건강 위기상담소를 통한 상담으로 자살을 방지할 수 있도록 하는 등 자살예방 활동에 적극 나서고 있다. 한편, 둔산서 진잠파출소는 진잠동주민센터와 협의하여 저수지 투신행위의 방지를 위해 방동대교의 다리 난간을 높이고, 저수지 입구에 가칭 '생명의 쉼터' 설치를 위해 유성구청에 예산을 신청해 놓은 상태이다.(대전시티저널, 2015.05.20.)

〈그림 4.99〉 방동대교, (前) 물리적 시설의 설치(search.naver.com)

〈그림 4.100〉 방동대교, (後) 물리적 시설의 설치(search.naver.com)

• **진안경찰서, 진안군, 한국수자원공사 용담댐지사**: (생명존중문화 조성을 위한 자살예방 업무협약) 이번 협약은 용담댐 건설 이후, 지속적으로 발생하는 용담댐 주변 투신자살 및 자살시도자에 대한 예방대책 마련을 위해 진안경찰서, 진안군, 진안소방서, 보건소, 한국수자원공사 용담댐지사, 남원국토관리사무소 무주출장소가 참여한 공동체치안 협의체를 통해 논의되었던 내용이 구체화되어 추진됐다. 더불어 남원국토관리사무소 무주출장소는 이번 협약과 별도로 월포대교에 자살예방 안전펜스 설치를 진행 중으로 자살예방 대책에 함께하고 있다. 진안군수는 공동체치안협의회를 통해 지역 내 문제점을 발굴 적극 행정을 통해 인명사고 예방에 기여해 주신 참여기관 모든 분들에게 감사 드리고, 이를 계기로 귀중한 생명을 잃는 일이 더 이상 없으면 좋겠다고 말하였다. 협약의 주요 내용으로, 한국수자원공사 용담댐지사는 용담대교 및 호암교에 자살예방 관제용 CCTV 설치를 지원하며, 진안군은 CCTV 설치에 따른 운영 관리와 관제센터 모니터링 지원, 진안경찰서는 순찰강화 구역 지정을 통한 자살예방 활동과 상황 발생 시 구조 등 유관기관과 적극 협력 하는 등 협약 이후, 긴밀한 협업체제를 통해 지속적인 사후 관리를 유지하기로 하였다. 진안경찰서장은 많은 기관단체가 안전한 진안 만들기에 적극 참여해 주셔서 감사드린다고 말하며, 앞으로도 진안경찰은 주민안전을 위협하는 모든 요인에 적극 대처하는 등 맞춤형 치안서비스를 구현하는 데 최선을 다하겠다고 말했다.(아시아뉴스전북, 2022.07.12.)

〈그림 4.101〉 용평대교, (前) 물리적 시설의 설치(search.naver.com)

〈그림 4.102〉 용평대교, (後) 물리적 시설의 설치(search.naver.com)

〈그림 4.103〉 월포대교, (前) 물리적 시설의 설치(search.naver.com)

〈그림 4.104〉 월포대교, (後) 물리적 시설의 설치(search.naver.com)

• **舊 운암대교 안전펜스 설치 후, 자살사건 한 건도 안 생겨**: (하운암파출소장) 임실경찰서 하운암파출소에서는 올해 1월부터 6월 중순까지 총 6건의 변사(자살)사건이 발생하였으나, 지난 6월 26일 구 운암교에 안전펜스를 설치한 이후, 그동안 안타까웠던 사건이 한 건도 발생하지 않았다. 안전펜스는 지난 4월 중순경 임실경찰서장이 하운암 주민과의 간담회에서 주민들로부터 자살방지 의견을 수렴하고, 생명의 고귀함을 지켜야 된다고 강조하며, 자살사건 방지책으로, 임실군에 안전펜스 협조를 통하여 신속히 설치되었다. 이 펜스는 길이 350m(왕복 700m), 높이 1m 20cm의 규모로, 약 1억여 원이 소요되었다. 겉보기에는 큰 관심 대상은 아니지만, 각종 변사사건을 다루는 하운암파출소 직원들은 생명을 지켜주는 안전 울타리로 믿고 있다. 우리나라는 통계로 볼 때 세계 OECD 가입국가 중 8년째 자살률 1위로, 33분마다 목숨을 끊는 비극이 발생하고 있다. 따라서 우리 사회의 심각한 문제로써 정부 차원의 적극적인 대책과 우리 모두의 관심이 요구되고 있는 현실이다. 또한 2003년을 기준으로, 교통사고로 인한 사망자 수를 추월하고 있는 만큼 가급적 시설 보완을 확대할 필요가 있다. 펜스 양 끝에는 "여기 오셨다면, 옥정호 경치를 감상하고 가야 된다."는 행여 다른 뜻을 갖지 않도록 하는 액자메세지도 설치되었다. 하운암파출소장은 이 펜스의 효과는 과거 연구가들이 말한 "절망을 극복하고, 희망으로 돌아오게 하는 힘을 줍니다. 당신은 사회적 고립 자가 아닙니다."라는 견해를 입증하고 있다는 생각과 함께 주민의 생명과 재산을 책무로 하는 본직으로서는 "옥정호반 올레길을 찾는 가족과 연인, 행락객 모두 즐거운 관광의 길만 되기를 바란다."고 전했다.(전북연합신문, 2014.08.26.)

〈그림 4.105〉 舊 운암교, (前) 물리적 시설의 설치(search.naver.com)

〈그림 4.106〉 舊 운암교, (後) 물리적 시설의 설치(search.naver.com)

〈그림 4.107〉 新 운암대교, (先①) 물리적 시설의 설치(search.naver.com)

〈그림 4.108〉 新 운암대교, (先②) 물리적 시설의 설치(search.naver.com)

〈그림 4.109〉 백야대교, (前) 물리적 시설의 설치(search.naver.com)

〈그림 4.110〉 백야대교, (後) 물리적 시설의 설치(search.naver.com)

• **한 사람을 살리려면, 온 마을이 필요… 극단적 선택 예방대책 잇따라**: (극단적 선택 줄이기 위해 민·관 모두 다양한 대책 제시, 사회 문제로 인식하고, 예방 대안 더 마련해야) "자살보도를 최소화할 것" 대부분 언론사는 베르테르 효과를 비롯해 극단적 선택의 전염을 막기 위해 자살보도를 가급적 지양하고 있다. 그런데도 1년에 몇 번씩은 꼭 마주하게 되는 자살보도들. 알려지는 경우가 적을 뿐, 우리나라에서는 여전히 스스로 목숨을 끊는 일이 빈번히 일어나고 있다. 보건복지부가 발표한 2019년 〈자살예방백서〉에 따르면, 자살은 우리나라 사망자의 사망원인 중 5위, OECD 회원국과 비교해 봤을 때에도 리투아니아에 이어 두 번째로 높은 자살률을 보이고 있다. 자살이 심각한 사회 문제로 떠오른 지 수 십째, 소중한 생명이 안타깝게 세상을 떠나는 일이 없도록 하기 위해 지역에서도 다양한 움직임이 일고 있다. 극단적 선택을 하는 사람들이 주로 택하는 방법 중 하나가 다리에서 투신하는 것이다. 최근에도 80대 노인이 대구 달성군 강창교에서 안타깝게 목숨을 잃는 일이 있었다. 대구 동구에 위치한 아양교는 난간이 낮아 투신자들이 자주 찾는 다리라는 스산한 오명까지 생겼다. 투신사고가 거듭되자 관할 행정기관은 머리를 맞대고 대안을 모색하기 시작했다. 지역에서 가장 선두적으로 나선 지자체는 아양교를 품고 있는 대구 동구, 동구는 지난해 아양교에 CCTV 4대를 달고, 적외선 감지기를 설치했다. 누군가 난간을 짚으면, 적외선 감지기가 인식해 CCTV 관제센터로 알려주고, 자동으로 경고방송이 송출되는 시스템이 도입된 것. 만약 투신을 한다 해도 관제센터에서 곧바로 신고할 수 있어 구조의 골든타임이 확보된다. 실제로, 지난 1월 아양교에서 뛰어내렸던 30대 여성이 관제센터와 빠른 소방당국의 대처 덕분에 생명을 구한 일도 있었다. 대구국토관리사무소도 성주대교에서 사고가 잇따르자 다리를 탈바꿈시키는 데 수억 원을 투입하고 있다. SOS 생명의 전화와 가로등, CCTV를 설치하고 있고, 이번 달 말이면 완공될 계획이다. 대구국토관리사무소 관계자는 "시민의 생명을 구하는 것도 공공기관의 책무 중 하나다. 또 이런 시스템이 자살방지는 물론이고, 치안 유지나 사고 시 구조에도 도움이 된다."고 말했다. 극단적 선택을 막기 위한 가장 중요한 예방법 중 하나는 우울증 관리와 치료다. 각 지자체는 정신건강복지센터를 운영하고, 상담 지원을 상

시화하고 있다. 센터는 회사나, 단체를 상대로, 교육을 주로 담당하고 있는데, 동료들끼리 서로 우울 징후를 발견하고 도움을 줄 수 있게 하는 데 초점을 둔다. 주민들에게는 심리 상담을 지원하고, 아동과 청소년들은 선별 검사를 통해 고위험군을 찾고 가정에 알려준다. 민·관이 협동하는 이런 식의 예방 활동은 앞으로 더욱 탄력을 받을 전망이다. 자살시도자 등의 사후 관리에 대한 조항이 포함된 자살예방법 개정안이 12일부터 시행되기 때문이다. 한 번 자살을 시도했던 사람은 더 전문적인 상담과 치료가 필요하다. 하지만, 지금까지는 개인정보 보호 논란 등 때문에 사후 관리가 쉽지 않았다. 법이 개정됨에 따라 앞으로는 경찰이나, 소방에서 자살예방 업무를 하는 기관에 정보를 제공할 수 있게 됐다. 자살시도자를 사후 관리하고 보듬는 일이 구조적으로 가능해진 셈이다. 한 아이를 키우려면, 온 마을이 필요하다는 말처럼 한 사람을 살리기 위한 일에도 온 마을이 나서야 한다는 얘기가 나오는 이유다. 과거에는 자살이 개인의 문제 아니냐는 인식이 팽배했지만, 점차 사회 문제로 받아들이기 시작한 방증이기도 하다. 자살예방에 대한 관심이 높아지면서 앞으로 더 나아가야 할 점도 계속 지적되고 있다. 아양교 외에 다른 다리에도 추락방지 시스템을 추가로 도입해야 한다는 요구가 대표적이다. 대구국토관리사무소는 강창교 등 관할 다리에 시스템을 마련하는 방안을 구상하고 있다. 다만, 화랑교 등 다른 다리에도 자살예방 시스템을 확충하겠다던 동구는 "아직은 계획이 전혀 없는 상태"라고 밝혔다. 아울러 학교나, 복지관 등 각종 기관도 더욱 적극적으로 나서야 한다는 목소리가 나온다. 주기적인 예방 교육과 상담이 자살을 막는 데 큰 도움이 된다는 이유에서다. 보건복지부 관계자는 "자살은 빈곤 등 여러 사회 문제와도 연결돼 있어 구조적인 원인에서 기인한다고 말할 수 있다. 그렇기 때문에 해결할 수 있는 부분이라고 보고, 여러 대책을 내고 있는 것"이라고 설명했다. 아울러 현재도 자살을 줄이기 위한 정책을 적극 실천하고 있으며, 필요하면 보완책도 마련하겠다는 입장을 밝혔다.(노컷뉴스, 2019.06.12.)

〈그림 4.111〉 아양교, (前) 물리적 시설의 설치(search.naver.com)

〈그림 4.112〉 아양교, (後) 물리적 시설의 설치(search.naver.com)

• **4년간 투신 21회… 대구 강창교에 극단적 선택 예방시설 설치**: 금호강을 횡단하는 대구시 달성군 다사읍 강창교에 극단적 선택 예방의 시설이 새롭게 설치될 예정이다. 지난 8월 강창교에서 발생한 여중생 추락사고 이후, 강창교 구간 안전 문제가 꾸준히 제기되자 해당 지역구 국회의원이 관할기관인 부산지방국토관리청에 극단적 선택을 예방하는 시설의 설치를 요구했고, 최근 예산 5억 원이 편성돼 이르면, 12월부터 본격 추진될 예정이다. 강창교에서는 지난 8월 발생한 사고를 포함해 최근 4년간 21회의 극단적 선택 시도가 있었고, 이 가운데 7명이 목숨을 잃었을 만큼 사고에 무방비 상태로, 대책 마련이 시급한 상황이었다. 이에 지역구 국회의원은 사고 발생 다음 날인 8월 9일 현장을 직접 찾아 수색 중인 소방서 관계자 등을 통해 사고경위를 청취하고, 현장의 문제점에 대해 논의한 이후, 즉시 부산지방국토관리청에 시설의 보강을 적극 건의했으며, 최근까지 긴밀히 협의해 온 것으로 알려졌다. 의원은 "관할청인 부산지방국토관리청이 강창교의 극단적 선택방지를 위한 시설 보강의 건의를 적극 수용한 것에 대해 깊은 감사를 드린다."며, "만시지탄이지만, 이번 사업을 통해 안타까운 일이 더 이상 발생하지 않도록 끝까지 관심을 놓지 않겠다."고 밝혔다.(뉴시스, 2020.11.02.)

〈그림 4.113〉 강창교, (前) 물리적 시설의 설치(search.naver.com)

〈그림 4.114〉 강창교, (後) 물리적 시설의 설치(search.naver.com)

• **158명 극단적 선택⋯ 경인 아라뱃길 교량 난간 높인다**: (최다 사망자 시천교 난간 '1.2m → 2.5m'로) 경인 아라뱃길 교량 난간이 더 높아진다. 자살사고가 잇따르고 있는 데 따른 고육지책이다. 인천시와 포스코에너지는 15일 자살위험환경 개선 및 생명존중 협약을 체결하고, 교량 투신사고 등에 적극 대처하기로 했다. 그 첫 사례로 공항철도 검암역(인천시 서구) 인근에 있는 경인 아라뱃길 시천교 난간 높이를 기존 1.2m에서 2.5m로, 2배 이상 높이기로 했다. 시천교는 2012년에 경인 아라뱃길 개통 이후, 현재까지 가장 많은 자살사고가 발생한 곳이다. 인천 서부소방서 정서진119 수난구조대에 따르면, 2012년부터 지난 4월까지 경인 아라뱃길 인천 구간 교량 8곳 중 시천교에서 11명이 목숨을 끊었다. 계양대교에서 6명, 다남교에서 4명, 목상교와 청운교에서 각각 1명이 스스로 목숨을 끊었다. 포스코에너지가 3억 7,000만여 원을 들여 새로 교체할 2.5m 높이의 안전난간은 태양광 발전이 가능해 투신자살을 예방하고, 생산된 전력을 경관 조명·가로등 등의 교량 전력시설에 사용하는 '일석이조' 효과가 예상된다. 오전 6시부터 오후 6시까지 태양광을 이용해 만든 전력으로, 오후 6시부터 다음날 오전 7시까지 조명과 가로등을 켜는 식이다. 인천시와 포스코에너지는 시천교 난간 교체 효과를 검증해 다른 교량으로도 확대할 예정이다. 인천시 관계자는 "2012년부터 지난 4월까지 경인 아라뱃길 대교에서 158명의 투신사고가 있었다."면서 "경인 아라뱃길 교량 자살위험환경 개선을 위해 포스코에너지, 한국수자원공사, 서부경찰서 등 10개 기관 실무자들로 구성된 자살예방 TF팀을 구축할 예정"이라고 말했다.(매일경제, 2020.06.15.)

〈그림 4.115〉 시천교, (前) 물리적 시설의 설치(search.naver.com)

〈그림 4.116〉 시천교, (後) 물리적 시설의 설치(search.naver.com)

〈그림 4.117〉 계양대교, (前) 물리적 시설의 설치(search.naver.com)

〈그림 4.118〉 계양대교, (後) 물리적 시설의 설치(search.naver.com)

〈그림 4.119〉 청운교, (前) 물리적 시설의 설치(search.naver.com)

〈그림 4.120〉 청운교, (後) 물리적 시설의 설치(search.naver.com)

〈그림 4.121〉 팔당대교, (前) 물리적 시설의 설치(search.naver.com)

〈그림 4.122〉 팔당대교, (後) 물리적 시설의 설치(search.naver.com)

• 평택시의원, 지난 4년간 관내 투신자살 총 28건… "교량 투신 예방 시설물 설치 등 자살예방 힘써야": "코로나19 사태 장기화로, 우울과 불안을 겪는 '코로나 우울'을 경험하는 사람이 많아지면서 자살의 시도 또한 급격히 증가하고 있어 대책 마련이 시급하다." 평택시의원이 지난 27일 평택시 관내 자살예방을 위해 기관별 추진 사항을 논의하는 자리를 마련했다고 밝혔다. 이날 간담회에는 시의원을 비롯해 평택경찰서 교통과장, 생활안전계장, 생활안전관 및 원평동장 등이 참석했다. 시의원이 보고받은 자료에 따르면, 지난 4년간 평택시 관내 9개 교량에서 총 28건의 투신이 있었다. 시의원은 "최근 우리나라 자살률이 2015년 기준 OECD 회원국 중 1위를 기록했다."며, 대책 마련이 시급하다고 강조했다. 이에 시의원 등은 우선 교량 투신자살을 예방하기 위해 기관별 추진 사항을 논의하고, 실질적인 대책을 마련해 나가기로 했다. 이를 위해 소방 및 수원국토관리사무소와 협력해 평택대교 자살예방 시설물 설치 검토, 팽성대교 교량확장 일정에 맞춰 원통형 회전난간 추가 설치 및 높이 상향 조정, 평택호 관광단지 내 자전거도로 투신방지 난간 및 보안등 설치 추진, 군문교 난간 상단 자살방지 화분 및 원통형 회전난간 설치 등을 내년도 사업에 반영하는 방안을 논의했다. 시의원은 "앞으로 교량 투신자살예방 시설물 설치를 위해 관련 협의체를 구성하고, 운영예산 확보에 힘써 주시기 바란다."며, "시설물 설치를 위해 통·이장 회의 및 간담회 등을 통해 당위성 등 공감대 형성을 위해 노력해 달라."고 말했다. 시의원은 이어 "코로나19로 인해 힘든 시기가 이어지는 요즘, 자살예방과 시민 안전을 중요한 지표로 삼아 추진해 나가야 한다."고 덧붙였다.(한스경제, 2021.08.30.)

〈그림 4.123〉 평택대교, (前) 물리적 시설의 설치(search.naver.com)

〈그림 4.124〉 평택대교, (後) 물리적 시설의 설치(search.naver.com)

- **자살사고 많은 마창대교 안전대책에 창원시도 나섰다**: 투신자살 사고가 잇따라 발생해 '자살대교'라는 오명을 쓰고 있는 마창대교 방지시설 마련에 창원시도 나섰다. 경남 창원시는 비극적인 투신사고가 잇따라 발생하고 있는 마창대교에 투신방지 대책 등을 조속히 설치하라고 관리업체 등에 27일 촉구했다. 시장은 이날 간부회의를 통해 "최근 어린아이와 아버지가 함께 투신하는 등 안타까운 사건이 잇따라 발생했다."면서, "이 같은 끔찍한 장면이 언론에 노출되는 있을 수 없는 일이 이어지고 있다."고 말했다. 따라서 마창대교를 관리하는 시행사 등에 안전시설을 빠른 시일 내 설치할 것을 요구하는 등 대책 마련에 나섰다. 마창대교는 창원 성산구와 마산합포구를 잇는 길이 1.7km, 높이 64m의 다리이지만, 민자 사업으로 건설돼 주무관청은 경남도, 관리는 ㈜마창대교가 맡고 있다. 하지만, 통행 안전과 도심지 경관, 예산 문제 등을 이유로 난간 높이가 1m로, 투신방지 대책이 허술하다는 지적이다. 이로 인해 지난 2008년 7월 개통한 이후, 12명이 투신해 비난을 받고 있다. 안전관리 대책으로는 다리 난간을 높이고, 순찰강화, CCTV와 방송시설 증설 등이 거론되고 있는데, 어떤 묘안이 도출될지 기대를 모으고 있다.(뉴시스, 2010.09.27.)

〈그림 4.125〉 마창대교, (前) 물리적 시설의 설치(search.naver.com)

〈그림 4.126〉 마창대교, (後) 물리적 시설의 설치(search.naver.com)

• **'서울로 7017' 개장 10일 만에 자살사고 발생… 난감해진 서울시**: 국내 최초 공중보행길 '서울로 7017'에서 개장 10일 만에 투신자살 사건이 발생하면서 서울시가 깊은 고민에 빠졌다. 30일 서울 남대문경찰서에 따르면, 카자흐스탄 출신 A(32)씨는 전날 오후 11시 50분께 서울로 7017에서 주위 사람들의 만류에도 불구하고, 난간을 넘어 아래로 몸을 던졌고, 머리를 크게 다쳤다. 치료를 위해 인근 병원으로 옮겨졌지만, 이날 오전 7시 50분께 숨졌다. 서울시는 사건 발생 당시 서울로 7017 경비원과 서울시 당직 직원 그리고 신고를 받고 출동한 경찰 등 총 7명이 수 분간 설득했지만, 언어가 달라 소통이 잘 되지 않았고, 결국 A씨가 뛰어내렸다고 설명했다. 특히 119구조대가 현장에 도착할 즈음 투신하는 바람에 에어매트 등을 깔 겨를도 없었던 것으로 전해진다. 지난 20일 개장한 지 10일 만에, 게다가 내국인도 아닌 외국인이 투신하는 이례적인 상황이 발생하자 서울시는 크게 당혹스러워하고 있다. 설립계획 초기부터 공중보행로인 탓에 서울로 7017이 마포대교에 이어 서울 시내의 또 다른 투신의 장소가 될 것이라는 우려가 있었고, 이에 맞춰 투신 차단 안전대책까지 세웠지만, 사건이 발생하자 한층 더 당황하며, 긴급회의를 여는 등 대책 마련에 고심하고 있다. 앞서 서울시는 서울로 7017 안전난간을 만들 당시 해외 주요 보행길 난간 설치 사례(최대 1.2m)보다 높은 1.4m 규정을 적용했으며, 곳곳에 CCTV를 29대 설치해 관리사무소에서 상시 점검을 해왔다. 또 경비인력 16명을 24시간 배치해 상시 안전 관리에 나섰으며, 주말과 공휴일에는 10명을 추가 배치해 왔다. 서울시는 이번의 사건을 계기로, 경비인력을 추가 배치하는 방안을 검토 중이다. 경비인력을 늘려 투신시도를 신속히 감지하고, 인근 경찰(중림파출소)과 인근 소방서에 최대한 빨리 신고함으로써 투신을 막겠다고 밝혔다. 서울시 관계자는 "이번 사건의 원인은 자살로 판명이 났고, 시설적인 문제는 아니라고 보고 있다."며, "물리적으로는 경비의 숫자를 늘리는 방안을 검토하고 있다."고 밝혔다.(뉴시스, 2017.05.30.)

• **서울로 7017 투신사고 이후, 안전대책 마련**: (안전요원 2배 증원·회전식 핸드레일) 서울역 고가 보행길 '서울로 7017' 내의 안전요원을 2배 늘리고, 핸드

레일을 회전식으로 바꾸는 등 대대적인 안전대책 정비가 이뤄진다. 2일 서울시는 현재 16명인 안전요원을 15명 늘려 총 31명을 운용하는 방안을 위탁 용역업체와 협의 중이라 밝혔다. 기존에는 안전요원 15명, 용역업체 반장 1명 등 총 16명이 3교대로 돌아가며, 근무했다. 1.2km에 달하고, 하루에 수만에서 십수만 명이 방문하는 서울로 7017을 5~6명이 관리하기에는 역부족이라는 우려가 제기됐다. 이에 따라 시는 이달 중으로 안전요원을 15명 늘려 주간 11명, 야간 10명이 각각 근무하게 할 방침이다. 시의 관계자는 "1명이 맡는 순찰구역을 촘촘하게 짤 것인지, 투입 인원을 2명으로 늘릴지 구체적인 방안은 협의하고 있다."고 말했다. 또 시는 위험한 상황이 예상될 때 112보다도 우선적으로 119에 신고하라는 방침을 내렸다. 시의 관계자는 "112 경찰 신고도 필요하지만, 생명이 위급한 순간에는 119부터 신고하라고 했다."고 말했다. 지난달 29일 서울로 7017에서 투신사건이 발생했을 당시 현장 안전요원은 상황을 처음 인지한 후, 약 16분 뒤에야 119에 신고했다. 서울로 7017에 설치된 핸드레일은 이를 밟고 올라가는 것을 방지하기 위해 돌아가는 롤링형으로 바꿀 것이다. 서울역 철길의 상부 구간을 제외한 다른 구간은 1.4m 높이의 투명 벽이 설치된 상황이나, 이번 투신사고로 안전에 대한 우려가 커졌기 때문이다. 시는 "롤링형 핸드레일의 효과를 검증한 뒤 도움이 된다고 판단되면, 이달 안으로 최대한 빨리 설치할 계획"이라 전했다. 지난달 20일 개장한 이후로 31일까지 서울로 7017에 92만 명에 달하는 시민이 방문했다. 방문객 수는 이날 중으로 100만 명을 돌파할 것으로 보인다.(서울경제, 2017.06.02.)

〈그림 4.127〉 서울로 7017, (前) 물리적 시설의 설치(search.naver.com)

〈그림 4.128〉 서울로 7017, (後) 물리적 시설의 설치(search.naver.com)

• **한강다리에 투신방지 CCTV 설치… 난간도**: 최근 증가하고 있는 서울 한강다리 투신사고 예방을 위해 내년까지 서울 8개 교량에 CCTV와 긴급전화 등이 설치된다. 서울시 소방재난본부는 내년까지 130억 원을 들여 마포·한강·원효·성산·양화·영동·동작·한남·서강대교 등을 중심으로, '한강 교량 안전시스템'을 구축할 계획이라고 28일 밝혔다. 한강 교량 안전시스템은 투신사고를 효과적으로 막기 위해 예방, 대응, 사후 관리 등의 전 과정에 걸쳐 체계적인 안전대비책을 세우는 것으로, 소방본부는 우선 마포대교 등 8개 교량에 자살시도자의 실시간 감시를 위한 CCTV 96대와 긴급의 신고를 위한 'SOS 긴급전화' 16대를 설치할 예정이다. 특히 한강대교, 마포대교, 광진교에는 2m 이상 높이의 투신방지 난간을 설치, 자살의 시도를 어렵게 만든다는 방침이다. 또 사고가 발생할 경우 신속 대응을 위해 영동·마포·행주대교에 있는 한강 교량의 초소와 서울종합방재센터를 핫라인으로 연결하고, 시의 소방관서, 경찰, 자살예방센터 등 관련기관이 동시에 출동하는 체계를 갖추도록 했다. 이와 함께 자살시도의 재발방지를 위해 자치구와 정신보건센터, '사랑의 전화' 등과 연계해 상담 프로그램을 운영하고, 현재 영등포·광진 지구에서 운영되고 있는 수난구조대를 반포대교 인근에 추가 신설키로 했다. 서울시소방재난본부장은 "한강이 변화를 맞고 있는 만큼 그에 걸맞은 안전대책 마련이 절실하다."며, "시민들의 생명보호를 위한 한강 교량 안전시스템으로 한강르네상스 사업이 완성될 것"이라고 말했다. 한편, 지난 2007년부터 올해 7월까지 한강에서 발생한 투신사고로 인한 출동은 모두 1,033건으로, 연평균 4.4%가 늘어났다.(파이낸셜뉴스, 2009.09.28.)

• **'자살 1위' 마포대교 생명의 다리로**: (조명·문자로 '희망 메시지', '한 번만 더 동상'도 설치) 서울 한강다리 중 '투신자살 발생 건수 1위'라는 오명을 지닌 마포대교가 '생명의 다리'로 탈바꿈한다. 서울시는 마포대교를 세계 최초로 '쌍방향 소통(인터랙티브)형' 스토리텔링 다리로 조성하고, 오는 9월부터 1년간 시범적으로 운영한다고 31일 밝혔다. 인터랙티브형 스토리텔링의 형식은 다리와 보행자가 문구나, 사진을 통해 서로 교감하는 것을 뜻한다. 투신이 일어나

는 장소마다 센서가 설치돼 보행자의 움직임을 감지하고, 조명과 난간에 문자 메시지가 보행자를 따라 반응하며, 친근하게 말을 거는 방식이다. 생명의 소중함, 위트, 감성을 담은 문자의 메시지가 적용되는 구간은 마포대교 양방향(남단 → 북단, 북단 → 남단) 시작 지점에서 중간 지점까지 2개씩, 총 4개 구간이다. 시는 다리 중간 전망대 구간 양측에 황동 재질로 된 높이 1.8m짜리 '한 번만 더 동상'도 설치한다. 이 동상은 한강다리 난간으로 다리를 올려 뛰어내리려는 사람을 다른 사람이 붙잡고 말리는 모습을 하고 있다. 시는 동상에 자살방지 기금모금을 위한 동전투입구도 설치할 예정이다. 시는 생명의 다리를 독창적인 자살예방이라는 본래의 의미 외에도 스트레스에 지친 일반 시민을 위로하는 치유의 장소로도 명소화할 계획이다. 시의 도시안전실장은 "다시 태어나는 마포대교가 절망에 직면한 많은 사람에게 희망을 주는 생명의 상징으로 자리 잡도록 지원하겠다."고 말했다. 마포대교는 2010년 한강에서 투신자살을 시도한 1,301명(하루 평균 3.5명) 중 가장 많은 108명이 투신, 48명이 숨져 '투신자살 1위 다리'라는 불명예를 안고 있다.(세계일보, 2012.08.01.)

• **서울 한강다리에 '투신 감시·구조' 시스템 구축**: (시, 3월까지 마포·서강대교서 시범 운영 후, 확대) 지난해 투신자살이 가장 많이 발생한 마포대교를 비롯한 서울 한강 25개의 다리에 투신을 감시하고, 투신자를 긴급 구조하는 시스템이 구축된다. 시는 한강 투신자살을 예방하기 위해 마포·서강대교에 '투신 감시·구조 시스템'을 설치해 오는 3월까지 시범 운영한다고 10일 밝혔다. 시범 운영 후, 효과가 입증되면, 25개 한강다리 전체로 확대 운영할 계획이다. 이 시스템은 지능형 영상감지 CCTV 기술 등을 이용해 다리에서 발생하는 투신을 모니터링하고, 상황이 발생하면, 경보의 체계를 가동하는 동시에 전문 상담원과 수난구조대를 3분 안에 긴급으로 투입하는 체계다. 시스템은 투신사고 발생 징후를 포착하는 1차 경고의 기능과 함께 서울종합방재센터의 24시간 긴급 출동 지령시스템을 연계한 인적 동향 감시와 징후 판단 기능을 한다고 시는 설명했다. 시는 마포대교와 서강대교에 한 곳당 2억 5,000만 원의 예산을 투입해 지능형 영상감지 CCTV 등을 설치했다. 아울러 올해 안에 반포수

난구조대를 새로 만들고, 영등포·광진 수난구조대의 인력과 수조 장비 등도 확충한다. 기존에는 영등포·광진 등 두 개의 수난구조대가 각각 담당하는 지역이 넓어 신고의 접수 후, 신속한 인명구조가 힘든 상황으로, 일본처럼 1개 구조대에서 5명이 3교대로 근무할 수 있도록 인력을 확충할 계획이라고 시는 밝혔다. 시는 한강다리 투신자살을 막고자 당초 그물망 설치, 난간 바깥쪽 강화유리 부착, 개방형 난간 추가 설치 등을 계획했으나, 한강 경관 저해와 안전성 문제 등을 이유로 백지화했다. 한강다리 투신사고는 지난 2003년 57건에서 지난해 196건으로, 9년 동안 243.9% 증가했다. 같은 기간 마포대교에서 모두 171건의 투신사고가 발생해 '자살률 1위'의 오명을 안게 됐다. 다음으로 한강대교(138건), 원효대교(97건), 서강대교(81건)의 순이다. 2006~2011년 마포·한강·원효·서강대교에서 발생한 투신으로 인한 사고자의 사망률을 보면, 서강대교(55%), 한강대교(35%), 마포대교(31%), 원효대교(30%)의 순으로 높았다. 반면에 사망자와 부상자를 제외한 안전구조율은 원효대교(42%), 마포·한강대교(각 35%), 서강대교(24%)의 순이었다. 시의 관계자는 "마포·서강대교에서의 실효성을 판단한 뒤 25개의 다리로 확대의 여부를 검토할 것"이라며, "관련 부서와 협의해 지역 정신보건센터와의 연계체계도 구축할 계획"이라고 말했다.(연합뉴스, 2013.01.10.)

• **마포대교 난간 2.5m로 높여 투신 막는다**: 자살방지를 위해 마포대교 난간(1.5m) 위에 와이어와 롤러를 이용한 1m 높이의 난간을 추가로 올린다고 서울시가 8일 밝혔다. 12월 완공을 목표로, 마포대교 양쪽 총 2.16km의 전 구간에 적용된다. 마포대교에는 2012년부터 2015년까지 '생명의 다리' 캠페인의 일환으로, 용기를 주는 문구가 설치됐고, 사람이 지나가면, 자동인지센서를 통해 조명이 들어왔다. 하지만, 사업이 종료됨에 따라 문구는 그대로 있지만, 조명은 꺼진 상태였다. 난간은 안쪽으로 구부러진 형태로 설계돼 매달리면, 무게의 중심이 뒤로 쏠려 올라가거나, 넘어가기 쉽지 않도록 할 계획이다. 난간 맨 윗부분에는 주판알 형태의 롤러도 설치해 잡으려고 하면, 롤러가 돌아가 쉽게 붙잡거나, 매달리지 못하도록 한다. 난간에 20cm 간격으로 철제 와이어도 설치

해 난간 사이로 사람이 통과하지 못하게 하고, 한강 조망과 경관을 최대한 고려하는 형태로 제작할 계획이다. 이런 형태는 시민 공모를 통해 선정된 아이디어 3건을 종합해 전문가의 자문을 거쳐 완성했다. 시의 안전총괄본부장은 "교량에 안전시설물을 설치해 자살률이 감소하는 사례들이 곳곳에서 확인되고 있는 만큼 마포대교 안전시설물 설치도 긍정적인 효과가 있을 것으로 기대한다."고 말했다.(동아일보, 2016.09.09.)

• **한강다리 자살예방 문구, 사라진다… 마포대교 이어 한강대교도 철거**: (각인 효과로 부작용 속출 탓) "당신이 생각하는 내일은 생각보다 괜찮을 거예요." 이처럼 한강다리 곳곳에 극단적 선택을 예방하려고 붙여 놓은 표어가 사라질 전망이다. 서울시는 최근 한강대교에 설치된 자살예방 문구를 삭제하는 작업에 착수했다고 10일 밝혔다. 대신 서울시는 '자살방지 난간'을 설치해 투신시도를 근본적으로 예방하는 방안을 추진하고 있다. 서울시는 2012년 마포대교를 시작으로, 2013년 한강대교에 자살예방 표어를 붙였지만, 오히려 '각인 효과'로 부작용이 속출하고 있다고 판단하고 있다. 앞서 서울시는 2019년 마포대교에서 자살예방 문구를 철거한 바 있다. 서울시 관계자는 "자살예방 문구가 널리 알려지면서 이곳이 오히려 '자살의 명소'로 부각되는 부작용이 있었다."며, "마포대교에서 자살방지 난간을 설치한 결과, 최근 3년 동안 투신의 시도가 24%가량 감소했다."고 설명했다. 2012년 서울시는 한강다리의 투신시도를 예방하기 위한 '생명의 다리' 캠페인을 기획해 마포대교 난간에 자살예방 문구를 써넣었고, 이듬해인 2013년에는 한강대교에서도 같은 캠페인을 진행했다. 서울시에 따르면, 2012년 마포대교의 투신시도자는 15명에 불과했으나, 캠페인 이후, 2013년에는 93명, 2014년에는 184명 등으로 오히려 증가했다.(매일경제, 2021.11.10.)

• **한강대교 자살예방 문구 사라지고 난간 높이 높아진다**: (올해 말 한강대교 자살방지 예방 문구 없애고, 기존 난간 높이 1.1m에서 1.65m로 높이기로) 서울 시내의 한강다리에 남아 있던 자살방지 예방 문구가 올해 말 모두 사라진

다. 시는 해당 문구가 예방보다는 오히려 역효과가 난다고 보고, 난간 높이를 높이는 등 효과적인 예방책을 마련키로 했다. 11일 서울시에 따르면, 시는 올해 12월까지 한강대교에 설치된 자살방지 예방 문구를 모두 철거하기로 했다. 대신 한강대교의 1.1m 난간을 연말까지 진행되는 공사를 통해 1.65m로 높이기로 했다. 서울시는 앞서 '생명의 다리 캠페인'을 통해 2012년 마포대교, 2013년 한강대교에 자살방지 예방 문구를 붙이고, 시내 한강다리 곳곳에 생명의 전화 등을 확대 설치했다. 시는 해당 문구에 대해 입소문이 퍼지면서 '극단적 선택 = 한강다리'와 같은 각인 효과가 발생한 것으로 보고 있다. 서울시는 2019년 10월 마포대교에 설치돼 있던 자살방지 예방 문구를 모두 철거한 바 있다. 서울시 관계자는 "자살예방 문구로 인해 각인 효과 등 부작용이 있었다."며, "연말 공사를 마무리해 효과적으로 예방할 수 있도록 할 것"이라고 말했다.(한국일보, 2021.11.11.)

• 한강다리 난간 50cm 높이자… 극단 선택 확 줄었다: (서울시 '안전난간' 보강 확대, 한강대교 년 2~3건 극단 선택서, 3년간 1건으로 사고 급감 효과, 올 잠실·양화·한남대교로 확대, 2025년엔 원효·서강대교 설치, 인공지능 기반 CCTV 확충도) 26일 찾은 서울시 마포구 양화대교의 난간 높이는 1.2m로, 평균 키(172.5cm)인 성인 남성의 가슴 높이 정도밖에 되지 않아 마음만 먹으면, 쉽게 넘어갈 수 있을 것처럼 보였다. 양화대교는 지난해 서울 20개 한강 교량 중 극단적 선택 시도 건수(57회)가 여섯 번째로 많았던 곳이다. 현재 이 양화대교에선 난간 높이를 0.5m 보강한 안전난간 설치 공사가 한창이다. 한강대교와 마포대교 두 곳에 안전난간을 설치했는데, 극단적 선택의 방지 효과가 현저히 드러남에 따라 시는 한강 교량 안전난간 확대 공사에 나서고 있다. 이날 시에 따르면, 오는 12월 중으로 잠실·양화·한남대교 3곳에 안전난간이 추가로 생긴다. 시는 2025년에는 원효·서강대교, 2027년에는 광진교에 안전난간을 설치할 계획이다. 시는 안전난간 효과를 지속해서 모니터링하면서 단계적으로 확대해 나가겠다는 방침이다. 시의 관계자는 "극단적 선택 시도 건수가 많은 교량 위주로 안전난간을 확대할 계획"이라고 말했다. 국회 행정안전위원회 소

속 의원이 시의 소방재난본부에서 받은 자료에 따르면, 지난해 극단적 선택 시도가 많았던 한강 상의 교량은 마포(255회)·한강(104회)·한남대교(69회)의 순인 것으로 파악됐다. 시의 안전난간 확대는 한강 교량의 극단적 선택 시도가 갈수록 증가하는 데 따른 것이다. 최근 3년간 20개 한강 교량 극단적 선택의 시도는 2020년 474건, 2021년 626건, 2022년 1,000건으로, 매년 늘어나는 중이다. 올해도 지난 9월 기준 719건으로, 지난해와 비슷한 수준일 것으로 예상되고 있다. 특히 잠실·양화·한남대교 3곳에서 설치의 작업이 진행 중인 안전난간은 사실상 극단적 선택의 시도 자체가 불가능하게 만들어졌다. 한강대교와 마포대교 안전난간이 난간 높이를 키우는 데 주력했다면, 그보다 개량된 것이다. 기존 한강 교량에 설치된 난간은 높이가 1.2m에 불과한 반면에 안전난간은 높이가 1.65~1.7m로, 성인 남성 평균 키만큼 높아졌다. 사람 손으로 난간 상단 부분을 짚고 올라설 수 있던 문제도 개선됐다. 원통 모양인 안전난간 상단 부분은 사람 손으로 잡으면, 회전하도록 되어 있어 사람이 올라서는 게 거의 불가능하다. 또 발을 사이에 넣지 못할 만큼 촘촘한 철망을 난간 상단부터 바닥까지 설치했다. 실제로, 한강대교의 경우 매년 2~3명의 사망자가 나왔지만, 안전난간 설치 이후, 최근 3년간 총 사망자 수는 1명에 불과했다. 이밖에 시는 인공지능(AI) 기반의 CCTV 설치도 확대할 계획이다. 2021년에 구축된 AI CCTV는 사람으로 추정되는 객체가 난간 근처에 300초 이상 머무르면, 한강 교량 CCTV 통합관제센터에 알람이 울리고, 관제사가 영상을 보고 투신 위험자라고 판단하면, 순환구조대 등이 투입되는 방식이다. 시의 관계자는 "내년까지 미설치 6개 교량 전부 설치가 목표"라고 말했다.(문화일보, 2023.10.26.)

〈그림 4.129〉 광진교, (前) 물리적 시설의 설치(search.naver.com)

〈그림 4.130〉 광진교, (後) 물리적 시설의 설치(search.naver.com)

네 번째. 이야기

〈그림 4.131〉 한남대교, (前) 물리적 시설의 설치(search.naver.com)

〈그림 4.132〉 한남대교, (後) 물리적 시설의 설치(search.naver.com)

〈그림 4.133〉 잠실대교, (前) 물리적 시설의 설치

〈그림 4.134〉 잠실대교, (後) 물리적 시설의 설치

네 번째. 이야기

〈그림 4.135〉 양화대교, (前) 물리적 시설의 설치

〈그림 4.136〉 양화대교, (後) 물리적 시설의 설치

〈그림 4.137〉 한강대교, (前) 물리적 시설의 설치

〈그림 4.138〉 한강대교, (後) 물리적 시설의 설치

〈그림 4.139〉 마포대교(수상구간), (前) 물리적 시설의 설치

〈그림 4.140〉 마포대교(수상구간), (後) 물리적 시설의 설치

〈그림 4.141〉 마포대교(육상구간), (前) 물리적 시설의 설치

〈그림 4.142〉 마포대교(육상구간), (後) 물리적 시설의 설치

〈그림 4.143〉 마포대교(左·수상구간), 물리적 시설의 설치

〈그림 4.144〉 마포대교(右·육상구간), 물리적 시설의 설치

한국의 투신 수단으로 인한 교량에서의 자살의 시도는 서울시 한강 상의 교량에서 가장 많이 발생해 왔으며, 현재까지도 지속되고 있는 실정이다. 그렇기에 서울시는 그 어느 지자체(地方自治團體, local government)보다 더 교량에서의 투신자살을 차단하기 위해 많은 심혈(心血, heart and soul)을 기울이고 있다.

　서울시는 투신 수단으로 인한 자살의 시도를 차단해 보려 마포대교와 한강대교에 유명인사들과 일반의 시민들이 만든 자살방지 메시지를 2012년도부터 기존의 난간에 만들어 넣었다. 하지만, 그 효과가 없다는 지적들이 쏟아지자 메시지를 삭제하게 되었다. 2016년 12월, 한강 교량 상 투신사고의 방지를 위해 물리적인 안전난간 확대 설치 추진 계획으로 마포대교 수상구간(2.16km)에 1차적으로 안전난간 설치 공사를 완료했고, 이후, 2019년 9월~2020년 9월, 안전난간 확대 설치 실시설계(총 8개소: 마포·육상구간·한강·양화·잠실·원효·한남·서강·광진)를 완료했다. 이후, 서울시는 2020년 12월~2021년 8월, 마포대교 육상구간(0.56km)을 시작으로, 투신자살 방지 안전난간 확대 설치 공사를 진행하고 있다.

- **[안전진단M] 4초만 늦추면 되는데… "투신방지 안전난간 설치 확대해야"**
  방송보도(放送報道, report broadcasting)

[앵커 멘트]
서울에 대교가 31개가 있는데, 1년에 일어나는 투신사고가 얼마나 일어나는지 아십니까? 500건 정도라고 합니다. 극단적 선택을 시도할 때 4초만 늦추면, 생각을 바꿀 가능성이 크다고 합니다. 투신방지 시스템이 절실한 이유인데, 실제 대교에 설치된 안전난간은 허술한 면이 많다고 합니다. 비극을 줄일 방안이

무엇인지, 짚어봤습니다.

[기자 멘트]

인천대교에서 스스로 뛰어내린 남성을 해경 구조대원들이 가까스로 구조합니다. 5년 전 2건이었던 인천대교 투신사고는 올해 15건으로 급증했는데, 지난 달엔 사흘 내내 이런 비극이 이어지기도 했습니다.

(인터뷰-인천해양경찰서 구조대장: "서해 해상의 특성상 조수간만의 차이가 큽니다. 시야가 탁하고, 조류도 굉장히 강한 편이라서 수색하는 데 많은 어려움을 겪고 있습니다.")

갓길에 차를 못 대도록 드럼통 1,500개를 세웠지만, 투신을 막기엔 실효성이 떨어진다는 지적이 나옵니다. 한강을 건널 수 있는 대교 31개가 있는 서울은 어떨까? "투신방지 난간이 설치된 한강다리에 나와 있습니다. 보시는 것처럼 훼손된 쇠줄은 즉시 수리되지 않고 있고, 헐거워진 쇠줄은 이렇게 조금만 벌려도 빠져나갈 수 있습니다." 이런 허술한 투신방지 시스템의 단점을 보완하기 위해 서울시는 투신시도자가 아예 올라갈 수가 없는 안전난간을 설치해 나가기로 했습니다.

한강대교에 처음 적용된 안전난간입니다.

회전식 원통이 빙글빙글 돌아 난간 위로 넘어갈 수가 없고, 간격도 촘촘해 통과할 방법이 없습니다.

(인터뷰-토목공학 박사, 최병정 경기대 교수: "교량과 옥상 등 모든 구조물에 다 적용할 수 있고, 사고방지 효과가 많이 있는 것으로 연구 결과 확인됐습니다.")

전문가들은 극단적 시도를 4초만 늦춰도 생각을 바꿀 가능성이 있다고 조언합니다.

(인터뷰-박세만 도시방재공학 박사: "단 4초만 막으면, 극단적 선택의 의지를 꺾을 수 있습니다. 4초를 막으려면, 일차적 접근시도를 무력화하는 시스템적인 물리적 시설 설치가 매우 효과적인 방법이라 할 수 있겠습니다.")

서울시는 잠실대교 등으로 안전난간 설치를 확대해 나갈 계획입니다. 한강 31개 대교에서 매년 일어나는 극단적 시도는 500건 안팎. 교량 투신을 막고, 극단적 선택을 줄이는 데 더 많은 노력을 기울여야 하는 이유입니다.(MBN, 2022.12.19.)

서울시에 따르면, 마포대교·한강대교에 안전난간을 설치한 후, 투신 자살 시도자율은 26.5% 줄었으며, 같은 기간 한강·양화·서강대교의 투신자살 시도자율이 38.5% 늘었다고 한다. 이에 서울시는 다른 교량에도 안전난간을 신속히 확대 설치할 추진 계획을 보고하고 있다. 이는 우리가 너무나도 잘 알고 있는 '풍선 효과'가 한강 상의 교량들에서도 어김없이 발생하고 있다는 사실을 보여주고 있는 결과이기도 하다. 허나, 이러한 이유로 그냥 방치한다면, 되려 '생명존중'의 절대적 가치에 그 효율성의 잣대를 들이대는 좋지 않은 과거적 관례(慣例, convention)로 돌아갈 수 있다는 상황이 발생할 우려가 분명 이보다 더 크게 일어날 것이다. 이제 우리는 그 가능성을 무시할 수 없음을 너무나 잘 알고 있으며, 절대 그렇게 되면 안 된다는 사실도 충분히 인지하고 있다. 이는 지난 시간의 '생명존중'에 대한 한국 사회의 그 여건과 분위는 현재와 사뭇 달라져 있기 때문이다.

물론 모든 교량에 안전난간을 설치한다고 해서 투신 수단으로 인한 자살의 근본적 원인을 100% 차단할 수는 없다. 그렇기에 안전난간 설치에 소요되는 예산을 자살예방 프로그램 등에 투입되는 것이 훨씬 더 효과적이라는 견해의 지적이 나올 수밖에 없는 이유가 되고 있는 것이다. 반대로, 정부와 사회가 앞서 지금까지 시행해 왔던 정신의학(精神

醫學, psychiatry), 임상심리학(臨床心理學, clinical psychology) 등의 자살예방 프로그램 등은 '생명논리'에만 너무 집중해 과도하게 치우쳐진 자살예방의 대응이었다고 보는 견해의 지적도 적지 않았다. 앞으로의 대응은 비용 대비의 효과적 측면만을 논의하는 것에서 벗어나, '생명존중'이라는 가치의 앞에서만큼은 돈(錢, money)·금액(金額, amount)의 가치 따위는 이제 봉인되어야 할 것이며, '생명'이라는 그 존귀함은 그 어떤 것으로도 갈음(代身, instead)될 수 없음을… 우리는 너무나도 잘 알고 있듯이 이 또한 그렇게 각인되어야 할 것이다.

'생명존중', 그 가치에 반기를 들 사람은 아무도 없을 것이며, 앞으로도 그 사실이 변하지 않는 것은 지고지순(至高至純)한 진리일 것이다. 그러나 자살의 문제는 국가의 사회적 정책에 있어 사회경제적 비용에 따른 그 효율성·실효성을 따져보지 않을 순 없을 것이기에 사회적 논의 없이 감정적으로 넘어가서는 안 될 것이며, 모니터링(monitoring)도 되지 않은 과거를 답습(踏襲)한 방법을 계속해서 진행시킨다는 것은 더더욱 안 될 일이다. 하나의 방법만으론 그 모든 수단을 차단할 수는 없듯이 효율성·실효성에 대한 사회적 논의와 그에 따른 타협(妥協, compromise)은 분명 우선되어야 할 것이다.

앞으로, '그것'에 대한 방어는

자살문제에 대한 사회적 개입에 매우 적극적인 미국은 자살예방을 위한 국가전략을 통해 다양한 자살예방 활동과 노력에 대한 광범위한 지원과 장려를 아끼지 않고 있다.[12] 특히 쉽고 편리하게 접근할 수 있는 자살 수단에 대한 강력한 통제와 그 접근을 줄이려는 노력은 모든 분야에서 가장 막강한 영향력을 행사하는 국가답게 그 면모(面貌, appearance)를 절실히 보여주고 있다.

자살예방에 있어 '수단의 감소'는 자살시도자가 매우 치명적인 수단을 사용할 확률을 줄이는 자살예방의 매우 중요한 구성적 요소(要素, element)이다.[13] '수단 감소'는 '수단 제한'이라고도 하며, 매우 치명적인 자살 수단을 제한하는 것은 자살의 욕구가 사라질 때까지 그에 따른 행동을 지연시킬 수 있기 때문에 자살률을 줄이는 데 도움이 될 수 있다.[14]

보건복지부·한국생명존중희망재단의 '2022~2024년 자살예방사업 안내'서에 수록된 '교량 자살예방 시설 권고'안의 주요내용을 살펴보면, '교량 자살방지 시설 선정' 기준은 정기적으로 교량의 자살시도 위험도를 점검하여 기준을 초과할 경우 의무적으로 자살방지 시설을 설치해야 하며, 자살시도자 건수를 기준으로, '관찰-주의-설치'로 관리하고, 설치단계의 경우 본격적인 의견수렴 및 심의를 통해 시설물 설치를 추진해야 한다고 제안(提案, suggestion)하고 있다. '물리적 차단 및 추락방지 시설 설치' 기준은 높이는 최소 2.8m 이상으로 해야 하고, 시설물의 상부가 교량 안쪽으로 굽어 있는 형태 등 시설물 위로 넘어가기 어렵도록 조치해야 하며, '회전체' 등을 사용하는 경우에는 '최소 높이의 조절이 가능'(예: 마창대교 2.0m)하다고 제시하고 있다. 또한 상부의 끝부분은 손으로 잡을 때 미끄러지도록 '회전체'를 설치하거나, 잡을 수 없도록 '뾰족한 침' 등을 설치해야 하고, '회전체'는 기상상태나, 기온에 상관없이 원활하게 회전되도록 설치되어야 함을 특히 중요하게 제시하고 있다. 이에 따른 관련사례*)로 '마창대교'를 '선정'하였으며…

* 마창대교(회전체)

"경상남도 창원시 마산합포구 가포동과 성산구 귀산동을 연결하는 교량으로, 총 길이 1.7km, 폭 20m, 왕복 4차선이며, 2012년부터 2017년까지 33명이 투신했고, 30명이 사망한 곳. 마창대교에는 15대의

CCTV가 설치되어 있으며, 2017년 11월 '국내에서 최초로 안전 난간 롤린더 시스템 설치', 또한 차량이 30km 이내로 서행할 때는 사이렌을 울리는 경고 스피커를 설치하였고, 순찰차가 1시간마다 대교를 오가며, 8명의 순찰 요원이 2인 1조로 24시간 투신시도자의 접근 감시"이와 같이 제시되어 있다.

　특히 일반적인 장소보다 조명을 더 받는 높은 건축물(建築物, structure)과 교량(橋梁, bridge) 그리고 절벽(絶壁, cliff, precipice, bluff) 등과 같은 핫 스폿(hot spot) 장소에서 자살 수단의 접근을 제한하면, 자살시도가 감소하는 효과성이 크게 나타난 반면에 폐쇄 회로인 CCTV(Closed-circuit Television)·표지판(標識板, sign) 등을 설치하거나, 감시만을 강화하는 것과 같은 다른 방법의 개입은 그 효과성이 매우 작다.[15]

　교량 상의 투신 수단으로 인한 자살의 시도가 빈번히 발생 및 지속되고 있는 상황으로 인해 골머리를 앓고 있는 서울시는 인공지능 AI(人工智能, Artificial Intelligence)를 활용해 한강 상의 투신자살 시도자를 조기에 찾아내는 방법의 기술을 도입할 예정이라고 최근 밝힌 바 있었다. 이는 서울시 소방재난본부와 협력한 서울기술연구원의 데이터 사이언스 기반의 '한강 상의 교량 맞춤형 CCTV 관제기술'로, AI가 동영상 딥러닝(deep learning)으로 투신시도자의 패턴(pattern)을 학습해 위험적인 상황을 탐지·예측해 이후, 해당 지점의 CCTV 영상만을 선별, 관제요원의 모니터에 표출시킴으로써 투신 전후의 상황에 신속한 대응이 가능해지고, 모니터링의 공백을 최소화해 관제(管制, control)의 투신 수단으로 인한 사망사고를 줄이겠다는 기술이다.

다음의 〈그림 4.145〉는 최근 5년간 한강 교량 상의 투신시도 대비 생존 구조율을 나타낸 것이다.

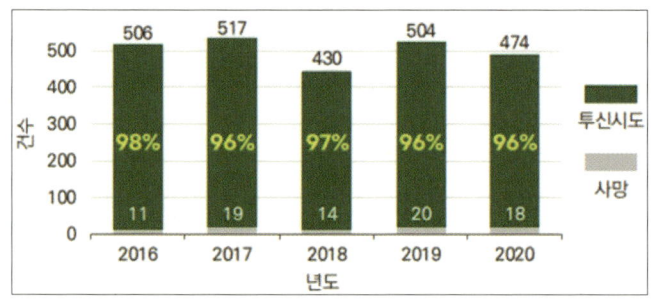

〈그림 4.145〉 최근 5년간, 한강 교량 상의 투신시도 대비 생존 구조율(서울시)

매년 한강 상의 교량에서는 연평균 약 486건의 투신시도가 있었으며, 투신시도 대비 생존 구조율은 약 96.63%에 달한다. 최대의 건수는 2017년에 517건, 최소의 건수는 2018년에 430건으로, 최근 5년간 한강 교량 상의 투신시도 대비 생존 구조율은 매년 96% 이상이며, 평균 생존 구조율은 96.63%이다.

〈그림 4.146〉 서울시 119특수구조단 수난구조대 관내도(서울시)

현재 한강 교량 통합관제센터는 AI 선별관제 체제로 운영되고 있어 한강 교량 상에서의 투신사고가 발생했을 때 통합적인 지휘통제와 체계적인 구조 활동을 지원하고 있다. 이는 앞서 수난구조대별로 개별적 관제를 실시했을 때보다 투신사고의 이상 징후를 미연에 파악함으로써 수난구조대의 대원들은 CCTV 모니터링 등의 업무적 부담이 줄어들게 되면서 사전 대응력을 높이게 되었고, 더불어 구조 활동에 있어 더욱 집중할 수 있게 되었다. 또한 한강 상에서 동시다발적으로 다수의 사건이 발생했을 때도 이전의 상황과는 다르게 사건·사고에 대한 유연한 대응이 가능케 되었다.[16]

한편, 서울시 소방재난본부는 한강 교량 상에서의 투신사고에 대한 안전대책의 일환으로, 투신 전 인지 및 사전출동 등의 선제적인 인명구조 활동을 통해 생존 구조율을 더 높일 수 있도록 투신시도자의 행동 등에 관한 패턴을 분석해 CCTV 통합관제센터와 실시간으로 연계하는 AI기반 통합·다중관제의 시스템 운영을 강화해 한강 교량 상에서의 투신 수단으로 인한 사망사고를 줄이고자 계속된 노력을 기울이고 있다.[17]

허나, 수난구조대의 입장은 많이 다르다. 구조대원들에게도 투신자의 구조는 기쁜 일이 아닐 수 없을 것이다. 하지만, 대원들에게는 아쉬운 부분도 많다고들 지적한다. 한강 교량 통합관제센터와 AI 선별관제 체계의 도입은 투신시도자들의 증가 여파를 불러오는 상황도 벌어지고 있어, 되려 긴급 출동의 건수는 2021년 3,126건에서 2022년엔 3,902건으로, 24.9%나 늘었다. 대원들의 "눈코 뜰 새가 없어요…"라는 말은 그냥 하는 넋두리가 아니었으며, 총인원이 19명뿐인 여의도수난구조대의 경우 6명이 24시간의 교대 업무를 도맡아 하고 있는 악순환이 계속되고 있다. 또한 "하루에 12번 출동한 날도 있어요."라는 말은 과도한 출동이 얼마나 그들을 힘들게 하고 있는지 절실히 실감시켜 주고 있다. 이는 구조대원들의 피로가 쌓일 수밖에 없음을 있는 그대로 보여주고 있는 것이다.[18]

교량에서의 투신을 시도하는 사람들은 계속 늘고 있는 실정이다. 서울시 소방재난본부에 따르면, 지난 코로나19의 사태와 경제 불황이 더해져 한강 교량 상의 투신자살의 시도자는 2021년, 626명에서 2022년, 1,000명으로 증가해 처음으로 네 자릿수의 기록을 남겼다.

다음의 〈표 4.6〉은 지난 5년간(2016~2020년) 한강 상의 교량에서 투신 수단으로 인한 자살사망자의 현황을 나타낸 것이다.

〈표 4.6〉 5년간(2016~2020년) 한강 상의 교량 투신자살 사망 현황(보건복지부)

(단위: 명)

구분		2016년	2017년	2018년	2019년	2020년	5년간 합계
1	팔당대교	-	-	-	-	-	5
2	미사대교	-	-	4	-	-	5
3	강동대교	0	0	0	0	0	0
4	구리암사대교	-	-	-	-	-	2
5	광진교	3	10	6	10	9	38
6	천호대교	-	4	6	5	-	16
7	올림픽대교	-	-	-	-	-	3
8	잠실철교	-	-	-	3	-	7
9	잠실대교	5	-	4	8	6	25
10	청담대교	-	-	-	-	-	1
11	영동대교	-	-	3	4	6	15
12	성수대교	-	-	-	-	-	3
13	동호대교	-	3	-	-	-	8
14	한남대교	5	4	4	4	9	26
15	반포대교	-	-	4	3	0	11
	잠수교	-	-	4	-	-	7
16	동작대교	4	5	-	3	4	18
17	한강대교	5	9	9	8	10	41
18	한강철도교	0	0	0	0	0	0
19	원효대교	-	-	4	5	4	17
20	마포대교	26	12	9	9	8	64
21	서강대교	3	4	-	3	-	13
22	당산철교	0	0	0	0	0	0
23	양화대교	-	3	8	9	4	26
24	성산대교	4	3	-	-	-	10
25	가양대교	-	3	4	3	6	18
26	마곡대교	0	0	0	0	0	0
27	방화대교	-	-	-	-	-	1
28	행주대교	-	-	-	-	-	1
29	김포대교	-	-	-	-	-	3
30	일산대교	-	-	-	-	-	2
31	월드컵대교	0	0	0	0	0	0

※ 표 안의 수치가 2 이하인 경우 비식별화처리(-)

보건복지부에 따르면, 지난 5년간(2016~2020년) 한강 상의 교량에서 투신 수단으로 인한 자살사망자 수는 총 386명이며, 5년간 매년 한강 상의 교량에서 평균 77명이 투신 수단으로 자살했고, 국내의 전체 교량 투신자살의 46.8%를 차지했다.

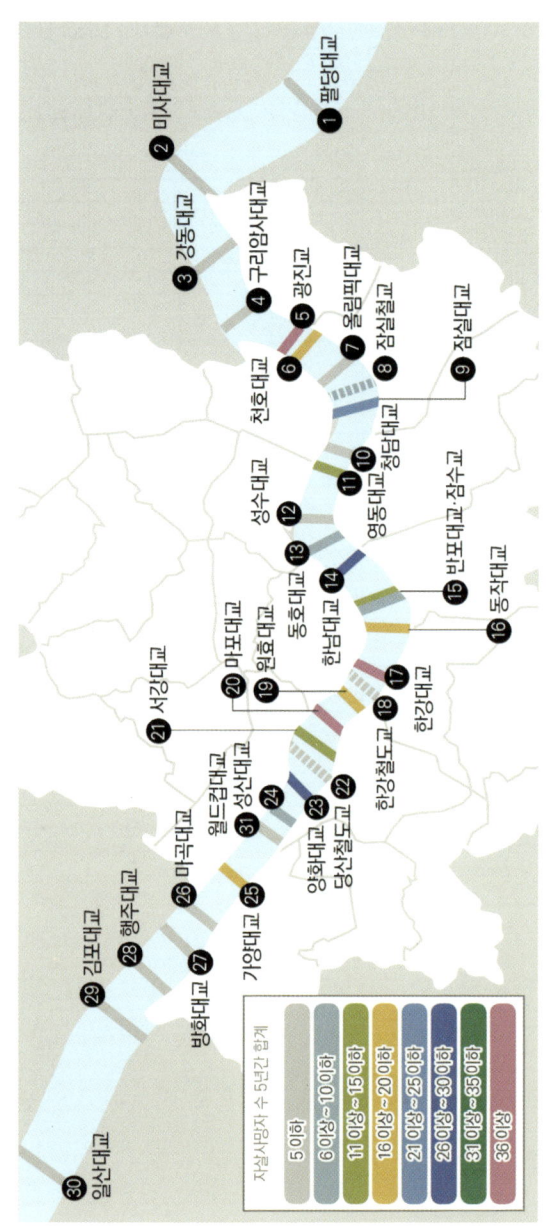

〈그림 4.147〉 5년간(2016~2020년) 한강 상의 교량 투신자살 사망 현황(보건복지부)

438 | 그것 | 교량-투신-자살:Brodie |

31개의 한강 상의 교량 중에서 지난 5년간 투신 수단으로 인한 자살이 가장 빈번히 발생한 교량은 마포대교 64명, 한강대교 41명, 광진교 38명 순으로 나타났다.

〈표 4.7〉 5년간(2016~2020년) 시·도별 교량 투신자살 사망 현황(보건복지부)

(단위: 명, %)

구분		2016년	2017년	2018년	2019년	2020년	5년간 합계
전국	자살사망자 수	143	146	181	187	168	825
	백분율	100.0	100.0	100.0	100.0	100.0	100.0
서울	자살사망자 수	71	76	83	83	78	391
	백분율	49.7	52.1	45.9	44.4	46.4	47.4
부산	자살사망자 수	2	1	5	10	4	22
	백분율	1.4	0.7	2.8	5.3	2.4	2.7
대구	자살사망자 수	7	1	9	10	9	36
	백분율	4.9	0.7	5.0	5.3	5.4	4.4
인천	자살사망자 수	2	3	4	5	5	19
	백분율	1.4	2.1	2.2	2.7	3.0	2.3
광주	자살사망자 수	0	3	3	2	1	9
	백분율	0.0	2.1	1.7	1.1	0.6	1.1
대전	자살사망자 수	2	2	5	6	4	19
	백분율	1.4	1.4	2.8	3.2	2.4	2.3
울산	자살사망자 수	1	0	1	3	1	6
	백분율	0.7	0.0	0.6	1.6	0.6	0.7
세종	자살사망자 수	0	0	0	1	2	3
	백분율	0.0	0.0	0.0	0.5	1.2	0.4
경기	자살사망자 수	11	10	18	16	21	76
	백분율	7.7	6.8	9.9	8.6	12.5	9.2
강원	자살사망자 수	7	8	12	1	5	33
	백분율	4.9	5.5	6.6	0.5	3.0	4.0
충북	자살사망자 수	7	14	8	7	10	46
	백분율	4.9	9.6	4.4	3.7	6.0	5.6
충남	자살사망자 수	2	3	5	6	2	18
	백분율	1.4	2.1	2.8	3.2	1.2	2.2
전북	자살사망자 수	4	4	6	5	2	21
	백분율	2.8	2.7	3.3	2.7	1.2	2.5
전남	자살사망자 수	5	2	5	6	3	21
	백분율	3.5	1.4	2.8	3.2	1.8	2.5
경북	자살사망자 수	12	10	8	8	15	53
	백분율	8.4	6.8	4.4	4.3	8.9	6.4
경남	자살사망자 수	9	7	9	13	6	44
	백분율	6.3	4.8	5.0	7.0	3.6	5.3
제주	자살사망자 수	1	2	0	5	0	8
	백분율	0.7	1.4	0.0	2.7	0.0	1.0

앞의 〈표 4.7〉은 국내 전체의 지난 5년간(2016~2020년) 교량에서 투신 수단으로 인한 자살사망자의 현황을 나타낸 것이다.

보건복지부에 따르면, 지난 5년간(2016~2020년) 국내 전체의 교량 투신자살의 사망자 수는 총 825명이었다. 전국의 교량 투신자살은 2016년엔 143명이었으나, 이후, 점차 증가해 2019년엔 187명으로 가장 많았다. 그러나 2020년에는 전년 대비 168명으로 감소했다. 시·도별 전국 교량에서의 투신자살 현황을 들여다보면, 지난 5년간(2016~2020년) 서울이 47.4%(391명)로 가장 많이 차지하고 있었고, 다음으로 경기 9.2%(76명), 경북 6.4%(53명) 순으로 많았다.

다음의 〈표 4.8〉은 지난 2020년도 주원인별 교량 투신자살 사망자의 현황을 나타낸 것이다.

〈표 4.8〉 2020년 주원인별 교량 투신자살 사망 현황(보건복지부)

(단위: 명, %)

구분		교량 투신	전체 자살사망
직업문제	자살사망자 수	11	590
	백분율	6.5	4.7
경제문제	자살사망자 수	33	2,891
	백분율	19.6	23.2
가족관계문제	자살사망자 수	18	1,263
	백분율	10.7	10.1
대인관계문제	자살사망자 수	6	635
	백분율	3.6	5.1
신체건강문제	자살사망자 수	19	2,159
	백분율	11.3	17.3
정신건강문제	자살사망자 수	49	3,889
	백분율	29.2	31.2
기타	자살사망자 수	16	487
	백분율	9.5	3.9
미상	자살사망자 수	16	554
	백분율	9.5	4.4
전체	자살사망자 수	168	12,468
	백분율	100.0	100.0

2020년도 교량 투신자살의 주원인을 살펴보면, 정신건강의 원인이 29.2%(49명)로 여전히 높게 나타났으며, 이어서 경제적 문제 19.6%(33명), 신체 및 건강상의 문제 11.3%(19명) 순으로 높게 나타났다.

다음의 〈그림 4.148〉은 2020년 자살에 따른 주원인 비율을 나타낸 것이며, 〈그림 4.149〉는 2016~2020년의 5년간 자살에 따른 주원인 비율을 나타낸 것이다.

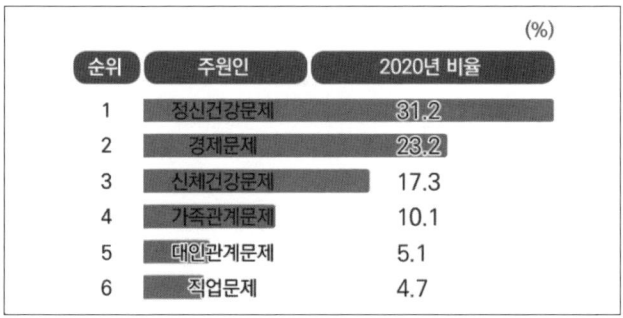

〈그림 4.148〉 2020년 주원인 비율(보건복지부)

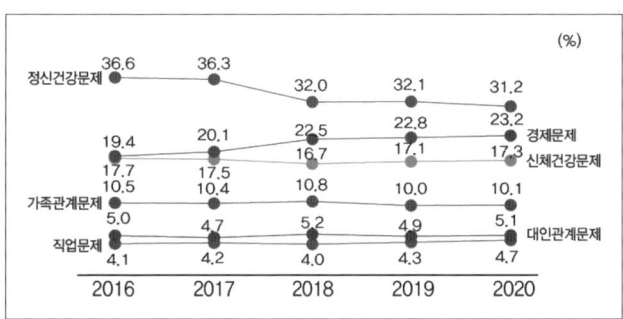

〈그림 4.149〉 5년간 주원인 비율(보건복지부)

2020년 자살에 따른 주원인 비율은 여전히 정신건강문제가 31.2%

로, 가장 높았으며, 경제문제가 23.2%로, 그 뒤를 따랐다. 2016~2020년의 5년간 자살에 따른 주원인 비율은 정신건강문제 비율이 감소하는 추세이며, 경제문제 비율은 증가하는 추세를 나타냈다.

다음의 〈표 4.9〉는 지난 2020년도 월별 교량 투신자살 사망자의 현황을 나타낸 것이다.

〈표 4.9〉 2020년 월별 교량 투신자살 사망 현황(보건복지부)

(단위: 명, %)

구분		교량 투신	전체 자살사망
1월	자살사망자 수	12	1,055
	백분율	7.1	8.5
2월	자살사망자 수	10	948
	백분율	6.0	7.6
3월	자살사망자 수	11	1,125
	백분율	6.5	9.0
4월	자살사망자 수	15	1,080
	백분율	8.9	8.7
5월	자살사망자 수	11	1,131
	백분율	6.5	9.1
6월	자살사망자 수	16	1,104
	백분율	9.5	8.9
7월	자살사망자 수	15	1,176
	백분율	8.9	9.4
8월	자살사망자 수	30	1,145
	백분율	17.9	9.2
9월	자살사망자 수	12	965
	백분율	7.1	7.7
10월	자살사망자 수	18	1,079
	백분율	10.7	8.7
11월	자살사망자 수	8	967
	백분율	4.8	7.8
12월	자살사망자 수	10	693
	백분율	6.0	5.6
전체	자살사망자 수	168	12,468
	백분율	100.0	100.0

수상(水上)의 사고로 직결되는 교량 투신자살의 2020년도 월별 발생 현황을 살펴보면, 전체 자살의 사망자는 7월에 가장 많이 발생했으나, 교량에서의 투신자살 사망자는 한여름인 8월에 17.9%(30명)로, 가장 많이 발생했다.

　다음의 〈표 4.10〉은 지난 2020년도 주민등록지 내·외의 교량 투신자살 사망자의 현황을 나타낸 것이다.

〈표 4.10〉 2020년 주민등록지 내·외 교량 투신자살 사망 현황(보건복지부)

(단위: 명, %)

구분		교량 투신	전체 자살사망
주민등록지 내	자살사망자 수	118	11,228
	백분율	70.2	90.1
주민등록지 외	자살사망자 수	50	1,209
	백분율	29.8	9.7
미상	자살사망자 수	0	31
	백분율	0.0	0.2
전체	자살사망자 수	168	12,468
	백분율	100.0	100.0

　2020년도 주민등록지 내·외의 교량 투신자살 사망자의 현황을 살펴보면, 주민등록지 내(內)에서 사망한 비율이 70.2%(118명), 주민등록지 외(外)에서 사망한 비율은 29.8%(50명)이었다. 전체 자살사망자는 주민등록지 내(內)의 사망자가 90.1%를 차지했으나, 교량에서의 투신자살 사망자는 주민등록지 외(外)의 비율이 전체 자살사망자의 비율 9.7%보다 20.1%가 높았다.

　보건복지부에 따르면, 지난 5년간(2016~2020년) 국내 전체의 교량시설에서 투신 수단으로 인해 사망한 현황을 살펴보았을 때 국내 교량에서의 투신자살은 47.4%의 비율을 차지한 서울시가 가장 많았으며, 더 앞서 2013~2017년도의 지역별 교량 투신자살 현황에서도 서울시가 가장 많은 것으로 분석 결과를 보고했었다.

다음의 〈표 4.11〉은 2013~2017년도의 전국 지역별 교량 투신자살 현황을 나타낸 것이다.

〈표 4.11〉 2013~2017년 지역별 교량 투신자살 현황(보건복지부)

(단위: 빈도, %)

구분	2013 명	2014 명	2015 명	2016 명	2017 명	5년간 합계 명	5년간 합계 %
서울특별시	200	244	207	196	175	1,022	63.2
대구광역시	9	9	10	16	7	51	3.2
대전광역시	6	3	2	2	5	18	1.1
광주광역시	1	2	3	1	2	9	0.6
인천광역시	2	2	2	2	3	11	0.7
울산광역시	0	4	4	4	2	14	0.9
부산광역시	11	7	9	14	4	45	2.8
세종특별자치시	1	0	0	0	0	1	0.1
경기도	30	25	25	18	24	122	7.5
강원도	10	10	5	10	11	46	2.8
경상북도	23	11	14	17	21	86	5.3
경상남도	10	11	9	11	12	53	3.3
충청북도	6	5	10	9	16	46	2.8
충청남도	5	3	3	4	3	18	1.1
전라북도	8	15	7	7	7	44	2.7
전라남도	9	2	4	4	6	25	1.5
제주특별자치도	1	1	1	0	2	5	0.3
전체	332	354	315	315	300	1,616	100.0

2013~2017년도의 전국 지역별 교량 투신자살의 현황을 보면, 1,022명으로, 서울시가 전국에서 교량 투신자살이 가장 많이 일어나는 지역으로 나타났으며, 122명으로, 경기도가 그 뒤를 이었고, 다음은 경상북도 순이었다.

다음의 〈그림 4.150〉은 2020년 자살 수단에 따른 비율을 나타낸 것이며, 〈그림 4.151〉은 2016~2020년의 5년간 자살 수단에 따른 비율을 나타낸 것이다.

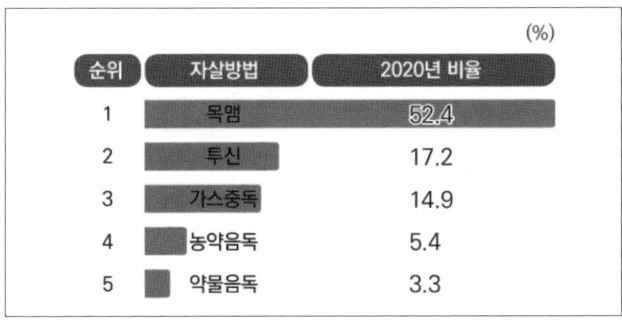

〈그림 4.150〉 2020년 자살방법의 비율(보건복지부)

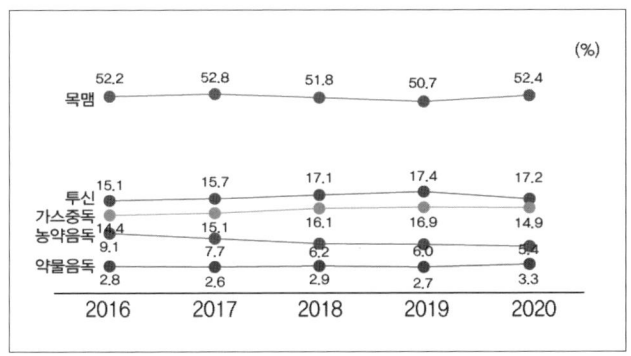

〈그림 4.151〉 5년간 자살방법의 비율(보건복지부)

2020년 자살 수단에 따른 비율은 여전히 목맴이 52.4%로, 가장 높았으며, 투신이 17.2%로, 그 뒤를 따랐다. 2016~2020년의 5년간 자살 수단에 따른 비율도 매년 목맴(50% 이상)이 가장 높게 나타났으며, 투신(15% 이상)이 그 뒤를 이었다.

다음의 〈표 4.12〉는 2021년과 2022년의 수단별 자살 현황을 비교해 나타낸 것이다.

〈표 4.12〉 2021년, 2022년도 수단별 자살 현황(통계청. Data)

(단위: 명, %)

구분		2021년	2022년
전체	자살사망자 수	13,352	12,906
	백분율	100.0	100.0
목맴	자살사망자 수	6,581	6,408
	백분율	49.3	49.7
추락	자살사망자 수	2,482	2,522
	백분율	18.6	19.5
농약	자살사망자 수	741	664
	백분율	5.5	5.1
기타	자살사망자 수	3,548	3,312
	백분율	26.6	25.7

2021년과 2022년의 수단별 자살 현황을 비교해 살펴보면, 목맴으로 인한 2022년도 자살자 수는 6,408명(49.7%)으로, 2021년도 대비 173명(3%)이 감소했으며, 추락으로 인한 자살자 수는 2,522명(19.5%)으로, 전년 대비 40명(1.6%)이 증가했다. 또한 농약으로 인한 2022년도 자살자 수는 664명(5.1%)으로, 2021년도 대비 77명(10.4%)이 감소했으며, 기타 자살 수단인 알코올과 약물 등의 중독, 가스 및 음독, 익사, 분신 등에 의한 자살자 수는 3,312명(25.7%)으로, 전년 대비 236명(6.7%)이 감소했다. 이 같은 조사·분석의 결과는 해마다 자살자 수가 증가하고 있다는 문제도 드러내고 있지만, 그보다 더 중요한 사실은 농약 및 알코올·약물 중독과 가스·음독·익사·분신 등의 자살 수단은 감소하고 있는 반면에 추락(투신) 수단으로 인한 자살은 되려 증가하는 추세에 놓

여 있어 오래전부터 고수된 수단만이 아닌 조금 더 쉬운 접근과 사용이 용이한 수단으로 옮겨 자살을 시도하고 있다는 것이다.

보건복지부는 이 같은 추출된 자료에 있어 향후, 장기적인 시계열(時系列, time series) 분석을 위해 더욱 다양한 연구와 추가적인 조사 및 데이터베이스를 구축해 최신 연도의 자료를 계속 업데이트할 필요가 있다고 밝히고 있으며, 아울러 국내의 자살예방을 위해 과거와 현재의 주민등록지가 아닌 실제 자살사망이 발생한 위험 지역의 변화를 통해 자살로 인한 사망자가 집중 발생한 지역을 추세에 따라 유형화해 제시하고 있다는 점도 밝히고 있다.[19]

투신 수단으로 인한 교량에서의 자살은 지난 시간과 현재의 시간이 크게 다르지 않아 더욱 그 심각함을 절실히 드러내고 있는 실정이다. 특히 다른 지역에 비해 서울시 교량 투신자살 사망의 건수가 월등히 높아 그 비율이 전체의 반 이상에 달하고 있어 서울시에서 발생하고 있는 교량 투신자살이 다른 지역에 비해 심각한 수준에 있어 이에 대한 대책이 절실히 필요하다는 것을 알 수 있다. 또한 최근 들어 대도시의 고속화에 따른 상황 또한 더해지고 있기에 비단 서울시만이 아닌 전국의 교량 투신자살에 대한 최소한의 대응도 더 늦기 전에 준비해야 할 것으로 사료된다.

투신 수단으로 인한 자살에 있어 교량만큼이나, 매우 심각한 장소는 철도 및 지하철 즉, 도시철도(都市鐵道, Metropolitan Rail Transit)이다. 러시아워(rush hour)의 지하철 떠밀기와 관련한 사건·사고가 발생한 뒤 언론·매체 등의 사회적 여론을 타고, 매우 빠르게 '스크린도어(PSD, Platform Screen Doors)'가 설치되기 시작했다. 이런 신속한 조치로 인해 떠밀기와 관련한 사건·사고는 대부분이 확실하게 방지될 수 있었다. 이러한 결과는 2005년 도시철도건설규칙부터 도시철도 노선에 대해 스크린도어를 설치를 의무화하고 있었으나, 제대로 설치되지 않고 있다가 떠밀기 사건·사고가 계속 발생한 이후, 확대 설치가 이뤄졌기에 나타난 결과인 것이다. 이후, 철도안전법에 스크린도어 설치를 의무화했으며, 한국철도공사가 운영하는 몇 개 역을 제외한 모든 역에 설치되고 있다.

서울교통공사에 따르면, 물리적 시설인 스크린도어는 평상시에는 닫혀 있기 때문에 추락 및 투신자살 시도는 물론이거니와 미처 예상치 못한 사건·사고 등으로부터 스크린도어가 설치되지 않았을 때와 비교해 무려 90% 이상 줄일 수 있었다고 한다. 또한 투신자살의 시도자는 스크린도어 설치 이후, 2007년 62명에서 2011년 5명으로, 큰 폭의 감소를 가져온 것으로 나타났으며, 투신자살 시도에 따른 사망자는 2007년 15명에서 2011년 1명으로 줄어들었다고 한다. 이처럼 투신자살 시도의 경우 그 방어의 효과가 상당히 높았기에 2012년도에는 서울 지하철에서 투신자살을 시도한 사람은 공황장애를 앓다가 자살한 철도기관사를 제외하고는 단 한 건도 발생하지 않았다고 한다.

'스크린도어', 이 물리적 시설은 엄연히 선로의 투신자살을 방어하는 것이지… 자살을 하지 않도록 그 잘못된 의지를 바꾸어 놓는 것이 아니기에 자살률 그 자체를 낮추는 효과는 미비할 수밖에 없을 것이다. 그렇기에 이러한 물리적 시설은 그 어떤 특정 장소에서의 자살을 하는 사람들이 발생하지 않도록 하는 것이 본연에 목표인 것은 분명하다. 이러한 관점에 있어 관계당국(關係當局, authorities concerned) 및 유관기관(有關機關, related organization)들은 하나같이 입을 모아 '풍선 효과'가 생겨 또 다른 장소에서 더 많은 자살이 발생하는 것이 아니냐는 단적인 측면에서만의 문제를 삼아, '풍선 효과'에만 너무 집중해 과도하리만큼 치우쳐진 견해의 의견들을 여전히 쏟아내고 있다. 반면, 이제는 그러한 측면만의 논지에서 벗어나, '생명존중'이라는 가치의 앞에서 만큼은 비록 단적인 결과를 만들어 내는 대응·책일지라도 충분히 고려되어야 한다는 견해도 적지 않게 일고 있다.

교량 투신자살에 관한 권위자인 리처드 사이덴(Richard Seiden, 캘리포니아 버클리 대학교, 공중보건학부 교수) 박사의 연구에 따르면, 교량 상에서 투신 수단으로 인한 자살의 시도가 실패된 사람들이 그저 단순히 또는 부득이하게 다른 장소로 옮겨가 또다시 투신자살을 시도할 것이라는 검증되지 않은 가정(假定, suppose)에 대해 실험하는 가장 좋은 한 가지의 방법은 교량 상에서 제지당한 피실험자(被實驗者, test subject)들을 직접 추적하는 것이다. '수년간 그들에 자살시도의 경험은 어떠했으며, 교량 상에서 투신자살을 시도하지 않은 경험과는 또 어떻게 비교되는지?'라는 가정에 답하기 위해서 금문교가 개통된 1937년 5월 28일부터 1971년도 말까지 투신자살을 시도한 515명의 피실험자에 대해 데이터를 수집했으며, 또한 일반적인 비교·분석을 위해 1956~1957년의 약 1년 동안 샌프란시스코 종합병원의 응급실에서 교량 상의 투신자살이 아닌 다른 수단으로 자살을 시도해 치료받게 된 사람, 184명에 대해 코호트 연구(Cohort study)를 진행했다. 연구 진행의 결과, 금문교 투신자살 시도자의 그룹은 26년 이상이 지난 후에도 약 94%의 대다수가 여전히 살아 있거나, 자연적인 원인으로 사망했다는 것과 또한 다른 수단으로 자살을 시도해 치료받게 된 그룹도 약 89%의 대다수가 15년 후에도 여전히 살아 있거나, 자연적인 원인으로 사망했다는 비슷한 결과를 나타냈다. 반면에 약 5~7%만이 이후, 또다시 자살을 시도해 사망했으며, 약 6~11%는 모든 폭력 및 기타 원인으로 사망했다는 결과를 나타냈다. 이 같은 결과는 빈도를 두 배로 늘려 연구를 진행한다 해도 그 결과는 여전히 비슷한 약 90%의 대다수가 살아 있거나, 자연적인 원인으로 사망했음을 의미한다.

자살문제에 관한 권위자인 토마스 조이너(Thomas Joiner, 플로리다 주립 대학교, 심리학부 교수) 박사의 연구에 따르면, 교량 상에서 투신자살의 시도가 실패된 이후, 그 시도자들의 대부분이 다른 자살 수단에 대한 방법과 장소를 찾지 않고, 수십 년간 건강하게 생존했다는 결과를 제시하고 있으며, 아울러 생존자들과의 면담한 결과를 통해 공통적으로 투신자살을 시도한 사람들은 투신 중 공중에서 이미 투신한 사실을 후회했다는 점이다. 이는 투신한 순간부터 수면에 닿기까지 약 4초의 시간이 걸리는데, 그 4초 동안 시도자들의 인생관이 완전히 달라진다는 점을 의미한다. 토마스 조이너 박사는 이와 같은 결과의 중요성을 제시하는 동시에 1970년대에 이미 행해진 유사한 연구는 학문적으로 매우 가치가 높다고 전하고 있으며, 이러한 앞선 연구의 연계는 본인의 연구 결과에 있어 한층 더 높은 유의미한 결과를 도출할 수 있었던 매우 중요한 일(occasion)이었음을 함께 밝혔다.

국제자살예방협회(IASP, International Association for Suicide Prevention)의 회장인 래니 베르만(Lanny Berman)은 "물리적 차단벽 시설이 설치된 이후, 더 이상 듀크 엘링턴 교량(미국 워싱턴 DC, Duke

Ellington Bridge)에서 투신자살하는 사람은 없어졌습니다. 엘링턴 교량에서 못 뛰어내리면, 물리적 차단벽 시설이 없는 태프트 교량(미국 워싱턴 DC, Taft Bridge)로 걸어가서 뛰어내리면 됩니다. 그러나 태프트 교량에서 뛰어내리는 일은 발생하지 않았습니다. 그럼 그들이 어디로 갔을까요?… 엘링턴 교량에서 투신자살을 시도하는 사람도 증가하지 않았고, 다른 교량도 마찬가지였습니다. 오히려 이 도시(미국 워싱턴 D.C.)의 자살률은 줄어들었습니다. 그들은 다 어디로 갔을까요?… 이러한 문제는 단순하지도 않고, 해답이 간단한 것도 아니지만, 우리는 알고 있다."라고 말한다. 즉, 자살시도자들은 즉각적으로 목숨을 끊을 수단과 그에 따른 장소를 찾지 못하면, 자살을 위한 다른 계획을 세우게 된다. 그러려면, 시간도 필요할 것인데… 그러한 시간에 그 수행의 능력이나, 심리적 상태에 변화가 일어날 수 있는데… 그것이 바로 우리가 시도할 수 있는 한 방법이라고 제시했다. 아울러 "if you thwart jumpers from an immediately accessible site, you will save some lives.(만약 당신이 접근 가능한 곳에서 뛰어내리려고 하는 사람을 저지만 할 수 있다면, 당신은 누군가의 삶을 구한 것이 된다.)", "사람들이 뛰어내릴 만한 곳에 접근하지 못하게 막아놓는다면, 소중한 생명을 구할 수 있다."고 전하고 있다.

미국자살예방재단(AFSP, American Foundation For Suicide Prevention) 의료담당자인 폴라 클레이튼(Paula Clayton)은 교량 투신자살 방지책의 설치가 자살률 감소에는 도움이 되지 않는다는 결론의 연구는 단 1건뿐이었지만, 전 세계적으로 진행된 약 25건의 연구를 살펴보면, 교량 상의 투신자살 방지책의 설치가 투신자살 방지에 도움이 된다는 결론을 내리고 있음을 제시했다.

미국 캘리포니아주 하원의원인 낸시 펠로시(Nancy Pelosi)는 금문교 '자살방지 그물 설치 공사'의 기공식에서 "일부의 사람들은 자살방지 그물 설치를 위해 그 많은 돈을 들일 필요가 있느냐고 묻지만, 고귀한 생명에 비하면, 결코 많은 금액이 아니다."라고 매우 강조했다.

《BMC Public Health(BMC 공중 보건)》에 게재된 〈Interventions to reduce suicides at suicide hotspots(Georgina R Cox et al., 2013)〉 연구에 따르면, 물리적 차단벽의 설치를 통해 수단에 대한 접근을 줄이는 것이 자살을 예방하는 데 효과적일 수 있다. 이러한 결과는 자살예방에 관한 광범위한 문헌과 일치하며, 이는 수단에 대한 접근을 제한하는 것이 효과가 있을 수 있다는 유의미함을 시사(示唆, imply)한다고 했다. 또한 도움을 구하도록 장려하고, 제3자의 개입 가능성을 높이고, 자살에 대한 책임 있는 언론·매체 등의 보도에 대한 지침을 제공하는 등 지금까지 사용되어 온 다른 접근 방식들에 대해서도 그 효과가 미약하지만, 모두 다 그 가능성을 보이고 있다고 함께 시사하고 있으며, 특히 자살의 유명 장소에는 직접적인 차단의 수단을 개입함으로써 자살을 미연에 방지해야 한다고 제시하고 있다.

2010년 9월, 경남도의 '마창대교'에서는 추석을 앞두고, '아버지와 아들'의 안타까운 '투신 수단으로 인한 사망'의 소식이 전해졌다. 이에 마창대교에 대해 경남도가 종합적인 안전대책 마련을 긴급히 요청했었다. '투신 교량'이라는 오명을 쓴 '마창대교'는 특단의 대책으로 지난해 교량의 난간을 기존 1m에서 2m로 높이며, 회전 원통형(롤린더 시스템, Rollinder System) 안전장치로 보강을 완료하였다.

• **경남도, 마창대교 '안전난간' 보강… 운전자 불안감 해소**: 경남도는 마창대교 해상구간 1.7km 양방향에 안전난간을 기존 1.0m에서 2.0m로 높이는 시설 보강공사를 마무리했다고 16일 밝혔다. 2008년 7월 개통한 마창대교는 마산만을 횡단하는 해상교량으로, 사업의 시행자인 ㈜마창대교에서 민간투자사업으로 건설하여 2038년까지 관리·운영하는 유료의 도로다. 도는 지난 1월 26일 통행료 수입 부족 시 지급하는 최소운영수입보장(MRG) 방식에서 사용료 분할 관리방식으로 변경하는 실시협약을 체결하여 1,761억 원의 재정절감을 이루는 성과에 이어 시설물의 유지·보수로 이용자의 편의를 높이는 데 최선을 다하고 있다. 이번에 보강된 안전난간은 마창대교의 기존 난간 높이가 1.0m로써 국토교통부에서 정한 '도로안전시설 설치 및 관리지침'에는 충족하였으나, 그동안 마창대교 이용자들 중 화물차 및 SUV 차량 등의 운전석이 높은 차량 운전자들은 2차선을 주행할 때 바다의 시야로 인한 심리적 불안감이 있어 난간을 높여 심리적인 불안감을 해소하고, 또한 투신으로 인한 사고가 빈번히 발생되고 있어 이를 예방하고자 금회 기존 난간에 1.0m 높여 2.0m로 안전난간을 보강한 것이다. 설치된 이 안전난간은 원통형 회전난간 방식으로, 난간에 매달려 올라가지 못하도록 되어 있으며, 해상의 특성상 60.6m/sec의 강풍에도 견딜 수 있는 강도로 제작되었다. 난간과 난간 사이는 15cm로, 교량 통과 시 바다 조망권도 확보되도록 해 교량 이용자들의 편의를 고려하여 설계됐다. 경남도 재정점검과장은 "도는 마창대교 사고방지를 위하여 그동안 CCTV 증설, 유고감지 시스템 구축, 비상 방송시설 설치 등 다각적인 노력을 기울여 오고 있다."며, "이번 안전난간 보강을 통해 안전사고를 근본적으로 예방할 수 있을 것으로 기대한다. 이용자들도 규정 속도를 지켜 안전하게 운전해 주기 바란다."고 말했다.(중도일보, 2017.11.16.)

경남도 재정점검과 관계자는 이 안전장치가 설치된 이후, 마창대교에서는 현재 단 한 건도 투신으로 인한 사망의 사건이 없었다고 밝힌 바 있으며, 앞으로의 투신예방에도 큰 효과가 있을 것으로 보고 있다고 했다. 또한 창원해경의 한 관계자는 "마창대교의 교각이 매우 높고, 난간은 낮아 CCTV로 투신의 행위를 확인하고 출동하면, 이미 늦다."면서, "현장에 도착할 때까지 시간을 끌 수 있는 안전펜스나, 그물망 등의 설치가 필요하다."고 강조했다.

참고로 '마창대교'에 설치된 이 '안전장치(롤린더 시스템, Rollinder System)'는 투신시도자가 난간을 오르지 못하도록 레일을 잡거나, 딛게 되면, 원통형 레일이 빙글빙글 회전해 투신시도자로 하여금 미끄러져 내려가도록 유도하며, 또한 레일과 레일의 사이를 15cm 공간을 유지하도록 설계해 교량 통행 시 경관성(景觀性)은 물론 시인성(視認性) 또한 확보할 수 있게끔 되어 있는 추락방지 및 투신자살 방어 회전체 안전장치이다. 이 안전장치는 기존 시설물에 손상과 훼손이 전혀 없이 설치될 수 있도록 고안되었으며, 심미성(審美性)을 고려해 기존의 시설물과도 이질감(異質感)이 없어 조화성(調和性)을 이뤄내도록 설계해 인간·기계·기술 공학적으로 수많은 실험과 이에 따른 실질적 모델의 테스트 등을 거친 학문적 연구가 수반된 기술·개발의 시스템이다. 앞으로도 공인되는 기준보다 더 높은 품질의 테스트를 거쳐 한층 더 월등한 효과를 발휘할 수 있는 시스템이 되도록 노력해야 함은 당연하다 할 것이다.

창원해경의 관계자가 말했듯이, 투신 수단으로 인한 의심적 정황이나, 돌발 상황을 감지하더라도 순식간에 벌어지는 투신자살을 막기에는 역부족이다. 교량의 안전시설이 부족해 너무도 쉽게 목숨을 끊을 수 있는 상황, 차량과 사람들의 통행을 통제하는 안전요원이 배치된 교량에서 안전요원을 강하게 밀친 뒤 난간을 넘어 곧장 바다로 뛰어드는 상황, 교량의 갓길에 정차하거나, 행인이 보이면, 상황실에서 비상벨이 울리고, 순찰차가 즉시 출동하도록 하지만, 차량에서 내려 투신할 경우 출동의 시간이 짧아 제지가 사실상 불가능한 상황 등… 우리는 이들의 시도를 너무 쉽게 허용한다는 이러한 사실에 대해 진정 알면서도 외면하는 것일까? 아니면 정말 몰라서 외면되고 있는 것일까?

너무나 안이하게 만들어진 교량 상의 안전펜스 등은 그 높이를 1m 70cm까지 높였다 해도 펜스 하단부에 판넬(pannel) 등을 가로로 연결해 사다리가 되어 오히려 발을 디딜 때 도움 판이 될 정도이다. 이전에도 여러 차례 그물을 설치하려는 시도가 있었지만, '미관을 해친다.', '설치해도 또 자살할 사람은 어떻게든 할 거다.'라는 반대에 부딪혀 지금껏 수없이 무산되어 온 것이 사실이다. 물론 교량 상의 안전장치를 설치하는 데 있어 우선은 예산과 그리고 안전성 등을 두루 검토해야 할 사안은 매우 중요하다. 정부와 유관기관들은 이에 대책회의 등을 통해 거듭 논의하고 있지만, 서로 책임을 떠넘기느라 현실적인 대안을 마땅히 내놓지 못하고 있다. 이러한 실정에 있어 그나마 다행인 것은 국민에 안전을 최선으로 하는 현장 구조에 책무를 맡는 기관들은 투신자의 구조나, 수색은 우리의 중요한 임무라고 뜻 모아 마음을 이 사회에 전하고 있어 아직까지는 우리 사회에 이로부터 기회가 주어지고 있다는 사실을 확인시켜 주고 있다.

투신 수단으로 인한 자살의 시도를 절대 너무 쉽게 허용하지 않아야 한다. 그러려면, 이젠 진정 다시금 생각해 보아야 한다. 아울러 매우 많은 사회적 관심이 필요하다. 이에 관련한 많은 전문가들은 "투신자살에 대해 여러 가지 대책을 세울 수 있지만, 투신 수단에 사용을 가능케

하는 1차적 접근의 자체를 차단하는 것이 상당히 중요하다."고 주장한다. 그렇기에 투신방지 안전장치나, 생명의 전화 등이 필요하다고 조언하고 있다. 또한 최근 들어 교통사고로 인한 사망자 수보다 투신 수단으로 인해 자살하는 사망자 수가 더 많아지고 있는 만큼 가급적 안전장치의 시설 보완을 확대할 필요가 있다고 덧붙여 조언한다.

- **교량 투신자살을 막는 롤린더 시스템**: 교량 자살방지 시설은 크게 두 종류가 있습니다. 하나는 높은 장벽이고, 다른 하나는 교량 아래 설치한 안전망입니다. 스위스에서 실시한 연구에 따르면, 장벽과 안전망 모두 효과적이었으며, 장벽은 최소 2.3m, 안전망은 통행 고도보다 충분히 낮아야 투신을 줄이는 것으로 드러났습니다. 장벽과 안전망도 단점은 있습니다. 난간을 높이거나, 안전망을 교량 양옆으로 펼치면, 보기에 그리 좋지는 않습니다. 미관을 최소한으로 해치면서 자살을 막는 롤린더 시스템이 그 대안일지도 모릅니다. 돌아가는 원통을 설치해서 짚고 올라가지 못하게 만든 구조물입니다. 아주 높지 않지만, 자살자는 빙글빙글 돌아가는 원통을 짚고 올라가야 합니다. 원통은 사람이 한 손으로 쥐지 못할 만큼 지름을 크게 설계합니다. 올라타기 어렵게 원통들은 교량 쪽으로 기울어지거나, 꺾이게 배열합니다. 운동의 신경과 균형 감각이 좋은 사람이라면, 롤린더도 막을 순 없을 겁니다. 어쩌면 흔들흔들 뒤뚱대며, 난간을 오르는 자신의 모습이 부끄러워 더 죽고 싶어질지도 모릅니다. 그래도 효과는 있습니다. 2008년부터 2016년까지 창원시 마창대교에서는 33명이 투신해 30명이 사망했습니다. 그러나 2017년, 롤린더 시스템을 설치하면서 자살자가 크게 줄었다고 합니다.(설찬범의파라다이스, 2019.10.27.)

- **재난·재해 예방 시스템의 글로벌… (투신방지를 위한 '롤린더 시스템')**: 기계적, 인체공학적, 디자인적으로 우수한 평가를 받는 투신자살 방지 시스템, '롤린더 시스템'을 개발해냈다. 롤린더(Rotating+Cylinder를 합성하여 만든 단어) 시스템은 가로로 설치된 원통 난간이 뱅글뱅글 돌아가 팔이나, 다리를 짚

고 올라가지 못하게 만든 구조물로, 원통 두께 또한 한 손으로 쥘 수 없을 형태와 크기로 기울어지게 배치하여 인력으로 기어오르는 것은 거의 불가능하다. 이러한 롤린더 시스템은 '자살대교'라는 오명을 갖고 있던 경남 창원의 마창대교에 2017년 설치되어 이후, 자살 0건을 기록하며, 그 효과를 입증해내기도 했다.(안전리뷰, 2021.3월호.)

• **투신자살 막는 생명존중 롤린더 시스템, 누군가에게는 생명선이 된다**: 최근에는 설치 전 단계부터 설치에 이르기까지 다양한 사항을 고려해 투신자살 방지시설에 대한 연구개발이 진행되고 있다. 그 가운데 인체적, 기계적, 공학적 특성을 융·복합한 국내·외 최초 보안·월담·추락·투신자살을 방어하는 회전체 시스템인 Rollinder System(롤린더 시스템)이 개발돼 많은 관심을 불러일으키고 있다. 단순히 높이만 높은 기존 투신자살 시설과는 차별화된 시스템으로 평가받고 있다. 지각 불편도 등 인체적 특성을 고려해 한 손으로 파지할 수 없는 회전 원통형 레일, 중심각도 이탈을 유도한 지주 기울기 조정, 팔과 어깨의 고관절 사용을 무력화하기 위한 지주 레일 후면 배치가 눈여겨볼 특징이다. 또한 기존 시설물과 레일의 첫 단 사이에 발을 디딜 수 없도록 레일을 배치하고, 제일 상단 레일을 팔로 안을 수 없도록 블레이드 레일 배치 등으로 인해 추락·투신자살 사고를 방지할 수 있다. 또한 기계적·공학적 특성을 고려해 지주·레일 주요부재 성능을 득한 제품 사용으로 내구성이 양호하며, 현장의 상황에 따라 중심축 일치 오차를 고려한 베어링 적용으로 회전 성능을 향상시키고, 모든 제품을 모듈화해 공사 기간을 최소화했다. 이와 더불어 전용공구 사용으로 레일 탈부착이 용이해 기존 운영시설 유지 관리가 원활하고, 높이를 낮게 할 수 있어 교량 점검차량 이용이 가능, 기존 시설물에 부착 시 손상을 주지 않는 결합 방식도 주요 특징으로 손꼽히고 있다. 특히 기존 시설물을 이용하기 때문에 비용 절감은 물론 바람이 정체되지 않고 통과하는 구조로, 풍하중 영향도 미비하고, 우수한 디자인으로, 기존 교량과의 조화성과 경관성까지도 양호하다. 자살시도자 한 사람을 구하기 위해서는 소방관, 경찰관 등 많은 인력과 장비가 투입이 된다. 이러한 측면에서 롤린더 시스템을 설치해 자살시도자를 구할 경우

구조비용을 절감할 수 있게 되며, 그 구조 시간에 다른 사고현장에 투입돼 또 다른 생명을 구할 수 있을 것이다.(공학저널, 2022.10.26.)

물론, 그렇다고 해서 모든 물리적 시설들이 완전한 효과를 나타낸다고는 볼 수 없다. 그렇기에 인간·기계·기술 공학을 수반하는 실질적(實質的, practical) 연구·개발을 통한 투신방지의 시스템적인 물리적 시설이 되어야 한다. '생명'을 담보로 해야 하는 매우 신중해야 할 상황인 만큼 그저 단순한 생각만으로 만들어지거나, 쉽사리 다른 기술을 도용해 겉모습만 그럴싸하게 만든 물리적 시설들은 현장에 설치되어서는 절대로 안 될 일이다. 이러한 잘못된 물리적 시설들은 되려 '투신자살 시도자'에게 있어 그 '행위에 도움'을 주게 되거나, '잘못된 의지'를 더욱 확고하게 만드는 매우 좋지 않은 징후(徵候, omen) 등을 만들어낼 수 있기 때문이다. 더 심각하게는 그 '생명'을 어떻게든 구해내려는 '경찰' 및 '구조대원들'이 오히려 더 '위험한 상황에 빠지거나', '생명을 잃을' 수도 있기 때문이다.

• 마포대교 자살방지 펜스 무용지물… 경찰 "잘못 만들었다."
　방송보도(放送報道, report broadcasting)
[앵커 멘트]
서울에서 투신시도가 가장 많이 일어나는 마포대교에 방지 펜스가 만들어진 지 2년이 넘었습니다. 효과가 있느냐 없느냐로 갑론을박이 있었는데, 취재진이 직접 현장을 담당하는 경찰관을 만나 얘기를 들어봤습니다.

[기자 멘트]
서울에서 가장 투신사건이 많은 마포대교에 방지 펜스를 설치한 건 지난

2016년 12월. 이듬해 "투신이 줄었다."는 평가와 "효과가 없다."는 반박이 맞서 왔습니다. 2년이 지난 지금은 어떨까? 투신시도자를 구조하는 영상을 입수해 살펴봤습니다. 어떻게 넘어갔는지 한 남성이 펜스 건너편에서 버티고 있고, 경찰관과 구조대원들이 안간힘을 씁니다. "잡으세요. 잡으세요.", "넘어오지 마시라고 XX!" 다른 영상들을 봐도 투신시도자들이 펜스를 넘어가 있는 모습들을 볼 수 있습니다. 취재진이 만난 구조 전담 경찰관은 투신시도를 막기 위해 설치된 펜스가 소용없다고 말합니다. 높이가 충분하지 않고, 와이어로 막는 데도 한계가 있다는 설명입니다.

(인터뷰-서울 영등포경찰서 여의도지구대: "뚫려 있다 보니 넘어가고자 마음 먹으면, 쉽게 넘어가는 구조고… 아예 아크릴판으로 막지 않는 이상…")

직접 펜스를 확인해 보니, 발 디딤을 막는 미끄럼 장치는 시간이 지나면서 덜 미끄러워졌고, 펜스 위에 손을 올리면, 미끄러지게 한 롤러도 거의 작동하지 않습니다. "현장 경찰관들은 투신시도자들이 이용하기 쉬운 취약한 지점들이 있다고 지적했는데요. 여길 보시면, 다른 곳보다 펜스가 낮고, 아래쪽에는 발을 밟고 올라가기 쉬운 곳이 돌출해 있습니다. 제 뒤에는 비상시에 누르라고 설치한 비상벨이 있는데, 이걸 오히려 밟고 올라가는 경우가 많다고 합니다. 여길 보시면, 생명의 전화 옆으로 와이어가 끊어져 임시로 보수한 상탠데요. 이 때문에 와이어가 헐렁해지면서 쉽게 지나갈 수 있는 상태입니다. 여기에는 자살을 예방하기 위해 위로하는 사람을 형상화한 동상이 있는데요. 이조차도 펜스를 넘어가기 위한 발판으로 사용된다는 점입니다." 펜스 설치 전 한 해 200명이 넘었던 투신시도자 숫자는 이듬해 160명 정도로 줄어든 뒤 지난해 다시 200명 가까이 늘어났고, 사망자 역시 큰 변화가 없습니다. 경찰은 서울시에 펜스를 개선해 달라고 여러 차례 요청했습니다. 이에 서울시는 펜스를 재조사한 뒤 전문가 협의 등을 거쳐 올해 중 새 펜스 설계안을 만들 계획이라고 밝혔습니다. 북미에서 손꼽히는 자살 명소로 오명을 가졌던 캐나다 블로어 고가다리는 60여 년 동안 500명이 넘게 숨졌지만, 2003년 펜스를 설치한 뒤 사망자는 단 한 명으로 줄었습니다. 투신방지 펜스가 자살의 근본적인 대책은 아니겠지만, 투신시도의 자체를 하지 못하게 하는 본연의 역할을 할 수 있도록 개선해야 한다는 지적이 나옵니다.(MBN, 2019.03.14.)

• '손댔다' 하면, 말 나오는 '아양교 수난사'… "다양한 요소 섬세하게 고려해야": (교량의 건축적 기능 무시, 즉흥적 발상이 낳은 참사) 구청장이 바뀔 때마다 대구 금호강 '아양교'가 수난을 겪고 있다. 동구의 랜드마크격인 아양교 시설물 설치를 두고 논란이 반복되면서 디자인과 건축물의 기능 측면을 고려한 보다 섬세한 접근이 필요하다는 지적이 나온다. 대구 동구청은 지난 12일 금호강 아양교 안전펜스에 그래픽 디자인을 부착하는 사업을 완료했다. 총 사업비 1,700만 원을 들여 아양교 위 안전펜스 일부 구간에 컬러시트를 부착해 비행기와 붉은 하트 디자인 형상을 만들었다. 동구청이 이번 디자인 사업을 실시하게 된 것은 전 구청장의 재임 당시 추진된 '안전펜스'에 대한 민원을 해소하기 위함이었다. 지난해 5월 동구는 아양교에서 잇따르는 투신사고를 막기 위해 7억 원을 들여 안전펜스 설치 사업에 착수했고, 안전예방 효과를 높이기 위해 높이 1.7~5.8m의 흰색 직사각형 기둥을 17cm 간격으로 촘촘히 설치했다. 하지만, 이게 화근이었다. 올 들어 지난 5월 펜스가 완공된 이후, 높고 빽빽한 펜스 탓에 금호강 경관이 가려지고 삭막해졌다는 주민들의 민원이 쏟아졌다. 이에 신임 구청장은 취임한 후, 교량의 삭막함을 줄이고자 지난달부터 디자인 사업을 추진했다. 문제는 주민들 사이에서 여전히 불만이 터져 나오고 있다는 점이다. 경관 저해의 문제를 근본적으로 해소할 수 없다는 이유에서다. 동구의 주민 김(66, 여)모씨는 "예전엔 훤히 보였던 금호강 전경을 볼 수 없어 답답하다. 걸어갈 때나 차를 타고 갈 때나 모두 답답하다. 투신방지가 목적이면, 굳이 이렇게 했어야 했나."라며, "디자인을 덧대도 답답함은 사라지진 않는 것 같다."고 지적했다. 아양교 시설물 설치 논란은 이번이 처음은 아니다. 과거 동구청장들이 재임 시절 많은 예산을 들여 설치한 교량시설물이 얼마 가지 않아 철거되는 일이 잦았기 때문이다. 2003년 전 구청장의 재임 당시 대구하계유니버시아드를 앞두고, 도시 미관을 위해 아양교 위 인도에 14억여 원을 들여 아치형 보도 교량(스카이 브릿지)를 설치했다. 이후, 높은 보도교가 장애인 등 교통약자 이동권을 침해한다는 비판이 나왔고, 2004년 국가인권위원회는 시설

개선의 권고까지 내렸다. 동구청은 전 구청장 임기 내 시설을 철거하지 않다가 시민단체가 철거 운동을 수십 차례 진행하는 등의 반대가 지속되자 결국 전 구청장이 새로 취임한 뒤인 2007년 여론조사 등을 통해 다시 수천만 원을 들여 이를 철거했다. 반복되는 문제에 대해 동구 주민들은 고개를 흔들고 있다. 주민 김(41)모씨는 "아양교는 동구 주민들의 관심이 높은 곳이다. 그렇기에 시설물을 설치할 때보다 섬세한 고민이 필요한데 일단은 정책을 추진하고, 사후 처리하는 일이 반복되는 것 같다."며, "막대한 예산은 주민 혈세라는 사실을 기억했으면 한다."고 꼬집었다. 전문가들도 시설물 설치에 앞서 보다 차원 높은 접근이 필요하다고 조언했다. 계명대 교통공학과 교수는 "아양교는 동구의 랜드마크는 물론 우리 삶 속에 깊이 파고든 장소라 볼 수 있다."며, "투신방지, 미관 등 시설물 설치의 주된 목적이 분명한 상황일지라도 다양한 이해관계자와 전문가 참여를 통해 여러 요소들을 꼼꼼히 심의해야 한다. 주된 목적을 넘어서지 않는 선이라면, 예산을 충분히 놓고 더욱 섬세한 접근을 해야 한다."고 강조했다.(영남일보, 2022.12.18.)

- **(한강다리 SOS)투신 막고자 난간 높이고 그물망에 철책까지**: (한강다리 투신 막기엔 '역부족', 캐나다와 호주는 다리에 철책 둘러) 지난해 한강다리에서 극단적 시도가 1,000건 이상 발생하면서 투신방지 대책을 강화해야 한다는 목소리가 커지고 있다. 현재 서울시는 안전난간 설치를 늘리고 있지만, 자살 시도는 계속 증가하고 있다. 전문가들은 도시 미관을 해치지 않는 선에서 다양한 방법을 마련해야 한다고 조언했다. 지난달 31일 오후 서울 마포대교에는 높이 2.5m의 안전난간이 설치돼있었다. 난간은 사람이 올라서기 어렵게 만들었는데, 시야를 가로막지 않기 위해 윗부분은 철사로 이뤄져 있다. 철사가 10cm 이상 벌어지면, 센서가 작동해 119구조대가 출동한다. 이를 통해 구조율은 100%에 근접할 정도로 높아졌지만, 투신 자체를 막기엔 여전히 부족한 점이 보였다. 마포대교 곳곳에는 연석이나, 구조물을 밟고 올라설 수 있는 곳들이 존재했고, 철사와 철사의 사이는 성인 남성 머리가 들어가기에 충분했다. 어느 곳에서든지 극단적 선택을 하려는 사람이 마음을 먹는다면, 투신할 수 있

다는 의미다. 실제 얼마 전 투신사건이 벌어졌는지 두 곳에 노란색의 '서울소방 119' 테이프가 붙어 있었다. 서울시에 따르면, 안전난간은 마포대교, 한강대교, 잠실대교, 양화대교 등 4곳에 존재한다. 한남대교는 올해 3월 설치가 완료된다. 2025년에는 원효대교와 서강대교, 2027년에는 광진교에 설치를 검토 중이다. 서울시 관계자는 "한강의 미관과 비용의 문제 등을 종합적으로 검토·자문을 받아 안전난간을 설치했다."며, "5개 교량의 모니터링 결과를 바탕으로 향후, 단계별로 안전난간 설치를 추진해나갈 계획"이라고 말했다. 선진국들도 교량 투신을 막기 위해 물리적인 해법을 적용하고 있다. 최근 미국 샌프란시스코는 총 2억 1,700만 달러를 들여 금문교에 자살방지 그물망을 설치했다. 이 그물은 스테인리스 스틸의 재질로 만들어졌으며, 길이는 2.7km, 폭은 6.1m이다. 금문교에서 극단적 선택이 이어지자 투신방지 시설의 설치 필요성이 대두됐고, 당국은 안전망 설치 계획을 수립했다. 또 뉴질랜드는 교량에 철망을 철거했다가 자살률이 치솟자 디자인을 바꿔 재 설치했다. 캐나다와 호주는 교량에 철책을 둘러 미관을 아예 포기하는 방법을 선택했다. 이에 전문가들은 자살예방과 도시 미관 사이의 절충점을 찾아야 한다고 강조했다. 서울시립대 소방방재학과 교수는 "물리적으로 뛰어내리기 어렵게 하는 게 단순하지만, 효과적인 방법"이라며, "단순히 난간의 높이뿐만 아니라 발을 디딜 수 없고, 오르내리기 어려운 구조 등으로 설계하면, 도시 미관을 해치지 않는 방향으로 해결이 가능하다."고 말했다. 또한 "그물망의 설치 역시 난간 설치와 동일한 접근 방식이고, 다리의 형태 등을 고려해 설치돼야 할 것"이라면서 "단순히 교량에서의 자살을 막는다고 자살률이 줄어드는 것은 아닌 만큼 물리적 접근과 함께 다른 관점의 자살예방 대책이 필요하다."고 덧붙였다.(아세아경제, 2024.02.02.)

• **마포대교 난간 매달린 10대와 구조 나선 경찰관도 함께 추락…**: 서울 한강 마포대교 난간에 매달려 있던 10대 여학생을 구조하려던 경찰관이 함께 한강에 떨어졌다가 대기 중이던 구조선에 구조됐다. 8일 경찰에 따르면, 서울 영등포경찰서 여의도지구대는 이날 오후 7시 24분쯤 "여자가 난간에 매달려 있다."는 112신고를 받고 마포대교로 출동했다. 출동 당시 A(17)양은 마포대교 난간을 붙잡고 매달려 있었다. 평소 우울증을 앓고 있었던 A양은 극단적 선택을

시도하려 했던 것으로 알려졌다. 여의도지구대 소속 김 경장은 구조를 위해 즉시 난간을 넘어 A양에게 손을 뻗어 그를 끌어당기려고 했다. 그러나 힘이 빠진 A양이 강물로 추락했고, 곧이어 김 경장도 함께 떨어지면서 물에 빠졌다. 두 사람은 다리 밑에서 대기 중이던 119구조선과 한강경찰대 순찰정에 의해 곧바로 구조됐다. 여의도지구대 관계자는 "두 사람 모두 별다른 외상이나 생명에 지장은 없는 상태"라고 했다. 서울시는 2016년 한강다리 중 투신시도가 가장 빈번한 마포대교 난간을 기존 1.5m에서 2.5m로 높이기도 했다. 2012년에는 마포대교 교량 난간에 '당신은 혼자가 아니에요.', '밥은 먹었니?' 등의 글귀를 적는 '생명의 다리' 캠페인을 벌였다가 되레 투신시도자가 늘면서 2019년 모두 철거했다.(조선일보, 2024.05.09.)

• **달서구 대교 난간 위 여고생… 10차선 대로 가로질러 뛰어간 경찰이 구조**: (자살방지 펜스 위 올라간 여고생 간신히 구조) 대구 달서구 신당동 강창교 위에서 뛰어내릴 준비를 하던 10대 여고생을 경찰관이 발견해 구조했다. 13일 경찰에 따르면, 지난 11일 0시 38분쯤 대구 달서구 신당동 강창교 난간에 서 있던 여고생 A씨가 신고를 받고 출동한 신당지구대 1팀 의해 구조됐다. 경찰에 신고한 사람은 다름 아닌 A씨 본인이었다. A씨는 경찰에게 뛰어내릴 것을 예고하고, 발 하나 간신히 디딜 수 있는 난간에서 흔들거리고 있었다. 신고를 받고 출동한 경찰관들은 먼저 다리 아래쪽을 먼저 순찰했다. 신당동에 있는 강창교는 현재 자살예방 시설로, 3m 높이의 안전펜스가 설치돼 있어 웬만한 사람은 올라갈 수 없고, 올라가기 위해선 잡기만 해도 고통스러운 철사를 짚고 올라서야 하므로, 여고생이 올라가기 힘들다고 판단해서다. 이때 건너편에서 순찰하던 경찰관이 난간 위에 있는 A씨를 발견했다. 경찰관은 곧바로 10차선 대로를 가로질러 건너편에 있는 A씨에게 뛰어갔다. 혹시나 소리치면, 놀라서 떨어질 수도 있기 때문에 조용히 접근했다. 경찰관은 몰래 난간에 오른 뒤 팔로 A씨의 상체를 감은 후, 당겼다. 상체를 먼저 당긴 채로 유지해 A씨가 바라보고 있는 강가로 떨어지지 않도록 한 것이다. 이후, 난간 밖을 향해 있던 A씨의 다리를 대로 쪽으로 옮기자 즉시 아래로 떨어졌고, 경찰은 안전하게 바닥에 떨어지지 않도록 잡는 데에 성공했다. 이후, 경찰은 A씨의 부모를 불

러 상태를 확인하고, 안전하게 병원으로 이송했다. 경찰관들은 구조하던 도중 손으로 철사로 된 구조물을 잡은 채 무게가 실려 찰과상을 입었다.(영남일보, 2024.05.13.)

한강 상의 교량에서 투신 수단으로 인한 자살시도자가 있다는 신고가 들어오면, 즉각 119특수구조단 수난구조대가 긴급 출동하게 된다. 항해사가 구조정을 움직이고, 잠수복을 갖춰 입은 대원들은 구조정 끝에 서서 투신시도자의 일거수일투족(一擧手一投足)을 계속 응시해야 한다. 상황이 어떻게 급변화게 될지 모르기에… 그사이 교량 위로 긴급 출동한 경찰관과 소방대원들이 남성의 투신시도자를 설득해 투신을 막는다. 이렇게 되면, 소요 시간은 약 10여 분…

대원들은 갑판 앞머리로 나와 주위를 응시하며, 살펴야 한다. 다행히도 투신한 수면의 위치를 볼 수 있다면, '수면'에서 구조할 수 있어 투신시도자의 생존율은 그만큼 높아질 수 있다. 그러나 그 위치가 확인되지 않았다면, 상황은 달라진다. 구조대원이 '수중'에서 구조 작업을 할 때 시야가 흐리면, 불안감이 가중되는데, 특히나 야간의 경우, 투신시도자의 구조는 물론이거니와 구조대원의 생명마저 위태롭게 된다. 이러한 상황이 더 가혹하게 다가오는 이유는 교량에서의 투신자살은 대부분이 야간에 발생하고 있다는 사실이다. 수중에선 특히 '골든타임'을 지키는 것이 구조의 성패(成敗)를 가르기 때문에 '체력'의 소모가 극심한 구조 특성과 투신시도자 증가세를 감안할 때 교량에서의 투신자살은 매우 크나큰 문제가 아닐 수 없다.

경찰·해경·소방·구조대 등의 긴급 출동에 따른 그 시간의 편차는 특히 지역 및 환경적 요소가 매우 크게 작용한다. 이러한 여건은 실제 사건·사고 신고 접수 후, 그 발생 장소에 도착하기까지 걸리는 시간은 물론이며, 발생 전·후의 위치를 파악할 수 있는 상황과 없는 상황 등을 좌우(左右)하는… '골든타임'과 직결되는 매우 중대한 요인이다. 이러한 요인을 쉽게 해결할 수가 없기에… 교량 상에서 투신 수단으로 인한 자살은 사회적으로 매우 심각하고도 다양한 문제를 낳고 있는 것이다.

실제로, 이 같은 사건·사고가 발생하면, "신고를 받은… 경찰 및 소방의 구조 인력과 소방헬기와 경비함 등의 장비가 급파되었고… 인근 지역의 경찰 및 소방의 구조 인력이 지원에 나섰으며… 또한 군 병력은 물론이며, 민간구조대와 민간어선도 수색을 돕고 있으며… 유속이 강해 투신자를 발견하지 못하고 있으며… 몇 일째 투신자를 수중 수색 중에 있으며… 며칠째 수색으로 인해 대원들의 체력은 바닥을 드러내고 있으며… 안타깝게도 구조대원이 사망했다…" 이러한 내용의 보도기사들이 나오고, 방송 뉴스를 통해 안타까운 사연과 함께 그에 따른 피해 상황을 전한다. 그냥 단순한 투신자살의 사건·사고를 넘어서고 있기에 그러하다. 이러한 실제 상황에 대해 119특수구조단 여의도 수난구조대 황진규 지대장은 그렇기에 지역 및 그 위치에 따른 환경적 여건이 '골든타임'에 있어 매우 지대한 영향을 미친다고 말한다. 비록 해당 장소에 상주하는 인력이 배치되어 있다고 하더라도 투신을 원천 차단하는 데 있어 그 한계가 있다고 지적했으며, 이런 상황 앞에서 간접적인 대책만으로 투신을 차단하는 것은 그 실효성이 매우 떨어진다고 언급했다. 물론 제일 좋은 자살방지의 방법은 힘든 사람에게 손길을 내밀어 도움을 주며, 자살할 일이 없는 세상을 만드는 것이지만, 현실적인 자살방지의 방법은 자살을 하지 못하게 직접적인 수단을 차단하는 것이라고 덧붙였다. 아울러 서울시 마포대교와 한강대교처럼 실제 효과가 검증된 물리적 시설을 통해 전국의 교량 상에서도 1차적인 투신을 방어하고, 이후, 2·3차적인 조치를 취하는 것이 가장 현명한 방법이라고 강조했다.

국감설명자료

제공일자 : 2022년 10월 14일	교량안전과장	***	**-****-****
담당부서 : 안전총괄실 교량안전과	교량기획팀장	***	**-****-****
사진없음 ■ 사진있음 □ 매수 : 1매	담 당 자	***	**-****-****

한강교량 투신 사망사고는 2020년 18건 → 2021년 7건 → 22.6월 2건으로 매년 감소하고 있음
- ***의원 "한강다리 투신사고 교통사고 대비 2배" 관련 -

(2022.10.14. *** 의원)

〈 주요 설명내용 〉

◆ 한강교량 자살방지 "예방시설 전무·안전난간 유명무실"은 사실과 다르며, '20년 투신사고 18건 ⇨ '21년 7건으로 38%로 감소되는 등 효과가 입증되고 있음

- 서울시는 시민 안전 확보를 위해 '16년부터 단계적으로 자살예방 사업을 실시 중이며,
- 1차로 물리적 대안으로 자살방지 안전난간을 전국 최초로 마포대교, 한강대교에 시범 설치하고 감시체계 등을 운영한 결과 사고 예방효과가 입증되어 '23년부터 본격 확대 설치 예정임
  - 감시체계 : <u>인공지능형 CCTV, 각종 감지기, 구조대 출동시스템</u> 등
  - '22년 모니터링 분석 결과 <u>마포대교, 한강대교는 투신사고 Zero</u>, '23년부터 풍선 효과 예방을 위해 <u>주변 한강교량으로 확대 추진</u>

  ※ 자살방지 안전난간 설치 현황 및 계획
  - ('21년까지) 마포대교, 한강대교
  - ('23년시행) 잠실대교, 한남대교

◆ 서울시에서는 시민 안전을 최우선으로 정책을 실시하고 있으며, 향후에도 안전난간 및 예방시설 확대 설치 등 자살방지를 위해 최선의 노력을 다할 것임.

〈그림 4.152〉 국감설명자료(서울시)

통계상으로 물리적 안전난간 설치는 그 효과가 입증되었다. 마포대교는 최근 2년 새 투신자살의 시도가 61.8% 증가했으나, 평균 증가율 65.3%보다는 낮았고, 한강대교는 23.4% 감소했다.[20] 이에 서울시는 '풍선 효과'의 그 크기를 줄이기 위해 물리적 안전난간 설치를 더욱 확대 추진해 나아가고 있다. 또한 소방당국도 감시의 눈을 더욱 촘촘히 짜고 있다. 2021년 12월부터는 이에 인공지능(AI) 딥러닝 시스템도 접목함으로써 사람이 CCTV를 맨눈으로 모니터링해 위험 정도를 파악하는 이전의 대응 방식에서 벗어나, 한층 더 진일보한 대응 방식에 나서고 있다.

자살 수단에 대한 접근을 제한하는 것에 대한 지역 사회의 저항이 종종 있다. 하지만, 이것이 가장 큰 영향의 증거가 있는 입증된 이점의 권장되는 접근 방식임에도 불구하고… 그들이 종종 다른 접근법을 우선적으로 선택할 가능성이 아직도 높다는 것은… 지금껏 미학과 초기 비용 등에 대한 논쟁의 직면에서 끝내 벗어나지 못하고 있음을 시사하고 있는 것 같아 너무나 안타까울 뿐이다.

자살시도자가 매우 치명적인 수단을 사용할 확률을 줄일 수 있는 '수단 제한'은 자살예방에 있어 포괄적(包括的, comprehensive)인 매우 중요한 접근 방식이다. 그러므로, 이에 따른 근거 기반을 강화하기 위해서는 자살을 '보이지 않는 자살'과 '보이는 자살'로 우선 구분해 이를 통해 '보이지 않는 자살 = 막을 수 없는 수단'과 '보이는 자살 = 막을 수 있는 수단'으로 세분화할 필요가 있다. 더불어 이를 현실화하기까지 저자는 체계적이고 구체적인 계획을 통해 세밀하게 잘 설계된 중재연구(仲裁研究, intervention study)가 자살률을 낮추는 데에 있어 반드시 필요함을 강력히 제시하며, 계속적인 개발·연구를 이어나갈 것이다.

아직까지는 자살의 시도를 완벽히 막아내거나, 차단한다는 것 자체가 불가능하기에 전 세계적으로 많은 분야에서 앞다퉈 도전해 융·복합의 과정을 통한 신산업의 시스템을 구축해 내듯이 자살이라는 전 세계의 매우 심각하고도 무거운 사회적 문제를 해결하기 위한 새로운 솔루션의 연구·개발도 비록 많이 늦었지만, 융·복합 과정의 도전은 마땅히 필요타 할 것이다.

앞으로 '교량-투신-자살 : Brodie'의 방어는 각 중요 요인에서 1차적인 방어를 통해 2차적인 제3자의 개입으로 연계됨으로써 3차적인 자살예방의 총괄적인 전문화 프로그램의 시스템을 통해 체계화된 치료는 물론이며, 지속적인 관리체계를 가동시킴으로써 '실질적 자살률'을 줄여 나가야 할 것으로, 저자는 사료하고 있다.

참고로, 여기서 '방어(防禦, defense)'라는 표현이 쓰인 것은 '물리적 시설'은 2차적, 제3자의 개입으로 연계될 수 있도록 반드시 '1차적 접근의 무력화'를 이뤄낼 수 있어야 한다는 가장 중요할 수밖에 없는 1차적 예방의 크나큰 목적을 두고, 저자가 감히, '방어'라는 표현(表現, expression)으로 의도해 쓴 것이다.

'그것'이 되처(再次) 고민하게 만드는 것은

　자신의 생명을 끊는 행위에 관해 저자는 경제적, 사업적, 학업적 등으로도 더 이상의 자세한 설명을 할 능력도 없다. 그렇지만, 그래도 이 시대를 살아가고 있는 한 사람으로서 생각해 본다면, 스스로 생명을 끊는 행위의 실행은 마음껏 누리고자 하는 욕망들이 극단적으로 이뤄지지 못했을 때 갖게 되는, 불행하기 짝이 없는 '잘못된 의지'가 아닐까 싶다. 그리고 이어 드는 생각은 '어떻게 하면, 이러한 선택을 억제할 수 있을까?'이다.

　그 고민을 거듭하다 문득 떠오른 것은 북유럽의 특별한 문화, '휘게(Hygge: 따뜻한 분위기에서 좋은 사람들과 좋은 삶을 함께 즐긴다는 뜻의 스칸디나비아 고유명사)'다. 휘게의 삶은 '일상의 행복을 추구하는 것'이다. 즉, 내가 행복해지기 위해 행하는 모든 것들을 말한다. 미국인들이 자유(Freedom)를 본능적으로 추구하듯, 북유럽의 사람들은 휘게를 추구한다. 이에 더불어 북유럽의 사람들은 자신에 대한 기대를 높게 잡지 않는다고 한다. 거기서 오는 만족감과 성취감을 우선해 더 많이 느낀다는 것이다. 관용, 사랑하는 사람들과 시간을 같이 보내는 것, 모든 것에 감사하는 것, 마음의 안식을 취하는 행위, 저녁 식사는 무조건 가족끼리 같이 하는 등의 규칙… 반대로, 한국은 '소확행(小確幸)'이라는 일

상에서 느낄 수 있는 작지만, 확실하게 실현 가능한 행복 또는 그러한 행복을 추구하는 삶이라는 경향이 오래전부터 자리 잡고 있다. 이러한 소확행의 대중적 의미는 나를 위해 사소하지만 가치 있는 것을 소비하는 행위를 나타내지만, 이는 단지 소비적 추세가 바뀐 것일 뿐이다. 결코 맹목적인 소비가 행복을 가져다주지는 않는다는 것은 변하지 않는 사실임에 틀림없다. 이러한 문화적 차이만 보아도 북유럽과 한국의 가치관이 얼마나 다른지 알 수 있을 것이다.

우리도 내가 원할 때 행복해질 수 있도록 본인만의 특별한 노력이 앞으로의 건강한 삶을 위해서라도 반드시 필요하다 할 것이다. 앞으로, 이 같은 각 개인의 노력들도 현재 우리 사회에 있어 더해진다면…

자살예방(自殺豫防, Suicide prevention)은 자살의 위험을 줄이기 위한 노력이다. 자살예방을 위한 노력은 적게는 개인, 크게는 지역 사회 및 전체 사회에서 실행될 수 있으며, 자살을 예방하려면, 사회의 전체적인 전략이 필요하다.[21] 이에 '모든 자살이 예방될 수 있는 것은 아니다.'라는 견해와 '예방 가능한 경우가 많다.'라는 견해는 언제나 분분(紛紛, different)해 왔으며, 비단 오늘내일 해왔던 사안이 아니다. 이는 자살에 관련한 많은 전문가들에 의해 위험 요인 평가와 위험군의 관리 및 정신질환의 치료를 포괄하는 등의 자살예방을 위한 폭넓은 전략들이 개발되고 있음에도 불구하고, 해마다 자살로 인한 사망자가 증가하고 있기 때문이다.[22]

우리는 스스로 자신의 생명을 끊는 행위가 그에 따른 잘못된 의지와 행위로 이뤄지고 있음을 이제는 잘 알고 있다. 그러나 그 의지와 행위의 판단은 언제나 모호했으며, 지금까지도 정확한 판단 근거의 마련은 미비한 상태이다. 사망자의 유서 또는 증언이 있었던 경우와 스스로 자신의 생명을 끊는 과정을 목격한 주변인이 있는 경우 그리고 스스로 자신의 생명을 끊을 만한 동기 등이 수사(搜査, investigation) 및 검사(檢査, examination)를 통해 명백히 밝혀질 경우를 제외하곤 말이다.

현시대에 있어 자살은 피암시성(被暗示性, suggestibility)과 연쇄성(連鎖性, linkage)이 강해 전염병(傳染病, communicable disease)처럼 같은 방법으로 자살하는 연쇄적(連鎖的, in a chain reaction)인 군발자살(群發自殺, cluster suicide)이 다빈도(多頻度, multi-frequency)로 발생하고 있다. 특히 사회적인 연결이 상실된 사람들의 자살이 매우 가파르게 증가하는 추세다. 더구나 자살을 시도하려는 사전에 자살에서의 구조신호(救助信號, rescue signal)를 보내고 있는 것도 밝혀지고 있다.[23]

이에 많은 관련 전문가들은 이러한 점에서 자살은 충분히 예방이 가능하다고, 그에 따른 의견들을 앞다퉈 제시하고 있으며, 관련된 기관들과 많은 단체들 또한 자살예방 활동을 진행하고 있다. 그러나 지금까지의 자살예방은 주로 위험 요소를 줄이거나, 위험 수준을 낮추기 위해 전략적으로 개입하는 것에만 중점을 두고 있는 것이 현 실정이다.

자신 스스로 생명을 끊는 행위로 인한 사망자가 주는 단서(端緒, clue)는 사망자의 시신에서 볼 수 있다고 한다. 그러나 정신 이상의 경우와 마찬가지로, 신체 손상도 다양한 만큼 서로 일치하지 않을 때가 더러 있다. 허나, 자신의 생명을 끊는 행위의 충동을 동반하는 신체 변화에 대한 정확한 결론을 내려줄 실마리는 아직까지 찾지 못하고 있다.[24]

폐(肺, lung) 병변(病變, lesion)도 정신 이상자에게서 흔히 발견되는 질환이다. 에스키롤에 따르면, 우울증 환자의 1/4이 폐병으로 사망한 다고 한다. 또한 심장(心臟, heart)이 잘못된 경우도 종종 있다고 한다. 이때는 이상의 증상이 주로 위(胃, stomach)와 간(肝, liver) 그리고 장(腸, intestine)에서 일어난다고들 하고 있으나, 이것이 자살에 따른 성향의 원인인지, 결과인지를 판단하는 것 자체가 쉽지 않다. 또한 수많은 위 질환의 사례를 보면, 뇌 조직에 상흔(傷痕, scar)이 발견되기도 하는데, 어떤 기관이 손상을 입었는지 어떻게 밝힐 수 있을까? 병리해부학의(病理解剖學, morbid anatomy)의 가치를 폄하하거나, 불신할 뜻은 없지만, 메스(mes, scalpel)를 든 해부학자가 자살을 한 시신에서 찾아낸 뇌 질환이 그리 중요하다고 생각하기는 어렵다. 이는 병리적 손상은 매우 다양하고 일관성도 없는 까닭에 그것만으로는 질병의 근원을 정확히 밝혀낼 수 없기 때문이다. 비록 뇌가 질병의 근원이라도 사후에 그 흔적을 찾을 수 없는 경우가 허다하다.[25]

염태성 정신건강의학과 전문의는 정신의학신문 칼럼(寄稿, column) 〈자살, 선택인가 질병인가〉에서 "대학병원 전공의 시절에 자살을 시도한 환자들을 면담하고, 평가지를 작성하면서 이상한 것을 발견했다. 대상자에 대한 추정 진단의 선택지 중에 '없음'은 존재하지 않는 것이었다. 다시 말하자면, 해당 평가지에서는 모든 자살을 시도한 사람들에 대해 특정 종류의 정신질환이 있음을 애초부터 규정하고 있었다. 과거의 철학·윤리학 시간에 인간은 자유의지의 존재라고 배웠고, 현대의 사회에서도 타인에게 해가 되는 것 이외의 대부분 행위들은 법적으로 제한하고 있지 않다. 그렇다면, 왜 정신과에서는 자살의 시도를 항상 병이 있는 것으로 생각하고, 치료해야 할 증상의 일종으로 보는 것일까?"라고 언급한 바 있다.

  대한민국 정신보건법에 따르면, 정신과적 증상을 보이는 환자라도 절대다수는 스스로 치료를 받을지 말지 선택할 자유가 있다. 스스로가 치료를 원하지 않더라도 강제로 치료를 받아야 하는 상태는 환자의 정신병적 증상이 심해서 자해 혹은 타해의 위험성이 큰 상태이다. 인권 문제를 고려해 몇 년 전 강제 입원 및 치료에 대한 법의 개편이 있었지만, 이러한 적응(適應, adapt)은 바뀌지 않았다. 세계 현대 의학의 이정표가 되는 미국 정신과학의 상황도 크게 다르지 않다. 미국에서는 입원 절차에 판사가 관여하는 것이 제도적으로 다르지만, 강제로 치료를 받아야 하는 환자의 기준은 한국의 그것과 대동소이하다. 만약 자살을 시도했다가 실패한 후에 응급실로 실려 가게 되면, 과거 정신과 치료의 병력이 없고, 스스로가 치료를 원치 않더라도 몇 가지의 절차가 통과되면, 강제로 정신과 치료를 받아야 하는 상태로 규정된다고 언급했다. 그러면서 물론 방법론적인 한계를 포함한 여러 측면에서 에밀 뒤르켐의 연구는 비판받아 왔으며, 현대의 시점과 맞지 않는 가정도 많다. 특히 그는 정신질환에 의한 자살과 사회적 현상으로써의 자살을 철저하게 분리해서 설명했는데, 현대 정신의학의 입장에서 이는 납득하기 어려운 분류라 볼 수 있다. 이는 요즘 시대에는 많은 정신질환들이 사회적 요소의 영향을 크게 받기 때문이라고 제시했다. 또한 결국 논란의 핵심은 진정한 의미에서의 존재론적인 자살이 존재한다면, 이를 병적인 것으로 간주해 치료해야 하는가의 문제일 것이다. 온전한 이성적 판단으로 충분히 고민해 본 후에 목숨을 끊기로 결정한 사람은 스스로의 선택을 존중해 주어야 하는 것인가?

여기에는 몇 가지 쟁점의 요소들이 있다. 우선 현재의 법이나, 사상의 체계로는 이러한 종류의 결정을 검증할 수 있는 전문가 혹은 사회 합의가 존재하지 않는다. 이 사람의 현재 의사결정이 자신의 신념에 의한 것인지, 혹은 정신질환이나, 스트레스로 인해 판단이 흐려진 상태에 의한 것인지도 구별하기가 쉽지 않다. 이와 연관되어 중요한 것은 대부분의 자살시도는 '충동적인 행동이라는 사실이다.'라고 제시했다. 아울러 자살시도 후, 실패한 환자들을 응급실에서 본 기억을 돌이켜보면, 절반 이상의 환자들은 의식을 회복한 그 순간부터 자신이 저지른 일을 후회했고, 나머지 사람들 중 대부분 역시 며칠 동안의 치료를 받고 안정이 되면, 비슷한 생각의 변화를 보였다는 결과를 밝혔다.[26]

대한우울조울병학회의 교량 투신자살을 시도한 환자의 임상적 특징 연구에 따르면, 투신 수단으로 인한 자살시도의 환자는 투신시도 당시 환자의 약 절반인 55.3%가 이미 주요 우울증 진단을 받았으며, 음주한 상태였다. 치료 후, 대부분인 74.5%의 환자들은 응급실의 의료 조언에도 불구하고 퇴원했다. 교량 상의 투신자살 시도자들은 대부분이 정신과적 장애의 진단을 받았지만, 정신과 치료의 거부는 매우 많았다. 이러한 결과는 투신자살을 시도한 환자의 치료에 관한 임상적 결정과 투신자살의 시도자를 이해하는 데 있어 도움을 주고자 시도자들의 인구통계학적·임상적 특성을 조사 및 분석한 결과라고 제시했으며, 아울러 교량 상의 투신 수단으로 인한 자살문제의 대책 마련에 있어 그 근거의 자료가 될 수 있음을 시사하고 있다.[27]

이 같은 사실적 현상에 입각한 의견(意見, opinion)들을 비추어 볼 때 자살에 동반하는 그 충동의 정확한 결론적 실마리를 정신적·신체적 증상 변화의 연구를 통해서도 찾을 수 없다면, 아직까지는 완벽하다고 할만한 자살예방의 솔루션은 존재하지 않으며, 이에 대한 기대는 멀고 먼 과정 속에서 마냥 정체되어 있을 것만 같은 생각을 도저히 떨칠 수가 없다.

'보이지 않는 자살'은 사망자의 신체를 통해 그나마 사용된 그 '수단'을 알아낼 수 있을 테지만, 계획으로 인한 자살시도의 그 자체를 막기란 현재까지의 대응책만으로는 거의 불가능하다. 그렇기 때문에 '막을 수 없는 수단'이자, 더더욱 막을 수 없는 무서운 수단으로 변질될 수 있다는 가능성마저 내재되어 있음의 사실이 그러하다. 반면에 '보이는 자살'은 계획적이 아닌 순간의 잘못된 의지로 인해 그 충동이 일어 즉흥적(卽興的, impromptu)으로 수단을 사용하게 되는데, '그것'에 대표적인 '막을 수 있는 수단'이 바로 '투신'이다.

투신자살은 타인에게 끼치는 정신적·물질적 피해가 매우 크다. 특히 도시철도 상에서의 투신자살은 철로에 신체가 끼이고 찢어지면서 말 그대로 산산조각이 나고, 그것이 그대로 보이게 되어 사람들이 많이 모이는 역의 특성상 그걸 우연히 보게 된 기관사나, 승객들에게 말로 표현할 수 없는 정신적 트라우마 등의 엄청난 피해를 안기게 된다. 이뿐만 아니라 사고 처리를 위해 열차의 지연으로, 교통망이 마비되어 수많은 사람들의 시간을 앗아가는 등의 사람 한 명이 죽는 일로 끝나는 문제가 아니게 된다. 물론 이는 교량 상의 투신자살뿐만 아니라 모든 투신자살은 별반 차이가 없다는 것이… '보이는 자살'에 따른 그 '수단'이… 그 '투신'의 '위력'을 과감(果敢, boldly)하게 드러내 놓고 있기 때문이다.

자살을 한 시신을 발견하게 되면, 112 내지는 119로 신고를 해야 한다. 이는 가족들이 발견을 하거나, 제3자가 발견을 해도 같다. 경찰은 자살을 한 시신의 발견 장소로 출동해 현장 조사를 시작하게 되며, 시신의 검안과 사망 장소 그리고 사망원인까지 조사가 진행된다. 본인의 집에서 자살을 했을 때는 사망자의 신분 조회를 통해 유가족들에게 바로 연락을 취할 수가 있겠지만, 그 외의 장소에서 자살을 한 경우 사망자의 신분 조회가 늦어지는 경우가 다반사로 유가족들에게 늦게 연락이 취해지는 경우가 대부분이다. 자살로 사망을 했다는 연락을 받게 되면, 순간 유가족들은 큰 충격 속에서 벗어나지 못할 것이다. 자살의 사망원인이 '보이는 자살'의 '수단'인 목맴, 음독, 가스 등 명확한 경우에는 부검까지 진행되는 경우는 드물다. 다만, 경찰의 현장 조사에서 자살에 대한 의문점이 있는 경우에는 부검까지 진행되는 경우도 있다. 그리고 유가족들이 자살의 원인에 이의가 있을 때도 부검까지 진행되는 경우가 있다. 이렇게 조사가 끝나면, 사건은 관할지방검찰청 검사에게 보내지게 되며, 검사의 최종 지휘를 받게 된다. 여기서 타살의 혐의점이 없다면, 검사는 시신을 유족들에게 인도하라고 지휘하게 된다. 남은 유가족들에게는 참으로 괴롭고 힘든 과정일 것이다. 더욱이 경황이 없는 상황 속에서 이러한 낯선 과정마저 견뎌야 한다는 것은… '자살'은 분명 그 '새로운 고통'의 시작을 알린다.

누군가가 '자살'을 하게 되면, 그 새로운 '고통'이 또 다시금 시작된다. 이제 우리는 그 이유에 관해 너무나도 잘 알고 있으며, 충분히 이해할 수 있을 것이다. 이에 국제자살예방협회(IASP) 회장인 래니 베르만(Lanny Berman)은 "각 나라의 자살률 수치에만 집착해서는 안 된다."

는 지적도 하고 있다. 그는 "멕시코(4.8명) 등 중남미 국가의 상당수가 그 자살률이 낮은데, 이것은 사망원인을 규명하는 사회 시스템이 갖춰져 있지 않아 자살률이 낮게 나오는 것이다. 실제로는 그 자살률이 높을 것"이라면서 "각 나라의 자살률을 비교하는 것보다는 각국의 상황에 맞는 자살예방 프로그램 등을 마련해 실천하는 것이 가장 중요하다."고 언급했다.

OECD 헬스데이터 2012에 따르면, OECD 회원국 가운데 자살률이 가장 낮은 나라는 그리스(3.2명)이며, 이어 멕시코(4.8명), 이탈리아(5.9명)의 순이었다. 영국(6.7명), 네덜란드(9.2명), 독일(10.8명), 스웨덴(11.7명), 미국(12.0명) 등 주요 국가의 자살률 역시 10여 명 안팎이다.

자살률 최저인 국가들은 대부분이 유럽의 선진국들이다. 국제자살예방협회(IASP) 부회장인 폴 이프(Paul Yip)는 영국과 이탈리아, 네덜란드, 독일 등 선진국들은 정부가 적극적으로 자살예방에 나서 자살률을 낮췄다고 언급했으며, "영국은 수십 년 전 이미 정부가 나서서 자살예방 프로그램 등을 시작했다. 영국의 정부는 국민들의 자살을 사전에 막는 것이 매우 중요하다고 생각했기 때문"이라면서 "이탈리아 등 다른 유럽의 선진국들도 역시 정부가 나서서 전체적 자살예방 프로그램 등에 아끼지 않는 적극적인 투자를 해 나아가고 있다."고 아울러 전했다.[28]

<표 4.13> OECD 2012년도 국가별 자살률(OECD. Data)

(단위: OECD 표준인구 10만 명당 명)

순위	국 가	2012년
1	대한민국	30.3
2	리투아니아	30.1
3	헝가리	22.8
4	라트비아	20.9
5	슬로베니아	20.1
6	일본	19.5
7	벨기에	19.9
8	에스토니아	17.2
9	폴란드	16.2
10	핀란드	15.9
11	체코	15.2
12	프랑스	15.1
13	오스트리아	14.2
14	미국	13.2
15	뉴질랜드	12.4
36	멕시코	4.9

국민건강보험공단의 '5대 사망원인의 사회경제적 비용 분석 연구'에 따르면, 2012년, 암은 14조 86억 원(43.2%)으로, 가장 높은 비중을 차지했고, 다음으로는 자살 6조 4,769억 원(20%), 뇌혈관질환 5조 1,297억 원(15.8%), 심장질환 4조 186억 원(12.4%), 당뇨병 2조 7,748억 원(8.6%) 순으로 비용이 많이 들었다. 동일의 연도를 기준으로 한 2014년, 자살의 사회경제적 비용의 분석 결과는 7조 894억 원으로, 자살 비용은 앞의 연구 결과와 유사했다. 조기 사망에 따른 손실뿐만 아니라 의료비 및 의료 이용에 따른 생산성 손실액 등을 모두 포괄하는 사회경제적 비용의 순위는 사망률 순위와는 달리 암에 이어 자살로 인한 손실이 가장 높은 것으로 나타나, 사회적 관점에서 볼 때 자살로 인해 발생하는 사회경제적 손실이 다른 주요 질병군에 비해 우위에 있음을 확인할 수 있다.

이 같은 연구 결과는 그간 건강보험은 물론 보건의료정책 전반에서 질병에 우선순위를 두고, 예방 및 관리정책을 시행해 왔던 현 제도에 향후, 개선이 필요함을 시사하고 있다. 즉, 앞으로는 암(癌, cancer) 다음으로 사회적 손실이 큰 자살의 문제에 우리 사회가 주목해야 한다는 사실을 거듭 주지시키고 있는 것이다.

술(酒, Alcoholic Drink)의 의존(依存, dependence)이 아닌 또 다른 의존, 마약(痲藥, drug)… 자살에 있어 또 다른 심각한 문제를 불러일으키는…

- **마약에 취해 투신 난동 20대 입건**: 마약에 취해 모텔 창문으로 뛰어내리려던 20대가 경찰에 붙잡혔다. 광주 동부경찰은 27일 마약류관리법 위반 혐의로 A(23)씨를 입건했다. A씨는 전날 오전 9시 30분께 광주 동구 대인동 한 숙박업소 객실에서 일회용 주사기를 이용해 필로폰을 수차례 투약한 혐의를 받고 있다. 마약을 투약한 뒤 환각 상태에서 난동을 부린 A씨는 숙박업소 주인의 신고로 경찰에 현행범 체포됐다. A씨는 체포 과정에서 알몸 상태로 5층 객실의 창문 밖으로 뛰어내리려 했던 것으로 전해졌다. A씨는 지난 22일 이 모텔에 입실해 필로폰을 등을 주사기로 투약했다. A씨가 머물던 객실에서는 일회용 주사기 23개(사용 11개, 미사용 12개) 등이 발견됐다. A씨는 과거 동종 전과로 2차례 처벌받은 이력이 있는 것으로 조사됐다. 경찰은 마약을 과다 투약한 A씨가 병원 치료를 마치는 대로 정확한 사건의 경위를 조사한 뒤 구속영장을 신청할 방침이다.(전남일보, 2024.02.27.)

- **'경찰 추락사' 마약모임… 신종 마약 투약한 12명 추가 재판행**: 지난해 8월 서울 용산구의 한 아파트에서 경찰관이 마약류 투약 후, 추락해 숨진 사건에 대해 검찰이 모임에 참석해 신종 마약을 투약한 12명을 추가로 재판에 넘겼다.

서울서부지검 형사3부는 마약류관리에 관한 법률위반 등의 혐의로 모임 주도자 A(31)씨 등 12명을 불구속 기소했다고 13일 밝혔다. 검찰에 따르면, 이들은 지난해 8월 26~27일 또 다른 모임 주도자 정(44)모씨의 집에서 참석자들에게 신종 마약류를 제공하고, 함께 투약한 혐의를 받는다. 이들 중 A(31)씨와 B(30)씨는 정씨의 집에서 마약을 투약한 혐의로, 지난해 한 차례 불구속 기소됐다. A씨는 1심에서 징역 2년 6개월, B씨는 1년 6개월에 집행유예 3년을 선고받았다. 두 사람 모두 항소심 재판을 받던 중 신종마약 투약 혐의가 새로 입증돼 이날 추가로 기소됐다. 지난해 8월 27일 서울 용산구 한 아파트에선 강원경찰청 기동대 소속 경장 C씨가 투신해 숨지는 사건이 발생했다. 당시 신고를 받고 출동한 경찰이 마약 간이 시약 검사를 진행한 결과, 함께 있던 일행 중 일부가 양성 반응을 보였다. 시신 부검 결과, C씨의 시신에선 필로폰·케타민·엑스터시를 포함한 마약류 성분이 검출됐다. 검찰은 사건 발생 이후, '집단마약 사건 대응전담팀'을 꾸리고, 현장에 있던 신종 마약류를 분석했다. 일부 마약류의 경우 국내 감정 방법이 없다는 사실을 확인하고, 대검찰청에 요청해 신종마약류 표준품을 입수해 감정했다. 이를 통해 12명의 신종 마약 투약 사실을 추가로 밝혀내 이번에 기소했다. 검찰 관계자는 "신종 마약류는 심각성이 아직 알려지지 않아 경각심 없이 투약할 가능성이 크다."며, "피고인들이 죄에 상응하는 처벌을 받을 수 있도록 공소유지에 최선을 다하고, 향후에도 경찰과 협력해 마약류 범죄를 엄단하겠다."고 밝혔다.(한국경제, 2024.05.13.)

작년 한 해 2만 7,611명 단속, 전년 대비 50% 넘게 급증하는 마약사범 10명 중 6명 이상이 20·30대 청년이다. 10대 청소년의 마약 적발도 크게 증가하고 있어 마약을 통한 문제가 저연령화(低年齡化)되는 경향에 우리 사회는 불안함에 휩싸이고 있다. 2024년도 1분기에만 적발된 마약 사범 3명 중 2명이 30대 이하인 셈이라고 한다. 젊은 층이 많이 이용하는 다크웹·SNS 등을 통한 마약류의 거래는 우리 사회에 범죄의 문제만이 아닌 또 다른 사회적 문제에 덮어 씌워져 엄청난 파장을 일으키고 있다. 마약 문제만큼이나, 자살문제도 예외는 아닐 것이기에 한층 더 우려되고 있는 실정이다.

높은 자살률에 낮은 출산율… '국가 소멸' 시대에 자살을 생각하는 이들과 실행하는 이들이 늘어난다는 것은 급변하는 전 세계적 상황에 있어 또 다른 차원(次元, level)의 심각한 문제를 불러일으키는…

낮은 출산율과 높은 자살률의 사회는 매년 3월을, 전년도 합계출산율 발표에 습관적으로 놀라기 시작한 지 벌써 몇 년째다. 2024년 3월에 또다시 발표된 작년 합계출산율은 0.72명으로, 역시나 역대 '최저치'를 경신했다. 올해 초, 방송을 통한 대통령 특별 대담에서는 "출산율 1.0명이 목표"라고 대통령이 직접 공언하기도 했다. 하지만, 문제의 핵심은 낮은 출산율이 아니며, 저출산은 결과이지 원인이 아니다. 즉, 필요에 따라 그 목표를 낮출 수도 있는 것으로써 낮은 출산율 그 자체가 문제는 아니라는 것이다. 정작 주목해야 할 것은 한 국가의 사회가 일정한 규모로 지속될 수 없을 상태로 출산율이 낮아지게 된 여러 사회적 요인들이다. 이는 자살문제와 함께 국가 전체 인구 비율에 영향을 미치게 됨으로써 많은 사회적 문제를 일으키게 되는 것이다.[29]

인간을 결코 '수단'으로 여기지 말고, '목적'으로 대해야 한다는 것… 이러한 측면에서 높은 자살률에 대한 한국 사회의 낮은 관심은 매우 이례적이라 하겠다. 세상에 나오지도 않은 이에 대한 많은 걱정과 근심, 조바심에 비해 스스로 삶을 끝낸 이에 대한 적은 관심과 우려는 과히 놀라울 정도이다. 지난 수년간 OECD 회원국 중 자살률 1위를 차지해 왔음에도 불구하고, 이에 대한 진정 심도 있는 사회적 논의 등은 정말 찾아보기 쉽지 않다. 이는 분명 인간을 수단으로 여기기 때문이지 않을까?…

높은 자살률… 낮은 출산율… 인간을 수단으로만 대하는 이 사회에 대한 문제… 이러한 토대를 가진 대한민국은 OECD 회원국 중 전 연령대 및 남녀 모두에서 그 자살률이 현저히 높은 것은 당연하다. 여기서 우리가 특히 주목할 부분은 10~30대까지 사망의 원인 1위가 '자살'이라는 것이다.

삶은 매일 행복해하며, 많은 목표에 대한 기대와 설렘 그리고 해냈다는 성취감 등으로 가득 찬 시간을 가져도 부족하다. 특히 이러한 삶을 많이 누려야 하는 대한민국의 청년들이, 국가의 형성과 운영에 있어 결코 없어선 안 될 크나큰 원동력이 될 그들의 자살률이 전 세계적인 대한민국에서 너무 쉽게 자살에 노출되어 있다는 사실이 안타깝기 그지없다.

투신자살에 대해 그릇된 생각을 가진 일부의 사람들은 "그깟 돈 몇 푼과 시민들의 조망권 등을 감히 자살방지 효과와 비교할 수 있느냐."는 잘못된 생각에 빠져 있을 수 있다. '나 자신의 생명만큼' 그 누군가의 '생명도 소중하다'는 것을 잃어버리게 된다면… 아마 '죽음'의 그림자가 다가와도 '도움'이라는 '말'조차도 생각하지 못하는 안타까운 사연이 이미 그들에겐 드리워질 일이다.

〈표 4.14〉 2022년 OECD 국가 출산율(위키백과)

(단위: 명)

순위	국 가	2022년
1	이스라엘	2.89
2	프랑스	1.76
3	아일랜드	1.70
4	미국	1.66
4	뉴질랜드	1.66
6	체코	1.64
7	호주	1.63
8	튀르키예	1.62
9	아이슬란드	1.59
10	슬로바키아	1.57
11	덴마크	1.55
11	슬로베니아	1.55
13	벨기에	1.53
14	스웨덴	1.52
14	헝가리	1.52
38	대한민국	0.78
OECD 평균		1.49

〈그림 4.153〉 조앤 윌리엄스 캘리포니아대 법대 명예교수(EBS 다큐멘터리 K)

• "한국 망했네요." 머리 부여잡은 美 교수… 출산율 더 낮아지자 보인 반응: 지난해 한국의 저출산 문제를 듣고, "대한민국 완전히 망했네요."라는 발언을

해 화제가 된 미국 교수가 최근 한 언론 인터뷰를 통해 우려의 목소리를 재차 냈다. 지난 29일 조앤 윌리엄스(72) 캘리포니아대 명예교수는 인터뷰를 통해 2022년 합계출산율(0.78명)보다 더 떨어진 현재 한국 상황을 듣고, "정말 충격적"이라며, "큰 전염병이나 전쟁 없이 이렇게 낮은 출산율은 처음 본다. 숫자가 국가비상사태라고 말한다."고 진단했다. 합계출산율은 가임 여성 1명이 평생 낳을 것으로 예상되는 출생아 수를 의미한다. 대한민국의 지난해 합계출산율은 0.72명으로, 윌리엄스 교수가 듣고 놀랐던 2022년 합계출산율보다 더 낮아졌다. 분기별로 따져보면, 지난해 4분기 출산율은 0.65명이었고, 올해 1분기(0.76명)마저 2009년 통계 작성을 시작한 후, 1분기 기준 가장 낮은 수치였다. 심지어 올해 연간 합계출산율은 사상 처음 0.6명대로 내려앉을 가능성이 있다는 분석이 나오고 있다. 윌리엄스 교수는 자신과 딸의 경우에도 출산과 양육은 어려웠다고 공감하면서도 긴 시간 근무하는 한국 직장인의 특성상 더 힘든 것이라고 평가했다. 그는 "한국은 일터에 늘 있어야 하는 이상적인 근로자를 필요로 하면서도 아이를 돌볼 어른도 있어야 하는 가족문화를 갖고 있다."며, "두 시스템은 같이 갈 수 없다."고 강조했다. 한국에서 자녀의 양육을 위해서는 누군가 경력을 포기해야 하는 상황이 국가에도 큰 손실이라고 했다. 윌리엄스 교수는 "한국이 젊은 여성들을 훈련하고는 엄마가 된 뒤 노동시장에서 밀어내면서 버리는 국내총생산(GDP)을 생각하면, 경제적으로도 말이 안 된다."며, "비정규직이 된 당신의 경력도 끝나고, 나라 경제도 끝난다."고 말했다. 돈의 가치가 삶의 우선순위인 점도 지적했다. 그는 "한국에서 아이를 갖는 건 몹시 나쁜 경력일 뿐"이라며, "물질적 성공이 매우 중요한 사회에선 계산하게 된다. 풍요가 우선인데 여성들이 왜 그런 선택(출산)을 하겠냐!"고 반문했다. 실제로, 2021년 미국의 한 여론조사 업체가 17개 선진국 성인을 대상으로 설문조사를 한 결과, '삶을 의미 있게 만드는 요소는 무엇이냐?'는 질문에 대부분 국가가 '가족'이라고 답했지만, 한국만 유일하게 '물질적 풍요'를 꼽았다. 조앤 윌리엄스 교수는 하버드대에서 박사 과정을 마치고 현재는 캘리포니아대 로스쿨 샌프란시스코 명예교수이자 노동법 전문가로 활동하고 있다. 그는 지난해 한 다큐멘터리 프로그램에 출연해 2022년 대한민국의 합계출산율을 듣고 놀란 표정으로 머리를 감싼 채 "대한민국 완전히 망했네요."라고 발언해 화제가 됐다.(조선일보, 2024.05.30.)

　　前(front)은 저출산에 문제가… 後(back)는 자살의 문제가… 에너지원(energy source)의 생산이 적으며, 에너지원이 소진이 빨라져 간다는 것… 이것이 '인구소멸' 그리고 '국가소멸'까지 직결되는 무서운 현실을 맞게 되지 않으려면, 무엇이 해결되어야 하는지 우리는 끝없이 고민해야 할 것이다.

　　• **자살예방 예산 늘리면, '연 3조 원 경제효과'**: 자살예방 사업 예산을 늘려야 한다고 국회예산정책처가 지적했다. 자살을 줄여 얻을 수 있는 효과를 금액으로 환산하면, 연간 최대 3조 원에 이르는데도 자살예방 사업에 투입되는 예산은 연간 48억 원에 불과하다는 것이다. 29일 국회예산정책처의 '자살예방 사업의 문제점과 개선과제' 보고서를 보면, 2012년 현재 10만 명당 21.8명인 자살률을 정부 목표치인 10만 명당 20명으로 줄일 경우 연간 1조 427억 원(15~64세 연령 자살자 계산)에서 2조 971억 원(전 연령 자살자 계산)의 경제적 효과가 발생하는 것으로 추정됐다. 경제협력개발기구(OECD) 회원국 평균 수준(12.8명)으로 낮추면, 이보다 많은 1조 6,844억 원(15~64세)에서 3조 3,875억 원(전 연령)에 이를 것으로 추산됐다. 경제적 효과는 자살사망자와 자살시도자의 의료비용과 사망 시 수사비용 등 직접비용과 자살사망자 가족의 직접의료비용·작업손실비용 등 간접비용을 포함해 산출했다. 그러나 정부의 자살예방 대책에 투입된 예산은 너무 적다. 올해 보건복지부 자살예방 사업 예산은 48억 원으로, 보건 분야 총예산(8조 5,203억 원)의 0.06%다. 보고서는 자살예방 사업이 귀중한 인명을 지킬 수 있을 뿐 아니라 경제적 이득도 크다는 점을 감안하면, 예산을 더 늘릴 필요가 있다고 지적했다…(경향신문, 2013.11.29.)

국회예산정책처의 '자살예방사업의 문제점과 개선과제 연구'에 따르면, 2018년까지 인구 10만 명당 자살률을 20명으로 낮추는 가정에서, 자살예방사업을 통해 2014~2018년 동안 얻을 총편익은 5조 2,135억 원~10조 4,853억 원이며, 동 기간 동안 매년 1조 427억 원~2조 971억 원의 편익을 얻을 수 있는 것으로 나타났다. 또한 2018년까지 인구 10만 명당 자살자 수를 12.8명으로 낮추는 가정에서, 자살예방사업을 통해 2014~2018년 동안 얻을 수 있는 총편익은 8조 4,218억 원~16조 9,399억 원이며, 동 기간 동안 매년 1조 6,844억 원~3조 3,875억 원의 편익을 얻을 수 있다는 결과를 제시했다.

이 같은 연구 결과를 통해 사회경제적 비용에 있어 자살예방은 적잖은 편익을 가져온다는 사실을 알 수 있다. 자살은 그 시도자와 사망자의 의료비용, 사망 시 수사비용 등의 직접적 비용과 시도자와 사망자 가족의 직접 의료비용, 작업 손실비용 등의 간접비용에 따른 경제적 손실이 크게 뒤따른다. 우리 사회는 이런 부분에 대해 깊게 생각하거나, 고민한 바가 적다. 이런 관점에서 보면, '자살'이 사회적인 잘못된 '행위'라는 건… 그것이 '자살자'들만의 '행위'로 끝나는 것이 아니라는 '의미'를… 우리는 생각조차 못하고 있는 게 아닐까 싶다.

분명 자살률에도 드러나지 않거나, 검거하지 못한 범죄 비율 즉, 암수율(暗數率, the rate of unreported crimes)과 같은 수치가 자살 수치에 있어서도 엄연히 존재할 것이기 때문에 전체 자살률의 데이터를 완전히 신뢰할 수 없게 된다. 그렇기에 자살에 따른 그 '수단'의 '습득(習得, acquisition)'을 끝끝내 '막을 수 없다.'면, 이는 분명 인류사상(人類史上, in the history of mankind) 해결될 수 없는 난제로 직결될 확률이 높다.

자살이라는 문제에 있어서… 이유야 어찌 됐든 간에 자살은 분명 개인의 선택으로 발생한 사고임은 틀림없다. 그러나 이러한 자살이 가깝게는 자살자의 가족과 친지들 더 나아가 국민과 국가·사회 전체에 커다란 영향을 줄 수밖에 없다는 사실을 절대로 간과(看過, overlook)해선 안 될 것이다.

'삶'을 포기하는 걸 '포기'하도록…
그렇게만 할 수 있다면, 오히려 '살고자 하는 강력한 열망'이 생기지 않을까?
괄골요독(刮骨療毒)의 비장한 각오와 함께…

"인간의 확고한 의지는 그 어떤 것으로도 막을 수 없다.
다만, 잘못된 생각으로 인한 최악의 의지는
반드시 막아내야 할 것이다."

‖ 이야기를 끝내면서…

　자살을 예방하기 위해서는 사회 각계각층의 전략이 필요하다. 여기에는 개인, 가족 및 지역 사회를 위한 예방 및 보호의 전략이 포함된다. 자살의 예방은 사회 변화에 전념함으로써 또 그 회복력을 추진함으로써 충분히 예방할 수 있음에 이제 우리는 현명(賢明, wisdom)해질 필요가 충분하다.

　많이도 늦었지만, 어리석게 지난 시간에 대해 연연(戀戀)해 하지 말며… 이제는 분명 달라져야 할 것이며… 괄골요독(刮骨療毒)의 비장한 각오로… 많이도 늦었지만, 이젠 들어설 시간이 되었다.

　우리가 걸어온 길은 같다. 하지만, 우리의 경력은 서로 다르다. 인식 또한 다르다. 아주 오래전부터 우리는 자살예방을 위해 무던히 힘써 왔다. 그런 반면에 실질적인 자살률 감소의 결과는 그다지 없었으며, 우리는 이를 지켜봐야만 했다. '한국'이라는 좋은 환경에서는 '자살'을 그저 '개인 문제' 때문에 생겨난 비정상적인 '죽음'이라고 많이들 생각해 왔다. 이것이 진정 우리가 생각하는 '좋은 환경의 한국'일까? '자살'로 인해 잃어버린 소중한 '생명의 수'는 우리가 생각하는 수보다 훨씬 많으며, 생각하기 힘들다.

　세계적으로 이와 관련된 학자들은 많다. 저자 또한 연구 개발자이며,

학문을 하는 사람이다. 자살문제에 있어 많은 학자들과 저자는 그저 '견해(見解, opinion)'가 다를 뿐이다. 이는 '입장(立場, stance)'이 다르기 때문일 수 있다. 이 입장이 다른 이유는 무엇 때문일까? 저자는 한국인으로서 최소한의 양심을 갖고, 우리 자국의 진실된 자살의 과거와 현재를 말할 수 있어야 한다고 생각한다. 그렇기에 저자는 '가족'에게도 '이웃'에게도 '사회'에게도 말할 것이다. 그래서 국가가 우리 사회와 국민들에게 자행(恣行, committing)했던 자살문제에 대한 잘못된 견해와 입장에 있어 이를 인정하고 정신을 다시 차려서 좋은 환경의 사회, 한국이 되길 바란다.

저자는 2022년 12월 19일에 방송된 〈MBN 뉴스7〉에 '[안전진단M] 4초만 늦추면 되는데… 투신방지 안전난간 설치 확대해야'편의 촬영을 위해 취재 담당 기자를 만나게 되었다. 기자가 저자를 만나자마자 던진 한마디는…

"박사님은 지금까지 몇 명이나 살리셨어요? 앞으론 어떻게 해나가야 하나요?"

투신자살을 방어하는 물리적 시설의 시스템을 연구하고 개발해 온 저자이지만, 이런 질문은 한 번도 생각하지 못했던 것이기에 몹시 당황스러워했던 그 순간이 아직도 생생하다. 대개 많은 사람들은 '자살에 대한 질문'에 "난 그런 거 잘 몰라요… 내 가족만 아니면 되지 않나요… 죽을 만한 뭐가 있었겠죠…" 그리곤 이렇게 덧붙인다. "나와 상관없잖아요… 내가 그런 것까지 신경 써야 하나요… 그런 것에 쓰이는 내가 낸 세금이 아까워요…"라고 말한다. 이러한 현실이기에 당시 기자의 그 질문엔 쉽게 답변할 수가 없었다.

'온고지신(溫故知新)'… 우리는 과거(옛것을 익히고)를 거슬러 올라가 앞(그것을 미루어서 새것을 앎)으로 나가야 한다는 것을 우리는 너무나도 잘 알고 있다. 우리는 결국엔 같고, 또한 같은 생각을 한다. 우리는 국가와 이 사회가 조금이라도 국민을 위해 헌신하고 공로를 세우길 진심으로 바란다. 이제 우리는 자살이라는 문제 앞에서만큼은 개인적인 감정에서 벗어나야 한다. 그리고 자신의 입장도 내려놔야 한다. 왜냐하면, 우리는 한국을, 우리의 나라를 사랑하기 때문이고, 우리의 국민을 사랑하기 때문이다. 이제 자살문제의 현실을 우리는 제대로 볼 수 있어야 한다. 저자는 겨우 이 책에 '그것'을 담는 것으로, 그 문제를 제대로 볼 수 있었다.

'학자(學者, scholar)'는 '진실(眞實, Truth)'을 말한다. 그렇기에 관련한 힘들고도 어려운 연구를 해온 수많은 관련 학자들에게 저자는 깊은 경의(敬意, respect)를 표한다. '국가(國家, state)'는 '국민(國民, nation)'에게 진실을 말해야 한다. 만약 국가가 지금껏 자살문제에 있어 국민에게 공헌(貢獻, contribution)을 말하지 못한다면… 우리는 국가가 국민에게 자행했던 잘못을 얘기했는데… 국가가 이를 반론하지 못한다면… 국가와 국민은 '하나'이지만, 큰 '차이'가 있다. 그것은 바로 '국민'은 나라를 사랑하고, 국가는 '국민'을 아끼지 않는다는 것이다.

저자는 이 책을 집필하면서 현대 사회의 '자살'이라는 심각한 문제에 당면함에 있어 관련 전문가는 물론 정부부처 및 유관기관 등에서 연구 진행된 결과 및 자료의 근거를 토대로 해 언론·매체 등의 보도된 기사를 통해 이것이 현 상황에 부합되고 있는지를 유도해 구성해 보았다. 그 결과, 현실에 놓여 있는 상황과 그 사실에 있어서 관련해 진행된 연구의 결과 및 자료들은 몇몇을 제외하고는 대부분 현 상황과 부합되고 있음을 확인해 볼 수 있었다. 이에 현재의 연구가 향후, 전개될 많은 연구에 지대한 영향과 상당한 도움을 줄 수 있음은 물론 그로 인해 우리 사회가 진정 염원하는 '자살예방'의 노력에 따른 실질적 '자살률 감소'라는 엄청난 결과를 가져올 수 있으리라 저자는 감히 예견한다.

2006년, 에릭 스틸의 〈더 브릿지〉에 담긴 영상은 저자에게 커다란 충격과 함께 적잖은 고민을 안겨주기에 충분했으며, 동시에 교량 상에서의 투신 수단으로 인한 자살의 시도에 있어 많은 의문점과 함께 질의를 일으키기에 충분했다. '그것'은 실제 교량 상에서의 투신자살자들을 기록한 다큐멘터리이기에…

저자에게 있어 이와 같은 사실은 물리적 시설의 시스템 구현을 통해 투신자살을 방어해내는 연구·개발에 한없이 빠져들게 하였으며, 이의 끊임없는 힘든 여정의 노력의 끝에 저자는 '국내 최초'이자 '세계 최초'인 '추락 및 투신자살 방어 회전 원통형 시스템(제1세대: Rollinder System)'을 완성시켜 세상에 내놓게 되었다.

투신자살을 방어하는 물리적 시설의 시스템을 최초로 연구하여 그 성과를 내고 있는 저자이지만, 나는 아직도 여전히 공허(空虛, empty)하다. 또한 여기서 멈춰선 절대로 '그것'에 대한 미제(未濟, unfinished)된 산더미같이 쌓여 있는 문제들을 조금도 덜어낼 수 없다는 사실을 그 누구보다 잘 알고 있고, 이것을 절대 잊지 않으려고 매 순간 노력하고 있다.

미력(微力, poor ability)하나마, 이러한 노력이… 보건복지부(Ministry of Health and Welfare)의 자살예방 사업 중 '교량 자살예방 시설 권고'

안의 '선정', 서울기술연구원(SIT, Seoul Institute of Technology)의 크라우드소싱 기반 기술공모 도전과제인 '한강 교량 상 자살시도자의 투신방지를 위한 물리적이고 안전한 시설 또는 기술' 전에서 '우승', 한국자살예방협회(Korea Association for Suicide Prevention)의 '제16회 자살예방종합학술대회에서 우수한 연구의 학술(논문)포스터'로 '선정' 등의 결과와 실제 '해상 및 강 교량'에의 설치에 따른 실질적인 그 '방어 능력'에 있어 '우수한 효과'의 결과를 만들어낼 수 있었기에… 다행히도 우리 사회가 볼 수 있게 되어 너무나도 감사할 따름이다.

앞으로, '그것'의 문제해결에 있어 우리들의 노력은 어떠해야 할까? 이 질문엔 저자 또한 자신 있게 답할 수가 없다. 아니 더 솔직해지자면, 너무나도 막중한 심각하고도 난해한 것이기에 이 앞에만 서면 머리가 하얗게 되어버려 아무런 생각조차 하지 못할 때가 많다. 하지만, 이 또한 극복해낼 것이다. 지금껏 힘든 시간을 견디고 이겨낸 것처럼 멈추지 않고 고민할 것이며, 끊임없이 연구·개발에 매진할 것이다. 그렇기에 지금 당장은 이 앞에서 작아질 수 있으나, 분명 앞으로는 그렇게 되지 않을 것이다.

크게는 국가와 사회, 작게는 너와 나, 이 모두가 '그것'이 작디작아질 수 있도록 협심하여 마음 다해 도와야 할 것이며, 더 나아가 자살이라는 총체적 난제를 풀어내기 위해선 쉼 없는 절실한 노력이 반드시 필요하다.

끝으로, 자살과 관련한 앞으로의 모든 정책(政策, policy)이 현장 중심의 실효성을 반드시 검토한 후, 시행되길 바란다.

참고문헌

첫 번째, 이야기

1) 《자살, 차악의 선택》, 박형민, p.7
2) 《자살의 역사》, 이병욱, p.3
3) 숭정제(崇禎帝), 두산백과 두피디아, 네이버지식백과
4) 《자살론》, Emile Durkheim, p.37
5) 《자살론》, Emile Durkheim, p.37
6) 《자살론》, Emile Durkheim, p.38
7) 《자살론》, Emile Durkheim, p.38
8) 《자살에 대한 오해와 편견》, Thomas Joiner, p.411
9) 《자살에 대한 오해와 편견》, Thomas Joiner, p.8
10) 《자살에 대한 오해와 편견》, Thomas Joiner, p.75
11) 《자살에 관한 모든 것》, Martin Monestier, p.17
12) Emile Durkheim, 프랑스 사회학자·철학자, 대표저서 자살론·사회분업론
13) 《자살론》, Emile Durkheim, p.20
14) 《현대 사회와 자살》, 서강대학교 생명문화연구소, p.117
15) 세계자살예방의 날, https://ko.wikipedia.org, 위키백과
16) 《현대 사회와 자살》, 서강대학교 생명문화연구소, p.142~144
17) 《자살의 이해와 예방》, 이홍식, p.24

두 번째, 이야기

1) 메아리: 자살 이제는 말해야 한다, 한국일보, 2016.06.03.
2) 《왜 자살하는가》, Eric Marcus, p.11
3) 《자살공화국》, 김태형, p.17
4) 우리나라 자살자 전 세계 전쟁사망자보다 많다, 아시아경제, 2015.10.03.
5) 우리나라 자살자 전 세계 전쟁사망자보다 많다, 아시아경제, 2015.10.03.

6) 《자살공화국》, 김태형, p.18
7) 우리나라 자살자 전 세계 전쟁사망자보다 많다, 아시아경제, 2015.10.03.
8) 《자살에 관한 모든 것》, Martin Monestier, p.311
9) 《자살공화국》, 김태형, p.19
10) 《자살공화국》, 김태형, p.21
11) 우리나라 자살자 전 세계 전쟁사망자보다 많다, 아시아경제, 2015.10.03.
12) 《자살공화국》, 김태형, p.22
13) 인구소멸 국가 1호 대한민국 어떻게 살아남을 것인가, KBS NEWS, 2015.04.06.
14) 인구소멸 국가 1호 대한민국 어떻게 살아남을 것인가, KBS NEWS, 2015.04.06.
15) 《왜 자살하는가》, Eric Marcus, p.83.
16) 대한민국은 자살공화국, 서울대학교 의과대학 국민건강지식센터, 2015.02.15.
17) 《왜 자살하는가》, Eric Marcus, p.83
18) 《2019자살예방백서》, 보건복지부, p.97
19) 《2019자살예방백서》, 보건복지부, p.97
20) 《2019자살예방백서》, 보건복지부, p.89
21) 《2019자살예방백서》, 보건복지부, p.89
22) 《2019자살예방백서》, 보건복지부, p.98
23) 《2022자살예방백서》, 보건복지부, p.67

세 번째, 이야기

1) 치명적 수단을 사용한 고의적 자해 입원환자 특성, 차지훈 외9명, 대한응급의학회지 제30권 제5호, p.420, 2019.10.
2) 질식사, https://ko.wikipedia.org, 위키백과
3) 목맴(near-hanging) 사고에 따른 뇌손상 바로 알자, 박윤택, 소방방재신문사·119플러스, 2020.02.26.
4) 오대양사건, 한국향토문화전자대전, www.grandculture.net, 네이버지식백과
5) 목맴 살인과 위장 목맴사의 사례, 신강일 외1명, Korean Journal of Scientific Criminal Investigation Vol. 9, No. 2, 114-118, 2015.
6) 투신, https://ko.wikipedia.org, 위키백과

7) 9.11 테러, https://ko.wikipedia.org, 위키백과
8) 투신, https://ko.wikipedia.org, 위키백과
9) 베르테르 효과(Werther effect), https://ko.wikipedia.org, 위키백과
10) 자살예방기획④ 베르테르 효과 우려, 천지일보, 2024.01.18.
11) 유명인 자살보도 방향 바뀌자 나타난 효과, 메디컬리포트, 2021.07.22.
12) 파파게노 효과(Papageno effect), 두산백과 두피디아, 네이버지식백과
13) 《왜 사람들은 자살하는가》, Thomas Joiner, p.42
14) 《왜 사람들은 자살하는가》, Thomas Joiner, p.199
15) 《왜 사람들은 자살하는가》, Thomas Joiner, p.29
16) 〈더 브릿지(The Bridge)〉, 씨네21
17) 스너프 필름(snuff film), https://ko.wikipedia.org, 위키백과
18) Night Falls Fast: Understanding Suicide, Jamison, Kay Redfield
19) 가장 아름다운 다리 금문교 '자살 명소' 오명 까닭, 일요신문, [제1119호] 2013.10.21.
20) 《왜 사람들은 자살하는가》, Thomas Joiner, p.63
21) 유해 정보 이야기-자살예방 및 생명존중문화 조성을 위한 법률, 누리캅스, 2023.06.08.
22) 연령 낮아지는 자살상담… 초등생 3년간 2.6배 급증, 국민일보 쿠키뉴스, 2011.11.01.
23) 올해도 어김없이 수험생 잇딴 자살… 입시세태가 낳은 타살, NEWSIS, 2016.12.27.
24) 엠바고 대신 '보도유예'라 불러봅시다, 언론윤리 TALK, 미디어스, 2022.11.07.
25) 투신낙하 끊이지 않는 고층아파트 사고, 한국아파트신문, 2016.07.06.
26) 공포증, https://ko.wikipedia.org, 위키백과
27) 고소공포증, https://ko.wikipedia.org, 위키백과
28) 자살 안이한 인생관이 주범, 중앙일보, 1987.04.24.
29) 《자살에 대한 오해와 편견》, Thomas Joiner, p.170~171
30) 《왜 자살하는가》, Eric Marcus, p.88
31) 《자살에 대한 오해와 편견》, Thomas Joiner, p.109

네 번째, 이야기

1) 골든게이트 교, https://ko.wikipedia.org, 위키백과
2) 장강대교(長江大橋), 두산백과 두피디아, 네이버지식백과

3) 中 장강대교는 '자살대교'… 2,000명, 연합뉴스, 2007.01.22.
4) Suicide bridge, en.wikipedia.org/wiki/Suicide_bridge
5) 자살예방기획① '생명의 다리' 갈망한 마포대교의 비극… "근본 원인은 사회불안", 천지일보, 2023.12.04.
6) 오늘도 '자살'의 장소, 마포대교로 출근합니다, 세계일보, 2021.05.27.
7) 〔한강다리 SOS〕지난해 극단적 시도 1,000건 넘었다, 아시아경제, 2024.02.20.
8) 한강다리 투신사고 급증… "교통사고 대비 사망자 수 2배", 노컷뉴스, 2022.10.14.
9) DB를 열다, 1962년 한강인도교 자살방지 안내판서울신문, 2013.04.09.
10) 언중언, 한강, 강원일보, 2004.07.08.
11) 이장희의 스케치 여행, 한강대교, 동아일보, 2011.05.28.
12) 자살예방을 위한 국가 행동 연합, 미국 보건복지부, 2012.
13) Means Matter, HARVARD School of Public Health, 2012.12.14.
14) Reduce Access to Means of Suicide, Suicide Prevention Resource Center, 2019.05.16.
15) Interventions to reduce suicides at suicide hotspots: a systematic review, BMC Public Health, 2013.03.09.
16) 서울시, AI로 한강 투신시도 찾아낸다…, AI타임스, 2024.05.25.
17) 인공지능으로 한강 투신사고 생존 구조율 높인다, 대한민국 정책브리핑, 2024.03.27.
18) 한강다리 감시하는 '매의 눈', 수난구조대, 한국일보, 2023.11.07.
19) 〈5개년(2016~2020년) 전국 자살사망 분석 결과보고서〉, 보건복지부, 2023.09.
20) 죽음의 다리에서 생명의 다리로, 아시아경제, 2024.03.13.
21) 예방 전략, www.cdc.gov, 2021.06.04.
22) 자살예방 이렇게 도와주세요, 가톨릭중앙의료원 건강칼럼, 의정부성모병원, 2015.07.21.
23) 자살예방, 강영희, 생명과학대사전, 2014.
24) 《자살의 해부학》, Forbes Benignus Winslow, p.272
25) 《자살의 해부학》, Forbes Benignus Winslow, p.275~276
26) 자살, 선택인가 질병인가, 염태성 정신건강의학과 전문의, 정신의학신문, www.psychiatricnews.net, 2019.09.23.
27) 교량 투신자살을 시도한 환자의 임상적 특징, 대한우울조울병학회, 2011.09.
28) 〈자살, 새로운 고통의 시작〉 유럽은 지역마다 상담醫 배치 비극 차단, 헤럴드경제, 2013.01.30.
29) '소멸위기' 시대에 만연한 자살을 생각한다, 한국일보, 2024.03.16.

참고자료

- 〈2010경찰청범죄통계〉, 경찰청, 2010.
- 〈2012사망원인통계〉, 통계청, 2012.
- 〈2012자살실태조사연구보고서〉, 중앙자살예방센터, 2012.
- 〈2019자살예방백서〉, 보건복지부, 2019.
- 〈5개년(2013~2017년) 자살사망 분석 결과보고서〉, 한국생명존중희망재단, 2019.09.
- 〈2022사망원인통계〉, 통계청, 2022.
- 〈교량 자살예방 시설 권고안 개발 연구〉, 보건복지부, 2020.11.
- 〈2022자살예방백서〉, 보건복지부, 2022.
- 〈5개년(2016~2020년) 전국 자살사망 분석 결과보고서〉, 보건복지부·한국생명존중희망재단, 2023.09.
- 김태형, 《자살공화국》, 세창미디어, 2017.
- 박형민, 《자살, 차악의 선택》, 이학사, 2010.
- 서강대학교 생명문화연구소, 《현대 사회와 자살》, 한국학술정보, 2011.
- 이병욱, 《자살의 역사》, 학지사, 2017.
- 한국자살예방협회, 이홍식, 《자살의 이해와 예방》, 학지사, 2012.
- Emile Durkheim, 《자살론》, 청아출판사, 2008.
- Eric Marcus, 《왜 자살하는가》, 책비, 2015.
- Forbes Benignus Winslow, 《자살의 해부학》, 유아이북스, 2016.
- Jamison, Kay Redfield, 《Night Falls Fast: Understanding Suicide》, Gardners Books, 2012.
- Martin Monestier, 《자살에 관한 모든 것》, 새움, 2015.
- N.B. Schmidt, R. Kotov, T.E. Joiner, Jr.(2004), "Taxometrics : Toward a new diagnostic scheme for psychopathology", 《American Psychological Association》
- Paul G. Quinnett, 《자살 심리치료의 실제》, 학지사, 2006.
- T.E. Joiner, Jr., J.C. Coyne(1999), "The interactional nature of depression : advances in interpersonal approaches", 《American Psychological Association》

- Thomas Joiner, 《자살에 대한 오해와 편견》, 베이직북스, 2011.
- Thomas Joiner, 《왜 사람들은 자살하는가》, 황소자리, 2012.
- 김준철, 권민지(2022), 〈한강 교량 CCTV 영상감시 통합관제 체계 고도화〉, 서울기술연구원
- 김현중, 박종칠(2014), 〈교량의 자살방지 시설물에 관한 고찰〉, 대한토목학회 학술대회, 2014.10, pp.1663-1664
- 박변갑, 박성룡(2021), 〈텍스트마이닝 분석을 통한 공간의 의미 표출에 관한 연구 : 교량 자살 빅데이터를 중심으로〉, 한국공간디자인학회, vol.16, no.8, 통권 77호 pp.181-190
- 박세만, 백충현, 최병정(2019), 〈추락 및 투신자살 방지 시스템의 조사 및 Rollinder System 적용기술〉, 한국산학기술학회, vol.20, no.5, pp.591-598
- 박세만(2020), 〈투신자살 방어를 위한 회전 원통형 시스템의 구조 성능 평가〉, 경기대학교
- 박예빈, 최다선, 이세인, 정다현, 임양미(2021), 〈자세 인식 딥러닝을 이용한 교량 자살 방지 시스템〉, 한국방송·미디어공학회 2021 추계학술대회, 2021.11, pp.297-298
- 윤지혜(2017), 〈응급실에 내원한 자살시도자의 재시도 관련 요인 : NEDIS 자료를 이용하여〉, 가천대학교
- 이용석, 임수아, 신종균(2017), 〈인명지킴이 시스템 기반 사회재난 대응 실증 연구 : IDS 기술을 활용한 수난방지 시스템 시나리오 개발〉, 한국재난정보학회, vol.13, no.1, 통권 35호 pp.106-117
- 이채정, 김상우(2013), 〈자살예방사업의 문제점과 개선과제〉, 국회예산정책처
- 전병선, 정영은, 송후림, 왕희령, 우영섭, 박원명(2011), 〈교량 투신자살을 시도한 환자의 임상적 특징 : 일 대학병원 응급실 기록 조사〉, 대한우울조울병학회, 2011, vol.9, no.3, pp.206-211
- 정진욱, 오영인, 채희란, 윤시몬, 이종대(2012), 〈한강 교량 투신사고 방지 시스템 구축에 관한 연구〉, 한국보건사회연구원
- 정진욱, 전진용, 이종대, 송기민, 김주혜(2020), 〈교량 자살예방 시설 권고안 개발 연구〉, 한양대학교
- 최용태(2020), 〈한강 교량 투신자살 방지 시스템 개선에 관한 연구〉, 서울시립대학교
- 황의동(2019), 〈한강 투신자 재투신 방지모형 구축에 관한 연구〉, 강원대학교
- 현경래, 이선미(2014), 〈5대 사망원인의 사회경제적 비용 분석〉, 건강보장정책 : Health

Insurance & Policy, vol.13, no.2, pp.91-107
- A. Hemmer, P. Meier, T. Reisch(2017), 〈Comparing Different Suicide Prevention Measures at Bridges and Buildings:Lessons We Have Learned from a National Survey in Switzerland〉, PLoS ONE, vol.12, no.1, pp.1-13
- A.L. Beautrais, S.J. Gibb, D.M. Fergusson, L.J. Horwood, G.L. Larkin(2009), 〈Removing bridge barriers stimulates suicides : an unfortunate natural experiment〉, Australian & New Zealand Journal of Psychiatry, vol.43, no.6, pp.495-497
- A.R Pelletier(2007), 〈Preventing suicide by jumping : the effect of a bridge safety fence〉, Injury prevention : journal of the International Society for Child and Adolescent Injury Prevention, vol.13, no.1, pp.57-59
- A. Sæheim, I. Hestetun, E. Mork, L. Nrugham, L. Mehlum(2016), 〈A 12-year national study of suicide by jumping from bridges in Norway〉, Archives of Suicide Research, vol.21, no.4, pp.568-576
- C. Law, J. Sveticic, D.D. Leo(2014), 〈Restricting access to a suicide hotspot does not shift the problem to another location. An experiment of two river bridges in Brisbane, Australia〉, Australian and New Zealand Journal of Public Health, vol.38, no.2, pp.134-138
- C. Okolie, S. Wood, K. Hawton, U. Kandalama, A.C. Glendenning, M. Dennis, S.F Price, K. Lloyd, A. John(2020), 〈Means restriction for the prevention of suicide by jumping〉, The Cochrane Database of Systematic Reviews
- C. Owens, R. Hardwick, N. Charles, G. Watkinson(2015), 〈Preventing suicides in public places : A practice resource〉, Public Health England
- D.A. Whitmer, D.L. Woods(2012), 〈Analysis of the Cost Effectiveness of a Suicide Barrier on the Golden Gate Bridge〉, Crisis, vol.34, no.2, pp.98-106
- E. Verona, C.J. Patrick, T.E. Joiner, Jr.(2001), 〈Psychopathy, antisocial personality, and suicide risk〉, Journal of Abnormal Psychology, vol.110, no.3, pp.462-470
- G.R Cox, C. Owens, J. Robinson, A. Nicholas, A. Lockley, M. Williamson, Y.T.D. Cheung, J. Pirkis(2013), 〈Interventions to reduce suicides at suicide hotspots : a systematic review〉, BMC Public Health, vol.13, no.214
- G. Zalsman, K. Hawton, D. Wasserman, K.V. Heeringen, E. Arensman, M.

Sarchiapone, V. Carli, C. Höschl, R. Barzilay, J. SBalazs, G. Purebl, J.P. Kahn, P.A. Sáiz, C.B. Lipsicas, J. Bobes, D. Cozman, U. Hegerl, J. Zohar(2016), 〈Suicide prevention strategies revisited : 10-year systematic review〉, The Lancet Psychiatry, vol.3, no.7, pp.646-659
- H. Rilkoff, S. Sanford, J. Fordham(2018), 〈Interventions to prevent suicide from bridges : An evidence review and jurisdictional scan〉, Toronto Public Health
- J. Pirkis, M.J Spittal, G. Cox, J. Robinson, Y.T.D Cheung, D. Studdert(2013), 〈The effectiveness of structural interventions at suicide hotspots : a meta-analysis〉, International Journal of Epidemiology, vol.42, no.2, pp.541-548
- K.D. Wagner, A. Berenson, O. Harding, T.E. Joiner, Jr.(1998), 〈Attributional Style and Depression in Pregnant Teenagers〉, American Journal of Psychiatry, vol.155, no.9, pp.1227-1233
- M.D. Rudd, M.H. Rajab, D.T. Orman, D.A. Stulman, T.E. Joiner, Jr., W. Dixon(1996), 〈Effectiveness of an outpatient intervention targeting suicidal young adults : Preliminary results〉, Journal of Consulting and Clinical Psychology, vol.64, no.1, pp.179-190
- M.D. Rudd, T.E. Joiner, Jr., M.H. Rajab(1995), 〈Help Negation After Acute Suicidal Crisis〉, Journal of Consulting and Clinical Psychology, vol.63, no.3, pp.499-503
- M.D. Rudd, T.E. Joiner, Jr., M.H. Rajab(1996), 〈Relationships among suicide ideators, attempters, and multiple attempters in a young-adult sample, Journal of Abnormal Psychology, vol.105, no.4, pp.541-550
- M. Perez, J.W. Pettit, C.F. David, J.A. Kistner, T.E. Joiner, Jr.(2001), 〈The Interpersonal Consequences of Inflated Self-Esteem in an Inpatient Psychiatric Youth Sample〉, Journal of Consulting and Clinical Psychology, vol.69, no.4, pp.712-716
- M. Sinyor, A.J Levitt(2010), 〈Effect of a barrier at Bloor Street Viaduct on suicide rates in Toronto : natural experiment〉, BMJ: British Medical Journal, vol.341
- M. Sinyor, A. Schaffer, D.A Redelmeier, A. Kiss, Y. Nishikawa, A.H Cheung, A.J Levitt, J. Pirkis(2017), 〈Did the suicide barrier work after all? Revisiting the Bloor Viaduct natural experiment and its impact on suicide rates in Toronto〉, BMJ Open, vol.7,

no.5
- O. Bennewith, M. Nowers, D. Gunnell(2007), 〈Effect of barriers on the Clifton suspension bridge, England, on local patterns of suicide : implications for prevention〉, Cambridge Univ.
- P. Bandara, J. Pirkis, A. Clapperton, S.S. Shin, L.S. Too, L. Reifels, S. Onie, A. Page, K. Andriessen, K. Krysinska, A. Flego, M. Schlichthorst, M.J. Spittal, C. Mihalopoulos, L.K.D. Le(2022), 〈Cost-effectiveness of installing barriers at bridge and cliff sites for suicide prevention in Australia〉, JAMA Network Open, vol.5, no.4
- P. Lindqvist, A. Jonsson, A. Eriksson, A. Hedelin, U. Björnstig(2004), 〈Are suicides by jumping off bridges preventable? : An analysis of 50 cases from Sweden〉, Accident Analysis & Prevention, vol.36, no.4, pp.691-694
- P.M. Lewinsohn, J.W. Pettit, T.E. Joiner, Jr., J.R. Seeley(2003), 〈The Symptomatic Expression of Major Depressive Disorder in Adolescents and Young Adults〉, Journal of Abnormal Psychology, vol.112, no.2, pp.244-252
- P.W.C. Wong, E.D. Caine, C.K.M. Lee, A. Beautrais, P.S.F. Yip(2014), 〈Suicides by jumping from a height in Hong Kong : a review of coroner court files〉, Social Psychiatry and Psychiatric Epidemiology, vol.49, no.2, pp.211-219
- R.A. Bernert, T.E. Joiner, Jr., K.C. Cukrowicz, N.B. Schmidt, B. Krakow(2005), 〈Suicidality and sleep disturbances〉, Sleep, vol.28, no.9, pp.1135-1141
- R.H. Seiden(1978), 〈Where are they now? A follow-up study of suicide attempters from the Golden Gate Bridge〉, Suicide and Life Threatening Behavior, vol.8, no.4, pp.203-216
- S. Perron, S. Burrows, M. Fournier, P.A. Perron, F. Ouellet(2013), 〈Installation of a bridge barrier as a suicide prevention strategy in Montréal, Québec, Canada〉, American journal of public health, vol.103, no.7, pp.1235-1239
- T.E. Joiner, Jr.(1999), 〈The Clustering and Contagion of Suicide〉, Current Directions in Psychological Science, vol.8, no.3, pp.89-92
- T.E. Joiner, Jr.(2000), 〈Interpersonal aspects of depression and suicide〉, In annual conference of the American Psychological Association, Washington, DC, vol.14
- T.E. Joiner, Jr.(2003), 〈Contagion of suicidal symptoms as a function of assortative

relating and shared relationship stress in college roommates〉, Journal of Adolescence, vol.26, no.4, pp.495-504
- T.E. Joiner, Jr., D. Hollar, K.V. Orden(2006), 〈On Buckeyes, Gators, Super Bowl Sunday, and the Miracle on Ice : "Pulling Together" is Associated With Lower Suicide Rates〉, Journal of Social and Clinical Psychology, vol.25, no.2, pp.179-195
- T.E. Joiner, Jr., F. Johnson, K. Soderstrom(2002), 〈Association Between Serotonin Transporter Gene Polymorphism and Family History of Attempted and Completed Suicide〉, Suicide and Life-Threatening Behavior, vol.32, no.3, pp.329-332
- T.E. Joiner, Jr., J.W. Pettit, M. Perez, A.B. Burns, T. Gencoz, F. Gencoz, M.D. Rudd(2001), 〈Can Positive Emotion Influence Problem-Solving Attitudes Among Suicidal Adults?〉, Professional Psychology : Research and Practice, vol.32, no.5, pp.507-512
- T.E. Joiner, Jr., J.W. Pettit, R.L. Walker, Z.R. Voelz, J. Cruz, M.D. Rudd, D. Lester(2002), 〈Perceived Burdensomeness And Suicidality : Two Studies On The Suicide Notes Of Those Attempting And Those Completing Suicide〉, Journal of Social and Clinical Psychology, vol.21, no.5, pp.531-545
- T.E. Joiner, Jr., M.D. Rudd(2000), 〈Intensity and Duration of Suicidal Crises Vary as a Function of Previous Suicide Attempts and Negative Life Events〉, Journal of Consulting and Clinical Psychology〉, vol.68, no.5, pp.909-916
- T.E. Joiner, Jr., M.D. Rudd, M.H. Rajab(1997), 〈The Modified Scale for Suicidal Ideation : Factors of suicidality and their relation to clinical and diagnostic variables〉, Journal of Abnormal Psychology, vol.106, no.2, pp.260-265
- T.E. Joiner, Jr., M.D. Rudd, M.R. Rouleau, K.D. Wagner(2000), 〈Parameters of Suicide Crises Vary as a Function of Previous Suicide Attempts in Youth Inpatients〉, Journal of the American Academy of Child & Adolescent Psychiatry, vol.39, no.7, pp.876-880
- T.E. Joiner, Jr., N.B. Schmidt(2002), 〈Taxometrics can "do diagnostics right" (and it isn't quite as hard as you think).〉, Rethinking the DSM : A psychological perspective, pp.107-120
- T.E. Joiner, Jr., R.A Steer, G. Brown, A.T Beck, J.W. Pettit, M.D. Rudd(2003), 〈Worst-

point suicidal plans : A dimension of suicidality predictive of past suicide attempts and eventual death by suicide⟩, Behaviour Research and Therapy, vol.41, no.12, pp.1469-1480
- T.E. Joiner, Jr., R.L. Walker, M.D. Rudd, D.A. Jobes(1999), ⟨Scientizing and routinizing the assessment of suicidality in outpatient practice⟩, Professional Psychology : Research and Practice, vol.30, no.5, pp.447-453
- T.E. Joiner, Jr., Y. Conwell, K.K. Fitzpatrick, T.K. Witte, N.B. Schmidt, M.T. Berlim, M.P.A. Fleck, M.D. Rudd(2005), ⟨Four Studies on How Past and Current Suicidality Relate Even When "Everything But the Kitchen Sink" Is Covaried⟩, Journal of Abnormal Psychology, vol.114, no.2, pp.291-303
- V. Gore-Jones, J. O'Callaghan(2012), ⟨Suicide attempts by jumping from a height : a consultation liaison experience⟩, Australasian Psychiatry, vol.20, no.4, pp.309-312
- V. Ross, Y.W. Koo, K. Kõlves(2020), ⟨A suicide prevention initiative at a jumping site : A mixed-methods evaluation⟩, eClinicalMedicine, vol.19

| 교량·투신·자살 |

BRODIE
그것에 관한 이야기

초판 1쇄 발행 2024년 11월 22일

지은이 박세만
펴낸이 류태연

펴낸곳 렛츠북
주소 서울시 영등포구 문래북로 116, 1005호
등록 2015년 05월 15일 제2018-000065호
전화 070-4786-4823 | **팩스** 070-7610-2823
이메일 letsbook2@naver.com | **홈페이지** http://www.letsbook21.co.kr
블로그 https://blog.naver.com/letsbook2 | **인스타그램** @letsbook2

ISBN 979-11-6054-731-3 (03300)

* 이 책은 저작권법에 따라 보호를 받는 저작물이므로
  무단전재 및 복제를 금지하며, 이 책 내용의 전부 및 일부를 이용하려면
  반드시 저작권자와 도서출판 렛츠북의 서면동의를 받아야 합니다.

* 잘못된 책은 구입하신 서점에서 바꾸어 드립니다.